D1722328

Jahrbuch zur Liberalismus-Forschung

17. Jahrgang 2005

im Auftrag
der Friedrich-Naumann-Stiftung herausgegeben
von Birgit Bublies-Godau, Monika Faßbender,
Hans-Georg Fleck, Jürgen Frölich,
Hans-Heinrich Jansen und Beate-Carola Padtberg

 Nomos

Anschrift der Redaktion:

c/o Archiv des Liberalismus
     Theodor-Heuss-Str. 26
     D-51645 Gummersbach

e-mail: Juergen.Froelich@fnst.org

Die Deutsche Bibliothek – CIP-Einheitsaufnahme

Die Deutsche Bibliothek verzeichnet diese Publikation in
der Deutschen Nationalbibliografie; detaillierte bibliografische
Daten sind im Internet über http://dnb.ddb.de abrufbar.

ISBN 3-8329-1494-3

1. Auflage 2005
© Nomos Verlagsgesellschaft, Baden-Baden 2005. Printed in Germany. Alle Rechte,
auch die des Nachdrucks von Auszügen, der fotomechanischen Wiedergabe und der
Übersetzung, vorbehalten. Gedruckt auf alterungsbeständigem Papier.

Inhalt

Vorwort der Herausgeber

Im Mittelpunkt des »Jahrbuchs« 2005 stehen, wie schon in den beiden Vorjahren, Beiträge zu einem thematischen Schwerpunkt. Dieser geht zurück auf die Tagung »Deutsche Liberale und die Diktaturen im 20. Jahrhundert«, welche im Oktober 2004 in Gummersbach stattgefunden hat.[1]

Einige Beiträge des letztjährigen Jahrbuchs haben unerwartet starke Aufmerksamkeit gefunden und zum Teil schriftliche Reaktionen hervorgerufen. Gemäß des Forum-Charakters unserer Zeitschrift wollen wir uns der Diskussion nicht entziehen und drucken deshalb einige der Erwiderungen ab. Zunächst antwortet Thilo Ramm, vor allem aus rechtsgeschichtlicher Sicht, auf den Beitrag von Heide-Marie Lauterer zu Marie-Elisabeth Lüders.

Für weit mehr Furore sorgte, vor allem unter den Zeitzeugen, die Abhandlung Ilko-Sascha Kowalczuks über Karl Hamann, zumal nachdem eine leicht gekürzte Version in der Frankfurter Allgemeinen Zeitung erschienen war.[2] Die Herausgeber haben sich daraufhin entschlossen, wichtigen Zeitzeugen aus dem Umfeld Karl Hamanns Raum für eine Erwiderung aus ihrer Sicht zu öffnen. Zwei Stellungnahmen werden unten publiziert; weiteres Material zum nach wie vor umstrittenen »Fall Hamann« findet sich auf der Internethomepage des »Archivs des Liberalismus« unter www.archiv.fnst.org.

Dem Spannungsverhältnis zwischen Zeitzeugen und quellenbasierter Forschung häufig nachgeborener Historiker, das nach unserem Erachten konstitutiv ist für die Zeitgeschichte und deshalb fruchtbar gemacht werden sollte, ohne dass eine Sichtweise für sich die Deutungshoheit beansprucht, wird das Jahrbuch auch in Zukunft Aufmerksamkeit widmen. Für das nächste Jahr sind dazu Abhandlungen mit grundsätzlichen Überlegungen vorgesehen.

Zeitzeugenberichte stellen natürlich keine wissenschaftliche Auseinandersetzung im eigentlichen Sinne dar, aber sie sind Dokumente, die – mit der gebotenen Vorsicht zur Kenntnis genommen[3] – von der Liberalismus-Forschung als Möglichkeit zur Erweiterung ihrer Erkenntnisse genutzt werden sollten.

Aus gegebenem Anlass betonen die Herausgeber abschließend, dass für sie der programmatische Vorspann zu Band 1 weiterhin volle Gültigkeit hat: Das Jahrbuch zur Liberalismus-Forschung »ist ein wissenschaftliches, kein partei-

---

1 Vgl. dazu die Tagungsberichte in AHF-Informationen, Nr. 82 v. 2.11.2004 u. Deutschland-Archiv 37 (2004), S. 1074-1076
2 Vgl. FAZ v. 22.12.2004 sowie die Leserbriefe ebd. v. 5.1.05.
3 Vgl. dazu jüngst Volkhard Knigge: Unterhaltsamer Schrecken. Nie galt das Wort der Zeitzeugen so viel wie heute. Es gibt in der Erinnerungskultur aber einen Unterschied zwischen Vergangenheitsgerede und Zeugenschaft, in: Süddeutsche Zeitung Nr. 101 v. 3.5.2005.

9

politisches Periodikum. Es steht allen offen, die sich auf wissenschaftlicher Grundlage mit dem Themenkreis Liberalismus auseinandersetzen. (. . .) liberalismus-kritische Stimmen werden selbstverständlich nicht ausgeschlossen.«[4]

---

4   Vorwort der Herausgeber, in: Jahrbuch zur Liberalismus-Forschung 1 (1989), S. 7 f.

Beiträge

Günther Heydemann

Zur Theorie und Methodologie vergleichender Diktaturforschung und ihrer empirischen Anwendung am Beispiel einer Bürgervereinigung

1. *Die kontroverse Debatte über Möglichkeiten und Grenzen des Vergleichs der beiden deutschen Diktaturen*

Jeder historische Vergleich ist umstritten oder zumindest fragwürdig. In der Tat sind geschichtliche Entwicklungen und Konstellationen letztlich immer individuelle Phänomene, unwiederholbar und damit einmalig.

Zweifellos ist diese, im Historismus des 19. Jahrhunderts entstandene Erkenntnis durchaus zutreffend.[1] Würde man sich freilich starr an sie halten, verböte sich jeder geschichtliche Vergleich von selbst. Denn ein so puristisch verstandener historischer Individualitätsbegriff müsste zwangsläufig auch jeden geschichtswissenschaftlichen Vergleich blockieren. Auf diese Weise würde sich allerdings auch jegliche Geschichtsforschung in ihren potenziellen Erkenntnismöglichkeiten selbst beschränken.

Noch mehr ist indessen der Vergleich zwischen der NS- und SED-Diktatur umstritten, der eine Variante des Vergleichs zwischen faschistischen und kommunistischen Diktaturen darstellt. Wer ihn vornimmt, hat sich erst recht zu verteidigen und wird rasch des Tabu-Bruchs beschuldigt. Hier spielen eine ganze Reihe von Gründen eine Rolle. Zum einen wird argumentiert, beide Regime verkörperten völlig unterschiedliche Herrschaftssysteme und könnten deshalb gar nicht miteinander verglichen werden. Im Gegensatz zum Nationalsozialismus habe der DDR-Sozialismus darüber hinaus keinen Holocaust verübt und sei auch nicht für die Entfesselung eines Weltkriegs mit Hekatomben von Opfern verantwortlich. Zudem sei der SED-Staat aus einem oktro-

---

1   Vgl. Thomas Nipperdey, Historismus und Historismuskritik heute, in: Ernst Jäckel/Ernst Weymar (Hg.), Die Funktion der Geschichte in unserer Zeit. FS für Karl Dietrich Erdmann zum 65. Geburtstag, Stuttgart 1975, S. 82-95.

11

yierten Besatzungsregime heraus entstanden und nicht das fatale Resultat einer gescheiterten Demokratie gewesen. In der Tat, das »Dritte Reich« war »hausgemacht«; Hitler und seine Partei kamen, unterstützt von einem großen Teil der deutschen Wählerschaft, in einem Prozess zur Macht, der zwar keineswegs dem Geist, durchaus aber den Buchstaben der Weimarer Reichsverfassung entsprach.[2] Die DDR hingegen verdankte ihre Entstehung dem Ausgang des II. Weltkrieges und der Entwicklung des Kalten Krieges; ihre Staats- und Regierungsform wurde weitgehend von außen, von der sowjetischen Besatzungsmacht oktroyiert, unter aktiver Mitarbeit deutscher Kommunisten. Ohne Zweifel weisen die Durchsetzung und Etablierung beider Diktaturen grundlegende Unterschiede auf, die nicht übersehen werden dürfen.

Schließlich, und auch das ein gewichtiger Einwand, ist die nach 1989 wiederaufgelebte, intensiv geführte Debatte über die Totalitarismustheorie,[3] der seit einiger Zeit der Begriff der »modernen Diktatur« entgegengestellt wird,[4] zu dem Ergebnis gekommen, dass auch eine weiterentwickelte Totalitarismustheorie keine ausreichende Basis mehr für einen tragfähigen Vergleich zwischen der »braunen« und der »roten« Diktatur darstellt. Dies liege sowohl an der ideologischen Instrumentalisierung der Totalitarismustheorie während der Zeit des Kalten Krieges, als auch am »statischen Charakter« ihres Analyseansatzes, wodurch soziale Wandlungsprozesse in Diktaturen nicht ausreichend Berücksichtigung fänden. Damit ermangele es eines wissenschaftlich fundierten Instrumentariums, einen Vergleich zwischen beiden »deutschen« Diktaturen vornehmen und durchführen zu können.

Prüfen wir zunächst die Stichhaltigkeit dieser Einwände: Zunächst einmal ist völlig unbestreitbar, dass der SED-Staat keinen Genozid begangen und auch keinen Rassen- und Vernichtungskrieg geführt hat; vielmehr besteht gerade die weltgeschichtliche Einzigartigkeit des Nationalsozialismus darin, dass dieser von letzterem nicht zu trennen ist, vielmehr seinen eigentlichen Wesenszug ausmachte.[5] Hier liegt in der Tat eine unübersteigbare Grenze der

---

2   Vgl. Heinrich August Winkler, Requiem für eine Republik. Zum Problem der Verantwortung für das Scheitern der ersten deutschen Demokratie, in: Peter Steinbach/Johannes Tuchel (Hg.), Widerstand gegen den Nationalsozialismus, Bonn 1994, S. 54-67.
3   Exemplarisch zusammengefasst bei Eckhard Jesse (Hg.), Totalitarismus im 20. Jahrhundert. Eine Bilanz der internationalen Forschung, Bonn 1996. Weitere Literatur zur Debatte um die Totalitarismus-Theorie siehe unten.
4   So die Begriffsfassung von Jürgen Kocka, Nationalsozialismus und SED-Diktatur in vergleichender Perspektive. In: Potsdamer Bulletin für Zeithistorische Studien, Nr. 2 (1994), S. 20-27 (=gekürzte Fassung des Vortrages bei der 75. Sitzung der Enquete-Kommission, abgedruckt in Materialien der Enquete-Kommission »Aufarbeitung von Geschichte und Folgen der SED-Diktatur in Deutschland«, Bd. IX, Baden-Baden 1995, S. 588-597).
5   Vgl. Ian Kershaw, Hitler. 1936-1945, Bd. II, Stuttgart 2000, S. 325: »Im Krieg fand der Nationalsozialismus zu sich selbst.«

Vergleichbarkeit. Ohne jede Frage ist die kriminelle Energie des NS-Staates unvergleichlich höher gewesen als die der DDR.

Doch abgesehen davon, dass die Feststellung dieser Unterschiede im Grunde schon auf einem Vergleich beider Diktaturen beruht: Kann und darf diese unbestreitbare Tatsache eine solche Ausschließlichkeit beanspruchen, dass damit jeglicher Vergleich unmöglich, sozusagen tabu wird? Eigenartigerweise wird am klassischen kommunistisch-faschistischen Vergleich, etwa zwischen dem Nationalsozialismus und der stalinistischen Sowjetunion, kaum Kritik geübt.[6] Vielmehr ist grundsätzlich der Gefahr zu begegnen, wie dies Bernd Faulenbach prägnant formuliert hat, »dass die NS-Zeit mit ihren einzigartigen Verbrechen weder durch stalinistische bzw. poststalinistische Verbrechen in der DDR relativiert, noch die Verbrechen in der DDR mit Hinweisen auf die NS-Verbrechen bagatellisiert werden« dürfen.[7] Tatsächlich stellt das bloße Ausmaß der millionenfachen Opfer, die der nationalsozialistische Rassen- und Vernichtungskrieg hervorgerufen hat, eine solche Monstrosität dar, dass sie gar nicht relativiert werden kann. Sie steht für sich.

Sollte es daher beim intendierten Vergleich beider Diktaturen in Deutschland nicht zunächst einmal um eine erste vorurteilslose Feststellung etwaiger »Ähnlichkeiten und Vergleichbarkeiten in den Struktureigenschaften von Diktaturen« selbst gehen, wie Rainer Lepsius zu Recht festgestellt hat?[8] Jedenfalls wird schwerlich bestritten werden können, dass auch der SED-Staat sowohl von seinem politisch-ideologischen Selbstverständnis als auch von seiner Herrschaftspraxis her weder eine parlamentarische Demokratie noch ein verfassungskonformer Rechtsstaat gewesen ist. Gemessen an den normativen Kriterien einer freiheitlich-demokratischen Grundordnung, welche die Wahrung von Menschen- und Bürgerrechten verfassungsmäßig verbürgt, handelte es sich auch bei der DDR – und dies bereits vor ihrer Gründung – um eine Diktatur, die »im Kern antidemokratisch, antipluralistisch und freiheitsberaubend« gewesen ist.[9]

Schließlich die Debatte über die Anwendungsmöglichkeiten der Totalitarismustheorie. Festzuhalten ist zunächst, dass die seit 1990 intensiv geführte

---

6   Vgl. hierzu jüngst Dietrich Beyrau, Schlachtfeld der Diktatoren. Osteuropa im Schatten von Hitler und Stalin, Göttingen 2000, sowie ders. (Hg.), Im Dschungel der Macht. Intellektuelle Professionen unter Hitler und Stalin, Göttingen 2000.

7   Bernd Faulenbach, Probleme des Umgangs mit der Vergangenheit im vereinten Deutschland: Zur Gegenwartsbedeutung der jüngsten Geschichte, in: Werner Weidenfeld (Hg.), Deutschland. Eine Nation – doppelte Geschichte. Materialien zum deutschen Selbstverständnis, Köln 1993, S. 175-190, hier S. 190.

8   M. Rainer Lepsius: Plädoyer für eine Soziologisierung der beiden deutschen Diktaturen, in: Christian Jansen/Lutz Niethammer/Bernd Weisbrod (Hg.), Von der Aufgabe der Freiheit. Politische Verantwortung und bürgerliche Gesellschaft im 19. und 20. Jahrhundert. FS für Hans Mommsen. Berlin 1995, S. 609-615, hier S. 612.

9   Ludger Kühnhardt, Zur Einführung, in: Ders./Gerd Leutenecker/Martin Rupps/Frank Waltmann (Hg.), Die doppelte deutsche Diktaturerfahrung. Drittes Reich und DDR – ein historisch-politikwissenschaftlicher Vergleich, Frankfurt am Main 1994, S. 11-17, hier S. 12.

Diskussion bis heute kaum Neues zutage gefördert hat. Es blieb im Wesentlichen bei einer ideologiekritischen Neuauflage der Darstellung ihrer inzwischen ein dreiviertel Jahrhundert umfassenden geistesgeschichtlichen Entwicklung. Abgesehen von der bereits erwähnten Kritik ihrer Legitimationsfunktion während des Kalten Krieges sowie ihres eingeschränkten wissenschaftlichen Analysevermögens, gesellschaftlichen Wandel auch unter Diktaturen angemessen zu erfassen, liegt ihr entscheidendes Defizit weniger darin, durchaus brauchbare, aber zu unpräzise Klassifizierungen zur grundsätzlichen Wesensbestimmung von Diktaturen bereitgestellt zu haben, als vielmehr in der impliziten Annahme, dass die Diktaturen des 20. Jahrhunderts gleichsam per se totalitär gewesen seien. Worin diese selbstverständlich angenommene Totalitarität aber bestand, auf welche Strukturen von Staat, Wirtschaft und Gesellschaft sie sich erstreckte und inwieweit diese tatsächlich bis zum einzelnen Bürger hinunter durchdrang, ist bis heute noch keineswegs umfassend beantwortet worden. Anders gewendet, in welch konkretem Ausmaß es der NS- wie der SED-Diktatur realiter gelang, Staat, Wirtschaft und Gesellschaft zu »durchherrschen« (Alf Lüdtke), bedarf erst noch einer empirisch fundierten Antwort. Sicher wissen wir nur, quellenmäßig tausendfach belegt, *dass* die Machthaber in beiden Diktaturen die dezidierte Intention hatten, diese möglichst vollständig zu durchdringen. Zwar ist ihnen, wie wir insbesondere von der Erforschung des Nationalsozialismus her wissen, die Umsetzung dieser Zielsetzung teilweise durchaus gelungen, aber die konkrete Durchsetzung ihrer totalitären Intentionen zeigte nicht selten ambivalente Wirkungen und ist daher jeweils im Einzelfall zu prüfen. Denn eine »umstandslose Gleichsetzung von Intention und Realisierung [solcher totalitären Intentionen; G.H.], wie dies in sich totalitarismustheoretisch gebenden Darstellungen vorherrscht«, erfolgte in der Realität zumeist nicht.[10] Nicht von ungefähr war die Debatte in den letzten Jahren daher auch auf die »Grenzen der Diktatur«[11] fokussiert.

Vaclav Havel hat dies in seinem berühmten Essay über den »Versuch, in der Wahrheit zu leben« am Beispiel des tschechischen Gemüsehändlers exemplarisch zu illustrieren versucht, der in der sozialistischen Diktatur der ČSSR lebend, in seinem Schaufenster zwischen Zwiebeln und Möhren das Spruchband »Proletarier aller Länder, vereinigt euch!«, platziert. Ist der Gemüsehändler durch das Aushängen dieses Schildes tatsächlich zum überzeugten Befürworter der Diktatur geworden, in der er lebt? Ist es ihr gelungen, ihn durch Erziehung und Propaganda zu einem neuen Menschen zu machen, der

---

10 So zu Recht am Beispiel der DDR Thomas Lindenberger, Die Diktatur der Grenzen. Zur Einleitung, in: Ders. (Hg.), Herrschaft und Eigensinn in der Diktatur. Studien zur Gesellschaftsgeschichte der DDR, Köln 1999, S. 13-43; hier S. 20.
11 Siehe Richard Bessel/Ralf Jessen, Die Grenzen der Diktatur. Staat und Gesellschaft in der DDR, Göttingen 1996.

14

bedingungslos an die ihm vorgegebene Ideologie und das etablierte diktatoriale Herrschafts- und Gesellschaftssystem glaubt? Oder ist es nicht vielmehr so, wie Havel dessen situatives Handeln deutet: »Ich, der Gemüsehändler XY, bin hier und weiß, was ich zu tun habe; ich benehme mich so, wie man es von mir erwartet: auf mich ist Verlass, und man kann mir nichts vorwerfen; ich bin gehorsam und habe deshalb das Recht auf ein ruhiges Leben.«[12]

Kurzum, inwieweit Diktaturen die eigentliche Umsetzung ihrer totalitären Intentionen gelingt, diese Frage ist noch keineswegs ausreichend geklärt. Zwar gibt es, wie bereits festgestellt, bezogen auf die breite, internationale NS- wie inzwischen auch in Hinblick auf die seit 1989/90 erheblich intensivierte DDR-Forschung, einen beachtlichen Erkenntnisstand, doch allein die dezidierte Frage, welche von beiden Diktaturen die »totalitärere« gewesen sei, wird bis heute noch immer ganz unterschiedlich beantwortet. So wird einerseits argumentiert, aufgrund ihres wesentlich umfassenderen Überwachungs- und Kontrollapparats sei die DDR im Verhältnis zum Nationalsozialismus der totalitärere Staat gewesen; in der Tat sprechen die Vergleichszahlen für sich: Während 1989 auf 180 Bürger der DDR ein Mitarbeiter des MfS kam (die höchste Rate im gesamten Ostblock!),[13] waren es im NS-Staat 10500 Bürger, für die ein Beamter der Sicherheitsorgane zuständig war. Anderseits gilt mit Blick auf das Ausmaß des praktizierten Terrors und dessen Export in andere europäische Länder das »Dritte Reich« als die zu Recht eindeutig totalitärere Diktatur.

Gerade um diesen Fragenkomplex noch präziser als bisher beantworten zu können, ist daher der Vergleich zwischen beiden Diktaturen notwendig. Die implizite Normativität der Totalitarismus-Theorie ist in dieser Hinsicht eher erkenntnishindernd als -fördernd. Und auch der in jüngster Zeit wiederbelebte, totalitarismusimmanente Ansatz der »Politischen Religionen« ist nach wie vor über eine hauptsächlich phänomenologische Deskription von Verhaltensweisen, Ritualen und Attributen kaum hinausgekommen.

Alle vorgebrachten Argumente gegen einen Diktaturenvergleich erweisen sich somit als letztlich nicht stichhaltig.

Vielmehr gibt es eine Reihe von Gründen, die diesen Vergleich geradezu unerlässlich und damit ganz besonders in Deutschland zu einer zentralen Aufgabe moderner Zeitgeschichtsforschung machen. Es sind dies *historische, lebensweltlich-gesellschaftliche* und *erkenntnistheoretische* Gründe.

---

12   Vaclav Havel, Versuch, in der Wahrheit zu leben, Reinbek 1989, S. 14f.
13   Vgl. Jens Gieseke, Mielke-Konzern. Die Geschichte der Stasi 1945 – 1990, Stuttgart/München 2001, S. 70 sowie Jens Banach, Heydrichs Elite. Das Führerkorps der Sicherheitspolizei und des SD 1936 – 1945, Paderborn 1998.

Zunächst ist die zum Topos gewordene Charakterisierung des vergangenen 20. Jahrhunderts zweifellos zutreffend, dass die europäische, insbesondere aber die deutsche Geschichte vom »Kampf zwischen Diktatur und Demokratie« geprägt gewesen ist. Schon allein die Dauer beider Diktaturen umfasst mehr als die Hälfte des vergangenen Jahrhunderts – und dabei sind die Jahre der Sowjetischen Besatzungszone noch nicht einmal eingerechnet. »Drittes Reich« und DDR verkörpern integrale Bestandteile der deutschen Geschichte des 20. Jahrhunderts. Ihre nahezu unmittelbare zeitliche Abfolge muss zwangsläufig die Frage nach eventuellen Kontinuitäten und Diskontinuitäten aufwerfen, nachdem die zeitgeschichtliche Forschung längst zu zeigen vermocht hat, dass es die vielbeschworene Stunde Null zum Kriegsende 1945 nie gegeben hat. Zunehmend bedarf es neben einer Historisierung der Geschichte des Nationalsozialismus und seiner Einbettung in die deutsche, europäische und Weltgeschichte, wie dies Martin Broszat bereits vor Jahren gefordert hat, auch einer Historisierung der Geschichte der SBZ/DDR. In der Tat sind die Deutschen, wie ein unparteiischer Zeitzeuge, nämlich Jorge Sémprun, Friedenspreisträger des Deutschen Buchhandels und Buchenwald-Insasse, festgestellt hat, das einzige Volk, »das sich mit den beiden totalitären Erfahrungen des 20. Jahrhunderts auseinandersetzen kann und muss«.[14] Die Tatsache, dass es in Deutschland zur Etablierung, Existenz und nahezu unmittelbaren Aufeinanderfolge einer rechts- *und* linkstotalitären Diktatur gekommen ist, stellt einen historischen Tatbestand dar, der für die moderne Zeitgeschichtsforschung eine besondere Herausforderung bedeutet. Zudem bieten sich für die Zeitgeschichtsforschung in Deutschland einzigartige Chancen für einen solchen Vergleich, da sie über einen umfassenden Quellenzugriff zu beiden Diktaturen verfügt, der so keiner anderen zeithistorischen Forschung zu Gebote steht. Darüber hinaus wird ein Vergleich zwischen »Drittem Reich« und DDR auch die Frage einschließen müssen, inwieweit das SED-Regime, trotz aller ideologischen Gegensätze zum NS-Staat, eventuell auch herrschaftstechnisch an diesen anknüpfte, inwieweit Indoktrinations- und Repressionsmechanismen des DDR-Staates möglicherweise Methoden und Praktiken des NS-Staates ähnelten oder wiederum völlig unterschiedlich waren.

Damit steht ein weiteres, gewichtiges Argument in unmittelbarem Zusammenhang: Ein beträchtlicher Teil der deutschen Bevölkerung, namentlich die Mehrzahl der Bürger aus den neuen Bundesländern, hat generationsbedingt mindestens unter einer, die ältere Generation sogar unter zwei Diktaturen den größten Teil ihres Lebens verbracht. Damit kommt der sozialhistorischen Rekonstruktion ihrer unterschiedlichen Lebenserfahrungen und Wertbezüge, die für ihre politische Sozialisation und damit die spezifische Mentalität der

---

14 Wortlaut der Rede in: Friedenspreis des deutschen Buchhandels 1994, Jorge Sémprun. Ansprachen aus Anlass der Verleihung, Frankfurt am Main 1994, S. 35-52, hier S. 51.

betreffenden Generationen in erheblichem Maße prägend wurden, entscheidende Bedeutung zu. Würde man diese Fragen ausblenden, hieße das, an individuellen wie schichtenspezifischen Lebensläufen von Millionen von Deutschen vorüberzugehen; es würde aber auch heißen, die bis in unsere Gegenwart hineinreichende Problematik zu übersehen, welche Aus- und Nachwirkungen beide Diktaturen jeweils auf das politische Denken und soziale Handeln dieser Generationen gehabt haben.

Dies leitet über zu erkenntnistheoretischen Gründen. Es gibt in der Tat kein stichhaltiges Argument, weshalb etwa der Vergleich zwischen der NS- und der SED-Diktatur eine wissenschaftlich weniger legitime Zielsetzung darstellen soll, als etwa der Vergleich zwischen dem Ersten und Zweiten Weltkrieg, der jüngst mit erheblichem Erkenntnisgewinn vorgenommen wurde.[15] Nicht anders als die beiden Weltkriege verkörpern auch die beiden Diktaturen in Deutschland Epochen- und Erfahrungsbezüge, die für Millionen von Betroffenen und Beteiligten von kaum zu unterschätzender Bedeutung gewesen sind und bis heute nachwirken.

Ziel eines umfassenden Diktaturenvergleichs zwischen dem Nationalsozialismus und dem Realsozialismus in den Jahren 1933 bis 1989 muss es daher zunächst sein, Unterschiede, Ähnlichkeiten und etwaige Gemeinsamkeiten zwischen der NS- und der SED-Diktatur strukturell zu erfassen und vergleichend zu analysieren, um die jeweiligen Spezifika der einen wie der anderen Diktatur herauszuarbeiten. *Dabei impliziert der zwischen ihnen vorgenommene Vergleich keine Gleichsetzung.* Der Rassen- und Vernichtungskrieg des Nationalsozialismus bleibt, um es noch einmal zu wiederholen, ein Spezifikum der nationalsozialistischen Diktatur.

Sodann geht es um die komplexen Auswirkungen diktatorischer Herrschaft auf die Bevölkerung. Insofern ist in die vergleichende Analyse die »actio« des diktatorischen NS- wie SED-Staates ebenso gleichgewichtig einzubeziehen wie die »reactio« der jeweils betroffenen Gesellschaft(en). Zu fragen ist angesichts dieses ambivalenten Beziehungskontextes, inwieweit es beiden Diktaturen – bei im Übrigen höchst unterschiedlicher Herrschaftsdauer – gelang, die ihnen unterworfene Gesellschaft zu durchdringen, zu manipulieren und zu kontrollieren. In diesem Zusammenhang gilt es einerseits zu untersuchen, auf welche Träger bzw. Trägerschichten, auf welches Sympathiepotential sich beide Diktaturen stützen und welches Maß an gesellschaftlicher Unterstützung und Loyalität sie erzielen konnten; andererseits ist zu analysieren, welche Beharrungs-, welche Resistenz- und Widerstandskräfte die Bevölkerung entwickelte. Schließlich besitzt die Erforschung dieses vielfältigen politisch-

---

15   Vgl. Bruno Thoß/Hans-Erich Volkmann (Hg.), Erster Weltkrieg – Zweiter Weltkrieg. Ein Vergleich. Krieg, Kriegserlebnis, Kriegserfahrung in Deutschland, Paderborn 2002.

sozialen Interaktionsgeflechts in diktatorischen Regimen keineswegs nur eine wichtige Bedeutung für die deutsche Geschichte allein, sie ist auch für die Funktionsweise von Diktaturen insgesamt von grundsätzlicher Relevanz.

2. Zu theoretischen und methodologischen Grundlagen des empirischen Vergleichs zwischen der NS- und SED-Diktatur

Bis heute gehört es zu den Merkwürdigkeiten der nun schon über ein dreiviertel Jahrhundert währenden Geschichte der Totalitarismus-Theorie, dass wenig begriffliche Klarheit über mögliche komparative Methoden sowie die für einen Vergleich unerlässlichen Kriterien besteht, obwohl die Entstehung und Entwicklung dieser Theorie ohne den ihr von Anfang an innewohnenden Vergleich zwischen faschistischen und kommunistischen Diktaturen gar nicht zu denken ist.[16] Auch wenn, wie bereits dargelegt, in verschiedenen Konzeptionen immer wieder spezifische Wesenszüge beider Diktaturformen (etwa von Hannah Arendt; Carl J. Friedrich, Zbigniew Brzezinski oder Karl Dietrich Bracher) herausgearbeitet worden sind, ist die Totalitarismus-Theorie eigentlich kaum über die Herausbildung angenommener, typischer Grundmerkmale für den Vergleich zwischen Sowjetkommunismus und Nationalsozialismus hinausgekommen.[17]

Aber auch verschiedene Entwicklungsphasen von Diktaturen, etwa die Unterschiede zwischen der Friedens- und Kriegsphase im Nationalsozialismus oder etwa zwischen einzelnen Ausprägungen stalinistischer Herrschaftspraxis in der früheren Sowjetunion oder anderen ehemaligen Ostblockstaaten, seit ihrem Zusammenbruch als früh-, spät- oder sogar neo-stalinistische Phasen bezeichnet, werden mit einem totalitarismustheoretischen Ansatz nur unzureichend erfasst. Soll der Diktaturvergleich also nicht nur auf der Ebene einer bloßen Gegenüberstellung allgemeiner, ähnlicher oder unterschiedlicher Grundmerkmale stehen bleiben, so muss durch die Einbringung zusätzlicher Kriterien versucht werden, die jeweiligen historischen Phasen bzw. Etappen ihrer spezifischen Entwicklungen geschichtswissenschaftlich präziser zu bestimmen.

16 Eine umfassende kritische Einschätzung der verschiedenen theoretischen und methodologischen Ansätze der Totalitarismus-Theorie, einschließlich ihrer forschungspraktischen Anwendbarkeit, nimmt Detlef Schmiechen-Ackermann, Diktaturen im Vergleich, Darmstadt 2002, vor. Siehe hierzu auch die Einleitung von Günther Heydemann/Detlef Schmiechen-Ackermann, Zur Theorie und Methodologie vergleichender Diktaturforschung, in: Günther Heydemann/Heinrich Oberreuter (Hg.), Diktaturen in Deutschland – Vergleichsaspekte, Bonn 2003, S. 9-54.

17 Eine erneute, ausführliche Auseinandersetzung mit diesen Merkmalen, in der klassischen Fassung bei Carl J. Friedrich mit sechs, bei Karl Dietrich Bracher mit vier Merkmalen, nimmt Norbert Kapferer, Der Totalitarismus-Begriff auf dem Prüfstand. Ideengeschichtliche, komparatistische und politische Aspekte eines umstrittenen Begriffs, Dresden 1995, vor.

Für den angestrebten Vergleich von NS- und SED-Diktatur, der wiederum nur *eine* Vergleichsmöglichkeit darstellt,[18] müssen daher andere methodologische Wege beschritten werden. Das bedeutet, ihn auf eine präzisere komparative Grundlage zu stellen – anders formuliert, man muss ihn den genuinen Spezifika beider Diktaturen entsprechend anpassen. Dabei gilt es noch einmal zu bedenken, dass es sich um einen diachronen Vergleich innerhalb einer Nation vor dem Hintergrund einer asymmetrischen Beziehungsgeschichte handelt und der Vergleich selbst wiederum eine Variante des kommunistisch-faschistischen Vergleichstypus verkörpert.

Für einen solchen Vergleich, der für die deutsche Zeitgeschichte zweifellos die größte Relevanz besitzt, lassen sich nun in methodologischer Hinsicht zwei grundlegende komparative Ansätze unterscheiden, die allerdings aufeinander aufbauen und gleichzeitig in einem reziproken Verhältnis stehen:[19]

Ein *ganzheitlicher, integraler Makrovergleich*, der beide diktatoriale Herrschaftssysteme in ihrer Gesamtheit mit ihren strukturellen Hauptmerkmalen, eventuellen Gemeinsamkeiten sowie spezifischen Unterschieden zu erfassen sucht. Dieser Vergleichstyp bewegt sich notwendigerweise auf einer historisch stark abstrahierenden Ebene, weil spezifische Entwicklungen beider Diktaturen eher generalisierend aufgezeigt werden, und sowohl temporäre als auch regionale Unterschiede neben weiteren Besonderheiten weitgehend ausgespart bleiben. Trotz aller dabei kaum vermeidbaren historischen Abstrahierungen ist der integrale Vergleich als generelle Vorinformation und Vororientierung über etwaige Gemeinsamkeiten, Ähnlichkeiten und Unterschiede beider Diktaturen jedoch unverzichtbar, um den Vergleich zwischen ihnen in möglichst adäquater »historisch-genetischer Differenzierung« (H.-U.Thamer) vornehmen zu können. Das bezieht sich auf folgende zeitliche und strukturelle Spezifika:
1. Die unterschiedliche zeitliche Dauer beider Diktaturen
2. Die internationale Ausgangslage und die innenpolitischen Gründungsbedingungen
3. Ihre Ideologien und ihr weltanschauliches Fundament

18 Als weitere Vergleichsmöglichkeiten wären in diesem Zusammenhang der »interstrukturelle Vergleich«, etwa zwischen der früheren Bundesrepublik und der DDR, bzw. der »intrastrukturelle Vergleich« zwischen den ehemaligen realsozialistischen Staaten, etwa zwischen der CSSR und der DDR, zu nennen.
19 Das im Folgenden explizite komparative Vorgehen wurde erstmals vorgeschlagen in dem Aufsatz von Günther Heydemann/Christopher Beckmann, Zwei Diktaturen in Deutschland. Möglichkeiten und Grenzen des historischen Diktaturenvergleichs, in: Deutschland Archiv 30 (1997), H. 1, S. 12-40, und ist seither mehrfach praktiziert worden; zuerst veröffentlicht im Sammelband Günther Heydemann/Eckhard Jesse (Hg.), Diktaturvergleich als Herausforderung. Theorie und Praxis, Berlin 1998.

4. Die Grundstrukturen ihrer diktatorialen Herrschaftssysteme
5. Die innen- und außenpolitischen Handlungsspielräume
6. Die Rekrutierung von Herrschafts- und Funktionseliten
7. Ihre gesellschaftliche Akzeptanz und ihre Möglichkeiten zur Bevölkerungsmobilisierung
8. Die Instrumentalisierung von Verfassung, Recht und Justiz
9. Ihr Wirtschaftssystem und die Behandlung von Eigentum und Produktionsverhältnissen
10. Ihre Kontrolle und Domestizierung der Gesellschaft durch Überwachung, Repression und Terror
11. Ihre Verfügungsgewalt über Massenmedien und die Beherrschung des Meinungsmonopols
12. Die Konkurrenzsituation zwischen beiden deutschen Staaten und die nationale Frage
13. Art und Bedingungen ihres Zusammenbruchs und Untergangs

An diesem historisch-strukturellen Kriterienraster wird rasch ersichtlich, dass schon aufgrund ihrer unterschiedlich langen Existenz, ihren ebenso unterschiedlichen außen- wie innenpolitischen Gründungsbedingungen, ihren diametralen Wirtschaftsordnungen, sowie schließlich den Bedingungen ihres Zusammenbruchs, erhebliche historische Unterschiede zwischen beiden Diktaturen bestehen. Außerdem kommen noch die Sonderprobleme der Rolle der sowjetischen Besatzungsmacht und die Phase der SBZ hinzu, sowie darüber hinaus die für den Nationalsozialismus wiederum völlig entfallende Problematik der nationalen Teilung sowie der daraus resultierenden Konkurrenzsituation zwischen Bundesrepublik und DDR.

Gleichzeitig kann aber nicht übersehen werden, dass beide Diktaturen auch eine Reihe von Gemeinsamkeiten aufweisen, die bei aller unterschiedlichen strukturellen Ausformung für das NS- wie das SED-Regime als diktatoriale Herrschaftssysteme offenbar unverzichtbar waren: So die Legitimierung durch eine Ideologie, die Rekrutierung von Herrschafts- und Funktionseliten, die Erzielung von gesellschaftlicher Akzeptanz, einschließlich ihrer Möglichkeiten der Bevölkerungsmobilisierung, bzw. vice versa deren Kontrolle durch Überwachung, Repression und Terror, die Instrumentalisierung von Verfassung, Recht und Justiz und nicht zuletzt ihre Verfügungsgewalt über Massenmedien sowie die Beherrschung des Meinungsmonopols. Außerdem muss noch einmal darauf hingewiesen werden, dass beide Diktaturen während ihrer gesamten Existenz antidemokratisch, antipluralistisch und freiheitsberaubend waren und Menschen- und Bürgerrechte von ihnen nicht geachtet wurden.

Auf diesen ganzheitlichen, integralen Makrovergleich baut ein zweiter, ein *sektoraler bzw. partieller Mikrovergleich* auf, in dem nur ganz bestimmte

Strukturen und Mechanismen beider Regime herausgegriffen und miteinander verglichen werden; so z. B. einzelne Segmente von Politik, Wirtschaft und Gesellschaft, etwa die Entwicklung von Institutionen, oder das Verhalten sozialer Schichten und Berufsgruppen in ihrer jeweiligen Lebens- und Alltagswelt u. a. m. Dieser Ansatz ist in geschichtswissenschaftlicher Hinsicht wesentlich konkreter, wenn auch in seiner Reichweite begrenzter, zumal das komparative Vorgehen gerade auf spezifische Eigenheiten, etwa institutioneller, regional-lokaler, sozialer oder personeller Art, abzielt.

Solche sektoralen Mikrovergleiche basieren gerade deshalb auf einem Höchstmaß an konkreter Vergleichbarkeit, zumal bewusst solche Vergleichsobjekte ausgewählt werden, die in beiden Diktaturen weitgehend identisch geblieben sind (etwa ein Wirtschaftsunternehmen oder ein bürgerlicher Verein) und dadurch ein vergleichsweise hohes Maß an analogen Strukturen und Funktionsweisen (etwa das Justizwesen oder die Geheimdienste) aufweisen. Nicht zuletzt wird ihre Auswahl gerade wegen der ihnen innewohnenden, komprimierten Kompatibilität getroffen.[20] Man könnte dieses methodische Vorgehen auch mit einem Bild aus der Medizin, insbesondere aus der Pathologie, erläutern: An identischen Körperstellen werden sozusagen vergleichbare Gewebeproben entnommen, deren histologischer Befund zwar nur punktuell, aber doch von hoher Aussagekraft für grundlegende Strukturen beider Diktaturen ist.

Die Fokussierung auf ein identisches oder zumindest weitgehend unverändert gebliebenes Untersuchungsobjekt bringt darüber hinaus den Vorteil mit sich, dass die vergleichend analysierten Objekte zugleich die einzelnen Entwicklungsetappen beider Diktaturen durchlaufen haben bzw. diesen unterworfen gewesen sind. Auf diese Weise wird nicht nur die generalisierende Statik des integralen Makrovergleichs überwunden, sie spiegeln auch ihre unterschiedlichen (Entwicklungs-)Phasen wider. Darüber hinaus kann durch den sektoralen Mikrovergleich auch das Erfahrungsmoment erfasst werden, das aus den Erfahrungen mit und in der ersten Diktatur, in der NS-Herrschaft, resultiert, nun aber in Auseinandersetzung mit der zweiten, der SED-Diktatur, erneut evoziert wird. Und schließlich überwindet ein solcher Vergleich am Beispiel der beiden Diktaturen in Deutschland auch die ohnehin nie existente »Stunde Null« der Zäsur von 1945, die bis heute in vielen zeitgeschichtlichen Arbeiten noch immer eine Barriere darstellt.

Schließlich ist noch in methodologischer Hinsicht festzustellen, dass sich der Makro- und Mikrovergleich hinsichtlich der Anwendung von Vergleichskriterien unterscheiden: Während der ganzheitliche, integrale Makrovergleich

---

20 Vgl. Günther Heydemann, Integraler und sektoraler Vergleich – Zur Methodologie der empirischen Diktaturforschung, in: ebd., S. 227-233.

sich notwendigerweise auf einer geschichtswissenschaftlich eher abstrakten, weil generalisierenden Ebene bewegt, lässt sich bei diesem Vergleichstypus nur mit relativ »weichen« Kriterien operieren; *methodologisch handelt es sich daher um eine vergleichende Gegenüberstellung* und noch nicht um einen tatsächlichen Vergleich im strengen Sinne.

Demgegenüber vermag man beim partiellen bzw. sektoralen Mikrovergleich schon aufgrund seiner Konzentration auf begrenzte Vergleichsobjekte mit »harten«, d. h. entsprechend präziseren Kriterien zu arbeiten. Vergleichskriterien können dabei entweder *induktiv* angewendet werden, indem man z.B. bei der Untersuchung der Entwicklung eines Industriebetriebes unter beiden Diktaturen etwa nach den innerbetrieblichen Auswirkungen der unterschiedlichen Wirtschaftsordnungen fragt. Pragmatischer dürfte es indes sein, *deduktiv* vorzugehen; d. h. aus dem vorhandenen Quellenmaterial die darin enthaltenen Problemfelder bzw. Konfliktlinien herauszufiltern und daraus übergreifende Vergleichskriterien abzuleiten, so etwa im Falle eines Unternehmens z. B. das Problem der betrieblichen Personalpolitik im NS- wie dem SED-Regime.

Dass die empirisch gewonnenen Ergebnisse von sektoralen Mikrovergleichen wiederum in den ganzheitlich-integralen Vergleich zurückgeführt werden können und sollten, um diesen weiter zu vervollständigen und zu präzisieren, untermauert den inneren Zusammenhang beider Vergleichstypen, trotz ihrer unterschiedlichen komparativen Vorgehensweisen. Für die weitere zeitgeschichtliche Forschung wäre es wünschenswert, wenn eine umfassende, empirische Anwendung und daraus resultierende historiographische Umsetzung, insbesondere des Mikrovergleichs, erfolgen würde. Alle bisherigen diktaturvergleichenden Untersuchungen, die unter Anwendung dieses methodologischen Vergleichskonzepts durchgeführt wurden, haben erwiesen, dass sie zu erheblich weiterführenden Ergebnissen und Erkenntnissen auf dem Gebiet der Diktaturforschung beitragen können.[21]

Dies soll abschließend an einem Beispiel aus dem Bereich der Sozial- bzw. Mentalitätsgeschichte illustriert werden.

3. *Der sektorale Mikrovergleich am Beispiel eines Bürgervereins unter beiden deutschen Diktaturen*

Beide Regime hatten sich die Überwindung der bürgerlichen Gesellschaft, einschließlich ihrer Prinzipien, zum Ziel gesetzt. Insbesondere die spezifischen Wertkodizes, Habitusformen und kulturellen Inhalte des gebildeten

---

21 Vgl. die einzelnen Arbeiten in: G. Heydemann/H. Oberreuter (Hg.), Diktaturen in Deutschland (wie Anm. 16).

Bürgertums sollten im Nationalsozialismus ebenso wie im Sozialismus der DDR abgelöst werden, da deren Kerninhalte: Selbständigkeit, Selbstverantwortlichkeit und Selbsttätigkeit und der daraus resultierende Anspruch auf berufliche Unabhängigkeit, gesellschaftliches Prestige und privilegierte Lebenslage ihrem jeweiligen diktatorischen Anspruch entgegenstanden, so unterschiedlich beide Diktaturen auch waren. An die Stelle des Bürgertums sollten der Volksgenosse in der Volksgemeinschaft und der Genosse in der sozialistischen Gesellschaft treten, wobei der sog. »Intelligenz« im Sozialismus eine eindeutig nicht-bürgerliche Konnotation zugemessen wurde.

Dieses hier weitgehend abstrakt skizzierte Phänomen ist unlängst am Beispiel einer bürgerlichen Vereinigung, nämlich der Magdeburger »Vespertina«, von Thomas Großbölting minutiös untersucht worden. Es handelt sich um einen exklusiven bildungsbürgerlichen Zirkel, in dem sich die Spitzen der dortigen kommunalen Gesellschaft versammelten.[22] Die in Stadt und Region elitäre bürgerliche Vereinigung bestand seit 1831 und konnte somit beim Aufstieg des Nationalsozialismus bereits auf eine hundertjährige Tradition zurückblicken. In ihr waren die städtischen Honoratioren aus Politik, Verwaltung, Wirtschaft, Kirche, Universität und Schule vertreten.

Grosso modo wurde die nationalsozialistische Machtergreifung von den Mitgliedern der »Vespertina« keineswegs als Bruch angesehen, zumal sie wesentliche Elemente der NS-Ideologie bereits vor 1933 rezipiert und akzeptiert hatten. Hier spielte die Revision des Versailler »Diktatfriedens«, welche die Nationalsozialisten am radikalsten forderten, ebenso eine Rolle wie die unter ihnen vorherrschende Ablehnung der Weimarer Demokratie; hinzu kam ein tief verinnerlichter Nationalismus, ein virulenter Antibolschewismus sowie ein aus christlicher Überzeugung gespeister Antijudaismus. Zudem knüpfte der Nationalsozialismus mit seinem Ideologiekonglomerat anfänglich bewusst an bürgerliche Traditionen an und gewann somit bei diesen Schichten Unterstützung. Lediglich der massiv proklamierte antisemitische Rassismus der Nationalsozialisten, mehr noch aber das Rabaukentum der SA-Mitglieder wurde von der Mehrheit der sog. »Abendsprecher« abgelehnt. Darüber hinaus konnten die Mitglieder der »Vespertina« auch nach 1933 ihr traditionelles geistig-geselliges Leben nahezu ungestört fortsetzen. Auch die Ablehnung der Politik des Nationalsozialismus durch einige wenige »Abendsprecher« bei mehrheitlicher Befürwortung des NS-Regimes unter ihren Mitgliedern wurde vom gemeinsamen bildungsbürgerlichen Ideen- und Wertekosmos aufgefangen und führte nicht zum politischen Konflikt innerhalb der Vereinigung oder

---

22 Vgl. Thomas Großbölting, SED-Diktatur und Gesellschaft. Bürgertum, Bürgerlichkeit und Entbürgerlichung in Magdeburg und Halle, Halle/Saale 2001 sowie Ders., Bildungsbürger – »Volksgenosse« – »Neue Intelligenz«: Bildungsschichten in der NS- und in der SED-Diktatur, in: G. Heydemann/H. Oberreuter (Hg.), Diktaturen in Deutschland (wie Anm. 16), S. 534-556, dort jeweils passim.

gar zu ihrer Auflösung. Vielmehr flüchtete man sich, je mehr die Auswirkungen des Krieges sicht- und spürbar wurden, in eine ästhetisierende Weltsicht, deren geistige Wurzeln schon längst vor 1933 in einer grundsätzlich pessimistischen Kritik an Phänomenen der Moderne existent waren: Die seit der Spätaufklärung einsetzende Säkularisierung, durch den Industrialisierungsprozess massiv intensiviert, und die daraus resultierende Massengesellschaft mit ihrer apostrophierten kollektiven wie individuellen Orientierungs- und Bindungslosigkeit bildeten die immer wiederkehrenden Diskussionspunkte einer bildungsbürgerlichen Gesellschafts- und Zivilisationskritik, die typisch für die Vereinigung der Magdeburger Abendsprecher war, sie aber letztlich nicht zu einer realistischen politischen Analyse ihrer eigenen Gegenwart vordringen ließ. Die strikte Beibehaltung überkommener, traditioneller Geselligkeitsformen trug überdies dazu bei, dass der Zusammenhalt der Mitglieder der »Vespertina« auch über das Ende der nationalsozialistischen Diktatur hinaus gewahrt blieb, auch wenn die weitgehende Zerstörung Magdeburgs am 16. Januar 1945 wenige Monate vor Kriegsende für sie ein furchtbares Menetekel bedeutete, zumal die meisten von ihnen dadurch persönlichen wie materiellen Schaden erlitten.

Die durch die Etablierung des Nationalsozialismus und seiner Folgen bewirkte »Deutsche Katastrophe« (Friedrich Meinecke), spitzte die in der »Vespertina« schon seit langem angelegte Modernisierungs- und Zivilisationskritik nach Kriegsende zu; gleichzeitig jedoch waren ihre Mitglieder nunmehr davon überzeugt, dass neue politische Formen zur Umsetzung der weiterhin vertretenen christlichen Überzeugungen notwendig waren. Ein demokratischer und parlamentarischer Rechtsstaat christlicher Ausrichtung bildete jetzt die Zielvorstellung, durchaus konform mit der Entwicklung in den westlichen Besatzungszonen bzw. der jungen Bundesrepublik. Gegenüber der entstehenden Diktatur in der SBZ/DDR unter sozialistisch-kommunistischen Vorzeichen indes nahm man von Anfang an eine kompromisslos ablehnende Haltung ein – eine Position, die nicht zuletzt in der traditionellen Negierung des Bolschewismus seit den frühen 1920er Jahren wurzelte.

Im Unterschied zum Nationalsozialismus, der zwar auch die Ablösung und Verdrängung bildungsbürgerlicher Schichten angestrebt, aber hierzu nie ein dezidiertes Gesellschaftskonzept entwickelt hatte, zielte die Sozialpolitik der KPD/SED von Beginn an auf eine grundlegende gesellschaftliche Transformierung, in der es das Bürgertum in seiner überkommenen Form nicht mehr geben sollte. An seine Stelle sollte eine »fortschrittliche Intelligenz« treten, um im Zusammenwirken mit der Klasse der Arbeiter und Bauern zum Aufbau des Sozialismus beizutragen. Bürgerliches Selbstbewusstsein und Verhalten, bürgerliche Kultur und Traditionen und der daraus resultierende Lebensstil sollten im sozialistischen Staat von neuen gesellschaftlichen Trägern und Formen abgelöst werden. Für eine Übergangszeit benötigten aber auch die neuen

Machthaber, kaum anders als die Nationalsozialisten, die alten bürgerlichen Eliten – nicht zuletzt im Hinblick auf die Ärzteschaft oder die Vertreter der Naturwissenschaften an den Hochschulen. Der Aufbau eines sozialistischen Herrschafts-, Wirtschafts- und Gesellschaftssystems wurde von den Magdeburger Abendsprechern jedoch nicht nur aus ihrem tief verinnerlichten Antibolschewismus bzw. Antikommunismus abgelehnt, ihre Negation des neuen politischen Modells gleichsam a priori resultierte auch daraus, dass man die sowjetische Okkupation gleichzeitig auch als Fremdherrschaft empfand. Damit war aber kein Konsens, auch kein partieller mit den sozialistischen Machthabern und ihrem Herrschafts- und Gesellschaftsideal möglich.

Diese entschiedene Grundhaltung der Mitglieder der »Vespertina« sollte sich für ihre Gemeinschaft wie für jeden einzelnen von ihnen selbst zu einer existenziellen Frage ausweiten, je länger der Staat der KPD/SED Bestand haben sollte. Nicht nur, dass die Hälfte ihrer Mitglieder die DDR bereits bis 1952 verlassen hatte und in die Bundesrepublik übergesiedelt war; auch in beruflicher Hinsicht begann sich das Spektrum der Mitgliedschaft der »Vespertina« zu verengen. Zunehmend waren es Ärzte und Pfarrer, welche die Abendgesellschaft dominierten: die Mediziner, weil ihre Berufsgruppe in der DDR gebraucht wurde, und die Theologen, weil sie im Schutz der Kirche standen. Vor allem die Vertreter geisteswissenschaftlicher Fächer flüchteten vor dem wachsenden politisch-ideologischen Druck und dünnten somit die traditionelle berufliche Bandbreite der »Abendsprecher« aus; ein Vorgang, der bis 1961 anhielt. Wie Großbölting zutreffend konstatiert, war die »zu registrierende ›Flucht des Geistes‹ eine der sozialen Voraussetzungen für die zu beobachtende partielle Entbürgerlichung der DDR«;[23] diese generelle Entwicklung vollzog sich in nuce auch in der Magdeburger Abendgesellschaft. Zugleich beeinflusste die umfassende sozialistische Transformierung von Staat, Wirtschaft und Gesellschaft durch die SED, die von den Mitgliedern der »Vespertina« aufmerksam und kritisch zugleich registriert wurde, immer stärker ihre interne Diskussion, ob es nun um die Frage der Einheitsschule, die Universitätsreform oder die Verfassung des Landes Sachsen-Anhalt ging. Dadurch wurde der traditionelle Gedankenaustausch in der Magdeburger Abendgesellschaft zunehmend politisiert, zumal ihre Mitglieder in ihrem beruflichen wie privaten Leben täglich mit einer politisch-ideologischen, aber auch geistig-moralischen Weltdeutung konfrontiert wurden, die sie gemeinschaftlich wie individuell fast ausnahmslos ablehnten. »Politik, das öffentliche Leben, Schule, Presse und alle Produkte der Hochkultur folgten nicht mehr dem bürgerlichen Paradigma, sondern orientierten sich immer strikter an den Vorgaben der Hegemonialpartei.«[24] Als schließlich das Ministerium

---

23 Ebd. S. 547.
24 T. Großbölting, SED-Diktatur und Gesellschaft (wie Anm. 22), S. 424.

für Staatssicherheit gegen Führungskräfte der provinzsächsischen Kirchenleitung vorging, die wiederum vornehmlich von Mitgliedern der Abendgesellschaft getragen wurde, kam 1967 das Ende der »Vespertina«.

4. *Resümee und Ausblick*

Die diktaturvergleichende Untersuchung eines bürgerlichen Vereins, wie sie im vorliegenden Beitrag skizziert wurde, zeigt, dass mit der Methode des sektoralen Mikrovergleichs eine differenzierte Analyse ermöglicht wird, in der spezifische Vorgehensweisen beider Diktaturen (»actio«) ebenso deutlich hervortreten wie das Handeln der Betroffenen (»reactio«).

Im Hinblick auf das Beispiel der Magdeburger »Vespertina« erwies sich, dass »das von der KPD/SED propagierte Gesellschaftssystem als etwas grundlegend Fremdes wahrgenommen (wurde), was die prinzipielle Abwehr dagegen beförderte. Der Nationalsozialismus hingegen als ein Produkt genuin deutscher Geschichte konnte auf Akzeptanz und einen breiten Konsens rechnen«.[25] Das galt auch, wie Großbölting vermerkt, obwohl »die Nationalsozialisten die Gesellschaft aus den Angeln hoben (und) in bezug auf die Menschenwürde sowie Freiheit und Unverletzlichkeit der Person sogar zutiefst pervertierten; gleichwohl vermittelten sie vielen Angehörigen der bürgerlichen Gesellschaftsschicht während der Friedens- und ersten Kriegsjahre den Eindruck, in ihren privaten Belangen nicht tangiert zu werden«.[26] Hinzu kam, dass die von den Mitgliedern der Gesellschaft getragenen Werte sowie ihre geistigen und politischen Ideale von der NS-Diktatur weitgehend unangetastet blieben – wie die Mehrheit der »Vespertina« zumindest glaubte.

Auch wenn in dieser Hinsicht eine krasse Fehleinschätzung über die eigentlichen Zielsetzungen und tatsächlich begangenen Verbrechen des Nationalsozialismus zu konstatieren ist, was möglicherweise auch darauf zurückgeführt werden kann, dass offensichtlich manche Mitglieder die Augen bewusst vor der Realität verschlossen, so besteht kein Zweifel darüber, dass die sowjetische Besatzungsherrschaft, die von ihr gestützten deutschen Kommunisten und das von ihnen seit 1945 mit sowjetischer Hilfe errichtete sozialistische Herrschafts-, Wirtschafts- und Gesellschaftsmodell von der »Vespertina« von Anfang an ausnahmslos abgelehnt wurde. Die Zeit nach dem Ende des II. Weltkrieges stellte für ihre Mitglieder daher eine Zäsur dar. Aufgrund dessen entwickelte sich in der Magdeburger Abendgesellschaft ein Resistenzpotential, das zwar durch Abwanderung vieler Mitglieder in die Bundesrepublik

25 Ebd., S. 426.
26 Ebd.

26

sukzessiv geschwächt wurde, aber im Widerstand gegen das neue Regime und seine Diktatur und Kultur nicht nachließ. Daher vollzog sich in der »Vespertina« seit den frühen 1950er Jahren ein »klarer Funktionswandel: vom Substrat der Selbsterziehung und -bildung wandelte sie sich zum Ort der intellektuellen Selbstbehauptung und des intellektuellen Widerstandes. Diesen Schritt hatte der bürgerliche Kreis im Nationalsozialismus nie getan«.[27]

An diesem Beispiel zeigt sich somit, dass der sektorale Diktaturvergleich zu einer wesentlich differenzierteren Analyse beiträgt, als bisweilen noch immer geargwöhnt. Fokussiert auf ein identisches Vergleichsobjekt und basierend auf empirischem Quellenmaterial können mit der hier vorgestellten methodischen Vorgehensweise Funktionsmechanismen und Verhaltensstrukturen sowohl der NS- als auch der SED-Diktatur rekonstruiert und bewertet werden, die von klassischen totalitarismustheoretischen Ansätzen in vergleichbarer Subtilität bisher kaum erzielt worden sind.[28] Konform gehend mit der in der gegenwärtigen Forschungsdiskussion immer wieder erhobenen Frage nach der Reichweite und Tiefenwirkung diktatorialer »Durchherrschung«,[29] werfen die bisher vorliegenden, diktaturvergleichenden Arbeiten daher verstärkt die Frage auf, inwieweit mit den pauschalen Begriffen »Totalitarismus« und »totalitäre Diktatur(en)« in Zukunft weiter sinnvoll operiert werden kann. Ganz offensichtlich lässt sich die Stoßkraft totalitärer Herrschaftssysteme nicht linear durchsetzen, vielmehr bricht sie sich, obwohl die Gesellschaft in den Jahren 1933 bis 1945 ihrem diktatorialen Zugriff weiter unterworfen bleibt, immer wieder an der Mannigfaltigkeit politischer, wirtschaftlicher und gesellschaftlicher Institutionen und der in ihnen lebenden und agierenden Menschen.

Angewendet auf die beiden Diktaturen in Deutschland heißt das: Auch wenn der nationalsozialistische Rassen- und Vernichtungskrieg in der bisherigen Geschichte die unzweifelhaft totalitärste Gewaltausübung verkörperte, so darf in diesem Zusammenhang nicht übersehen werden, dass ein ebenso intensiver Zugriff auf die unterschiedlichen Institutionen von Wirtschaft und Gesellschaft keineswegs immer und überall erfolgt ist – soweit es zumindest die nichtjüdische Gesellschaft betraf. Das stellt freilich nicht in Abrede, dass die NS-Diktatur zu entsprechend »totalitärer« Vorgehensweise gleichzeitig immer und überall fähig blieb. Im Vergleich dazu ist die Diktatur der SED zu keinem auch nur ansatzweise analogen totalitären Verhalten vorgestoßen. In

---

27 T. Großbölting, Bildungsbürger – »Volksgenosse« – »Neue Intelligenz«, in: G. Heydemann/H. Oberreuter (Hg.) (wie Anm. 16), S. 549.
28 Das gilt auch für die Revitalisierungsversuche des auf dem Totalitarismusmodell basierenden diktaturvergleichenden Ansatzes der »Politischen Religionen«; vgl. Hans Maier (Hg.), Wege in die Gewalt, Frankfurt am Main 2000.
29 Vgl. Anm. 10.

der Tat bleibt der nationalsozialistische Genozid singulär. Ganz zweifellos war aber der vom Realsozialismus intendierte und praktizierte Umbau von Staat, Wirtschaft und Gesellschaft wesentlich radikaler und damit »totalitärer« als der durch den Nationalsozialismus.

Allein diese einfache Gegenüberstellung legt nahe, in Zukunft mit dem Begriff »totalitär« erheblich zurückhaltender umzugehen, bis mehr diktaturvergleichende Forschungsarbeiten vorliegen. Denn es dürfte kaum abgestritten werden können, dass mit einer solchen methodischen Vorgehensweise vertiefte Erkenntnisse über das Wesen und die Funktionsweise von diktatorischen Regimen erzielt werden können, einschließlich des jeweiligen Verhaltens der in ihnen handelnden Menschen.

Auf Dauer wird sich die moderne Zeitgeschichtsforschung jedenfalls nicht mit der wissenschaftlichen Analyse nur der einen oder der anderen Diktatur begnügen können – dafür sind beide zu folgenreich für die deutsche und die Weltgeschichte im 20. Jahrhundert gewesen und geworden.

Rolf-Ulrich Kunze

Ernst Rabel und Gerhard Anschütz – Zwei liberale Ausnahmejuristen und das Aufkommen des Nationalsozialismus

Rabel und Anschütz oder: zum Verhältnis von Ausnahme und Regel

Fragt man nach exemplarisch liberalen und demokratisch orientierten Juristen in der Zwischenkriegszeit und frühen Phase der nationalsozialistischen Machtergreifung,[1] wird der Name des Staatsrechtlers und Kommentators der Weimarer Reichsverfassung, Gerhard Anschütz, noch einigermaßen naheliegen. Der liberale Internationalprivatrechtler und Gründer des Berliner Kaiser-Wilhelm-Instituts (KWI) für ausländisches und internationales Privatrecht Ernst Rabel dürfte hingegen selbst unter Juristen bestenfalls dem Namen nach bekannt sein. Beide Fälle unter der Überschrift liberaler Ablehnung des Nationalsozialismus abzuhandeln, erscheint daher auf den ersten Blick herbeigeholt und gezwungen. Doch trifft das nicht zu. Rabel und Anschütz waren liberale Gegner des Nationalsozialismus.

Warum fällt es so schwer, diese liberale Gegnerschaft klar beim Namen zu nennen sowie zeit- und widerstandsgeschichtlich zu verorten? Die Schwierigkeiten hängen mit einer das liberale Selbst- und Fremdbild zutiefst prägenden, die Widerstandsqualität liberaler Akteure tendenziell hinterfragenden Grundeinstellung zusammen, die zu den perspektivischen Grundproblemen der Beschäftigung mit dem liberalen Widerstand gehört. Diese Haltung ist, wie Jürgen Frölich jüngst in seinem Beitrag über ›Opposition und Widerstand auf liberaler Grundlage‹ für die Neuausgabe des von Peter Steinbach und Johannes Tuchel herausgegebenen Sammelbandes ›Widerstand gegen den Nationalsozialismus‹ ausgeführt hat,[2] von einer Tendenz zu kritischer Selbstrelativierung als Folge eines schlechten Gewissens geprägt. Diese ist nicht zuletzt eine Reaktion auf die Variationen des sozialdemokratischen und/oder sozial-

---

1   Der Forschungsstand zur Weimarer Republik jetzt konzentriert bei Dieter Gessner: Die Weimarer Republik, Darmstadt 2002 (Kontroversen um die Geschichte).

2   Jürgen Frölich: Opposition und Widerstand auf liberaler Grundlage, in: Peter Steinbach, Johannes Tuchel (Hrsg.): Widerstand gegen die nationalsozialistische Diktatur, 1933–1945, Bonn 2004, S. 167-184.

geschichtlichen Pauschalvorwurfs des ›Versagens‹[3] von Liberalen und Liberalismus 1933. Als Folge der weitgehenden Akzeptanz dieses Vorwurfs wird der Schwellenwert für ein als ›liberal‹ anerkanntes widerständiges Handeln sehr hoch angesetzt.[4] Um Mißverständnisse auszuschließen: selbstverständlich ist das, was man z.B. auf der entsprechenden Tafel‚Widerstehen aus liberalem und konservativem Denken – Widerstehen aus dem politischen Katholizismus' der Dauerausstellung zum Deutschen Widerstand der Gedenkstätte Deutscher Widerstand Berlin lesen kann, sachlich zutreffend:

> »Angesichts der Unterdrückung der Arbeiterbewegung und der Auseinandersetzung des NS-Staates mit den Kirchen bleibt der größte Teil des deutschen Bürgertums unentschieden oder unterstützt Hitler sogar begeistert. Nur wenige Angehörige des liberal oder konservativ eingestellten Bürgertums distanzieren sich von den Mitteln und Zielen nationalsozialistischer Politik. Nur wenige treten in offene und aktive Gegnerschaft zu Hitler. In der Regel beschränken sie sich auf das kritische Gespräch unter Gleichgesinnten.«[5]

Dieses Verhältnis von Anpassung als Regel und Nichtanpassung als Ausnahme wird durch die Fälle von Rabel und Anschütz bestätigt.[6] Beide waren in ihren juristischen Fächern und Fachkulturen Ausnahmeerscheinungen. Beide gehörten zu den bevorzugten Opfergruppen der modernen Diktatur des Nationalsozialismus: Ernst Rabel aus rassistischen, Gerhard Anschütz aus politischen Gründen. Beide waren auf ihre Weise Liberale; Ernst Rabel mit einem stark ›reichspatriotisch‹-deutschnationalen Einschlag des im Reich eingelebten gebürtigen Österreichers, Gerhard Anschütz als idealtypischer und zudem noch linksliberaler Vertreter des von den Nationalsozialisten bestgehaßten ›Systems von Weimar‹. Beide waren unbequeme Liberale. Sie vertraten z.T. Ansichten, die sich nur bedingt mit dem Gesellschaftsbild der freiheitlich-demokratischen Grundordnung vertragen: Ernst Rabel aufgrund seines in sozialer Hinsicht zumindest problematischen bekennenden Vertragsliberalismus, der schon die Frage nach den sozioökonomischen Grundlagen der Vertragsfreiheit für den ersten Schritt zu ihrer Einschränkung hält; Gerhard Anschütz durch seinen bekennenden und bisweilen recht autoritären Anti-

---

3   Z.B. Hans Mehringer: Widerstand und Emigration. Das NS-Regime und seine Gegner, München ²1988, S. 116:»Der politische Liberalismus von Weimar hat im Gefüge des Dritten Reiches keine Spuren hinterlassen.« Im Hinblick auf die sozialen Trägerschichten des Liberalismus ähnlich kritisch Hans Mommsen: Der Widerstand gegen Hitler und die deutsche Gesellschaft. In: Jürgen Schmädecke, Peter Steinbach (Hrsg.): Der Widerstand gegen den Nationalsozialismus. München ²1986, S. 3-23.
4   Z.B. Hildegard Hamm-Brücher: Das Versagen des politischen Liberalismus vor und nach 1933 und seine Folgewirkungen nach 1945. In: Peter Steinbach (Hrsg.): Widerstand. Ein Problem zwischen Theorie und Geschichte, Köln 1987, S. 44-56.
5   Peter Steinbach: Widerstehen aus liberalem und konservativem Denken – Widerstehen aus dem politischen Katholizismus, Posterserie der Gedenkstätte Deutscher Widerstand, [Berlin] o.J.
6   Zum Forschungsstand vgl. Joachim Scholtyseck: Robert Bosch. Ein Liberaler im Widerstand gegen Hitler. In: JzLF 15 (2003), S. 163-183.

Föderalismus und demokratischen Unitarismus. Dennoch bieten beide Fälle Einblick in die Mechanismen liberaler Distanz zum Unrecht, indem sie sichtbar machen, inwieweit liberaler zivilrechtlicher Internationalismus, liberales Rechtsstaatsbewußtsein, liberale Skepsis gegenüber einer Politisierung des privaten wie des öffentlichen Rechts der nationalsozialistischen Durchdringung bestimmter gesellschaftlicher Teilmilieus Grenzen setzten.

Der liberale Internationalist Ernst Rabel

Ernst Rabel (1874-1955) war ein singulärer Jurist, Wissenschaftsmanager und akademischer »system builder« zwischen Kaiserreich und junger Bundesrepublik. Als wissenschaftlicher Publizist, Professor, Richter, Gründer und Leiter des Berliner Kaiser-Wilhelm-Instituts für ausländisches und internationales Privatrecht zwischen 1926 und 1937 hat er nicht nur die Rechtswissenschaft, sondern die juristische Wissenschaftskultur verändert.[7] Sein integratives, fächer- und disziplinenübergreifendes Konzept der Rechtsvergleichung ist im intellektuellen Rang der verstehenden Soziologie Max Webers[8] ebenbürtig. Rabel war in praktischer und theoretischer Hinsicht ungewöhnlich produktiv.[9] Und ähnlich wie bei Webers idealtypologischer Methodik sind zahlreiche von Rabels Ansätzen so zum selbstverständlichen Kernbestand auf dem Gebiet der Rechtsvergleichung und des internationalen Privatrechts geworden, daß der Autor, abgesehen vom respektvollen Zitat, kaum mehr präsent ist. Juristen kennen ›Rabels Zeitschrift‹, aber wer kennt Ernst Rabel?

Europäer: der Wissenschaftler und Praktiker

»It was plain (. . .) after the first world war, in innumerable diplomatic conferences, in the numerous international tribunals of the time, in a rapidly growing literature fighting for vital interests of the various countries, that Roman law culture proved the only common language and the only undoubted measure of justice. We Romanists, for this reason had, per force, to become practitioners of jus gentium.«

Ernst Rabel, 1944.[10]

7   Vgl. Sybille Hofer: Ernst Rabel. In: Juristen. Ein biographisches Lexikon. Von der Antike bis zum 20. Jahrhundert, hg. v. Michael Stolleis, München 1995, S. 508 f.; Ernst von Caemmerer: Geleitwort. In: Ernst Rabel, Gesammelte Aufsätze. Bd. I: Arbeiten zum Privatrecht, 1907-1930, hg. v. Hans Georg Leser, Tübingen 1965, S. VII-IX.
8   Gregor Schöllgen: Max Weber, München 1998, S. 158-171.
9   Siehe Thomas P. Hughes: Walther Rathenau: ›system builder‹. In: Tilmann Buddensieg u.a.: Ein Mann vieler Eigenschaften. Walther Rathenau und die Kultur der Moderne, Berlin 1990, S. 9-31.
10   Ernst Rabel: On Comparative Research in Legal History and Modern Law. In: Quarterly Bulletin of the Polish Institute of Arts and Sciences in America 1944, S. 1-14, Abdruck: Ernst Rabel: Gesammelte Aufsätze. Bd. III: Arbeiten zur Rechtsvergleichung und zur Rechtsvereinheitlichung, 1919-1954, hg. v. Hans Georg Leser, Tübingen 1967, S. 247-260, 254.

An der Einschätzung des Herausgebers von Rabels Aufsätzen, Hans Georg Leser, aus dem Jahr 1965, es gebe keine angemessene ausführliche biographische Würdigung Rabels, hat sich in den letzten vierzig Jahren erstaunlich wenig geändert.[11] Ernst Rabel wurde am 28.1.1874 in Wien als Sohn des »K.u.K. Hof- und Gerichtsadvokaten« Dr. Albert Rabel und seiner Ehefrau Berta Rabel geboren. Er wuchs in der österreichisch-ungarischen Metropole in einer von extremen politischen und gesellschaftlichen Gegensätzen aufgeladenen Atmosphäre auf, die der zwölf Jahre ältere Arthur Schnitzler ausführlich und kritisch beschrieben hat.[12] Das Studium der Rechtswissenschaft schloß Rabel 1895 mit einer von Ludwig Mitteis[13] betreuten, nicht publizierten Dissertation ab. Nach dem Studium war Rabel vorübergehend zuerst in der väterlichen, dann in einer anderen Kanzlei tätig, 1896 hielt er sich zu Studienzwecken in Paris auf. Eine Hauptvoraussetzung für seine spätere rechtsvergleichende Tätigkeit war, daß Rabel – vollkommen ungewöhnlich für die stark am klassisch-humanistischen Primat ausgerichtete höhere Bildung in der Doppelmonarchie – fließend französisch, englisch, italienisch und spanisch zu sprechen und zu schreiben lernte; weitere Fremdsprachen eignete er sich später bei Bedarf mit der erstaunlichen Energie des sprachlich Hochbegabten an. 1899 holte sein Doktorvater Ludwig Mitteis Rabel nach Leipzig, um ihn für die akademische Laufbahn zu gewinnen. Dort veröffentlichte Rabel im Jahr 1900 seinen ersten eigenständigen Beitrag, »Die Übertragbarkeit des Urheberrechts nach dem österreichischen Gesetze vom 26. Dezember 1895«.[14] Nur zwei Jahre später habilitierte er sich im Alter von 28 Jahren bei Mitteis mit der rechtsgeschichtlichen Arbeit »Die Haftung des Verkäufers wegen Mangels im Rechte. Geschichtliche Studien über den Haftungserfolg«.[15] Ab 1902 lehrte er in Leipzig als Privatdozent, ab 1904 als Extraordinarius, dabei geradezu atemlos rechtsdogmatisch und rechtshistorisch publizierend: so u.a. 1904 über »Die Haftpflicht des Arztes«.[16] Weitere Arbeiten galten dem griechischen und griechisch-ägyptischen Recht einschließlich der juristischen Papyruskunde sowie dem römischen Recht, dem mittelalterlichen deutschen Recht, usus modernus, den Kodifikationen einschließlich des 19.

11 Das Folgende nach Rolf-Ulrich Kunze: Rechtsvergleichung als Instrument in den internationalen Beziehungen der Zwischenkriegszeit. Ernst Rabel und das Kaiser-Wilhelm-Institut für ausländisches und internationales Privatrecht, 1926 bis 1945. In: Wolfgang Elz, Sönke Neitzel (Hrsg.): Internationale Beziehungen im 19. und 20. Jahrhundert. Festschrift für Winfried Baumgart zum 65. Geburtstag, Paderborn 2003, S. 295-318; Rolf-Ulrich Kunze: Ernst Rabel und das Kaiser-Wilhelm-Institut für ausländisches und internationales Privatrecht, 1926 bis 1945. Im Ms. abgeschlossen, erscheint Göttingen 9/2004 (Forschungen zur Geschichte der Kaiser-Wilhelm-Gesellschaft im Nationalsozialismus, Bd. 8).
12 Arthur Schnitzler: Jugend in Wien. Eine Autobiographie (1920), Frankfurt am Main 1981.
13 Vgl. Ernst Rabel: In der Schule von Ludwig Mitteis. In: Ders., Gesammelte Aufsätze III, (wie Anm. 10), S. 376-380.
14 Druck: Zeitschrift für das private und öffentliche Recht der Gegenwart 27 (1900), S. 71-182.
15 Druck als ›Teil 1‹, Leipzig 1902, 356 S.
16 Druck: Leipzig 1904.

Jahrhunderts – also so ziemlich allem, wozu sich ein Rechtshistoriker äußern kann. Rabels disziplinenübergreifender Fleiß und die Originalität seiner Fragestellungen blieben nicht unbemerkt, so daß er 1906 den Ruf auf eine ordentliche Professor in Basel erhielt,[17] wo er zugleich am Kantonalen Appellationsgericht amtierte. Seit seiner Basler Zeit beschäftigte sich Rabel auch wiederum neben zahlreichen Beiträgen zum geltenden Recht, darunter eine Kritische Studie zum Bürgerlichen Gesetzbuch,[18] mit französischem Recht. Dieses Interesse brachte er in seine 1909 aufgenommene Herausgebertätigkeit der »Rheinischen Zeitschrift für Zivil- und Prozeßrecht« ein, der er bis 1926 verbunden blieb, als sie in der »Zeitschrift für ausländisches und internationales Privatrecht«, der späteren ›RabelsZ‹, aufging. 1910, im Jahr seiner Berufung nach Kiel, erschien u.a. seine vergleichende Arbeit ›Bürgerliches Gesetzbuch und Schweizerisches Zivilgesetzbuch‹.[19] Kiel war für Rabel allerdings nur Zwischenstation, schon 1911 erhielt er einen Ruf nach Göttingen. 1915 erschienen seine ›Grundzüge des Römischen Privatrechts‹ in der ›Enzyklopädie der Rechtswissenschaf‹,[20] die Rabels Ruf als Rechtshistoriker begründeten.[21] Mitten im Ersten Weltkrieg, 1916, wechselte Rabel an die Universität München und gründete dort noch im selben Jahr die Vorläufer-Einrichtung des späteren Berliner KWI, das Münchner Institut für Rechtsvergleichung. Angesichts eines deutschnationalen und republikfeindlichen Professoren-Habitus im ›Geist von 1914‹[22] und einer im Hinblick auf nationalistische Normalmentalitäten aufschlußreichen Kriegszieldiskussion war das ein auffälliges ›Alleinstellungsmerkmal‹. In München war Rabel zugleich Richter am OLG, wie überhaupt das Jahrzehnt zwischen seiner Berufung nach München und der Gründung des KWI 1926 durch eine ganze Reihe justizpraktischer Erfahrungen auf nationaler und internationaler Ebene geprägt war. Rabel erlebte die komplizierten und politisch hochgradig aufgeladenen juristischen Folgen der Implementation des Versailler Friedensvertrages ganz direkt als praktische und wissenschaftliche Herausforderung an eine seiner Ansicht nach viel zu selbstbezogene deutsche Rechtswissenschaft.[23] Rabel warnte

17   Vgl. Kürschners Gelehrten-Kalender auf das Jahr 1926, hg. v. Gerhard Lüdtke, Berlin/Leipzig 1926, S. 1508.
18   Die Unmöglichkeit der Leistung. Eine kritische Studie zum Bürgerlichen Gesetzbuch. In: Aus römischem und bürgerlichem Recht. Festschrift für E. I. Bekker, Weimar 1907, S. 171-237, u.d.T. auch selbständig Weimar 1907.
19   Druck: Deutsche Juristen-Zeitung 15 (1910), S. 26-30.
20   Grundzüge des Römischen Privatrechts. In: Enzyklopädie der Rechtswissenschaft, begr. v. Franz von Holtzendorff, Bd. 1, hg. v. Josef Kohler, München/Leipzig ⁷1915, S. 339-540; selbständig Basel ²1955.
21   Vgl. Wolfgang Kunkel: Ernst Rabel als Rechtshistoriker. In: Festschrift für Ernst Rabel, Bd. II, hg. v. Hans Dölle, Max Rheinstein, Konrad Zweigert, Tübingen 1954, S. 1-6.
22   Vgl. am Beispiel Erlangens z.B. Alfred Wendehorst: Geschichte der Friedrich-Alexander-Universität Erlangen-Nürnberg, 1743-1993, München 1993, S. 164.
23   Zusammenfassend Konrad Zweigert, Hein Kötz: Einführung in die Rechtsvergleichung auf dem Gebiete des Privatrechts, Bd. I, Grundlagen, Tübingen 1971, S. 62 ff.

hellsichtig vor der außerordentlichen politischen Belastung und Gefahr, die aus der – wie auch immer: durch Nationalismus oder Ignoranz motivierten – deutschen Nichtbeschäftigung mit englischen, amerikanischen und französischen Rechtsbegriffen resultierte. Solche Wortmeldungen wiesen auf nichts Geringeres als auf einen Geburtsfehler der ›unvollendeten‹ Weimarer Demokratie hin. Weite Teile der deutschen Öffentlichkeit hatten sich schon 1918 nicht vorstellen können oder wollen, daß der amerikanische Präsident Woodrow Wilson mit *self determination* nicht Selbstbestimmung im Sinne des *ius sanguinis* in Mitteleuropa und zugunsten einheitlicher deutscher Grenzen meinte.[24] Zur Herstellung und Erweiterung tatsächlich vorhandener politischer Handlungsspielräume trug eine solche Mentalität aus gekränktem Großmachtstolz und vormals machtgeschützter Innerlichkeit nicht bei, sie erleichterte es nur den politischen Extremen, die politischen terms of trade von Frieden und Demokratie in Frage zu stellen. Durch die Berufung zum Richter am Deutsch-Italienischen Schiedsgerichtshof 1921, dem Rabel bis 1927 angehörte, sowie zum Mitglied des Ständigen Internationalen Gerichtshofs in Den Haag 1925 bis 1928 dürfte Rabel zu *dem* deutschen Fachmann mit den weitgehendsten praktischen Erfahrungen in konkreter, advokatorischer Anwendung der Rechtsvergleichung im Bereich des Privatrechts geworden sein.[25] Dies waren zugleich Erfahrungen, die er publizistisch auswertete.[26] Vor diesem Hintergrund erscheint es nur konsequent, daß Rabel im Jahr 1926 die Chance erhielt, seine bisherige wissenschaftliche Laufbahn mit der Gründung und Direktion des Kaiser-Wilhelm-Instituts für ausländisches und internationales Privatrecht in Berlin zu krönen. Es war ›sein‹ Institut, es beruhte von Anfang an auf seinem Konzept und der Erfolg des Instituts war in hohem Maß Rabels persönlicher Erfolg. Die Gründung dieses KWI war ein Musterbeispiel des ›Harnack-Prinzips‹, der Eigenart deutscher Wissenschaftsförderung im ›deutschen Oxford‹ der Berliner Wissenschaftslandschaft.[27] Auch auf internationaler Ebene erfuhr Rabels Expertise weitere Anerkennung: so 1927 durch die Wahl zum Mitglied des Rates und Exekutivausschusses des Römischen Internationalen Instituts für die Vereinheitlichung des Privatrechts (UNIDROIT), ferner die Tätigkeit in den Ständigen Schiedskommissionen Deutsch-

24 Vgl. Klaus Schwabe: Deutsche Revolution und Wilson-Frieden. Die amerikanische und deutsche Friedensstrategie zwischen Ideologie und Machtpolitik 1918/19, Düsseldorf 1971; Heinrich August Winkler: Weimar 1918-1933. Die Geschichte der ersten deutschen Demokratie, München 1993, S. 87 ff.
25 Programmatisch in: Aufgabe und Notwendigkeit der Rechtsvergleichung (1924). In: Ernst Rabel: Gesammelte Aufsätze III, (wie Anm. 10) S. 1-21.
26 Rechtsvergleichung vor den gemischten Schiedsgerichtshöfen (1923). In: Ernst Rabel: Gesammelte Aufsätze, Bd. II, Arbeiten zur internationalen Rechtsprechung und zum internationalen Privatrecht, 1922-1951, hg. v. Hans Georg Leser, Tübingen 1965, S. 51-133.
27 Grundlegend Bernhard vom Brocke (Hrsg.): Die Kaiser-Wilhelm-, Max-Planck-Gesellschaft und ihre Institute: Studien zu ihrer Geschichte: Das Harnack-Prinzip, Berlin u.a. 1996.

land-Italien und Italien-Norwegen, 1929 bis 1936. In der deutschen Wissenschaftslandschaft der Zwischenkriegszeit dürfte es nur wenige deutsche Wissenschaftler von einem so ausgewiesenen internationalen Profil gegeben haben.[28]

Rabels Institut war die Parallelgründung zu dem 1925 entstandenen Kaiser-Wilhelm-Institut für ausländisches öffentliches Recht und Völkerrecht. Beide Institute waren, im Hinblick auf die zeitgeschichtliche Symbolkraft des Ortes bezeichnend genug, gleichsam als Exklave der dichten Dahlemer KWI-Infrastruktur, im Hohenzollern-Stadtschloß untergebracht und pflegten einen engen Austausch. Daß es der Kaiser-Wilhelm-Gesellschaft (KWG) gelungen war, gerade diese beiden Institute, die dezidiert der juristischen Völkerverständigung dienlich sein sollten, an diesem Ort unterzubringen, war eines der hoffnungsvollen Zeichen für die politische Kultur Weimars. Das Institut gab Rabel für zehn Jahre die Möglichkeit, seine drei Schwerpunkte Rechtsgeschichte, Rechtsvergleichung und Internationales Privatrecht,[29] in Theorie und Praxis zu verbinden und auszubauen, vor allem auch namhafte Wissenschaftler wie Martin Wolff[30] in die Arbeit des Instituts einzubinden. Rabel war ein Mann der Großforschung. Max Rheinstein charakterisierte das KWI 1954 in der Einleitung zur Festschrift für Rabel:

»Das Berliner Institut mit seinem Stab von Referenten und Assistenten und seiner umfangreichen Bibliothek der privatrechtlichen Literatur der Welt war etwas so völlig Neues, daß von vielen Seiten bezweifelt wurde, ob für rechtwissenschaftliche Arbeit solch ein Apparat nötig oder ob sie auf solche Weise überhaupt möglich sei. Der Erfolg hat Rabel recht gegeben. (...) Für Regierung, Gesetzgebung, Rechtsprechung und Wirtschaft hat Rabel mit seinem Institut den unentbehrlich gewordenen Ratgeber geschaffen. Sein Wirken wurde rasch handgreiflich erkennbar in den für Deutschland erzielten Erfolgen vor den internationalen Gerichten (...). Für Rechtswissenschaft und -lehre ist Rabels Institut bedeutsam geworden durch seine Veröffentlichungen, die den deutschen Juristen den Ausblick öffneten auf die weite Welt fremder moderner Rechte, vor allem des anglo-amerikanischen Common Law, und damit auf die Fülle der im Ausland entwickelten Ideen zur Lösung der allen Ländern der modernen Welt gestellten Aufgaben.«[31]

Rabels internationale Verpflichtungen und seine Publikations- und Herausgebertätigkeit für die Zeitschrift für ausländisches und internationales Privatrecht sowie für die 1928 ins Leben gerufene Instituts-Monographienreihe

---

28 Vgl. vor allem Gabriele Metzler: ›Welch ein deutscher Sieg!‹ Die Nobelpreise von 1919 im Spannungsfeld von Wissenschaft, Politik und Gesellschaft. In: VfZG 44 (1996), S. 173-200.
29 Vgl. zeitgenössisch Fritz Stier-Somlo: Internationales Privatrecht. In: Handwörterbuch der Rechtswissenschaft, Bd. III, hg. v. Fritz Stier-Somlo, Alexander Elster, Berlin/Leipzig 1928, S. 318-338.
30 Vgl. Ulrich Falk: Martin Wolff. In: M. Stolleis, Juristen, (wie Anm. 7), S. 658.
31 Max Rheinstein, Ernst Rabel. In: Festschrift für Ernst Rabel, (wie Anm. 21), S. 1-4, hier S. 2.

›Beiträge zum ausländischen und internationalen Privatrecht‹ führten scheinbar bruchlos über die Zäsur des 30. Januar 1933 hinweg. Neben zahlreichen
rechtshistorischen Arbeiten galt seine Arbeitskraft hauptsächlich der Vorbereitung seiner großen Arbeit ›Das Recht des Warenkaufs‹ von 1936,[32] das
eine wichtige Grundlage für das 1964 verwirklichte einheitliche Haager Kauf-
recht abgab. Indessen wurde der totalitäre und universalrassistische Umbau
der deutschen Gesellschaft mit großen Schritten vorangetrieben – mit aktiver
Beteiligung der deutschen Universitäten, an denen die nationalsozialistisch
formierte Deutsche Studentenschaft schon seit 1931 eine Mehrheit hatte.[33]
Wenn es einen Anhaltspunkt für Martin Broszats ›weiten‹ Machtergreifungs-
begriff gibt,[34] dann im Verhalten deutscher Universitätsangehöriger. Gleichwohl, oder vielmehr: erst recht griff der zutiefst anti-akademische und bei
allem militärisch-technischem Fortschrittspathos im Kern anti-wissenschaftli-
che Nationalsozialismus im akademischen Milieu der organisierten Wissen-
schafts- und Wissenschaftlerförderung hart durch. Die rassistisch motivierten
Massenentlassungen im Wissenschaftssektor setzten schon im Sommer 1933
ein und wurden bis 1938 mit großer Konsequenz fortgesetzt. Unter den 2000
bis 3000 Wissenschaftlern, die Deutschland verlassen mußten, waren 24
Nobelpreisträger. Ganze Institute wie das Kaiser-Wilhelm-Institut für physi-
kalische Chemie in Berlin und das Mathematische Institut der Universität
Göttingen verloren praktisch ihr gesamtes wissenschaftliches Personal. Schät-
zungsweise 20 Prozent des Lehrkörpers deutscher Universitäten waren von
Entlassung betroffen.[35] Ernst Rabel, in dessen Wahrnehmung der Nationalsozialismus vor 1933 keine Rolle gespielt hatte, konnte bis Anfang 1937 Insti-
tutsdirektor bleiben, bevor er aufgrund der nationalsozialistischen Rassenge-
setze sein Amt niederlegen mußte und 1939 in die USA emigrierte.[36] Sein
Nachfolger wurde Ernst Heymann (1870-1946), der Leiter des auslandsrecht-
lichen Instituts der Universität Berlin. Heymann organisierte im April 1944
die Auslagerung des Instituts von Berlin nach Tübingen; auf diese Weise wurden auch die Bibliotheksbestände gerettet. Rabels wissenschaftliche Karriere
in den USA verlief äußerlich glanzvoll, aber hinter der Fassade institutioneller
Erfolge verbarg sich ein erschütterndes Emigrantenschicksal. Rabel lehrte
zunächst am American Law Institute, später an der University of Michigan
Law School, schließlich an der Harvard Law School. Schwerpunkt seiner
Arbeit war nun das vergleichende internationale Privatrecht, 1945 erschien

---

32 Das Recht des Warenkaufs, Bd. 1, Berlin/Leipzig 1936. ND Berlin 1957.
33 Umfassend dazu Michael Grüttner: Studenten im Dritten Reich, Paderborn u.a. 1995.
34 Martin Broszat: Die Machtergreifung. Der Aufstieg der NSDAP und die Zerstörung der
    Weimarer Republik, München 1984.
35 Vgl. Michael Grüttner: Wissenschaft. In: Enzyklopädie des Nationalsozialismus, hg. v.
    Wolfgang Benz u.a., Stuttgart 1997, S. 135-154.
36 Zum fachgeschichtlichen Hintergrund grundlegend Michael Stolleis: Recht im Unrecht.
    Studien zur Rechtsgeschichte des Nationalsozialismus, Frankfurt am Main 1994.

der erste Band seines letzten Hauptwerks ›The Conflict of Laws. A Comparative Study‹.[37] Rabel kam nach dem Krieg wieder nach Deutschland. Doch seine akademische Integration war beschämend formell, von Wiedergutmachung konnte wahrlich nicht im Ansatz die Rede sein. Der weltbekannte Gelehrte, den die Sehnsucht nach Deutschland über den Atlantik gezogen hatte, mußte sich, höchst provisorisch mit seiner Frau in einem Tübinger Sanatorium untergebracht, mit einer Honorarprofessur an der Universität Tübingen begnügen. Der Nachfolger Ernst Heymanns in der Leitung des nach Hamburg verlagerten, 1949 in ›Max-Planck-Institut‹ umbenannten KWI, Hans Dölle (1893-1980), gewann Rabel als wissenschaftlichen Berater und Gastwissenschaftler. Über Rabels Schicksal nicht nur als Opfer ›des‹ NS-Regimes, sondern mancher seiner Berliner Fachkollegen, fiel kein Wort. Die zweibändige Festschrift zu seinem 80. Geburtstag[38] spiegelte die internationale fachliche Anerkennung, die man Rabel entgegenbrachte. Die menschliche Dimension seines Lebenswegs 1937 bis 1948 kam darin nicht vor. Ernst Rabel starb am 7. September 1955 in Zürich.

Thomas Manns Wort von der Latenz des Politischen in jeder geistigen Haltung trifft in hohem Maß auch auf einen Wissenschaftler von so internationalem Format wie Ernst Rabel zu.[39]

Der liberale Verfassungsrechtler Gerhard Anschütz

Gerhard Anschütz war einige Jahre älter als Ernst Rabel. Er stammte aus einer Hallenser Professorenfamilie.[40] Anschütz studierte Rechtswissenschaften in Leipzig, Genf, Berlin und Halle, wo er 1889 seine Referendarprüfung ablegte. 1891 wurde er mit der bei Edgar Loening in Halle geschriebenen Dissertation ›Kritische Studien zum Begriff des Rechtssatzes und des materiellen Gesetzes‹[41] promoviert. 1894 legte er das zweite Examen ab und war als Regierungsassessor im preußischen Staatsdienst in Merseburg und Stettin tätig. 1896 in Berlin habilitiert, wurde Anschütz 1899 nach Tübingen und im Jahr 1900 nach Heidelberg berufen. Hier hatten berühmte Juristen wie Anton

---

37 Bd. 1, Chicago 1945; Bd. 2, Chicago 1947; Bd. 3, Chicago 1950; Bd. 4, Ann Arbor, Mich. 1958.
38 (Wie Anm. 21), 2 Bde., hg. v. Hans Dölle u.a., Tübingen 1954.
39 Thomas Mann: Die Stellung Freuds in der modernen Geistesgeschichte (1929). In: ders.: Reden und Aufsätze, Bd. 2, Frankfurt am Main 1990 (zuerst ebd. 1960), S. 256-280, hier S. 267: »In jeder geistigen Haltung ist das Politische latent.«
40 Das Folgende nach Adolf Laufs: Anschütz, Gerhard. In: Badische Biographien, NF, Bd. III, hg. v. Bernd Ottnad, Stuttgart 1990, S. 6-8; Walter Pauly: Anschütz, Gerhard (1867-1948). In: M. Stolleis, Juristen, (wie Anm. 7), S. 36 f.
41 Gerhard Anschütz: Kritische Studien zur Lehre vom Rechtssatz und formellen Gesetz, Leipzig 1891.

Friedrich Justus Thibaut, Johann Ludwig Klüber, Karl Salomo Zachariae, Bernhard Windscheid, Karl Joseph Anton Mittermaier, Karl Adolf von Vangerow, Robert von Mohl, Johann Caspar Bluntschli, Georg Meyer, Georg Jellinek, Otto von Gierke und Heinrich Mitteis gelehrt. 1903 wurde Gustav Radbruch hier habilitiert und lehrte von 1926 bis 1933 an der Ruperto Carolina.[42] Bis weit in die zweite Hälfte des 19. Jahrhunderts hinein war die Anziehungskraft der Heidelberger Rechtsprofessoren so stark, daß die Zahl der Jurastudenten oft mehr als die Hälfte der Gesamtzahl der Studenten der Universität ausmachte, wie die Juristische Fakultät heute stolz auf ihren Internetseiten berichtet.[43] An der ›zweiten Universität‹ im Reich nach Berlin lehrte Anschütz Staats- und Verwaltungsrecht, Kirchenrecht und deutsche Rechtsgeschichte. 1908 folgte er einem Ruf nach Berlin, kehrte aber 1916 wieder nach Heidelberg zurück. Anschütz war ein Vertreter des Gesetzespositivismus. Diese Grundprägung befähigte ihn auch, die monarchische Verfügungsgewalt im Staat rechtsstaatlich klar zu begrenzen. Vermischungen von Recht und Politik wie bei Rudolf Smend, rechtstheoretische Ansätze wie die Hans Kelsens oder naturrechtliche Einflüsse wie bei Erich Kaufmann lehnte Anschütz' ab. In seiner ersten Heidelberger Zeit machte er sich durch die Gesamtdarstellung des deutschen Staatsrechts in einer Neubearbeitung von Georg Meyers Staatsrechtsdarstellung einen Namen.[44] 1912 erschien Anschütz' wissenschaftlicher Kommentar zur preußischen Verfassung.[45] Adolf Laufs spricht von einem »Prototyp« dieser juristischen Literaturform.[46] Nach dem Ende des Kaiserreichs war Anschütz mehr als nur ein Vernunftrepublikaner. Ein Vertreter parlamentarischer Regierungsform war er schon vor 1918 gewesen, so daß er an den Beratungen zur Weimarer Reichsverfassung (WRV) konsequenterweise beteiligt wurde. Mit beratender Hintergrundtätigkeit war es nicht getan. Gerhard Anschütz nahm in der deutschen Rechtswissenschaft eine ähnliche Ausnahmestellung ein wie der Karlsruher Historiker Franz Schnabel in der deutschen Geschichtswissenschaft:[47] als leidenschaftlicher Verteidiger des demokratisch-republikanischen Rechts- und Verfassungsstaats. Obwohl nicht im engeren Sinne parteipolitisch aktiv, wurde Anschütz doch Mitglied der linksliberalen DDP. Seine Rektoratsrede aus dem Jahr 1922 unter den Leitgedanken »Staatlichkeit des Reiches, Unitarismus, Demokratie« gehört zu den extrem seltenen Zeugnissen professoraler Repu-

42 Marijon Kayßer: Radbruch, Gustav. In: M. Stolleis, Juristen (wie Anm. 7), S. 510 f.
43 http://www.uni-heidelberg.de/univ/willkommen/jura.html.
44 Georg Meyer: Lehrbuch des deutschen Staatsrechts, bearb. v. Gerhard Anschütz, Leipzig 1905 u.ö.
45 Gerhard Anschütz: Die Verfassungsurkunde für den preußischen Staat vom 31. Januar 1850. Ein Kommentar für Wissenschaft und Praxis, Berlin 1912.
46 A. Laufs: Anschütz, (wie Anm. 40), S. 7.
47 Clemens Rehm (Hrsg.): Franz Schnabel – eine andere Geschichte: Historiker, Demokrat, Pädagoge, Freiburg i.Br. u.a. 2002.

blikverteidigung in einem politisch gänzlich anders funktionierenden fachlich-akademischen und nicht zuletzt auch studentischen Umfeld.[48] Anschütz beschränkte sein Werben für Demokratie und Republik auch nicht auf sein Fach. Er gehörte zum Herausgeberkreis des berühmten ›Handbuchs der Politik‹,[49] das zugleich demokratisches Handeln in Deutschland wissenschaftlich fundieren und der politischen Bildung dienen wollte.

Gerhard Anschütz und die deutsche Staatsrechtslehre der Zwischenkriegszeit

Warum war Anschütz unter den deutschen Staatsrechtslehrern so eine Ausnahmeerscheinung? Den deutschen Vertretern der zeitgenössischen Staatsrechtslehre sei, so Michael Stolleis im dritten Band seiner ›Geschichte des öffentlichen Rechts in Deutschland‹, seit dem Beginn der Verfassungsberatungen bewußt gewesen, daß sie mit einer neuen, mehr als formalen staatsrechtlichen Grundlegung zu rechnen hatten.[50] Die entstehende neue Verfassung, legitimiert durch eine sich bewußt in die Tradition von 1848 stellende Nationalversammlung, habe das aus dem – unvermeidbaren – Rechtsbruch hervorgehende neue Recht verkörpert. Trotz aller Kompromisse habe die Verfassung eine Entscheidung für Republik und Parlamentarismus, Bundesstaat und Rechtsstaat dargestellt. Der Kompromißcharakter sei an der Struktur der Verfassung zu erkennen gewesen, z.B. in der Mischung liberaler und sozialistischer Elemente im Grundrechtsteil oder am potentiellen Gegeneinander von Parlament und starkem Präsidenten. Vorbehalte gegen die neue Verfassungsordnung habe es auf nahezu allen Seiten gegeben: die Rechte lehnte das parlamentarische System per se ab, für viele Linke war die Verfassung Ausdruck einer gescheiterten Revolution, die Föderalisten fühlten sich ›verreichlicht‹, die Unitaristen vom ›reichsfeindlichen‹ Separatismus bedroht. Der Übergang zur neuen Staatsform wurde, so Stolleis weiter, jedoch durch bestimmte Traditionen der Staatsrechtslehre auch erleichtert.[51] In der Vorstellungswelt Gerbers und Labands war der Staat ein normatives, grundsätzlich un- bzw. a-politisches Gerüst. Dessen Institutionen blieben auch dann erhalten, wenn sich die politische Organisation veränderte. Kaum ein deutscher Jurist, so Stolleis, habe die entsprechende Mentalität des konservativen Bürgertums so präzise beschrieben wie der Staats- und Völkerrechtler Erich Kaufmann (1880-1972):

---

48 Vgl. Rolf-Ulrich Kunze: Die Studienstiftung des deutschen Volkes seit 1925. Zur Geschichte der Hochbegabtenförderung in Deutschland, Berlin 2001, S. 99-204.
49 Handbuch der Politik, hg. v. Gerhard Anschütz u.a., Berlin u.a. 1920 ff.
50 Michael Stolleis: Geschichte des öffentlichen Rechts in Deutschland, Bd. III, Staats- und Verwaltungsrechtswissenschaft in Republik und Diktatur 1914-1945, München 1999, S. 90 f.
51 Ebd.

»Und nach dem Sturze der Monarchie und in den Strudeln der Revolution, die uns nur die Wahl ließen zwischen einer parlamentarischen Mehrheitsherrschaft und der ›Diktatur des Proletariats‹, blieb der Parlamentarismus der einzige taktische Boden, auf den wir uns begeben konnten, wenn wir uns nicht, wenigstens vorübergehend, dem Rätesystem nach russischem Vorbilde verschreiben wollten. Als eine solche taktische Grundlage, als bloße politische ›Spielregel‹ wurde das parlamentarische System von allen Parteien, von den Deutschnationalen bis zu den Mehrheitssozialdemokraten, akzeptiert.«[52]

Staatsrechtslehre und Rechtsprechung nahmen, so Stolleis, die neue Verfassung als geltendes Recht hin, nicht mehr und nicht weniger.[53] Die Position, daß die tatsächliche Durchsetzung und Anerkennung der neuen Staatsgewalt durch die Bürger genügten, um neues Verfassungsrecht zu legitimieren, blieb die herrschende Meinung. Mit der Anerkennung jedoch sei ein Ansatzpunkt für subjektive Bewertungen gegeben gewesen. Wer sich gegen formale Kriterien wandte und zugleich ablehnte, die Geltung einer Norm als reine Machtfrage zu verstehen, mußte auf die Übereinstimmung mit den faktisch herrschenden Überzeugungen oder mit dem ›Volkswillen‹ abstellen. Genau das habe die ›geisteswissenschaftlich‹ begründete Legitimitätstheorie der 1920er Jahre getan, indem sie sich – ähnlich wie die Historische Rechtsschule des 19. Jahrhunderts, die auf die Konstruktion des ›Volksgeists‹ zurückgegriffen hatte – nun auf objektiv-idealistische Prinzipien jenseits des positiven Rechts berief. Der neue Modetrend der Staatsrechtslehre habe, so Stolleis, den bisherigen ›Formalismus‹ in Frage gestellt und sei auf die Suche nach einer ›materialen Staatstheorie‹ gegangen: Das war die Wendung zur ›geisteswissenschaftlichen‹ Methode in Abgrenzung vom staatsrechtlichen Positivismus. Es habe Konsens darüber geherrscht, daß die Rechtsordnung nicht nur in Form logischer Operationen aus sich selbst zu erklären, sondern auf die über dem positiven Recht stehenden ›Gegebenheiten‹ zurückzuführen sei. Das war zugleich – übrigens in interessanter Parallelität zur evangelischen ›Volksnomostheologie‹ der Zwischenkriegszeit – ein Einfallstor für ›völkische‹ Denkfiguren.

Der Kommentar zur Weimarer Reichsverfassung

Eine typische rechtswissenschaftliche Literaturform ist der Kommentar, der für Praxis und Wissenschaft Grundlagen aus Theorie und Rechtsprechung

---

52 Erich Kaufmann: Die Regierungsbildung in Preußen und im Reiche und die Rolle der Parteien (1921). In: ders.: Gesammelte Schriften, Bd. I, Göttingen 1960, S. 374 ff., 375. Prof. in Kiel, Königsberg, Berlin, Bonn, München. Kaufmann war 1927-33 Rechtsberater des Auswärtigen Amtes und 1950-58 der Bundesregierung. Er wurde 1934 aus dem Amt gedrängt, emigrierte 1938 und kehrte 1946 auf seinen Lehrstuhl nach München zurück.
53 M. Stolleis: Geschichte des öffentl. Rechts III, (wie Anm. 50), S. 91.

verfügbar macht. Der wichtigste Kommentar der WRV stammte von Gerhard Anschütz.

Der Kommentar zur Weimarer Verfassung, zuletzt 1933 in 14. Auflage erschienen,[54] galt auch noch in der Bundesrepublik als Ideal eines Kommentars, wie Michael Stolleis festgestellt hat.[55] Anschütz sei es gelungen, die Streitfragen in großer Klarheit zusammenzufassen, unterschiedliche Auffassungen unparteilich darzustellen und dabei doch die eigene Meinung nicht zu verstecken. Als Beispiele führt Stolleis an: die Frage der Staatskontinuität, die Staatsqualität der Länder, die Befugnisse des Reichspräsidenten, die Grenzen der Änderbarkeit der Reichsverfassung. Anschütz konzentrierte sich auf die grundlegenden Rechtsfragen und das praktisch Umsetzbare. Je lauter die antipositivistische Mode sich in der Rechtswissenschaft bemerkbar gemacht habe, so Stolleis, desto wertvoller sei sein handwerklich solider Kommentar geworden. Stolleis spricht von einem »konservierenden Bollwerk.«[56] Somit geriet Anschütz, der sich früher selbst als Vertreter des liberalen Fortschritts empfunden hatte, gegenüber den vielfältig motivierten Gegnern der Republik in eine ›konservative‹ Rechtfertigungsposition der bestehenden liberaldemokratischen Verfassungsordnung. Von Erich Kaufmann, Rudolf Smend und vor allem von Carl Schmitt hätten ihn methodisch Welten getrennt, so Stolleis. Auf den Tagungen der Staatsrechtslehrervereinigung 1926 und 1927 sei das zum Ausdruck gekommen. Anschütz habe gespürt, so Stolleis, daß sich gegen ihn als Vertreter der herrschenden Lehre ein neuer, von ihm für verderblich gehaltener Umgang mit der Verfassung vorbereitete.[57] Die liberaldemokratische Ordnung von Weimar erschien Anschütz in ihren Grundlagen bedroht. Seine Mahnungen an die Beamtenschaft, sich nicht politisieren zu lassen – schon 1910 hatte er für eine rechtsstaatliche Polizei plädiert[58] –, blieben ebenso wirkungslos wie seine Mitvertretung der abgesetzten preußischen Regierung in dem Prozeß »Preußen contra Reich« vor dem Staatsgerichtshof.[59]

Anschütz und der Nationalsozialismus

Im März 1933 beantragte der liberale Anschütz seine Emeritierung: Im nationalsozialistischen Staat wollte er nicht mehr als Staatsrechtslehrer tätig sein.

54 Gerhard Anschütz: Die Verfassung des Deutschen Reichs vom 11. August 1919, Berlin [14]1933.
55 M. Stolleis, Geschichte des öffentl. Rechts III, (wie Anm. 50), S. 97.
56 Ebd.
57 Ebd.
58 Gerhard Anschütz: Die Polizei. In: Vorträge der Gehe-Stiftung zu Dresden 1 (1909)/2 (1910), S. 30-97.
59 Dazu M. Stolleis: Geschichte des öffentl. Rechts III, (wie Anm. 50), S. 120-124.

Die Begründung seines Gesuchs ist ein seltenes Beispiel liberaldemokratischen Selbstbewußtseins im Prozeß der nationalsozialistischen Machtergreifung:

>»Aufgabe des Staatsrechtslehrers ist nicht nur, den Studierenden die Kenntnis des deutschen Staatsrechts zu übermitteln, sondern auch, die Studierenden im Sinn und Geist der geltenden Staatsordnung zu erziehen. Hierzu ist ein hoher Grad innerlicher Verbundenheit des Dozenten mit der Staatsordnung nötig. Die mir obliegende Pflicht zur Aufrichtigkeit fordert von mir, zu bekennen, daß ich diese Verbundenheit mit dem jetzt im Werden begriffenen neuen deutschen Staatsrecht zur Zeit nicht aufbringen kann. Dabei will ich anerkennen, daß dieses neue Staatsrecht in einigen Punkten, wie insbesondere die unbedingte Überordnung des Reichs über die Länder und die tunlichst unitarische Gestaltung des Verhältnisses zwischen Reich und Ländern, Ziele verfolgt, die ich auch meinerseits stets vertreten habe.«[60]

Die Preisgabe des Rechts- und Verfassungsstaats, mit dem er sich identifizierte und den er maßgeblich juristisch mitgestaltet hatte, trug Anschütz nicht mit. Während der NS-Zeit lebte er zurückgezogen in Heidelberg und schrieb seine Memoiren.[61] Eine deutlich kritische Stellungnahme zum ›Führerstaat‹ enthielt sein noch 1940 erschienener Beitrag ›Wandlungen der deutschen evangelischen Kirchenverfassung‹, in dem er die Übertragbarkeit des ›Führerprinzips‹ auf das Kirchenverfassungsrecht begrenzte.

Gerhard Anschütz erlebte noch das Ende des NS-Unrechtsstaats. Er starb 1948 an den Folgen eines Verkehrsunfalls.

Ernst Rabel und Gerhard Anschütz und das Aufkommen des Nationalsozialismus

Rabel und Anschütz verkörpern – jeder auf seine Weise – liberale Wertvorstellungen, die sich mit der Machtergreifung des Nationalsozialismus, ja mit der modernen Diktatur an sich, nicht vertrugen. Anders gesagt, sie repräsentierten vieles vom dem, was der Nationalsozialismus bekämpfte und vernichtete: Freiheit, Selbstbestimmung, Partizipation, Internationalismus. Beide waren Stützen des liberal-demokratischen Systems, der internationalen und der nationalen Zivilgesellschaft. Beide zeigten sich unbeugsam gegenüber den Zumutungen und Lockungen des NS-Regimes, auch wenn ihre Reaktionen auf die Machtergreifung 1933 unterschiedlich ausfielen. Während Rabel auf den ihm ohne weiteres möglichen Schritt des freiwilligen Rückzugs vor dem rassistischen Antisemitismus in die Emigration verzichtete und aus sei-

60 Zit. nach A. Laufs: Anschütz, (wie Anm. 40), S. 6 f.
61 Gerhard Anschütz: Aus meinem Leben, hg. v. Walter Pauly, Frankfurt am Main 1993.

42

nem Institut heraus Einfluß zu nehmen versuchte, machte Anschütz seine Gegnerschaft zur Herrschaft des Nationalsozialismus öffentlich. Nonkonformität drückte sich in beiden Verhaltensformen aus, die zugleich nachdrücklich auf die Vielfältigkeit widerständigen Verhaltens hinweisen. Beide, Rabel und Anschütz, stehen für liberale Werte, die am Ende dauerhafter waren als die moderne Diktatur des Nationalsozialismus. Rabel wurde zum Mitgründer des modernen ›Weltrechts‹, Anschütz zum Vorbild bei der Entstehung des Grundgesetzes für die Bundesrepublik Deutschland. Als unbequeme Liberale haben beide ihren Anteil daran, daß wir uns im Rückblick auf das 20. Jahrhundert nicht nur an das ›Jahrhundert der Diktaturen‹ erinnern müssen, sondern auch an deren Gegner.

Joachim Scholtyseck

»Bürgerlicher Widerstand« gegen Hitler nach sechzig Jahren Forschung

Sind Bürger für den Widerstand prädestiniert? Oder sind sie eher staatsaffin und daher oppositionellen Handlungen abgeneigt? Solche Fragen stellen sich besonders im Blick auf die bürgerliche Opposition gegen das »Dritte Reich«, die im gescheiterten Attentat auf Hitler vom 20. Juli 1944 gipfelte. Im Folgenden sollen erstens einige begriffliche Anmerkungen zu dieser Problematik gemacht werden, daran schließt sich zweitens ein kurzer Rückblick auf den Gang der bisherigen Forschung zum bürgerlichen Widerstand an, bevor drittens einige Ergebnisse und Urteile nach 60 Jahren Forschung vorgestellt werden und schließlich viertens ein abschließender Ausblick auf die Perspektiven zukünftiger Forschung erfolgt.

I.

Schon bei der Begrifflichkeit des bürgerlichen Widerstands setzen Fragen ein. Nicht zuletzt die moderne Bürgertumsforschung hat sich an den möglichen Definitionen seit Jahrzehnten abgearbeitet. »Linker« Widerstand erwuchs aus den Traditionen der Arbeiterbewegung, getragen von Sozialdemokraten, Kommunisten, Gewerkschaften und progressiven Christen. »Rechter« Widerstand war in dieser Kategorisierung geprägt durch Bürgerliche sowie konservative Nationalisten und Christen. Meistens stehen mit Blick auf die letztgenannte Gruppe die Begriffe »bürgerlicher Widerstand«, »konservativer Widerstand« bzw. »nationalkonservativer Widerstand« beinahe als Synonyme nebeneinander, obwohl die um Präzisierungsversuche nicht verlegene Geschichtswissenschaft manche Vorschläge zur Differenzierung gemacht hat. Dennoch stellt sich nach wie vor die Frage, ob die Gleichstellung von bürgerlichem und konservativem Widerstand wirklich sinnvoll ist. Am Begriff des »bürgerlichen Widerstands« ist kritisiert worden, daß er die aus der Arbeiterschaft und den sozialdemokratischen Bewegungen stammenden Widerstandskämpfer ebenso wenig berücksichtige wie diejenigen, die dem Kreisauer

Kreis zuzurechnen waren;[1] zudem könne man auch die Adligen, die an der Verschwörung des 20. Juli beteiligt waren, wohl kaum unter dem Motto des »bürgerlichen Widerstands« subsumieren. Wenn sich trotz solcher Kritik der Begriff des »bürgerlichen Widerstandes« hartnäckig gehalten hat, so hat das offensichtlich mehrere Gründe. Der Alternativbegriff des »nationalkonservativen Widerstands« besitzt heute einen negativen Beigeschmack und verweist eher auf Teilidentitäten als auf die Differenzen zwischen dem nationalsozialistischen Regime und dem Widerstand des 20. Juli. Darüber hinaus ist er eher statisch angelegt und vermag die mannigfachen Angleichungsprozesse nicht nachzuzeichnen, die ein Signum der sich beständig wandelnden bürgerlichen Opposition in den Jahren bis zum Sommer 1944 waren. Daß die Verschwörer des 20. Juli in »nationalen« Kategorien dachten, bezeichnete ohnehin angesichts der damaligen Zeitumstände die Normalität, wenn es auch einige Ausnahmen wie Moltke und Yorck gab, die dieses Denken transzendierten. Auch die gesellschaftspolitischen Vorstellungen, die sich im Laufe des Krieges immer stärker herausschälten und die eine eindeutige Abkehr von überkommenen Positionen markierten, ließen sich mit »konservativ« kaum noch umschreiben. Was den Verschwörern vorschwebte, war zwar ein bürgerliches und sich vom Kommunismus und Stalinismus radikal abhebendes, aber keinesfalls ein im traditionellen Sinn konservatives »anderes Deutschland«.

II.

Eine Analyse der in den letzten 60 Jahren vorgelegten Studien und Stellungnahmen zum bürgerlichen Widerstand läßt erkennen, daß er geradezu ein Paradebeispiel dafür ist, wie sehr historische Forschung gegenwartsbezogen und beeinflußt ist – mit allen Vor- und Nachteilen, die damit verbunden sind.[2] Der bürgerliche Widerstand wurde schon im Verlauf des Zweiten Weltkrieges von den westlichen Alliierten als restaurativ und preußisch-militaristisch gewertet. Die ihm anhaftenden fortschrittlichen und zukunftsweisenden Elemente wurden, was in einem Kampf um die Existenz durchaus verständlich war, ignoriert und im Banne der »Unconditional-Surrender«-Strategie konsequent ausgeblendet. Von der frühen englisch-amerikanischen Geschichtsschreibung über den Widerstand gegen Hitler wurde diese Sichtweise zunächst übernommen. Bis etwa 1960 zeichnete sich jedoch eine vorsichtige Neubewertung ab, die durch die einsetzende wissenschaftliche Beschäftigung

1   Hierzu inzwischen Günter Brakelmann, Der Kreisauer Kreis. Chronologie, Kurzbiographien und Texte aus dem Widerstand, Münster 2003; ders., Die Kreisauer – folgenreiche Begegnungen. Biographische Skizzen zu Helmuth James von Moltke, Peter Yorck von Wartenburg, Carlo Mierendorff und Theodor Haubach, Münster 2003.
2   Vgl. hierzu die Beiträge in Gerd Ueberschär (Hrsg.), Der 20. Juli. Das »andere Deutschland« in der Vergangenheitspolitik, Neuausgabe Berlin 1998.

46

wirksam unterstützt wurde. Parallel dazu verloren die Männer des 20. Juli das Odium der »Verräter« und wurden Schritt für Schritt zu »Patrioten«.[3] Neben Gerhard Ritter hat vor allem Hans Rothfels auf die Vielfalt der bürgerlichen Widerstandsbewegung verwiesen, in der Liberale, Konservative und Sozialisten in »verschiedenen Mischungsgraden« und angetrieben vom »Grundanliegen wiederherzustellender Freiheit« ihre Meinungsunterschiede zurückgestellt hatten.[4] Die wissenschaftliche Erforschung des bürgerlichen Widerstands erfolgte nun immer stärker auf der Basis der vorhandenen Quellen. Bisweilen ging dies mit einer Monumentalisierung einher, die nach einer jahrelangen Verunglimpfung des Widerstands als »Verrat« in mancher Hinsicht sogar verständlich war. Der Versuch, zu einer Rehabilitierung des bürgerlichen Widerstands beizutragen, führte jedoch niemals zu einer unkritischen Glorifizierung.

Als jedoch in den frühen sechziger Jahren scheinbar ein Konsens über die parteien- und lagerübegreifenden Verbindungen des Widerstands vom 20. Juli entstanden war, wurde im Zuge eines mächtigen Zeitgeists nun von einer jüngeren Historikergeneration auf restaurative Elemente des bürgerlich-konservativen Widerstands hingewiesen, die als Charakteristikum der bürgerlichen Opposition zu gelten hätten. Nicht nur die außenpolitischen Vorstellungen, orientiert an den im Wilhelminischen Deutschland vorherrschenden »Mitteleuropa«-Konzeptionen, wurden immer heftiger kritisiert, sondern auch die innenpolitischen Überzeugungen, die vormodern und nicht an der parlamentarischen Demokratie ausgerichtet gewesen seien.[5] Hans Mommsen machte in diesem Sinne auf restaurative Elemente aufmerksam, die die »ausgeprägt konservative(n) Züge« des bürgerlichen Widerstands mitbestimmt hätten.[6] Ralf Dahrendorf bescheinigte gar dem bürgerlichen Widerstand Illiberalität und Autoritarismus. Dessen gesellschaftspolitische Vorstellungen könnten keineswegs als »Schritt auf dem Wege der deutschen Gesellschaft zur Verfassung der Freiheit« gewertet werden.[7] Ohne die moralische Ernsthaftigkeit seiner Protagonisten grundsätzlich zu bezweifeln, wurde der bürgerliche Widerstand letztlich als rückwärtsgewandt, traditionalistisch, antimodern und perspektivlos eingeschätzt. In einer analogen Argumentation zeichnete auch

---

3 Christiane Toyka-Seid, Der Widerstand gegen Hitler und die westdeutsche Gesellschaft. Anmerkungen zur Rezeptionsgeschichte des »anderen Deutschland« in den frühen Nachkriegsjahren, in: Peter Steinbach/Johannes Tuchel (Hrsg.), Widerstand gegen den Nationalsozialismus, Bonn 1994, S. 572-581.

4 Hans Rothfels, Die deutsche Opposition gegen Hitler. Eine Würdigung. Neuausgabe Zürich 1994, S. 331.

5 Vgl. Hans Mommsen, Gesellschaftsbild und Verfassungspläne des deutschen Widerstandes, in: Hans Buchheim/Walter Schmitthenner (Hrsg.), Der deutsche Widerstand gegen Hitler, Köln/Berlin 1966, S. 73-167; Hermann Graml, Die außenpolitischen Vorstellungen des deutschen Widerstandes, in: ebd., S. 15-172.

6 Hans Mommsen, Gesellschaftsbild und Verfassungspläne (wie Anm. 5), S. 81.

7 Ralf Dahrendorf, Gesellschaft und Demokratie in Deutschland, München 1965, S. 442.

Martin Broszat ein überwiegend negatives Gesamtbild des Widerstands vom 20. Juli. Dieser erschien ihm gar »in erster Linie als Ausdruck des Protests konservativer Eliten gegen die Dominanz der parteigebundenen oder führerunmittelbaren Institutionen und Kräfte des Regimes, als Reaktion auf das nationalsozialistische Elitenrevirement«.[8] Den Widerstand des 20. Juli »als Werk einer weitgehend in sich geschlossenen, klassen- und parteiübergreifenden Bewegung zu deuten«, so hat Hans Mommsen als einer der Protagonisten dieser Neubewertung später die Thesen zusammenfassend interpretiert, habe die »politischen Beweggründe und Interessenlagen der Verschwörer in den Hintergrund treten« lassen und sei auf eine »tendenziöse Fehlbeurteilung« hinausgelaufen.[9]

Eine solche Sichtweise des bürgerlichen Widerstands, die in den sechziger Jahren eine immer größere Anhängerschaft fand, ist schon zeitgenössisch bei den Überlebenden und den Angehörigen, aber auch in weiten Teilen der Forschung auf teilweise heftige Kritik gestoßen, ohne daß dies jedoch dem Erfolg der betont gesellschaftskritischen Interpretation des bürgerlichen Widerstands Abbruch getan hätte. In der Strömung des Zeitgeistes stand der bürgerliche Widerstand unter einem Generalverdacht; seine Protagonisten wurden an den Verhältnissen gemessen, die für die sechziger Jahre in der Bundesrepublik galten. Hans Rothfels hat diese Tendenz, den bürgerlichen Widerstand vor dem Hintergrund zu beurteilen, der für parlamentarische Staaten der Nachkriegszeit gilt, zwar als ungerecht bezeichnet und gegenüber dem damals häufigen Vorwurf kritisch angemerkt, »ob man das Demokratieverständnis von heute mitsamt einem unerschütterlichen Glauben an den Segen der pluralistischen Gesellschaft und des Interessenpartikularismus als Maßstab zur Aburteilung über die Anschauungen einer um dreißig Jahre zurückliegenden und nicht selbst erlebten Zeit etablieren darf, so daß fraglos «Antipluralismus» mitsamt seinem damaligen Erfahrungshorizont bezüglich der Gefahren ungegliederter Massendemokratie dem Bannfluch der «Unmodernität» [. . .] verfällt.«[10] Aber ein solcher Appell verhallte schnell. In der Folge wurden der Widerstand des 20. Juli und seine bürgerlichen Repräsentanten wenn nicht marginalisiert, so doch zu einem Phänomen unter vielen. Diese Vernachläs-

---

8 Vgl. etwa Martin Broszat, Zur Sozialgeschichte des Deutschen Widerstands, in: Vierteljahrshefte für Zeitgeschichte 34 (1986), S. 293-308, hier S. 306.

9 Hans Mommsen, Die Geschichte des deutschen Widerstands im Lichte der neueren Forschung: Aus Politik und Zeitgeschichte B 50/86 vom 13. Dezember 1986, S. 3-18, hier S. 4. Vgl. als neuere Arbeiten von ihm ders.: Verfassungs- und Verwaltungsreformpläne der Widerstandsgruppen des 20. Juli 1944, in: Jürgen Schmädeke/Peter Steinbach (Hrsg.), Der Widerstand gegen den Nationalsozialismus. Die deutsche Gesellschaft und der Widerstand gegen Hitler, München/Zürich 1994[3], S. 570-597; ders., Der deutsche Widerstand gegen Hitler und die Überwindung der nationalstaatlichen Gliederung Europas. Historische Essays. Hans-Ulrich Wehler zum 65. Geburtstag, hrsg. v. Manfred Hettling/Paul Nolte, München 1996, S. 65-79; ders., Alternative zu Hitler. Studien zur Geschichte des deutschen Widerstandes, München 2002.

10 Hans Rothfels, Werden Historiker dem 20. Juli gerecht?, in: »Die Zeit« vom 18. Juli 1969.

sigung signalisierte, wie stark die Widerstandsforschung tagespolitischen Tendenzen und Strömungen, aber auch bestimmten Moden unterlag. Im Rahmen des neuen Blicks auf die deutschen Hitlergegner im »Tausendjährigen Reich« wurden andere Akzente gesetzt. Nicht mehr der bürgerliche Widerstand in den städtischen Zentren wie Berlin stand im Zentrum des Interesses, sondern widerständige Handlungen auf dem Land und in der bislang wenig beachteten Provinz. Die »Resistenz« als nicht-aktive Opposition und Widerwilligkeit wurde beleuchtet, der kommunistische Widerstand fand stärkere Beachtung, und schließlich wurden auch bislang vernachlässigte Einzeltäter des Widerstands gewürdigt. In den siebziger Jahren hatte sich somit das Bild des bürgerlichen Widerstandes im Vergleich zu den fünfziger Jahren entscheidend gewandelt. Während der »Widerstand im Widerstreit«[11] immer stärker geschichtspolitisch umkämpft war, war er mit seinem auf ethisch-moralischer Basis ruhenden Verständnis der Gegnerschaft zum Nationalsozialismus zunehmend ins Abseits geraten. In einer Zeit, die einem Wertewandel unterlag und durch eine Pluralisierung der Milieus und Lebensstile gekennzeichnet war, war bürgerlicher Widerstand, zumal er mit dem pejorativen Beiwort »konservativ« verbunden war, zunehmend diskreditiert. Wer ihn verteidigte, hatte sich angesichts der »veränderte[n] politische[n] Wertehorizonte«[12] häufig des Vorwurfs der Apologie zu erwehren. Ein in den siebziger Jahren vielgelesenes und -zitiertes Buch interpretierte den Nationalsozialismus gar als »Form bürgerlicher Herrschaft«.[13] An dieser Einschätzung änderte sich viele Jahre wenig; sie erhielt in weiten Teilen der Geschichtswissenschaft und in einer kritischen Öffentlichkeit geradezu kanonische Bedeutung.

Spätestens in den 90er Jahren des vergangenen Jahrhunderts zeigte sich jedoch, daß der bürgerliche Widerstand nach wie vor aktuell war.[14] Eine wahre Flut von Büchern zu den Gedenkjahren 1994 und 2004 verwies auf den Befund, daß in der Öffentlichkeit »Widerstand gegen Hitler« in erster Linie mit dem Attentat in der Wolfsschanze und dem bürgerlichen Widerstand in Verbindung gebracht wurde.[15] Die Gründe für dieses neue Interesse waren vielfältig.

---

11 Peter Steinbach, Widerstand im Widerstreit. Der Widerstand gegen den Nationalsozialismus in der Erinnerung der Deutschen. Ausgewählte Studien. 2., wesentlich erweiterte Auflage Paderborn u.a. 2001, S. 39-102.

12 Hans Mommsen, Die Geschichte des deutschen Widerstands (wie Anm. 9), S. 7.

13 Reinhard Kühnl, Formen bürgerlicher Herrschaft. Liberalismus – Faschismus, Reinbek 1971.

14 Vgl. Klemens von Klemperer, Der 20. Juli 1944 – 50 Jahre später, in: ders. (Hrsg.), »Für Deutschland«. Die Männer des 20. Juli, Frankfurt am Main/Berlin 1994, S. 7-25.

15 Für die 90er Jahre: Michael Kißener/Joachim Scholtyseck, Gedenkjahrnachlese. Monographien zum deutschen Widerstand gegen den Nationalsozialismus aus den Jahren 1993-1996, in: Historisches Jahrbuch 118 (1998), S. 304-344; für den folgenden Zeitraum bis zum Jahr 2003: Katja Schrecke, Literatur zum 20. Juli 1944: 1994 – 2003, in: Klaus Eisele/Rolf-Ulrich Kunze (Hrsg.), Mitverschwörer – Mitgestalter. Der 20. Juli 1944 im deutschen Südwesten, Konstanz 2004, S. 211-266.

Trotz aller inzwischen vorliegenden Studien über die Facetten der »Widerständigkeit« und der »Resistenz« geriet das an und für sich banale Faktum wieder in den Blick, daß ein erfolgreicher Sturz Hitlers nur durch einen militärischen Schlag hätte bewerkstelligt werden können. Zu dieser Aufgabe waren allerdings in erster Linie die Bürgerlich-Konservativen prädestiniert. Aus dieser Perspektive heraus wurde nun stärker darauf verwiesen, wie bemerkenswert es war, daß die militärischen und zivilen Verschwörer überhaupt zu kooperieren in der Lage waren. Die sogenannte »junge Generation« im bürgerlichen Widerstand – eine Generation, die jung allerdings vornehmlich im Vergleich zu den Männern wie Ludwig Beck, Carl Goerdeler und Ulrich von Hassell war – arbeitete trotz aller Friktionen mit den »Honoratioren« zusammen; erst nach einem erfolgreichen Umsturz wäre es zu einer wohl unvermeidlichen und notwendigen Klärung der Differenzen gekommen, über deren Ausgang zu streiten müßig ist. Man mag darüber spekulieren, ob ein Erfolg der bürgerlichen Opposition zum Versuch geführt hätte, das Rad der Geschichte zurückzudrehen und eine restaurative Phase einzuleiten. Die Ernsthaftigkeit der Versuche, Hitler zu stürzen und Recht und Moral wiederherzustellen, spricht nicht dafür, daß sich der bürgerliche Widerstand wirklich solchen Illusionen hingegeben hätte.

Diese Wiederentdeckung des bürgerlichen Widerstands, die mit einer Rehabilitierung ihrer Protagonisten einherging, blieb nicht unwidersprochen. Von den Kritikern wurde, in Fortführung der bisherigen Argumentation, auch jetzt immer wieder betont, der »bürgerliche Widerstand« habe in seiner konservativen Verhaftung die »vom Liberalismus repräsentierte aufklärerische Tradition (. . .) entschieden abgelehnt«.[16] Diese Sichtweise konnte allerdings inzwischen, weil sie nicht mehr wirklich neue Argumente anführen konnte, kaum noch ähnliche Wirkung entfalten wie noch in den sechziger Jahren. Eine Vielzahl von neueren Publikationen zu den Ereignissen um den 20. Juli 1944 im »Gedenkjahr 1994« ergab vielmehr ein differenzierteres Bild. Die recht pauschalen Abqualifizierungen von früher waren inzwischen zurückgewiesen und durch Studien widerlegt worden. Unverändert betont wurden hingegen die von den Verschwörern verkörperten freiheitlichen und humanistischen Traditionen, ihre bewußte Abwendung vom Nationalismus und preußisch-wilhelminischen Soldatengehorsam.[17] Mit dem Bestseller von Joachim Fest

16 Hans Mommsen, Bürgerlicher (nationalkonservativer) Widerstand, in: Wolfgang Benz/
    Walter H. Pehle (Hrsg.), Lexikon des deutschen Widerstands, Frankfurt am Main 1994, S.
    55-67, hier S. 57. Ähnliche Kritik an der angeblich restaurativen Ausrichtung des bürgerlichen Widerstands bei Ulrich Heinemann, Arbeit am Mythos. Neuere Literatur zum bürgerlich-aristokratischen Widerstand gegen Hitler und zum 20. Juli (Teil I), in: Geschichte und Gesellschaft 21 (1995), S. 111-139.
17 Vgl. etwa Klemens von Klemperer/Enrico Syring/Rainer Zitelmann (Hrsg.), »Für Deutschland«. Die Männer des 20. Juli, Frankfurt am Main 1994; Michael Baigent/Richard Leigh,

über den »Staatsstreich« und seine Vorgeschichte[18] wurde diese Neubewertung auch publikumsträchtig und ließ das Scheitern des Widerstands mit den Worten einer amerikanischen Darstellung als »Honorable Defeat« erscheinen.[19]

In diesen Darstellungen konnte von einer Heroisierung des bürgerlichen Widerstands nicht die Rede sein. Ines Reich[20] unterstrich nicht anders als Marion Gräfin Dönhoff[21] gerade den Durchbruch einer positiven preußischen Grundhaltung bei den Verschwörern, die eben nichts mit nationalsozialistischen Wertvorstellungen gemein gehabt habe. Nach den überkritischen Beurteilungen konnte somit am 50. Jahrestag des Attentats konstatiert werden, daß es wieder ein differenziertes Bild des bürgerlichen Widerstands gab. Sieht man einmal von polemisch formulierten Angriffen auf die »Männer des 20. Juli« ab, die deren Verstrickung in die verbrecherische Kriegführung Hitlers in der Sowjetunion hervorhoben,[22] überwog in den meisten Darstellungen die anerkennende Betonung der sittlichen Motivation der Verschwörer.[23] Frühere Auseinandersetzungen um die politischen Zukunftsvorstellungen oder die Haltung der Attentäter gegenüber den Juden wurden zwar durchaus berücksichtigt, ohne daß dies jedoch an der neuen Aufmerksamkeit gegenüber dem traditionellen Widerstand etwas geändert hätte. Am »lange Zeit eher vernachlässigten Komplex des 20. Juli«, so konnte Ulrich von Hehl

Geheimes Deutschland. Stauffenberg und die Hintergründe des Attentats vom 20. Juli 1944, München 1994; Wolfgang Venohr, Patrioten gegen Hitler. Der Weg zum 20. Juli 1944. Eine dokumentarische und szenische Rekonstruktion, Bergisch Gladbach 1994; Klaus Achmann/ Hartmut Bühl, Zwanzigster Juli 1944. Lebensbilder aus dem militärischen Widerstand, Berlin u.a. 1994, 3. erw. Aufl. 1999; Bengt von zur Mühlen/Frank Bauer (Hrsg.), Der 20. Juli in Paris. Verlauf – Hauptbeteiligte – Augenzeugen, Berlin 1995; Rudolf Lill/Heinrich Oberreuter (Hrsg.), 20. Juli. Porträts des Widerstands, Düsseldorf u.a. 1994³.

18   Joachim Fest, Staatsstreich. Der lange Weg zum 20. Juli 1944, Berlin 1994.
19   Anton Gill, An Honorable Defeat. A History of German Resistance to Hitler, 1933 – 1945, New York 1994.
20   Ines Reich, Potsdam und der 20. Juli 1944. Auf den Spuren des Widerstandes gegen den Nationalsozialismus. Begleitschrift zur Ausstellung des Militärgeschichtlichen Forschungsamtes und des Potsdam-Museums, Freiburg im Breisgau 1994.
21   Marion Gräfin Dönhoff, »Um der Ehre willen«. Erinnerungen an die Freunde vom 20. Juli, Berlin 1994.
22   Christof Dipper, Der Widerstand und die Juden, in: Jürgen Schmädeke/Peter Steinbach (Hrsg.), Der Widerstand gegen den Nationalsozialismus (wie Anm. 9), S. 598-616; Christian Gerlach, Männer des 20. Juli und der Krieg gegen die Sowjetunion, in: Hannes Heer/ Kurt Naumann (Hrsg.), Vernichtungskrieg. Verbrechen der Wehrmacht 1941 – 1944, Hamburg 1995²; ders., Die Beteiligung einiger Angehöriger der Offiziersopposition gegen Hitler an den Massenverbrechen in Weißrußland, in: ders., Kalkulierte Morde. Die deutsche Wirtschafts- und Vernichtungspolitik in Weißrußland 1941- 1944, Hamburg 1999, S. S.1104-1126.Vgl. hierzu Klaus Jochen Arnold, Verbrecher aus eigener Initiative? Der 20. Juli 1944 und die Thesen Christian Gerlachs, in: Geschichte in Wissenschaft und Unterricht 53 (2002), S. 20-31.
23   Vgl. beispielsweise das Standardwerk von Peter Hoffmann. Widerstand, Staatsstreich, Attentat. Der Kampf der Opposition gegen Hitler. 4., neu überarb. Aufl. München 1994.

schon 1996 konstatieren, lasse sich eben »die moralische Dimension des aktiven Widerstands in nachgerade klassischer Weise aufzeigen.«[24]
Eine fundierte Studie des politischen Denkens im konservativen Widerstand plädierte mit guten Argumenten ein weiteres Mal dafür, die Zeitverhaftetheit von Männern wie Ludwig Beck und Ulrich von Hassell nicht aus den Augen zu verlieren.[25] Auf diese Weise trat der bürgerliche Widerstand, der in seinen vielfältigen Aspekten gegen Ende des 20. Jahrhunderts bereits gut erforscht war, aus seiner spezifisch bundesdeutschen Interpretation heraus und wurde weniger kontrovers beurteilt als dies noch dreißig Jahre zuvor geschehen war.[26]
Der bürgerliche Widerstand erfuhr zugleich eine Neubewertung, die von den noch in den siebziger und achtziger Jahren vorgenommenen pejorativen Beurteilungen Abstand nahm. Der britische Historiker Michael Burleigh hat kürzlich beispielsweise von einer unbefangenen britischen Warte aus folgende Feststellung über die lange Zeit vorherrschende Sicht über bürgerlichen Widerstand der Männer um Beck und Goerdeler getroffen: »›Kritische Historiker‹ neigen hin und wieder unersprießlicherweise dazu, die Verschwörung vom 20. Juli als einen ›typisch aristokratischen Husarenstreich‹ abzutun«.[27] Die Darstellungen, die anläßlich der 60. Wiederkehr des Attentatsversuchs vom 20. Juli 1944 vorgelegt worden sind,[28] lassen vermuten, daß die »bis heute zumindest tendenziell vorherrschende Ablehnung«[29] der Repräsentanten des bürgerlichen Widerstands im Abnehmen begriffen ist.
Diese Mahnung ist in der damaligen Zeitstimmung kaum wahrgenommen worden. Erst im Laufe der Zeit hat sich die Berechtigung dieser Forderung Gehör verschafft. Beispielsweise hat Peter Steinbach darauf hingewiesen, man ordne die »prinzipiell-rechtsstaatliche(n) Grundvorstellungen« Goerdelers falsch ein oder verzeichne sie, wenn man manche Äußerung nicht in den zeitspezifischen Zusammenhang einordne.[30] Michael Burleigh hat in einer neuen Studie schließlich sogar von einer »gewisse(n) Böswilligkeit« gesprochen, wenn man einem Mann wie Ulrich von Hassell retrospektiv einen Vor-

---

24 Ulrich von Hehl, Nationalsozialistische Herrschaft, München 1996, S. 95; ähnlich Wolfgang Altgeld, Zur Geschichte der Widerstandsforschung, in: Rudolf Lill/Heinrich Oberreuter (Hrsg.), 20. Juli. Porträts des Widerstands (wie Anm. 17), S. 521-533, bes. S. 530-533.
25 Nicolai Hammersen, Politisches Denken im deutschen Widerstand. Ein Beitrag zur Wirkungsgeschichte neokonservativer Ideologien 1914 – 1944, Berlin 1993.
26 Vgl. Antonia Leugers, Deutscher Widerstand gegen den Nationalsozialismus, in: Neue Politische Literatur 47 (2002), S. 249-276.
27 Michael Burleigh, Die Zeit des Nationalsozialismus. Eine Gesamtdarstellung, Frankfurt am Main 2000, S. 818.
28 Rolf-Ulrich Kunze, Entwicklungen in der Widerstandsforschung seit 1994, in: Klaus Eisele/ Rolf-Ulrich Kunze (Hrsg.), Mitverschwörer – Mitgestalter (wie Anm. 15), S. 7-21.
29 Klaus Hildebrand, Das Dritte Reich. 6., neubearbeitete Auflage, München 2003, S. 299.
30 Peter Steinbach, Wiederherstellung des Rechtsstaats als zentrale Zielsetzung des Widerstands, in: Jürgen Schmädeke/Ders. (Hrsg.), Der Widerstand gegen den Nationalsozialismus (wie Anm. 9), S. 617-636, hier bes. S. 617 f und S. 633 f., Anm. 12.

wurf daraus zu machen versuche, daß sich seine Ansichten nicht mit den Normen der modernen Nachkriegsgesellschaft deckten.[31] Und Klaus Hildebrand hat diese Überlegungen jüngst in folgenden Worten zusammengefaßt: Den Repräsentanten des konservativen Widerstands »vorzuhalten, daß sie die innen- und außenpolitischen Maßstäbe, Werte und Ziele einer parlamentarischen Demokratie wie der Bundesrepublik damals noch nicht als ihre eigene betrachteten, heißt die politische Gedankenwelt der Widerstandskämpfer mit den für sie nicht verbindlichen und insgesamt für die damalige politische Kultur in Deutschland wohl auch nicht zeitgemäßen Maßstäben zu messen.«[32]

Das erhebliche Interesse einer breiten politischen Öffentlichkeit am bürgerlichen Widerstand gegen Hitler erweist sich gerade an den Gedenktagen. Dies zeigt, daß, jenseits aller rein symbolischen Bedeutung des 20. Juli 1944, dem bürgerlichen Widerstand etwas Exzeptionelles anhaftet, das sich auch durch weitere Forschungen wahrscheinlich nicht marginalisieren läßt. Mit dem 20. Juli erwies sich in aller Konsequenz, »was Widerstand im totalen Staat bedeutet, in dem es keine Grundrechtssicherungen, keine freie öffentliche Auseinandersetzung und kein Recht auf Opposition oder auf nachprüfbaren Prozeß gab.«[33] Daher wird sich der bürgerliche Widerstand des 20. Juli wohl auch nicht einebnen und in den breiten Strom »widerständigen Verhaltens« verallgemeinernd einordnen lassen. Diese Gefahr besteht jedoch, wenn man ein zu weit gefaßtes Widerstandsverständnis zugrunde legt. Für eine solche »integrale Verklammerung der unterschiedlichen Traditionen und Denkhaltungen, Situationen und Ziele, die insgesamt zwischen 1933 und 1945 Widerstand rechtfertigten«,[34] ließe sich zwar der bürgerliche Widerstand mit seinen »vielfältigen Traditionen, Haltungen und Erwartungen«[35] paradigmatisch anführen, aber die Betonung der Pluralität von Widerstand, Resistenz, Distanz, Verweigerung birgt das Risiko, doch wieder zu vergessen, daß es ein Unterschied war und ist, ob man beispielsweise als Zeichen der Unwilligkeit eine Arbeitspause überzog oder ob man bewußt sein Leben aufs Spiel setzte, um eine totalitäre Diktatur zu stürzen: Nonkonformität wie im ersten Fall ist qualitativ etwas anderes als aktiver politischer Widerstand wie im zweiten Fall.[36]

---

31 Michael Burleigh, Die Zeit des Nationalsozialismus (wie Anm. 27), S. 807.
32 Klaus Hildebrand, Das Dritte Reich (wie Anm. 29), S. 299.
33 Rudolf Lill, Zur Einführung, in: Ders./Michael Kißener (Hrsg.), 20. Juli in Baden und Württemberg, Konstanz 1994, S. 7-17, hier S. 14.
34 Peter Steinbach, Widerstand im Widerstreit (wie Anm. 11), S. 51.
35 Ebd.
36 Zur Kritik am integrativen Widerstandsbegriff, der »eher politischen Bedürfnissen als wissenschaftlichen Erfordernissen« entspricht: Klaus Hildebrand, Das Dritte Reich (wie Anm. 29), S. 308.

III.

Wie lautet der heutige Befund zum bürgerlichen Widerstand gegen Hitler, mehr als sechzig Jahre nach seinem gewaltsamen Scheitern? Nachdem der Pulverdampf geschichtspolitischer Debatten verzogen ist und wesentliche Quellenfunde, die das Gesamtbild umstürzen könnten, kaum mehr zu erwarten sind, lassen sich einige Ergebnisse zusammenfassen – immer eingedenk der Tatsache, daß auch das Bild des bürgerlichen Widerstands notgedrungen gegenwartsbezogen ist und stets wieder neu überdacht werden wird, wie Virginia Woolf einmal ganz grundsätzlich festgestellt hat: »There are some stories which have to be retold by each generation«.[37]

So naheliegend der Gedanke auch sein mag, mit soziologischem Blick ein bürgerliches »Milieu« des Widerstands herauszupräparieren,[38] so schwierig erweist sich doch bis heute in der Praxis die Umsetzung dieser prinzipiell löblichen Kategorienbildung. Ähnliches gilt auch für verwandte Sachverhalte, denn so anregend das Experiment auch sein mag, ausgehend von Max Weber, eine bestimmte Struktur der bürgerlichen Schichten herauszuarbeiten, wirken solche Kategorisierungen meist als zu eindimensional, um den späteren Widerstand gegen den Nationalsozialismus hinreichend zu erklären. Das vielfältige menschliche Leben in die Gesetzmäßigkeiten von Rastern, Paradigmen, Mustern und Modellen zu pressen, führt nicht immer zu überzeugenden Ergebnissen. So sinnvoll beispielsweise ein Zugriff auf gemeinsame Bildungsmuster und Karriereverläufe und Lebensformen, gemeinsame Generationserfahrungen und -prägungen, gemeinsame Werte und Einstellungen auch sein mag: Er *allein* kann nicht das individuelle Leben in seiner Komplexität und bisweilen in seiner Irrationalität oder Unerklärbarkeit allein entschlüsseln.[39] Damit soll jedoch keineswegs der Erklärungswert beispielsweise gruppenbiographischer Untersuchungen negiert werden, die durchaus zu weiterführenden Ergebnissen führen können – für diejenigen, die im »Dritten Reich« auf der Seite der Täter standen ebenso wie für diejenigen, die Widerstand geleistet haben.

Diejenigen, die im bürgerlichen Widerstand zusammenfanden, zogen aus der nationalsozialistischen Herrschaft die Konsequenz, daß das bisherige eigene

37 Virginia Woolf, The Essays of Virginia Woolf, Volume IV: 1925 – 1928, hrsg. v. Andrew McNeillie, London 1994, S. 465.
38 Hierzu Detlef Schmiechen-Ackermann, Soziale Milieus, Politische Kultur und der Widerstand gegen den Nationalsozialismus in Deutschland, in: ders. (Hrsg.) Soziale Milieus, Politische Kultur und der Widerstand gegen den Nationalsozialismus in Deutschland, Berlin 1997, S. 13-29.
39 Das Unbehagen an allzu umfassenden methodischen Zugriffen, das seit den sechziger Jahren des 20. Jahrhunderts en vogue war, hat wohl auch dazu beigetragen, daß »inzwischen (...) das Interesse an Geschichtstheorie wieder zurück(geht)«. Hans-Jürgen Goertz, Umgang mit Geschichte, Reinbek 1995, S. 57.

Wertesystem sich in ungeahnter und bestürzender Weise kompromittiert hatte. Seit dem Ende des 18. Jahrhunderts auf die Prinzipien individueller Freiheit und Leistung ausgerichtet,[40] hatte das Bürgertum im Verlauf der Industrialisierung immer stärker zu einer Ideologie gefunden, die sich gleichzeitig vom erstarkenden Sozialismus wie vom beharrenden Konservatismus absetzte. Gegen Ende des 19. Jahrhunderts war der Fortschrittsgedanke immer offensichtlicher verloren gegangen, das Leitbild einer staatsfreien Gesellschaft büßte an Glanz ein, und der Glaube an die bildende Kraft des Individualismus schwand immer mehr. Die zurückgehende Anziehungskraft eines weitgehend interventionsfreien staatlichen Bereichs und eines freien Marktes bei zunehmender Attraktivität konkurrierender sozialistischer und konservativer Gegenentwürfe stellte das Bürgertum vor das Dilemma, sich den Entwicklungen anpassen zu müssen und Problemlösungen zu akzeptieren, die mit ihrem ursprünglichen Credo nicht zu vereinbaren waren. Es spricht nichts dagegen, daß eine solche Krise schließlich hätte gemeistert werden können. Aber in der wissenden Rückschau erscheint die ästhetisierte Politikferne, die in Thomas Manns »Betrachtungen eines Unpolitischen« einen beredten Ausdruck gefunden hat, als eine Vorgeschichte späterer Versäumnisse. In utilitaristischer Nüchternheit hat etwa Walther Rathenau die Frage nach der besten Verfassung damit beantwortet, es sei diejenige, »welche die Geschäfte nicht gefährdet, gute Polizei übt, die Arbeiter im Zaum hält und wohlhabenden Bürgern verdiente Ehren zugänglich macht«.[41] In Friedensperioden mochte eine solche Devise praktikabel erscheinen. Aber der Erste Weltkrieg und das sich entwickelnde »Age of Extremes«, wie Eric Hobsbawm das 20. Jahrhundert genannt hat, führten gerade in Deutschland zu politisch-geistigen Verwerfungen, die Thomas Mann die »Zeitkrankheit« genannt hat und der auch das Bürgertum kaum noch etwas entgegenzusetzen hatte. Es hielt an dezidiert eigenen Positionen fest und verweigerte eine Einigung mit den Sozialdemokraten. Dies hätte theoretisch auf unterschiedliche Weise geschehen können, durch Tolerierungsabsprachen, Koalitionen oder durch die Gründung einer großen Partei der bürgerlich-sozialdemokratischen Mitte. Dieser Weg, der ein ganz anderes Heilmittel für die Zusammenführung einer auseinanderdriftenden Gesellschaft bedeutet hätte, als die Apologeten einer konservativen oder nationalsozialistischen Revolution vorsahen, wurde schließlich nicht beschritten. Aber in der aus den Fugen geratenen Zeit, die europaweit und auch in den Vereinigten Staaten von Amerika die Zweifel an der Zukunftsfähigkeit des bürgerlichen Staates alter Prägung genährt hatte, wirkte die geistig-politische Perspektivlosigkeit, die durch die Wirtschaftskrisen der zwanziger und dreißi-

---

40 Lothar Gall (Hrsg.), Von der ständischen zur bürgerlichen Gesellschaft, München 1993.
41 Walther Rathenau, Politische Auslese (1912), in: ders., Gesammelte Schriften in fünf Bänden, Berlin 1918, S. 221-232, hier S. 231.

ger Jahre noch akzentuiert wurde, besonders dramatisch. Die Kapitulation des Bürgertums im Jahr 1933 war in dieser Hinsicht eine konsequente Fortsetzung eines politischen Rückzugs, der schon in der zweiten Hälfte des 19. Jahrhunderts eingesetzt hatte.

Die »deutsche Katastrophe« (Friedrich Meinecke) der nationalsozialistischen Herrschaft hat schließlich bei einigen – die immer eine verschwindende Minderheit blieben – zu einem Umdenken geführt und den Weg in den politischen Widerstand vorbereitet. Diese Abkehr der späteren Widerstandskämpfer vom Regime verlief, wie von der Forschung inzwischen detailliert herausgearbeitet worden ist, in einem nicht immer geradlinigen Ablösungsprozeß.

Das breite Spektrum, das von der Wissenschaft – die sog. Freiburger Kreise – über die Kirchen, die Diplomatie bis zu hohen Verwaltungsbeamten und Juristen reichte, wird heute ebenso betont wie die Zusammenarbeit des bürgerlichen Widerstands mit Sozialdemokraten sowie linken und christlichen Gewerkschaftlern. Diese Kooperation und die Bereitschaft, die bisherigen Gräben in einem »anderen Deutschland« zu überwinden, waren zwar aus der Not der Zeit heraus geboren, aber sie bildeten eine Basis für die Zukunft nach dem Ende der totalitären Diktatur. Hierin liegt jenseits der moralischen und ethischen Beweggründe die Leistung des bürgerlichen Widerstands: »Es ist das Vermächtnis des 20. Juli, daß in der Auflehnung gegen die Gewalthaber die konservativen, bürgerlichen und sozialistischen Verschwörer ihr Leben opferten, um über die alten Gegensätze hinweg, an denen die Weimarer Republik zugrundegegangen war, in einer undogmatischen, neue Wege suchenden Staatsgesinnung in der politischen Ordnung den Maßstab der Menschenwürde wieder zur Geltung zu bringen.«[42]

IV.

Diese Bemerkungen führen abschließend zur Frage, warum der bürgerliche Widerstand nicht mehr Anhänger gefunden hat – diejenigen, die sich der Anti-Hitler-Fronde anschlossen, waren »verlassene Verschwörer«,[43] deren Versuche, Mitverschworene zu finden, in aller Regel fruchtlos blieben. Gerade das Bürgertum rekrutierte sich ja aus einem Milieu, in dem gemeinhin »Tugenden wie Initiative, Wagemut und Freiheit vorwalten«.[44] Weitergehend muß sogar gefragt werden, warum »bei Repräsentanten solcher Organisationen wie der Wehrmacht oder der Verwaltung, die per definitionem an das

---

42 Karl Dietrich Erdmann, Die Zeit der Weltkriege. Gebhardt, Handbuch der Deutschen Geschichte, Bd. 4, Stuttgart 1976[9], S. 578.
43 Klemens von Klemperer, Die verlassenen Verschwörer. Der deutsche Widerstand auf der Suche nach Verbündeten 1938 – 1945, Berlin 1994.
44 Hildebrand, Das Dritte Reich (wie Anm. 29), S. 214.

Dienen gewöhnt waren und wo Gehorsam das leitende Karriereprinzip beschrieb«, die Bereitschaft zur aktiven Opposition höher war als etwa bei Unternehmern. Denn speziell in den Kreisen der Wirtschaft war eine aktive Unterstützung des Widerstands, von ganz wenigen Ausnahmen wie dem Stuttgarter Großindustriellen Robert Bosch einmal abgesehen,[45] unbekannt. Es wird daher, wie kürzlich bemerkt worden ist, die Aufgabe künftiger Forschungen sein, »zu klären, wie es dazu gekommen ist, daß sich die dem Grundsatz der Freiheit Verpflichteten mit der Tyrannei augenscheinlich eher abgefunden haben als die an den Gehorsam Gewöhnten.«[46] Bislang gibt es hierzu kaum eine systematische Forschung. Auch über den Lebensweg mancher der bürgerlichen Freiheit Verpflichteter ist erstaunlicherweise bislang vergleichsweise wenig bekannt.

Letztlich bleibt beim Versuch, die eingangs gestellte Frage zu beantworten, ob der Status des »Bürgers« eher zur Staatstreue oder zum Widerstand tendieren läßt, – nicht zuletzt, wenn man den bürgerlichen Widerstand mit demjenigen anderer »Milieus« vergleicht – wenig mehr als die Erkenntnis, daß abstrakte Kategorien wenigstens für den Bereich der Widerstandsforschung nicht sehr hilfreich sind. Auch ein »Bürger« ist im Moment einer totalitären Herausforderung nur ein Mensch, wenn es um Fragen der Moral geht. Klemens von Klemperer hat diese Erkenntnis dahingehend zusammengefaßt, daß »echter Widerstand (...) die Konsequenz der persönlichen Entscheidung (ist), standfest zu bleiben und das Übel zu bekämpfen.«[47] In diesem Sinn ist daher auch die eingangs gestellte Frage kaum zu beantworten. Es wird darauf letztlich wohl nur anthropologische Antworten geben können, wenn man sich nicht mit der lakonischen Feststellung von Michael R. D. Foot zufrieden geben möchte, wonach »character, not class, made people into resisters«.[48]

45 Joachim Scholtyseck, Robert Bosch und der liberale Widerstand gegen den Nationalsozialismus, München 1999.
46 Hildebrand, Das Dritte Reich (wie Anm. 29), S. 214.
47 Klemens von Klemperer, Die verlassenen Verschwörer (wie Anm. 43), S. 13.
48 Michael R. D. Foot, Resistance: An Analysis of European Resistance to Nazism 1940 – 1945, London 1976, S. 11. Ähnlich auch die Beurteilung in einer neueren Gesamtdarstellung aus britischer Feder: »If acts of resistance were many and various, so were the participants and their reasons for becoming involved. Resisters came from all classes, occupations and backgrounds, and from every urban and rural environment.« Bob Moore, Introduction: Defining Resistance, in: ders. (Hrsg.) Resistance in Western Europe, Oxford/New York 2000, S. 1-26, hier S. 3.

Eric Kurlander

Negotiating National Socialism: Liberal Non-Conformity and Accommodation in the Period of *Gleichschaltung*

We know that many liberal democrats remained in Germany after 1933, but we do not know what became of them.[1] Except for a few isolated biographies and an excellent case study of the obscure Robinsohn-Strassmann group, little work on the fate of German liberals under the Third Reich exists. [2] Indeed, recently we have experienced a welcome boom in popular social and cultural histories of the Third Reich. This research has yielded first rate case studies on women and workers, civil servants and farmers, artists and musicians, Catholics, Protestants, youth groups, gypsies and homosexuals. [3] Yet the public and private lives of German Democrats, the one group that has come to define both the successes and the failures of Weimar democracy better than any other, remain largely unexplored.[4]

---

1   I would like to thank Stetson University for generously providing two Summer Research (SURE) grants to support the research for this article.

2   See Horst R. Sassin, *Liberale im Widerstand. Die Robinsohn-Strassmann-Gruppe, 1934-1942*, Hamburg 1993; Carlheinz von Brück, *Bürger gegen Hitler. Demokraten im Antifaschistischen Widerstand*, Berlin (DDR)1986; Albert Fischer, *Hjalmar Schacht und Deutschlands »Judenfrage«. Der »Wirtschaftsdiktator« und die Vertreibung der Juden aus der deutschen Wirtschaft*, Köln 1995; Angelika Schaser, *Helene Lange und Gertrud Bäumer. Eine politische Lebensgemeinschaft*, Köln 2000 ; Werner Huber, *Gertrud Bäumer. Eine politische Biographie*, Augsburg 1970.

3   On homosexuality see Günter Grau, ed. *Hidden Holocaust. Gay and Lesbian Persecution in Germany 1933-45*. London 1995. On Catholics and Protestants see Ian Kershaw, *Hitler Myth. Image and Reality*, Oxford 1987; Günther Lewy, *The Catholic Church and Nazi Germany*, New York 1964; Robert Gellately, *Backing Hitler. Consent and Coercion in Nazi Germany*, Oxford 2001. On the mentally and physically disabled see Paul Weindling, *Health, Race, and German Politics*, Cambridge 1989; on women and the family see Jill Stephenson, *Women in Nazi Germany*, New York 2001; Elizabeth Heineman, *What Difference Does a Husband Make? Women and Marital Status in Nazi and Postwar Germany*, Berkeley 1999; Claudia Koonz, *Mothers in the Fatherland. Women, the Family and Nazi Politics*, New York, 1987. On youth see Detlev Peukert, *Inside the Third Reich. Conformity, Opposition and Racism in Everyday Life*, New Haven 1987; Peter Stachura, *Nazi Youth in the Weimar Republic*, Santa Barbara 1975. On the persecution of the Roma and Sinti see Günther Lewy, *The Nazi Persecution of the Gypsies*, Oxford 2000. For a good general work on minority groups in the Third Reich see Robert Gellately and Nathan Stolzfus ed., *Social Outsiders in the Third Reich*, Princeton 2001.

4   This article will focus on the left liberals, known in Weimar as the German Democratic Party/German State Party (*Deutsche Demokratische Partei/ Deutsche Staatspartei*). Democrat and liberal will be used interchangeably.

This relative lack of interest in liberal activity under the Third Reich can be explained in a variety of ways. From a Marxist perspective of course, the rise of National Socialism was only made possible by the support of the entire Protestant bourgeoisie, liberal as well as conservative. Hence it made little sense after 1945 for historians to waste time studying bourgeois liberals who, unlike their proletarian colleagues, made little effort to stem the Nazi tide. Non-Marxist historians, on the other hand, have cited the weakness and »utter disorientation« of the German liberal parties in the wake of the Nazi take-over.[5] Where liberal opposition is considered, these scholars tend to conflate German Democrats with the »national-conservative« resistance of Beck, Stauffenberg, Goerdeler and the Kreisau-Circle.[6] More recently, Jürgen Frölich has suggested that this lack of research owes much to the postwar guilt and sensitivities of German liberals themselves, who, for personal as well as political reasons, have preferred not to revisit their uneven record of resistance to the Third Reich.[7]

Whatever the reason, this lacuna in the historiography suggests a fascinating array of narrative, interpretative and theoretical possibilities.[8] What *were* leading liberals doing under Hitler? Did some openly endorse the new regime? Who opposed it? What social, intellectual, economic or political motivations influenced their decisions? Why were some able to avoid the Gestapo for twelve years, while others languished in concentration camps? Did most liberal democrats embrace National Socialism because, as Kurt Maeder argued, »within the realm of national goals there existed only the difference that we were a reform party, and they [the Nazis] a revolutionary party«?[9] Or did bourgeois republicans engage in more subtle forms of non-conformity (*Resistenz*) less open than traditional political resistance (*Wider-*

---

5   See Jürgen Frölich, »Nur versagt? Das liberale Bürgertum und der Nationalsozialismus«, *Mut*, Nr. 446, Oktober, 2004, p. 66.
6   See, for example, Hans Mommsen in Christian Leitz ed., *The Third Reich*, Oxford 1999, p. 263.
7   Frölich (cfr fn. 5), p. 70.
8   See Martina Neumann, *Theodor Tantzen. Ein widerspenstiger Liberaler gegen der Natio-nalsozialismus*. Hannover 1998; Knut Hansen, *Albrecht Graf von Bernstorff*, Frankfurt/M. 1995 and Horst-Sassin (cfr fn. 2). Although full length monographs have been devoted to such prominent liberal democrats as Theodor Heuß, Alfred Weber, Gertrud Bäumer, and Wilhelm Külz during the Weimar and Federal Republics, few existing works devote more than a few pages to the crucial twelve years in between. See, for example, Modris Eksteins, *Theodor Heuß und die Weimarer Republik*, Stuttgart 1969, Karl Dietrich Bracher, *Theodor Heuß und die Wiederbegründung der Demokratie in Deutschland*, Tübingen 1965, Eberhard Demm, ed., *Alfred Weber als Politiker und Gelehrter*; Stuttgart 1983, ders., *Von der Weima-rer Republik zur Bundesrepublik: Der Politische Weg Alfred Webers 1920-1958*. Düsseldorf 2000, Reinhard Blomert, *Intellektuelle im Aufbruch: Karl Mannheim, Alfred Weber, Nor-bert Elias und die Heidelberger Sozialwissenschaften der Zwischenkriegszeit*; München 1999, Angelika Schaser (cfr fn. 2), Werner Huber (cfr fn. 2), Marie Luise Bach, *Gertrud Bäumer. Biographische Daten und Texte zu einme Persönlichkeitsbild*, Weinheim 1989, Armin Behrendt, *Wilhelm Külz. Aus dem Leben eines Suchenden*. Berlin (DDR), 1987[3]
9   Article by Kurt Maeder, 23.4.33. BAK (Federal Archives, Koblenz), R 45 II, No 48.

stand), but perhaps equally as effective? In short, how did German liberalism negotiate fascism?

In looking at this process of negotiation, one must remain aware of what was negotiable and what was not.[10] The Catholics might successfully protest the removal of crucifixes from parochial schools, but small shopkeepers had far less success impeding the domination of heavy industry indispensable to rearmament.[11] There were also multiple levels of negotiation between a variety of state institutions and categories of citizens. When we discuss »resistance«, do we mean a prominent liberal editor debating censorship policy with the *Kulturkammer* or a private individual continuing to employ a Jewish secretary despite the Nuremberg Laws? Are both acts equally non-conformist? There is a difference, moreover, between ideological and sociological opposition. A liberal opposing the Nazi coordination (*Gleichschaltung*) of the church because it contradicts an individual's freedom of worship is very different than a devout Catholic opposing a ban on crucifixes. The former is probably acting alone, as a matter of conscience. The latter is acting in concert, defending the shared values of a well-defined interest group. Thus to understand the motives and repercussions of any particular act of resistance, one needs to understand the stakes. What actions entailed the greatest risk? Were German Democrats attempting merely to modify the application of existing policies or were they opposing Nazi policies outright?[12] Did prominent businessmen, statesmen, or academics have more room to maneuver than less well-known individuals? Did economic independence guarantee greater political, cultural or intellectual independence as well? Why did some liberals accommodate National Socialism?[13] Were they »victims«, »collaborators«, or something of both?[14]

In this article, which is part of a much wider project on the liberal *Alltag* during the Third Reich, I will attempt merely to outline the responses of liberal

---

10 Comments by Robert Culp (Bard College) on the panel »Negotiated Fascisms: Resistance, Collaboration and Nationalism in the Social Mainstream, 1922-1945«, at the 2005 Convention of the American Historical Association in Seattle, WA, January 9, 2005.
11 For a thorough analysis of all three groups, see Ian Kershaw, *Popular Opinion & Political Dissent in the Third Reich*, Oxford 1983, pp. 156-223, 281-330.
12 See again, Culp (cfr fn. 9).
13 See, for example, Steven Remy, *The Heidelberg Myth: The Nazification and Denazification of a German University*, Cambridge 2002; Michael Fahlbusch, *Wissenschaft im Dienst der nationalsozialistischen Politik: Die ›Volksdeutschen Forschungsgemeinschaften‹ von 1931-1945*. Baden-Baden 1999; Ingo Haar, *Historiker im Nationalsozialismus. Deutsche Geschichtswissenschaft und der ›Volkstumskampf‹ im Osten*. Göttingen 2000; Klaus Hornung, *Hans Rothfels und die Nationalitätenfrage in Ostmitteleuropa, 1926-1934*, Bonn 2001; Notker Hammerstein, *Antisemitismus und die deutschen Universitäten 1871-1933*, Frankfurt/M. 1995.
14 Adelheid von Saldern, »Victims or Perpetrators? Controversies about the Role of Women in the Nazi State« in Leitz, ed. (cfr fn. 6). Also see Claudia Koonz, *Mothers in the Fatherland*; Gisela Bock, *Zwangssterilisation im Nationalsozialismus: Studien zur Rassenpolitik und Frauenpolitik*, Opladen 1986; Stephenson (cfr fn. 2).

democrats who supported some type of »non-conformity [*Resistenz*]« during the first eighteen months of Hitler's rule.[15] The purpose of this article is therefore not to argue the potential for outright liberal opposition (*Widerstand*). [16] In this regard one can hardly dispute the traditional assertion that the liberal bourgeoisie never comprised a real source of open resistance to the regime. The goal instead is to interrogate the initial reaction of bourgeois republicans to National Socialism. We will do this first by examining the efforts of liberal democrats to oppose National Socialism in the weeks leading up to the decision to support the infamous March 23rd Enabling Law (1933) granting Hitler the power to enact legislation independent of parliamentary consent. Next, I will turn to three individual case studies: that of Alfred Weber, younger brother of Max and an internationally-esteemed sociologist in his own right; Theodor Heuß, the Federal Republic's first president; and Gertrud Bäumer, Germany's greatest bourgeois interwar feminist. By examining the experiences of these three individuals during the initial period of Nazi coordination (*Gleichschaltung*), I hope to test the repressiveness of everyday life under National Socialism and, conversely, the potential for non-conformity among bourgeois republicans.

II. *Liberal Democrats and the Enabling Act*

In 1946, in the interest of »denazification«, the Allied occupation authorities circulated a questionnaire requesting leading German politicians to explain, »the circumstances concerning the acceptance of the Enabling Law in the year 1933«. The document included three basic questions:
1) Did your position regarding the Enabling Law transgress against the mandate given you by your constituency?

---

15 See Martin Broszat, *Alltag und Widerstand: Bayern im Nationalsozialismus*, München 1997. p. 64.
16 For more on various forms of protest, both *Widerstand* and *Resistenz*, see Broszat, ibd; Peukert (cfr fn. 2); Kershaw (cfr fn. 2); Gellately (cfr fn. 2); Timothy Mason, *Nazism, Fascism and the Working Class*, Cambridge,1995; Inge Hansen-Schaberg and Beate Schmeichel-Falkenberg, *Frauen Erinnern: Widerstand, Verfolgung, Exil, 1933-1945*, Berlin 2000; Kurt Schilde, *Im Schatten der »Weissen Rose«: Jugendopposition gegen den Nationalsozialismus im Spiegel der Forschung (1945 bis 1989)*, Frankfurt/M. 1995; Gerd R. Ueberschär, ed., *NS-Verbrechen und der militärische Widerstand gegen Hitler*, Darmstadt 2000; Shelly Baranowski, *The Confessing Church, Conservative Elites and the Nazi State*, Lewiston 1986; James Donohoe, *Hitler's conservative opponents in Bavaria, 1930-1945. A Study of Catholic, Monarchist, and Separatist Anti-Nazi Activities*, Leiden 1961; Birgit Retzlaff, *Arbeiterjugend gegen Hitler*, Werther 1993. Thomas Childers and Jane Caplan, ed. *Reevaluating the Third Reich*, New York 1993; David Clay Large ed., *Contending with Hitler: Varieties of German Resistance in the Third Reich*, Cambridge 1991.

2) Did approving the Enabling Law secure or hinder Hitler's rule?
3) By what subjective criteria were the law's supporters motivated?[17]

The second question appears moot in hindsight. No historian would likely deny the crucial importance of the Enabling Law in securing Hitler's power. But it might be useful to organize our investigation of liberal democratic *Resistenz* around the two remaining queries. First of all, did the five remaining Democrats – Hermann Dietrich, Theodor Heuß, Ernst Lemmer, Reinhold Maier, and Heinrich Landahl – »transgress their mandate« by giving carte blanche to Hitler's government of »national renewal«.[18] If we answer in the affirmative, then we must turn to question three. Why might the Democratic leaders choose to support the Enabling Law against the best interests of their constituency? What were their »subjective« motivations? Was there something more than internal political pressure and/or external fear of reprisal motivating Democrats to endorse Hitler's regime?

During the final three years of the Republic many leading Democrats had shown authoritarian proclivities. Most telling in this regard was the German Democratic Party (DDP)'s decision to merge with the) political wing of the völkisch Young German Order, the *Volksnationale Reichsvereinigung*, in September 1930 to form the German State Party (DStP). Shortly thereafter, the DStP co-chairman, Hermann Dietrich, had already proclaimed the »inadequacy of parliament« and suggested »a moderate dictatorship« along the lines of Heinrich Brüning's government by decree. Gertrud Bäumer, meanwhile, Germany's leading feminist and an erstwhile vice chairman of the DDP, openly agreed with the »substantive goals« of the NSDAP. Even Theodor Heuß, founding father and first president of the *Bundesrepublik*, wondered whether there weren't as many similarities as differences between the Nazis and the radical liberals – that is, the *Freisinnige Volkspartei* – of the 1890s.[19]

To be sure, the Democrats worked until the end to conserve any possible votes in favor of the Republic. In fact by joining forces with the Social Democrats, the DStP gained two seats in the 5 March 1933 elections, yielding five representatives in all.[20] But even many Democrats who continued to oppose

---

17 See allied questionnaire in letter to Hermann Dietrich, 5.2.1947, in Personal Papers (NL) Dietrich, BAK: N 1004, No. 458.
18 See »Auszug aus den Verhandlungen des Reichstages«, 23.3.1933, in: Ibid.
19 Werner Fritsch, *Deutsche Demokratische Partei (DDP) 1918-1933*, in: Dieter Fricke et alii, ed., *Die Bürgerlichen Parteien in Deutschland*. Leipzig 1983, Bd. I, p. 610.
20 Letter to DStP members from 11.2.1933 signed by Dietrich, Maier, Petersen: »Die Gefahr ist riesengroß, daß es Hitler dieses Mal gelingt, gestützt auf den amtlichen Apparat, zusammen mit Hugenberg die erforderliche Mehrheit zu erringen, um ein einseitiges Parteiregiment in Deutschland aufzurichten. . . Das Abkommen mit der SPD hat lediglich wahltechnische, keinerlei politische Bedeutung«. NL Külz, BAK: N 1042, No. 19.

National Socialism in spring 1933 exhibited nationalist and anti-Semitic tendencies not dissimilar from those of the NSDAP.[21] In the wake of a joint Catholic-Democratic assembly in defense of the Republic, the Democratic official Marcel Mitschke wrote the party chairman Hermann Dietrich with indignation. In contrast to most liberal papers, Mitschke complained, the *Berliner Tageblatt* devoted only »26 lines« to the assembly. These few lines »includ[ed] a wholly misleading title and entirely unnecessary quibbles [belanglosen Nichtigkeiten]. . . that really don't interest anyone« but that »one percent Jewish minority that is supposedly ›oppressed‹ in Germany!!!«. It was obvious, Mitschke added, that »the State Party could thank these repugnant ›Weltblatt‹-methods for its going to the dogs; that is not only my conviction, but that of many who still stand by democracy!«[22] »If I soon leave the party«, another Democrat wrote, »it is not because I'm changing with the wind . . . but because I really do not want to be alone in one party with the pariah [*verscheuchten*] Jews. Politically I am no anti-Semite, but I'm also no Jew«.[23] According to the Hamburg Democrat Georg Borkmann the Nazis were an eclectic group of radical patriots and social reformers who merely needed guidance. »Even seen from the Jewish perspective, for example, a brutal and open struggle against the National Socialists is in the end not as effective . . . as a slow taming of these . . . exceptionally vocal race researchers«.[24] The Democrats were now a small party, Borkmann argued, capable of playing only a secondary role. Why not try to co-opt the saner elements in National Socialism, a vast and diverse, staunchly anti-Socialist movement encompassing much of the former liberal bourgeoisie.[25]

Certainly, one may speak of a vocal liberal democratic opposition to accommodating National Socialism. During the last week of February, the former liberal finance minister Hermann Höpker-Aschoff wrote a lengthy article in the left liberal *Vossische Zeitung* demanding that Hitler explain the particulars of the Nazi social and economic program. Attacking the soporific populism of most Nazi pronouncements, Höpker remarked that, »Indeed, doesn't everybody want the same thing. What good are these general truths supposed to accomplish?« National Socialism has less to do with a definite program, he concluded, than with recapitulating »tasks that everyone agrees exist«. The

21 Fritsch, DDP (cfr fn. 19), pp. 611-613.
22 Not surprisingly, Mitschke continued, the rest of the Berlin »asphalt press« failed to report the assembly at all, reflecting »that typical ›reportage‹. . . that we upright and honest Democrats-- for whom, thank God, democracy does not yet = business -- decisively reject«. Mitschke to Schütt/Dietrich, 11.2.9.33, NL Dietrich, BAK: N 1004, No. 150.
23 See B. Mayer-Pantenius to Dietrich,16.6.1933, in NL Dietrich, BAK: N 1004, No. 150.
24 See letters from Georg Borkmann to Dietrich, 23.2.1933, 2.3.1933 in NL Dietrich, BAK: N 1004, No. 143.
25 See official letter, 28.3.1933, in NL Dietrich, BAK: N 1004, No. 142.

only question was, »how do we fulfill them«?[26] Friedrich Ablaß likewise condemned the entirely »utilitarian grounds« given by many fellow Democrats in order to justify the Nazi takeover. Presaging the Allied questionnaire mentioned above, Ablaß warned the party against discarding its historical mission, »to represent the fundamental rights of the German people, as we acknowledge them according to our clearly liberal and democratic position, without any encroachments and concessions to the now hegemonic fascist ideals«. Only »unequivocal opposition« to the Nazis could possibly serve liberal ideals.[27] Permitting a leading Democrat to join a Nazi government, on the other hand, would betray every principle the party had once supported.

But most Democrats chose the path of least resistance, including many of those who had initially opposed Hitler's chancellorship.[28] A few days before the decisive vote on the Enabling Law, for example, Höpker-Aschoff discarded his earlier skepticism, citing the positive use of emergency decrees by Friedrich Ebert during the early years of the Republic.[29] Speaking in the Reichstag four days later, the DStP co-chairman Reinhold Maier joined Höpker in endorsing the other bourgeois parties' blatant abrogation of the Weimar constitution: »We feel bound by the conviction that the Reich chancellor put forth today with regard to great national goals. We understand that the present Reich government desires extensive powers in order to work [towards these goals] without hindrance ... In the interest of the people and the fatherland and in the expectation of legality, we withdraw our serious concerns and approve the [Enabling] law«.[30] Or, as co-chairman Dietrich stated in a communiqué to regional party offices: »There can be no doubt regarding our honorable readiness to cooperate in rebuilding a new national community ... winning over the German working class in moral terms, making people one in the nation, these goals of the new government are also ours«.[31] Did the Democrats really believe Hitler's stated intentions? Or did they issue such pabulums in order to avoid arrest and persecution? Perhaps we can glean some answers to these questions by examining the initial responses of three prominent Democrats to Nazi rule, Alfred Weber, Theodor Heuß and Gertrud Bäumer.

26 See Höpker-Aschoff article in *Vossische Zeitung*, 26.2.1933. NL Höpker-Aschoff, BAK: N 1129, No. 7.
27 Letter from Dr. Friedrich Ablass to Dietrich, 9.3.1933, in NL Dietrich, BAK: N 1004, No. 142.
28 Letter from Dietrich to Ablaß, 28.3.1933, in NL Dietrich, BAK: N 1004, No. 142; Koch writes Dietrich, 15.3.1933, in NL Dietrich, BAK: N 1004, No.149.
29 See Article by Höpker-Aschoff in: *Vossische Zeitung*, »Das Ermächtigungsgesetz«, 19.3.1933. BAK: N 1129, No. 7.
30 Fritsch, DDP (cfr fn. 19), pp. 611-612.
31 Fritsch, DDP (cfr fn. 19), pp. 612-613.

III. *Alfred Weber: The Martyr of Heidelberg?*

Alfred Weber outlived his brother Max by nearly forty years. Yet the younger Weber remains by far the more obscure of the two siblings. Perhaps best known for his *Standorttheorie* of economic development, Weber was also an accomplished sociologist, political scientist and intellectual historian.[32] Along with his older brother, Alfred was likewise the product of Friedrich Naumann's turn-of-the-century National Social movement. His politics combined a fervent social liberalism with an equally profound nationalist and imperialist impulse.[33] Thus Weber was no republican, at least not by conviction.[34] Like his sometime adversary Carl Schmitt, he never felt completely comfortable with a »western«-style, multi-party system.[35] He also decried the Versailles Treaty, questioned fundamental aspects of the Weimar constitution and supported some of Heinrich Brüning's more autocratic reforms. Though harboring no illusions about the dangers of National Socialism, then, Weber remained ambivalent in his support of the Weimar Republic.[36]

Only the Nazi assault on Heidelberg's ivory towers could seemingly rouse Weber from his increasing political passivity. Within hours of the Nazi victory in the 5 March elections, brown-shirted storm troopers flooded the Heidelberg campus, posting Nazi placards and swastika flags along the way. This was a clear violation of Article 3 of the Weimar constitution, which permitted only the state flag of red, black, and gold to be raised in any official

32 Hans G. Nutzinger, ed. Alfred *Weber: Schriften zur Industriellen Standortlehre.* Marburg, 1998; Leonore Gräfin von Lichnowsky, »Alfred Webers Standortlehre in ihrer politischen Bedeutung« in: Eberhard Demm, ed. (cfr fn. 8), pp. 11-21; Beate Riesterer, »Alfred Weber's Position in German Intellectual History«, in: Ibid, pp. 82-112. For a detailed history of the *Insosta*, its faculty, and its central role in interwar intellectual life see Reinhard Blomert (cfr fn. 8). For more on Weber's wide influence and legacy see Alfred Weber, ed. *Soziologische Studien. Zur Politik, Wirtschaft und Kultur der Gegenwart*, Potsdam, 1930; Eberhard Demm, ed. *Soziologie, Politik und Kultur. Von Alfred Weber zur Frankfurter Schule*, Berlin 2003.

33 See Demm, *Von der Weimarer Republik* (cfr fn. 8), pp. 221-22; Fritz Ringer, *Decline of the German Mandarins*, Cambridge, Ma. 1969, pp. 186-187; Richard Bräu, Eberhard Demm, Hans G. Nützinger und Walter Witzenmann, *Alfred Weber: Politische Theorie und Tagespolitik (1903-1933)*, Marburg 1999, pp. 29-43. Indeed, some erstwhile National-Socials would even join the Nazi Party decades later. See Eric Kurlander, »Nationalism, Ethnic Preoccupation and the Decline of German Liberalism: A Silesian Case Study, 1898-1933«. *The Historian*, v. 65, nr. 1, Fall 2002. p. 120.

34 Demm, »Alfred Weber im Ersten Weltkrieg«, in Demm, *Weber als Politiker* (cfr fn. 8), pp. 22-39; Bräu, Demm et. al. (cfr fn. 32), pp. 109-230.

35 For more on the similarities between the conceptions of the state of Carl Schmitt and Max Weber – Alfred very much shared his brother's views in this regard – see Duncan S. Kelly, *The State of the Political: Conceptions of Politics and the State in the Thought of Max Weber, Carl Schmitt and Franz Neumann*. Oxford and New York 2003. Also see Bräu et. al. (cfr fn. 32), pp. 233-389.

36 Ringer (cfr fn. 32), pp. 186-187, pp. 418-423. During a discussion with Thomas and Golo Mann in 1931 Weber brought himself to tears in contemplating the alternative to the Republic. See Ernst Wilhelm Eschmann, »Persönliche Erinnerungen an Alfred Weber«, in Demm, *Weber als Politiker*, (cfr fn. 8), pp. 200-201.

capacity (Heidelberg was a state university, after all).[37] On 6 March, Weber wrote an angry letter to the mayor, Carl Neinhaus, demanding that the administration prevent this kind of »anticonstitutional« activity. Next day, Weber insisted further that the local police chief tear down a swastika banner that had been attached to Weber's Insitute for Social and Political Science (*Institut für Sozial- und Staatswissenschaft*). The officer complied, but was subsequently put on leave by the new Nazi Reich Commissar, Robert Wagner. On 8 March, the swastikas were restored as well. In response, Weber decided to close his institute outright. But lacking the courage of Weber's convictions, the university president, the historian Willy Andreas, ordered all Heidelberg faculties to reattach swastikas to their buildings.[38]

Not surprisingly, beginning on 7 March and continuing for more than a week, the Nazi paper *Volksgemeinschaft* ran a succession of derisive articles attacking Weber's efforts to undermine the »coordination« of Heidelberg. Weber responded in turn.[39] Despite the vigor of the ensuing debate, however, the editors of the *Volksgemeinschaft* maintained a relatively moderate tone.[40] Were they sensitive to Weber's international renown? Was it too early, in these weeks before the Enabling Law, to make too vulgar a show of force? Whatever the circumstances, sources indicate that Weber was never under any overt political pressure to comply. The Nazis appealed instead to his conscience and professionalism, noting that closing the institute would only hurt his appropriately ›unpolitical‹ colleagues and students. According to the *Volksgemeinschaft*, it was Weber, the elitist academic Mandarin, who lacked the sense of social justice and political context to which his life's work osten-

---

37 Demm, *Von der Weimarer Republik* (cfr fn. 8), p. 223.
38 Ibid., pp. 223-224.
39 See letter to the editor in *Volksgemeinschaft*, 8.3.1933, in NL Weber, BAK: N 1197, No. 32.
40 »We would see no reason to concern ourselves with this citizen further, if Mr. Weber himself did not give us cause to! [in taking down the swastika] . . . We do not want to discuss here the ›measureless international importance‹ of the ›great professor Weber‹. We leave that to the trained specialists. We want to touch on Weber ›the politician‹ here. As a sociologist, Mr. Weber should have at least enough insight into political reality to foresee the uselessness of his protests. In his demonstrative actions Mr. Weber appears not to have considered that, through his protest against the government of the new Germany, he might draw colleagues into his own plight who hold perhaps a different political viewpoint. In other words: if we therefore attack the ›Insosta‹ [abbrev. of Weber's institute, E. K.] . . . that means an attack on Herr Professor Weber alone! If you close your institute as a sign of protest, you do not hurt us, but German students, and probably a great many Jews as well, who you have tested and have supposedly found ›sociologically worthy‹ . . . In conclusion, one last remark: our assertions [in previous articles] of your inadequate mastery of the German language has created the impression in some circles as if we wanted to ›belittle‹ you arbitrarily! Should you consider it necessary, we are gladly prepared to publish samples without any commentary . . . and we are convinced that these samples will show how mild our judgement has been with regard to your ›global relevance [*Globale Relevanz*]‹ (in German: international importance [*weltweite Bedeutung*])«. See letter to the editor in *Volksgemeinschaft*, 11.3.1933, in NL Weber, BAK: N 1197, No. 32.

sibly attested.[41] Indeed, although Weber found himself having to defend his politics, his position remained unscathed.[42]

No matter the risk – or reward – Weber never intended to carry his protest beyond the »flag question«. When the *Volksgemeinschaft* impugned Weber's German national reputation, citing his seeming indifference to Socialist Revolution in November 1918, Weber was only too quick to retort: »In November 1918 I had better things to do than to protest against the waving of particular banners. At that time in Berlin I took part from the first day of revolution onwards in forming the Free Corps against the Spartacus Bund«.[43] Better to associate oneself with martial conservatives, Weber seemed to think, than to suggest an affinity for the republican center-left. A few days later, in private company, the philosopher Karl Jaspers asserted that Nazism was a cloud that would soon pass. Weber immediately disagreed. National Socialism was »a cloud that will soon douse us with poison and acid rain«.[44] A week after this exchange, Weber announced his early *Emeritierung*, effective 1st of August 1933.[45]

What is interesting about Weber's premature retirement is not that he took it. Many academics resigned their posts in the early years of Nazi rule. What is remarkable is that it was entirely voluntarily. Moreover, any appearance of protest was completely unintended. Rather than retreat from academic life, Weber continued to teach and to administer the Rockefeller exchange program. He also traveled to international conferences at will.[46] It was Weber's less vocal Jewish and Socialist colleagues who lost their positions and livelihoods.[47] By relinquishing his chair atop the *Insosta*, Weber merely sought less responsibility. Even his initial resistance, public though it was, focused on matters of tradition and legality. Defending republican values was of secondary concern. That the episode ended so abruptly and that it concluded with Weber's early retirement suggests at least as much ambivalence as resignation.[48] Martyrdom was not part of the equation.

---

41 Steven Remy, *The Heidelberg Myth: The Nazification and Denazification of a German University*, Cambridge 2002, p. 16.
42 Although not entirely successful, Weber's influence did help ameliorate the situation of certain colleagues, as in the case of Hans von Eckardt. See for example, Demm, *Von der Weimarer Republik* (cfr fn. 8), pp. 224-225.
43 See Weber's handwritten response, 3.13.1933; article titled, »Der gleichberechtigte Bürger Weber«, in: *Volksgemeinschaft,* 15.3.1933, in NL Weber, BAK: N 1197, No. 32.
44 Demm, *Von der Weimarer Republik* (cfr fn. 8), p. 226.
45 See letter from Heidelberg, 18.4.1933, thanking Weber for his generation of service and excellent work; letter from Minister of Culture, Justice and Education which confirms Weber's official »Emeritierung« starting 1st of August 1933; and letter from Nazi Gauleiter, Robert Wagner, 27.4.1933, sending Weber the »Entlassungs-Urkunde« in NL Weber, BAK: N 1197, No. 32.
46 Demm, *Von der Weimarer Republik* (cfr fn. 8), pp. 227-29.
47 Ibid, pp. 229-30.
48 See Remy (cfr fn. 40), pp. 21-22, 29-30.

IV. Theodor Heuß: Modes of Non-Conformity

Like Weber, Dr. Theodor Heuß entered the National-Social movement under the aegis of the progressive pastor Friedrich Naumann. Like Weber, Heuß embraced a liberal imperialism, which he hoped might unite all bourgeois and proletarian forces in one national party of reform. But unlike Weber, Heuß became a leading and unqualified defender of the Weimar system after the First World War. Not only was Heuß instrumental in founding the German Democratic Party (DDP) in November 1918, but he quickly joined the faculty of Friedrich Naumann, Ernst Jaeckh and Max Weber's College of Politics (*Hochschule für Politik*), an institution set up primarily to educate future republicans.[49] Heuß was also one of the few leading Democrats to publish a true critique of the National Socialist movement, *Hitlers Weg* (1932).[50] There were more prominent liberals, to be sure. But by the time of the Nazi seizure of power, Heuß was one of the most ubiquitous and widely respected Democrats in Germany, in many ways representing the conscience of the republican bourgeoisie.

Nevertheless, scholars of bourgeois resistance hardly consider Heuß a paragon of dissent. According to Hans Mommsen, Heuß merely followed his liberal colleagues along the path of inner emigration, retreating into the private sphere to avoid negotiating with fascism.[51] Others point to his ill-advised support for the Enabling Law to buttress the general claim that German liberalism signed its own death warrant in spring 1933.[52] The evidence suggests otherwise. Far from exiting public life, Heuß became a master of political non-conformity. After the Nazi *Machtergreifung*, he demanded guarantees for free elections and decried the new government's failure to address Germany's deepening economic crisis.[53] Whereas all five Democratic deputies ultimately supported the Enabling Law, Heuß at first criticized it. He only joined his comrades in the final vote in order to preserve party cohesion as long as possible.[54] He engaged Nazi intellectuals in radio debates on tolerance and human rights and delivered encouraging lectures to Jewish organizations

49   Eksteins (cfr fn. 8); Jürgen Hess, *Theodor Heuß vor 1933*, Stuttgart, 1973.
50   See Theodor Heuß, *Hitlers Weg*, Re-Edition Stuttgart, 1968.
51   In discussing the 20 July plot on Hitler's life, Mommsen writes, »That professional politicians, in particular members of parliament, were almost completely absent was not an accident. After the manifest failure of Weimar's parliamentary system its representatives were to some extent politically neutralized. Politicians such as Konrad Adenauer or Theodor Heuß, while detached from the regime, did not see a starting-point for any effective opposition. Nearly all resistance groups agreed in their opposition to a return to Weimar conditions«. Mommsen in Leitz (cfr fn. 6), p. 263.
52   Fricke, *Parteien* (cfr fn. 18), pp. 328-9.
53   See article, »Umbruch« in NL Heuß, BAK: N 1221, No. 46; Excerpt from article in *Die Hilfe*, in NL Heuß, BAK: N 1221, No. 398.
54   Theodor Heuß, *Die Machtergreifung und das Ermächtigungsgesetz*, Tübingen 1967, pp. 23-26.

looking for the faintest glimmer of hope.[55] Having been called in to the local Gestapo office to explain why he continued inviting »non-Aryans« to dinner, Heuß responded sardonically, »Certainly one learns in school that loyalty is an essential German characteristic«. In return he received only an obligatory warning.[56]

Heuß also questioned the cultural and intellectual repercussions of one-party rule. He demanded to know, for example, what would become »of intellectual creativity, of art and science, even of religion . . . will the church be ›coordinated‹? Will there be a standardization of science? Does the state, in its institutions, have the competence to say what is art? . . . Whoever yields decisions in this sphere to political power undermines the laws of free development«.[57] These were bold and provocative statements, and they earned the widespread respect of colleagues who viewed Heuß as one of the few individuals »who had the courage to speak openly in public.«[58] Deprived of a political party in the wake of the Enabling Law, Heuß refused to slip quietly into retirement. Indeed, despite the accelerating coordination of the German press, he began writing at a more furious pace than ever before.[59] This was in part a very practical decision. [60] Many liberals had to scramble to find employment after 1933.[61] But it also represented a conscious attempt to preserve intellectual freedom.[62]

Of course Heuß had no illusions as to the mounting difficulties of preserving an independent press. After taking over the helm of the leading liberal weekly, *Die Hilfe*, in 1934, he worked feverishly to make its content »more artistic than political«.[63] In order to provide a persistent counterweight to the Nazi coordination of culture and intellectual life, Heuß recognized the need to become less critical in regard to politics.[64] Nevertheless, the regime's relative

---

55 Ibid., p. 16-17.
56 Ibid., p. 27.
57 See article »Gedanken über Revolution« from Deutscher Aufstieg (Nr. 46), 4.4.1933, in NL Heuß, BAK: N 1221, No. 76.
58 See articles on »Revolution«, 4.6.1933, and »Rückfall«, 5.8.1933, in NL Heuß, BAK: N 1221, No. 46; See letter from Margaret Muehle, 21.2.1933, in NL Heuß, BAK: N 1221, No. 43.
59 See article »Karl Marx« in NL Heuß, BAK: N 1221, No. 46. Also see Robert Gellately, »Surveillance and Disobedience: Aspects of the Political Policing of Nazi Germany« in id. ed., *Germans Against Nazism. Nonconformity, Opposition and Resistance in the Third Reich (Essays in Honor of Peter Hoffman)*, New York 1990. pp. 17-18; Hans-Heinrich Welchert, *Theodor Heuß. Ein Lebensbild*, Stuttgart 1959, p. 80.
60 Heuß, *Machtergreifung*, pp. 26-33.
61 See ib., pp. 28-32; letters from Wilhelm Mommsen to Heuß, 8. and 15.7.1933, in NL Heuß, BAK: N 1221, No. 88.
62 »We are also naturally aware of the fact that under the current circumstances a free press can only fulfill its task under some restrictions«. See letter from Hans-Bott-Verlag (1933) in NL Heuß, BAK: N 1221, No. 396.
63 Heuß, *Machtergreifung* (cfr fn. 53), p. 38.
64 See article »Bammelsprung und Bamelle«, »Reichstag« in NL Heuß, BAK: N 1221, No. 46.

tolerance or at least indifference to certain aspects of cultural life cleared a space for Heuß to develop more subtle ways of maintaining independence without relinquishing his last economic lifelines or retreating wholly from the encroaching totalitarian state.[65] By soliciting articles from the former Democratic finance minister Höpker-Aschoff, Heuß provided a forum for liberal economic views under the guise of objective analysis. By shifting the emphasis to art and music, Heuß could safely employ a number of Jewish liberal politicians with considerable knowledge in »unpolitical« fields.[66] He also requested that his editors employ »Herr Hitler« instead of »Der Führer«.[67] It must be remembered that nearly every piece of official correspondence and every public pronouncement employed *Der Führer*, just as *Heil Hitler* became the standard salutation concluding any official correspondence.[68] By refusing to accede to either affectation, Heuß initiated a pattern of literary non-conformity that would last into the Second World War.

Thus Heuß's actions come to represent an interesting model of selective non-conformity: namely the degree to which Democrats accepted or even endorsed certain illiberal aspects of the Nazi regime in order to engage in a »camouflaged critique [*getarnte Kritik*]« of other policies.[69] Like many of his colleagues who eschewed outright collaboration – or martyrdom – there remained an element of passivity and caution in Heuß's conduct during the Third Reich. He never risked open confrontation along the lines chosen however briefly by Weber. But nor did he yield to a life of private resignation. As Weber retreated into semi-retirement in the spring of 1933, Heuß's opposition had only just begun.[70]

V. *Gertrud Bäumer: Feminist Collaboration*

On the eve of the Nazi seizure of power most Germans would have considered Gertrud Bäumer the Reich's leading female politician. A former vice chairwoman of the German Democratic Party and *Ministerialrat* at a time when many women had yet to cast their first vote, Bäumer was also one of the most prominent social theorists in Germany. Less widely known but certainly contributing to her progressive stance on social and cultural issues was Bäumer's

---

65 Dietrich to Heuss, 26.2.34, asking if he could send someone to the »Tagung des Deutschen Vereins für Wohnungsreform« who can then report to Dietrich in NL Heuß, BAK: N 1221, No. 146.
66 Heuß, *Machtergreifung* (cfr fn. 53), p. 39.
67 Ibid., pp. 40-41.
68 Ibid.
69 See Hans Reutimann, *Theodor Heuß. Humanismus in der Bewährung*, Braunschweig 1964, p. 15.
70 Wilhelm Schneck writes Heuß, 17.8.34, in in NL Heuß, BAK: N 1221, No. 96.

putative lesbianism. For three decades she lived with her partner, Helene Lange, one of the founders of the women's suffrage movement in Germany.[71] Likewise important for our purposes, however, are Bäumer's roots in Friedrich Naumann's National-Social movement. As I have suggested above, the similarities in nomenclature between the antebellum National-Socials and the postwar National Socialists were more than incidental.[72]

Early on, the liberal academic kept her distance from National Socialism.[73] According to Bäumer in fact, the death of Naumann in 1919 was the beginning of a »National Socialism without personal freedom, without civil ties . . . propaganda instead of honesty – in truth the diabolical perversion of that which Naumann strived for as a political and social goal«.[74] Bäumer was also the most outspoken member of the party leadership to oppose the Reichstag delegation's decision to endorse the Enabling Law. She introduced the March 1933 issue of *Die Frau* with a fairly direct political criticism of National Socialist methods, labeling Nazi attempts to revise the Weimar constitution »an emotional and . . . unjustified struggle against the first attempt by the German people to recreate a political foundation« in which »popular democratic ideas and convictions are noticeably mixed with fascist authoritarian ones«. Bäumer was especially bothered by the faux democratic ›Bonapartism‹ of these early months, and frustrated with her fellow Germans' willingness to swallow Nazi populist claims with little reflection.[75] Thus Angelika Schaser views Bäumer primarily in the context of *Resistenz,* arguing that the difference between Bäumer and her »younger colleague Heuß . . . must be seen merely as a matter of degree [dürfte lediglich graduell gewesen sein]«.[76]

In retrospect, however, Bäumer's concerns regarding National Socialism appear more methodological than ideological.[77] Having from the beginning warned against the Nazi movement's »primitive instinct of violence and fear«, Bäumer privately believed that »the inhuman elements of the regime« might be ameliorated over time.[78] She often argued that there were many similarities

71 While Bäumer's chief political biographers tend to downplay or ignore Bäumer's seemingly alternative lifestyle, other feminist scholars have pointed out her likely romantic relationship with Lange. See Schaser, *Lange* (cfr fn. 2*)*; Huber, *Bäumer* (cfr fn. 2), Bach, *Bäumer* (cfr fn. 5); Margit Göttert, *Macht und Eros. Frauenbeziehungen und weibliche Kultur um 1900. Eine neue Perspektive auf Helene Lange und Gertrud Bäumer, Königstein, 2000.*
72 Huber (cfr. fn. 2) pp. 120-5.
73 Ibid., pp. 351-357.
74 Bäumer, *Lebenslauf,* p. 7 in NL Bäumer: BAK N1076, No. 1.
75 See Bäumer article »Die Frauen in der Volks- und Staatskrisis« in *Die Frau* No. 6 (March 1933). NL Bäumer: BAK N 1076, No. 13.
76 Schaser, *Lange* (cfr fn. 2), p. 335.
77 »Bäumer, despite her vehement critique of National Socialism and despite her bellicose attitude, nevertheless did not entirely recognize the danger of this movement and especially the demonic talent of Hitler – like so many of her contemporaries«. Huber (cfr fn. 2) pp. 360-1.
78 Ibid.

between the National-Social and National Socialist *Weltanschauungen*, including a mutual belief in biological science, social progress, and the integrity of the national state. Like the Nazis, Bäumer hated the idea of class conflict and lamented the inability of parliamentary democracy adequately to defend the rights and interests of society in an organic sense.[79] Although never a doctrinaire anti-Semite along National Socialist lines, Bäumer had always opposed Jewish colleagues seeking in high-ranking positions within the liberal or feminist movements, ostensibly because she believed this would make liberalism and feminism less popular.[80] She also praised the Nazi ideal of racial *Volksgemeinschaft* on numerous occasions. Indeed, she wrote concerned letters to colleagues wondering why Hitler wasn't moving faster to defend the rights of ethnic Germans abroad, and she enthusiastically supported Hitler's exit from the League of Nations.[81]

Her true fear was a rollback of women's rights. She wondered aloud what the new regime would do for women, »for them, the last ›class‹, who worked themselves into full civic responsibility and did not have much time to become familiar with it«.[82] Yet Bäumer continued to view National Socialism as an opportunity as well as a danger to liberal ideas.[83] As she reassured her Democratic colleague, Emmy Beckmann, »A new, spiritually different phase of the women's movement has arrived, and I personally have the desire to join it«.[84] In August 1933 she had lost none of her early optimism, writing a colleague that, »You can see that even there [within National-Socialism] there exists a women's movement in the actual sense and that it begins to fight«.[85] She was convinced that a »kernel« of the National-Social tradition was somehow preserved in National Socialism.[86] And despite her April 1933 *Berufsverbot*, Bäumer emerged from the first year of Nazi *Herrschaft* relatively

79   Ibid., pp. 187-192, 292-295.
80   See Kevin Repp, *Reformers, Critics, and the Paths of German Modernity. Anti-politics and the Search for Alternatives, 1890-1914*. Cambridge 2000, pp. 131-132.
81   Letter from Dietrich to Hartmann Frh. von Richthofen, 28.12.1933, in NL Dietrich, BAK: N 1004, No. 154.
82   See Bäumer article »Die Frauen in der Volks- und Staatskrisis« in *Die Frau* No. 6 (March 1933). NL Bäumer: BAK N 1076, No. 13.
83   See »Die Frauenwirtschaftskammer in Hamburg« by Annemarie Doherr about new opportunities for women in society followed by surprisingly pointed criticism, »Irgendwo wird die Aufgabe, wie auch immer der Wirkensraum der Frauen im neuen Staat bestimmt wird, wieder in Angriff genommen werden müssen. Daß es in einem schroffen Bruch mit der Tradition geschieht, ist mehr in einer augenblicklichen Zuspitzung der Lage, als im Wesen der Sache begründet . . . Es wird kaum sehr lange dauern, bis das wieder lebhafter gefühlt werden wird« (p. 119-120) in *Die Frau* No. 2 (November 1933). NL Bäumer: BAK N 1076, No. 13.
84   Bäumer to Beckmann, 13. 4.1933, in Emmy Beckmann, ed. *Des Lebens wie der Liebe Band*, Tübingen 1956, p. 50
85   Bäumer to Koenig, 29.7.1933, ibid, p. 56.
86   Ibid

unscathed.[87] The greatest price she had to pay was to accept the Nazi-sympathizer, Frances Magnus von Hausen, as co-editor of *Die Frau*.[88]

Nearly two decades ago Claudia Koonz's *Mothers in the Fatherland* opened a valuable debate regarding the role of women as collaborators in National Socialism. At a time when women's historians were just beginning to take an interest in the Third Reich, Koonz made the controversial claim that Nazi social policy redirected Weimar's prevailing female activism to help buttress a vigorously eugenicist and racialist program.[89] Other scholars have since countered that National Socialism merely relegated women to a secondary role as baby machines and mothers.[90] Certainly Bäumer's difficult experience during the first eighteen months of Nazi rule confirms elements of the latter interpretation. But in her ideological predilection for racial pseudo-science, in her relative success as a publicist, and in her measured optimism towards Nazi social policy, Bäumer's case likewise suggests the former.

VI. *Conclusion*

For a number of reasons, the majority of bourgeois Democrats chose accommodation over resistance. Many had become accustomed to extra-parliamentary rule since Heinrich Brüning took over the Chancellor's office in spring 1930.[91] Nothing in the Democratic experience suggested that a prolongation of rule by decree would change matters for the worse. Also important was the German bourgeoisie's legacy of völkisch-nationalism. Although liberals were far from monolithic in this regard, the evidence suggests that German Democrats had inculcated many of the dogmas expounded by the Nazis well before the NSDAP usurped their voters. [92] In short, the aspects of the NSDAP that most offend modern liberals – its virulent racism and anti-Semitism – were probably the least offensive components of National Socialism for the gentile majority of Democrats in 1933.[93] A third and final reason was the Nazis' success in the 5 March elections. With the German Nationalists (DNVP) joining the government of »national renewal [*nationale Erhebung*]«, the Nazis now had a working majority in the Reichstag. In light of their own growing fear of

---

87 Bach, *Bäumer* (cfr fn. 5), p. 87.
88 See »Vom Bildungsziel der Frau im Lichte des Nationalsozialismus und der Frauenbewegung« by Dr. Gertrud Baumbart in *Die Frau* No. 2 (November 1933). NL Bäumer: BAK N 1076, No.13.
89 See Saldern (cfr fn. 13) and Koonz (cfr fn. 2).
90 Saldern (cfr fn. 13) and Bock (cfr fn. 13).
91 Theodor Heuß, *Erinnerungen*, 1905-1933. Tübingen 1963, pp. 406-407.
92 Rudolf Winter writes Dietrich, 9.4.1933, in NL Dietrich, BAK: N 1002, No. 98.
93 See Eric Kurlander, *The Price of Exclusion: Ethnic Preoccupation and the Decline of German Liberalism, 1898-1933*, Dissertation, Harvard University, 2001.

a Communist uprising, and unable to prevent the two-thirds majority Hitler needed to amend the Weimar constitution, it is little wonder that most Democrats chose accommodation as the better part of valor.[94]

But collaboration and resistance were never mutually exclusive. To quote Detlev Peukert, »Each criticism related only to a clearly defined individual case and did not vitiate a person's assent to other policies of the regime«.[95] Eminent bourgeois republicans had considerable room to maneuver and external social and political pressures to conform were less severe than has traditionally been believed.[96] Weber, for example, was never penalized for his early opposition to National Socialism. He simply remained too unsure of the democratic alternatives, too impassioned in his sense of loyalty to nation and state, and too tied to a certain style of bourgeois academic life to take the personal and professional risks that long-term non-conformity required.[97] Conversely, Heuß's persistent attempts at *Resistenz* suggest a reevaluation of traditional assumptions regarding the dangers of non-conformity. Not joining the totalitarian parade involved risk, to be sure. But the degree to which a »public enemy« of Heuß's stature could persevere in his oppositional efforts eighteen months after Hitler's seizure of power suggests greater differentiation; not only between open political opposition (*Widerstand*) and non-conformity (*Resistenz*), but also between those who chose passive resistance based on

---

94 »Some colleagues have attacked our Reichstag representatives for having approved the Enabling Law, a position that has certain parallels to the situation in Hamburg. This is nevertheless a different case, because our votes had no influence on the decision, and after it was certain that all bourgeois parties would vote for the Enabling Law, it became difficult for our representatives to do otherwise if they did not want to stand alone in opposition with the Social Democrats. That would have had the consequence that we would have been placed in the same camp as the Marxists, and it would have made it easier for the government to take measures against us. It was also necessary, moreover, to take into consideration democratic officials, who have a difficult enough struggle already. Here again we had to support measures that we privately opposed. This can no longer be avoided under the present circumstances. With few exceptions our friends across the Reich feel the same way. For these reasons I might request . . . that you do not turn your back on the party, since it is more necessary than ever before that all who share our views stand together.« See Dietrich, letter to Friedrich Ablaß, 28.3.1933, in NL Dietrich, BAK: N 1004, No. 142.

95 Peukert (cfr fn. 2), pp. 63-64. As Detlev Peukert explains, »Even an uncompromising political resister had to make compromises in daily life, if only to camouflage his illegal work. But each confrontation, even a mere a call to donate to the Winter Relief Fund, not only raised the tactical problem of whether to accede or hold out, but posed the fundamental dilemma that consent to the regime in toto consisted in any case precisely in taking a large number of similar small steps of compliance«. Ibid., p. 244.

96 Weber spent much of his time in the oppositional circle of his sister-in-law, Marianne, which included Heuß and the »jüdisch versippt« philosopher, Karl Jaspers. Demm, pp. 234-5. Also see letter from Erich Welkow to Dingeldey, 6.26.1933, in NL Dingeldey, BAK: N 1002, No. 1003.

97 See Remy (cfr fn. 12), Weber's most substantial publication of the Nazi Period, *Kulturgeschichte als Kultursoziologie* (Leiden 1935), had to be published in the Netherlands because of its politically questionable content and there is little evidence that he censored his work to mollify Nazi censors. See Demm, *Weimarer Republik* (cfr fn. 8), pp. 243-283.

active ideological opposition to the regime and those who failed to conform for merely sociological reasons (class, religion, gender, age, etc).

Finally, if Bäumer's experience is in any way representative, it is clear that even bourgeois feminists were permitted a significant role in public life after the Nazi seizure of power.[98] Like other Democrats Bäumer experienced a loss in status and opportunity. But it can also be argued that she suffered less profoundly than many of her male colleagues. And while she may have criticized the illegal methods employed in the Nazi Revolution – the Röhm putsch in particular – she looked forward to the new »possibilities« such a regime opened.[99] In short, Bäumer's sympathies for the national and social aspects of Nazism were stronger than her antipathies towards its nastier racial precepts and its authoritarian modes of political engagement.

We should not deceive ourselves into thinking that consent was *more* important than coercion. Even in this early period of *relative* freedom, many bourgeois Democrats suffered quite viscerally as a result of the Nazi seizure of power. But in determining the degree of liberal democratic non-conformity and collaboration in this early period of Nazi rule, we have seen that received ideological proclivities were at least as important as external political and social pressures in pushing bourgeois republicans in either direction.[100] In conducting further research on liberal negotiation under the Third Reich, the question remains whether the costs to the German *Rechtsstaat* outweighed, in their minds, the seeming benefits of political regeneration promised by the National Socialist revolution.

98   Huber (cfr fn. 2), p. 364.
99   Ibid., pp. 364-377. Also see article, »Panik über den Frauenberufen«, by Gertrud Bäumer in: *Die Frau* No. 2 (November 1933). NL Bäumer: BAK N 1076, No. 13.
100 »A study of everyday life under National Socialism«, writes Detlev Peukert, »provides basic insights into the ambivalence of political activity, and shows how pervasively elements of inadvertent conformity or conscious approval entered into the calculations about opposition and compromise . . . Nazi terror posed a moral challenge even to those who shut themselves off from it«, Peukert (cfr fn. 2), p. 244.

Horst Sassin

Demokratische Politik aus Leidenschaft.
Thomas Dehler und die Robinsohn-Strassmann-Gruppe

Mitte der 1930er Jahre titelte eine Zeitung: »Rassenschande in Coburg«, Untertitel: »Jud Kaufmann erhält 3 Jahre Zuchthaus / Der Judengenosse Dr. Dehler aus Bamberg«. In dem folgenden Artikel heißt es weiter: »Die Verteidigung des jüdischen Rassenschänders lag in den Händen des nichtjüdischen[1] Anwalts Dr. Dehler aus Bamberg. Er ist mit der Jüdin Frank aus Bad Kissingen verheiratet. Seine Ausbildung hat er in der Kanzlei des Judenanwalts Werner in Bamberg erhalten. Frau und ›Lehrer‹ haben alle zusammengeholfen, aus dem deutschen Anwalt einen echten Judengenossen zu machen. Jüdischer, als sich Dehler vor Gericht benahm, konnte sich auch kein Jude benehmen. Durch ein ganzes Bündel von Zeugnissen suchte er klarzulegen, daß es sich bei dem Angeklagten um einen ›äußerst intelligenten und gebildeten Mann von edelsten Charaktereigenschaften‹ handle. Sein Vorgehen könne nur auf eine ›schwache Stunde‹ zurückgeführt werden. Weiter mauschelte Dr. Dehler von der ›aufrichtigen Reue‹ des Rassenschänders und bat um eine milde Strafe. Das Gericht ließ sich von dem Geseires des Judengenossen Dehler nicht beeindrucken.« Die Schlussfolgerung des Artikels lautet: »Rechtsanwälte, wie Dehler einer ist, die es fertig bringen, das für Geld zu verteidigen, was der Staat durch Gesetz als ein Verbrechen erklärt hat, haben einen minderwertigen Charakter und gehören von der Anwaltsliste gestrichen.«

Dehlers Persönlichkeit vor den Anforderungen des Dritten Reiches

Das ist typischer »Stürmer«-Stil, und im »Stürmer« vom Januar 1937 ist dieser infame Artikel erschienen.[2] Ich setze ihn bewusst an die Spitze dieser Skizze, weil er mit der List der Vernunft wider Willen seiner nationalsozialistischen Urheber einige wesentliche Eigenschaften Dehlers offenbart.

---

1   Dieses Wort ist im Originaltext durch Sperrung hervorgehoben (die einzige Sperrung in dem Text).
2   »Der Stürmer« Nr. 4 (Januar) 1937. Facsimile in: Horst Sassin: Widerstand, Verfolgung und Emigration Liberaler 1933-1945. Bonn 1983, S. 40.

I. »Er ist mit der Jüdin Frank aus Bad Kissingen verheiratet.« Thomas Dehler,[3] geboren am 14. Dezember 1897 als katholischer Gastwirtssohn in der oberfränkischen Kleinstadt Lichtenfels nördlich von Bamberg, war mit einer Frau aus jüdischer Familie verheiratet, Irma Frank, mit der er eine Tochter, Elisabeth, hatte. Er lebte also nach nationalsozialistischen Kategorien in einer »privilegierten Mischehe« und hatte eine Tochter, die als »Mischling ersten Grades« eingestuft wurde. Dehler scheute sich nicht, während des Dritten Reiches, während der zunehmenden Verschärfungen der gesetzlichen Bestimmungen auch gegen sogenannte Mischehen, jederzeit treu zu seiner Frau und ihrer gemeinsamen Tochter zu stehen. Im Gegensatz zu manchem anderen[4] ließ er sich nicht scheiden. Als sogenannter arischer Ehemann konnte er sich in einer sogenannten privilegierten Mischehe schützend vor seine »nichtarische« Frau und seine »halbarische« Tochter stellen. Wie wichtig ihm der Zusammenhalt der Familie auch in schwerer Zeit war, zeigt der Umstand, dass er seine Tochter von einem Aufenthalt in England im Sommer 1939, kurz vor Kriegsbeginn, nach Deutschland zurückholte, statt sie, getrennt von den Eltern, im demokratischen, gegenüber Minderheiten toleranteren England zu belassen.[5] Das Ausmaß an Verfolgungen war zu diesem Zeitpunkt schon beträchtlich, wenn man die völlige Ausschaltung der Juden aus dem Wirtschaftsleben, die zwangsweise Einführung jüdischer Vornamen (Israel, Sara) für »Rassejuden« und die Umsiedlung in »Judenhäuser« bedenkt, Maßnahmen, die zunächst die »privilegierten Mischehen« nicht betrafen. Welche Konsequenzen mit Dehlers scheinbar selbstverständlicher Treue verbunden sein konnten, zeigte sich während der verschärften Judenverfolgung im Zweiten Weltkrieg, als der Chef des Reichssicherheitshauptamtes, Reinhard Heydrich, für »Mischlinge ersten Grades« die Deportation in den Osten, also in die Vernichtungslager, vorschlug, während der Staatssekretär im Reichsinnenministerium, Wilhelm Stuckart, die Zwangsscheidung der »Mischehen« und die Zwangssterilisation der »Mischlinge« vorzog.[6] Grundsätzlich lässt sich die gegenüber den »Volljuden« zeitlich verzögerte Einführung der antisemitischen Maßnahmen gegen »Mischehen« und »Mischlinge« feststellen.

II.　»Seine Ausbildung hat er in der Kanzlei des Judenanwalts Werner in Bamberg erhalten. Frau und ›Lehrer‹ haben alle zusammengeholfen, aus dem deutschen Anwalt einen echten Judengenossen zu machen.« Thomas Dehler

---

3　Die erste wissenschaftliche Biographie ist erst 30 Jahre nach seinem Tod erschienen, vgl. Udo Wengst: Thomas Dehler 1897-1967. Eine politische Biographie. München 1997.

4　Aus der Fülle an Beispielen seien der bekannte Schauspieler Heinz Rühmann und der spätere stellv. Ministerpräsident von Schleswig-Holstein, Paul Pagel, genannt.

5　Dehlers Tochter Elisabeth Schörner und sein Schwager Julius Frank haben mir in den 1980er Jahren Auskünfte über Dehlers Einsatz für seine Angehörigen gegeben.

6　Ursula Büttner: Die Not der Juden teilen. Christlich-jüdische Familien im Dritten Reich. Hamburg 1988, S. 61.

scheute auch in der Nazi-Zeit nicht den Umgang mit Juden. In der Weimarer Republik hatte er nicht nur in der Kanzlei des jüdischen Rechtsanwalts Dr. Josef Werner gearbeitet, der von 1895 bis 1930 Vorsitzender der Synagogengemeinde Bamberg war, sondern auch mit seinem Nachfolger als Vorsitzendem der Synagogengemeinde, dem Kommerzienrat Willy Lessing,[7] und mit zahllosen anderen deutschen Staatsbürgern jüdischen Glaubens eng zusammengearbeitet. Das ergab sich schon aus der Mitgliedschaft vieler Juden in der Deutschen Demokratischen Partei (DDP), deren Vorsitz in Bamberg Dehler innehatte,[8] und in ihren Nebenorganisationen, mit Abstrichen auch in der Deutschen Staatspartei (DStP). Hier sind insbesondere die Jungdemokraten – Deutsche Demokratische Jugend – zu nennen, wo Dehler Irma Frank, seine spätere Ehefrau, kennenlernte. Dehler fragte, wenn es um andere Menschen ging, nicht nach Religion und Rasse, sondern nach Gesinnung und Charakter. Es entsprach seinem Selbstverständnis, dass er sich im Dritten Reich auch jüdischer Klienten annahm.

III. »Durch ein ganzes Bündel von Zeugnissen suchte er klarzulegen, daß es sich bei dem Angeklagten um einen ›äußerst intelligenten und gebildeten Mann von edelsten Charaktereigenschaften‹ handle. Sein Vorgehen könne nur auf eine ›schwache Stunde‹ zurückgeführt werden. Weiter mauschelte Dr. Dehler von der ›aufrichtigen Reue‹ des Rassenschänders und bat um eine milde Strafe.« Was der »Stürmer« in herabsetzender Absicht kritisiert, bringt Dehlers Kampf für das Recht auf den Punkt. Eine Demokratie ist ohne die Gewährung der Bürger- und Menschenrechte nicht vorstellbar, und es gehört zur vornehmsten Pflicht des Anwalts, die Rechte seines Mandanten auch gegenüber der Staatsmacht nachhaltig zu vertreten. Worum ging es in dem Verfahren gegen den »Jud Kaufmann«? Rudolf Kaufmann, geboren am 3. April 1909, war der Sohn eines Professors der Physik in Königsberg, evangelisch getauft, aber nach der diskriminierenden Rassengesetzgebung des Dritten Reiches Volljude. Seine Promotion datiert vom 1. Februar 1933 am Geologisch-paläontologischen Institut der Universität Greifswald. Schon 1933 verlor er seine undotierte Stellung an der Universität, dann schlug er sich mit wissenschaftlichen Gelegenheitsarbeiten, unter anderem in Kopenhagen und in Bologna, durch. In Italien verliebte er sich in eine Urlauberin, die Versicherungsangestellte Ingeborg Magnusson aus Stockholm, nach Nazi-Kriterien eine Arierin. In der Folgezeit trafen sie sich gelegentlich und schrieben sich

---

7   Ernst G. Lowenthal (Hg.): Bewährung im Untergang. Ein Gedenkbuch. Stuttgart 1965, S. 111f. – Zur Synagogengemeinde Bamberg vgl. Baruch Z[vi] Ophir/Falk Wiesemann (Bearb.): Die jüdischen Gemeinden in Bayern 1918-1945. Geschichte und Zerstörung. München/Wien 1979, S. 109-119.
8   Ergänzungsband zum Organisationshandbuch der Deutschen Demokratischen Partei. Hg. von der Reichsgeschäftsstelle der Deutschen Demokratischen Partei. Berlin 1928, S. 130.

häufig. Noch bevor Rudolf Kaufmann, der inzwischen notgedrungen an eine
jüdische Privatschule in Coburg als Turnlehrer gewechselt war, sie im Sommer 1936 in Schweden besuchen konnte, wurde er wegen sogenannter Rassenschande mit einer Deutschen verhaftet. Es handelte sich um einen Seiten-
sprung mit einer flüchtigen Bekanntschaft, während die Liebesbeziehung mit
der Schwedin den Behörden unbekannt blieb. Kaufmann wählte als Anwalt
Thomas Dehler,[9] dessen gewandtes, mutiges Eintreten für seine jüdischen
Mandanten offenbar auch dort bekannt geworden war. Ein Beispiel: Dehler
selbst schrieb im Frühjahr 1936 in einem Schriftsatz, mit dem er eine Anzeige
wegen groben Unfugs in eigener Sache zurückwies: »Mein Eintreten für den
Angeklagten war derart, daß nach der Meinung des Zeugen P. die ›Zuschauer‹
gar nicht begreifen konnten, daß ein deutscher Rechtsanwalt sich in einer Art,
wie sie nicht noch gesehen und nicht gehört wurde[,] für einen Juden ein-
setzte.‹ Ich versuchte mit allen Kräften, die mir zu Gebote standen, gegenüber
der Unsachlichkeit eines Richters, wie sie nach meiner Überzeugung noch
nicht gesehen und nicht gehört wurde und bestimmt nicht mehr so leicht gesehen und gehört wird, für die Wahrheit und das Recht und für die Unschuld des
Angeklagten einzutreten und einem drohenden krassen Fehlurteil zu begegnen.«[10] Dehler scheute sich nicht, alle juristischen Register zu ziehen, um der
Majestät des Rechts zum Durchbruch zu verhelfen. Nach dem Urteil gegen
Kaufmann schrieb Dehler in seinem charakteristischen lakonischen Stil an
dessen Schwager in Kopenhagen: »Sehr geehrter Herr Doktor Teichert, Es
war ein aufreibender Kampf mit fürchterlichem Ergebnis: drei Jahre Zucht-
haus (ab vier Monate Untersuchungshaft), fünf Jahre Ehrverlust. Ich will
Revisionseinlegung versuchen. R.K. [Rudolf Kaufmann] ist tapfer und läßt
herzlich grüßen. Ergebenst Dehler.«[11] Die Revision beim Reichsgericht in
Leipzig wurde am 12. Februar 1937 verworfen. Die dem »Stürmer« genehme
Konsequenz, Dehler von der Anwaltsliste zu streichen, wurde allerdings nicht
gezogen, obwohl Dehler nicht einmal die äußere Konzession machte, dem
Nationalsozialistischen Rechtswahrerbund beizutreten; allem Anschein nach
war seine Reputation in der regionalen Juristenschaft einfach zu groß.

Auch wenn der »Stürmer« gewisse Eigenschaften Dehlers – seinen Familien-
sinn, seinen unbefangenen menschlichen Umgang mit Juden, seinen Kampf
für das Recht – ungewollt offenbarte, gelang es ihm nicht, die »ganze Persönlichkeit« in den Blick zu nehmen. Durch Dehlers Leben hindurch ziehen sich

---

9   Königskinder. Eine wahre Liebe. Gefunden von Reinhold Kaiser. Frankfurt a.M. 1996, S.
    58-60.
10 Im Namen des Deutschen Volkes. Justiz und Nationalsozialismus. Katalog zur Ausstellung
    des Bundesministeriums der Justiz. Hg. vom Bundesministerium der Justiz. O.O. [4]1994, S.
    177-180.
11 Dehler (seinerzeit in Coburg) an Dr. Curt Teichert, 10.12.1936. Facsimile in: R. Kaiser:
    Königskinder (wie Anm. 9), S. 59.

die verschiedensten Ausführungen seiner Liebe zur Heimat, zu Bamberg und zu Franken, wobei er allerdings eine scharfe Trennlinie zog zwischen dem fränkischen Heimatland und seinen demokratischen Traditionen einerseits – und dem nationalsozialistischen und reaktionären Bevölkerungsanteil in Franken andererseits. So hatte er beispielsweise 1921 geschrieben: »O ja, trotz Krummstab und Kutte gab es stets Demokraten in Bamberg; die ›Roten‹ waren sie genannt; schwarz-rot-goldene Fahnen schmücken seit alters her an Allerseelen ihre Gräber [. . .]. Zuviel der Worte! Ich bleibe dabei: Bamberg ist Franken. Und wenn Nürnberg mein wäre, möchte ich's in Bamberg verzehren . . .«[12] Fünf Jahre später klingt es schon nicht mehr so überschwänglich: »Bamberg, nicht die Bamberger: die haben wenig mit Jugend und Demokratie gemein. Von unerschütterlichem Willen zur Freiheit, von dem Wissen um das Recht des einzelnen auf eigenwillige Entfaltung und um seine Pflicht zum Staate, von leidenschaftlicher, opferwilliger Hingabe an die Gemeinschaft, an das Volk, an die Menschheit, von zukunftsfreudigem Glauben an Fortschritt und Aufstieg, an das Gute und Schöne in der Welt, – von all dem also, was den Geist unserer Arbeit ausmacht, ist bei den Menschen in Bamberg nicht mehr und nicht weniger zu finden als sonstwo in Deutschland. Nicht immer war das so: es gab in Bamberg eine stattliche Zahl wackerer 48er Demokraten, die mit ihrem Blut für ihr Freiheitsideal einstanden; es gab in der Folge weitherzige Männer, die den Blick über den Main richteten und bis zur Erfüllung ihres deutschen Einheitstraumes getreue Brückenwacht hielten; in den liberalen Zeiten vor dem Kriege [. . .] schuf die kulturelle Opposition gegen die klerikale Bevormundung sogar eine fortschrittliche Volksvertretung. Doch diese Aufwallungen sind abgeklungen; Bamberg war in den letzten Jahren völkische Hochburg und Hauptstützpunkt zum Aufmarsch gegen Berlin gewesen, bis die Götzendämmerung an der Feldherrenhalle in München der ›schwarzen Macht‹ wieder zum Übergewicht verhalf. Wir führen jetzt einen zähen Kampf, um Boden zu gewinnen.«[13] Die verabscheuungswürdige Seite wurde insbesondere durch den Franken Julius Streicher, den übel beleumdeten Herausgeber des pornographischen Hetzblattes »Der Stürmer«, und seine Anhänger markiert. Die Nationalsozialisten gewannen schon bald wieder an Boden in Franken, einer frühen Hochburg der NSDAP, während die DDP und ihre Nachfolgerin, die DStP, ins Bodenlose rutschten; bei der Reichstagswahl im November 1932 erhielt sie gerade noch 44 Stimmen, das waren 0,14 Prozent der in Bamberg abgegebenen Stimmen.

Die Heimatliebe Dehlers wurde ergänzt durch eine flammende Liebe zu Deutschland. Ob dem Land Unrecht von innen oder von außen geschah, Deh-

---

12 Dehler in: »Frankengrüße. Lokalausgabe zur Deutschen Demokratischen Jugendwoche in Kronach (Oberfr.)« vom August 1921.
13 Thomas Dehler: Willkommen in Bamberg! Bamberg grüßt die Jungdemokraten. In: Der Herold 7, 1926, Nr. 70, S. 199.

ler litt darunter und verlangte leidenschaftlich nach dem nationalen wie dem internationalen Recht. Wie selbstverständlich verband er Demokratie und Nationalismus, historisch anknüpfend an die Vorstellungen der deutschen Liberalen in der ersten Hälfte des 19. Jahrhunderts, zu einem demokratischen Nationalismus, der für die Deutsche Demokratische Partei kennzeichnend war, wie Jürgen C. Heß in seiner Studie »Das ganze Deutschland soll es sein« überzeugend nachgewiesen hat.[14] Dank seiner flammenden Rhetorik im Dienste der Wiederherstellung der deutschen Einheit nach 1949 galt Dehler einem deutschvölkischen ehemaligen mecklenburgischen Großlandwirt als hervorragender Vertreter des nationalen Gedankens, so dass das ehemalige Mitglied der rechtsaußen angesiedelten Deutschvölkischen Freiheitspartei zum FDP-Wähler der 1950er Jahre wurde.[15]

Thomas Dehler und der Widerstand gegen den Nationalsozialismus

Alles bisher Gesagte – seine Haltung zur Familie, zu jüdischen Mitmenschen, zum Recht, zur Heimat und zum demokratischen Nationalismus – bringt Dehler in einen Gegensatz zum Nationalsozialismus, und dennoch reicht es nicht, um ihn als Widerstandskämpfer zu charakterisieren. Dazu gehört ein »Mehr«. Die Initiative dazu ging von anderer Seite aus.

Etwa im Jahr 1934 oder 1935 wurde Dehler von dem Hamburger Psychologen Dr. Walter Jacobsen aufgesucht, der schon sehr früh in eine liberaldemokratisch geprägte kleine Widerstandsgruppe um den Hamburger Textilkaufmann Hans Robinsohn und zwei Berliner, den Landgerichtsrat Ernst Strassmann und den Journalisten Oskar Stark, aufgenommen worden war. Diese kleine Gruppe setzte sich das Ziel, aufgrund ihrer Analyse der Politik Hitlers, die in die Katastrophe führen müsse, eine Auffangorganisation zu bilden, die am »Tag danach«, nach dem Untergang des Regimes, für die Nachfolgeregierung bereit stünde. In den ersten Jahren wurde einerseits programmatische Arbeit geleistet, ein liberaldemokratisches Grundsatzprogramm für die Zeit des Vierten Reiches, wie man es damals nannte, ausgearbeitet – leider ist das 40-Seiten-Papier, die sogenannte Bibel, verschollen, kann jedoch durch andere Grundsatzpapiere der Widerstandsgruppe aus den Jahren 1934 bis 1941 und durch eine Denkschrift von Hans Robinsohn aus dem Jahre 1933 in ihrem Gehalt annäherungsweise rekonstruiert werden;[16] daneben wurde ein System

---

14 Jürgen C. Heß: »Das ganze Deutschland soll es sein«. Demokratischer Nationalismus in der Weimarer Republik am Beispiel der Deutschen Demokratischen Partei. Stuttgart 1979.
15 Interview mit Eberhard Mierendorff vom 27.10.1987.
16 Die meisten Denkschriften sind teils vollständig, teils auszugsweise abgedruckt in: Horst Sassin: Liberale im Widerstand. Die Robinsohn-Strassmann-Gruppe 1934-1942. Hamburg 1993, S. 257-370. Eine Denkschrift aus dem Jahre 1939 ist – ohne die strukturierenden Randglossen – abgedruckt in: VfZ 29, 1981, S. 447-471.

von Verbindungen über größere Teile Deutschlands hinweg entwickelt, wobei von wichtigen Anknüpfungspunkten aus weitere Kontakte hergestellt werden sollten.[17] Ein solcher Anknüpfungspunkt wurde Thomas Dehler. An dieser Stelle sei Strassmanns Bestätigungsschreiben für Dehler erstmals vollständig zitiert:

»Herr Dr. Thomas Dehler gehört seit vielen Jahren meinem politischen Freundeskreise an. Er hat bereits vor 1933 mit mir in der demokratischen Jugendbewegung gearbeitet und sich etwa im Jahre 1934 der Widerstandsgruppe angeschlossen, die ich bis zu meiner Verhaftung im Jahre 1942 im Kampfe gegen den Nationalsozialismus geleitet habe. Herr Dr. Dehler hat an der illegalen Tätigkeit mit größter Aktivität teilgenommen, keine Gefahr und keine Mühe gescheut, um die Verbindung mit mir aufrechtzuerhalten und mich mit Nachrichten und Berichten zu versehen, die für die Organisierung des Widerstandes gegen das Hitlerregime von Bedeutung waren. Dank seiner politischen Einsicht und Entschlossenheit gehörte Herr Dr. Dehler zu den wertvollsten Mitgliedern, die die Gruppe in Süddeutschland besaß. Wegen seiner aufrechten demokratischen Grundhaltung und seiner erprobten unerbittlichen Gegnerschaft gegen den Nationalsozialismus halte ich ihn in besonderem Maße für berufen, am Aufbau einer neuen freiheitlichen Ordnung in Deutschland führend mitzuwirken. Strassmann«.[18] Diese Bescheinigung war für Dehlers Nachkriegskarriere zweifellos hilfreich, so dass sich die Frage stellt, ob es sich um einen der üblichen »Persilscheine« handelt, oder ob die Angaben in geraffter Form den Tatsachen entsprechen. Das soll in den weiteren Ausführungen geprüft werden.

Von Bamberg aus konnte Dehler auf seine alten Beziehungen bei den Jungdemokraten und der Deutschen Demokratischen Partei in Franken und ganz Bayern zurückgreifen. Zudem befand sich in einer Zeit, als die meisten Verbindungsleute über Landstraßen persönlich aufgesucht wurden, um der Gestapo keine schriftlichen Aufzeichnungen in die Hände fallen zu lassen, Dehler an einem wichtigen Stützpunkt auf der Strecke von Berlin über Naumburg und Bamberg nach München. Dehler nahm diese Arbeit sehr ernst. In Bayern schuf er einen Grundstock liberaldemokratischer Verbindungsleute unter anderem in Nürnberg, Aschaffenburg und München. In Nürnberg war sein Verbindungsmann der Lehrer Lutz Ritter von Rudolph, ehemals Vorsitzender des Nürnberger Ortsverbandes der Deutschen Staatspartei, der als einziger bayerischer Weltkriegsoffizier im Münchner Dolchstoßprozess 1925 der Dolchstoßlegende widersprochen hatte und dafür von seinen Offizierkollegen gesellschaftlich geächtet und aus dem bayerischen Max-Josephs-Militärorden

17   Sassin: Liberale im Widerstand (wie Anm. 16), S. 107-111 u.ö. Wolfgang Benz: Eine liberale Widerstandsgruppe und ihre Ziele. In: VfZ 29, 1981, S. 437-447.
18   Archiv des Liberalismus (AdL), N1-615 (Nachlass Thomas Dehler): Handschriftliche Bestätigung Ernst Strassmanns für Thomas Dehler vom 13.1.1946.

ausgeschlossen worden war.[19] Der Verbindungsmann in Aschaffenburg war der Rechtsanwalt Fritz Koch, der nach 1945 bayerischer Justizminister werden sollte. In München entstand eine kleine liberaldemokratische Gruppe unter Leitung des Reisebürokaufmanns Maximilian Fuchs, zu der auch der spätere Fraktionsvorsitzende der FDP im bayerischen Landtag, Otto Bezold, zählte.

Da Bayern nicht eben als klassisches liberales Terrain zu werten war, knüpfte Dehler darüber hinaus auch Verbindungen mit dem politischen Katholizismus an, sprich mit Repräsentanten der ehemaligen Bayerischen Volkspartei. Auf lokaler Ebene bestand der kleine politische Kreis, der sich in Bamberg um Dehler scharte, großenteils aus Vertretern des politischen Katholizismus, darunter der Prälat Georg Meixner und die katholischen Pfarrer Franz Ott und Jupp Schneider. Ein bedeutender Verbindungsmann aus dem katholischen Lager außerhalb Bambergs war der Justitiar der Diözese Würzburg und der Erzdiözese Bamberg, Dr. Georg Angermaier, der als Rechtsberater aller bayerischen Männer- und Frauenorden die katholischen Interessen gegen die Machtansprüche des nationalsozialistischen Staates verteidigte.[20] Strategisch wichtige Beziehungen erhielt die Strassmann-Gruppe beispielsweise durch die Münchner Gruppe, die Informationen an österreichische Regierungskreise und in die Schweiz weiterleitete, durch den Obersten Chomton im Stab des Luftwaffengenerals Sperrle und im Zweiten Weltkrieg durch einen günstig platzierten Telegraphenwerkmeister, der einen Nachrichtenknotenpunkt in Nordbayern kontrollierte. Für den Fall des Umsturzes handelte es sich hierbei um ein wichtiges Instrument zur Sicherung der Nachrichtenverbindungen für den Widerstand.[21]

Ein die Persönlichkeit Thomas Dehlers erhellender Vorgang ist aus dem Jahr 1937 überliefert. Strassmann lud damals zu seinem 40. Geburtstag am 27. November 1937, einem Samstag, in seine Berliner Wohnung ein. Ein kleiner Kreis der engeren Vertrauensleute nahm daran teil: der Textilkaufmann Dr. Hans Robinsohn, der Versicherungsvertreter und ehemalige Polizeipräsident von Harburg (heute Stadtteil von Hamburg) Erich Wentker und der Volksschullehrer Hermann Lange aus Hamburg, der aus Harburg bei Hamburg stammende, nun in Berlin lebende ehemalige Oberbürgermeister Walter Dudek, die Brüder Rudolf und Frank Hoernigk, ersterer Syndikus beim Brandenburgischen Genossenschaftsverband in Berlin, letzterer Justizreferendar in Naumburg, der Anklamer Richter Hans Lachmund und als einziger Vertreter

19   Ludwig Ritter von Rudolph: Die Lüge, die nicht stirbt. Der »Dolchstoß« von 1918. Nürnberg 1958. Vgl. Petrus Müller: Ludwig Ritter von Rudolph (1890-1970). Schriftsteller, Politiker und bewusster Christ im 20. Jahrhundert. In: Liberal 32, 1990, S. 103-113.
20   Vgl. Antonia Leugers: Georg Angermaier 1913-1945. Katholischer Jurist zwischen nationalsozialistischem Regime und Kirche. Frankfurt a. M. 1997.
21   Sassin: Liberale im Widerstand (wie Anm. 16), S. 181, 223.

aus Bayern Thomas Dehler. Robinsohn, der engste Freund Strassmanns, hielt eine politische Geburtstagsrede, Strassmann selbst steuerte ein kleines politisches Referat bei. Über die Inhalte beider Reden ist nichts bekannt.[22] Nach Dehlers Geschmack fielen sie offenbar zu nüchtern aus, denn er forderte nach Strassmanns Vortrag mit den Worten »Zu wenig Hass!« mehr Leidenschaft ein.[23] Dehler kommentierte seinen Einwurf später mit den Worten: »Man hätte damals mit mehr Hass und damit mit mehr Leidenschaft und mit mehr Einsatzbereitschaft kämpfen müssen. Vielleicht wäre dann die erlösende Tat ausgelöst worden.«[24] Treffen dieser Art dienten der intensivierten Kommunikation in den Führungskreisen der Widerstandsgruppe und dem Kennenlernen der Mitstreiter in anderen Teilen Deutschlands. Von den neun Teilnehmern kamen fünf aus der Deutschen Demokratischen Partei (Strassmann, Robinsohn, Rudolf Hoernigk, Lachmund und Dehler), einer aus der Deutschen Volkspartei (Frank Hoernigk), die übrigen drei aus der SPD (Erich Wentker, Hermann Lange und Walter Dudek). Lachmund, der bis 1931 noch die Deutsche Staatspartei in Schwerin geleitet hatte, war angesichts der völligen Marginalisierung der Partei in Mecklenburg zur SPD übergetreten. Es war für die achtjährige Existenz der zentral geleiteten Widerstandsgruppe zweifellos von grundlegender Bedeutung, dass Strassmann seine Verbindungsleute nicht nach strikt parteipolitischen Kriterien, sondern aufgrund seiner Kenntnis ihrer antinationalsozialistischen Grundhaltung, ihres Charakters und ihrer Einsatzfähigkeit für den Widerstand auswählte.

Seit Ende 1937 suchte und fand Strassmann Verbindungen mit anderen Persönlichkeiten und Gruppen des Widerstands, so mit dem Konservativen Carl Goerdeler von der DNVP, mit Canaris und Oster von der militärischen Abwehr des Oberkommandos der Wehrmacht (OKW) und mit führenden Sozialdemokraten wie Julius Leber, Wilhelm Leuschner und Theodor Haubach. 1939 wurden mit Rückendeckung der Abwehr Verbindungen mit englischen Regierungskreisen geknüpft.[25] Im Sommer fand ein Treffen von Vertrauensleuten aus verschiedenen Teilen Deutschlands mit Strassmann in Berlin statt, bei dem dieser den Teilnehmern, darunter Dehler, von den Umsturzplanungen der eigenen Gruppe in Zusammenarbeit mit anderen Widerstandsgruppen und Generälen des Oberkommandos der Wehrmacht berichtete.[26] Da

22 Möglicherweise gab es Bezüge zu den beiden ersten Berichten Robinsohns an befreundete Adressaten im Ausland vom Anfang Oktober 1937 und vom Ende November 1937, abgedruckt in: H. Sassin: Liberale im Widerstand (wie Anm. 16), S. 280-295.
23 Bundesarchiv Koblenz, NL Robinsohn 2, Hans Robinsohn an Dehler, 29.12.1949.
24 Ebd., Dehler an Robinsohn, 3.1.1950.
25 Sassin: Liberale im Widerstand (wie Anm. 16), S. 190-195. Vgl. Horst Sassin: Ernst Strassmann und der 20. Juli 1944. Anmerkungen zu Klemens von Klemperer und Joachim Scholtyseck. In: Jahrbuch zur Liberalismus-Forschung 13, 2001, S. 193-199.
26 AdL, N1-1164, Carl Stephan an Dehler, 16.1.1950. Ähnlich Carl Stephan an Frank Hoernigk, 8.8.1946 (von Frank Hoernigk freundlicherweise zur Verfügung gestellt).

die zivilen Widerstandsgruppen für den Umsturz auf die Zusammenarbeit mit führenden Militärs angewiesen waren, um den paramilitärischen Verbänden der SS und der SA ein bewaffnetes Machtinstrument entgegenzusetzen, ist deren Zögern und Zaudern ein gravierendes Problem für den zivilen Widerstand geworden. Mit den Worten »falsch und zu spät« zitierte ein Mitverschworener einen Kommentar des ehemaligen spanischen Militärattachés in Berlin über den missglückten Staatsstreich vom 20. Juli 1944.[27]

Mit Strassmanns Verhaftung im August 1942 kam die zentrale Arbeit der Gruppe zum Erliegen.[28] Dehlers Beteiligung an der Gruppe lässt Zweifel an der Substanz von Strassmanns Bescheinigung von 1946 nicht mehr zu. An Dehlers lokalen und weiterreichenden Aktivitäten änderte die Verhaftung des Berliner Leiters der Widerstandsgruppe wenig. Er versuchte sogar noch, die Gründe für die Verhaftung Strassmanns durch einen fränkischen Mittelsmann in Berlin, den Juristen Dr. Josef Losgar, ermitteln zu lassen. Als im Herbst 1943 sein Bamberger Kollege Wölfel, ein ehemaliger BVP-Mann, wegen defätistischer Äußerungen verhaftet wurde, übernahm Dehler seine Verteidigung. Daneben organisierte er mit Vertrauten aus seiner Bamberger Widerstandsgruppe einen Fluchtplan bis zur Schweizer Grenze, der am Unwillen Wölfels zu fliehen scheiterte. Wölfel wurde vom Volksgerichtshof in Potsdam im Mai 1944 zum Tode verurteilt und im Juli 1944 im Zuchthaus Brandenburg geköpft.[29] Als die amerikanischen Truppen 1945 Bamberg besetzten, konnte Dehler mit seinem Bamberger Bürgerkomitee erste Verwaltungsaufgaben für den Wiederaufbau übernehmen.[30]

Resümee

Inwiefern ist Thomas Dehler repräsentativ für die Robinsohn-Strassmann-Gruppe? Seine Herkunft aus den Jungdemokraten und aus der DDP teilte er mit den Gründungsmitgliedern und mit zahlreichen anderen Verbindungsleuten. Er gehörte sogar demselben Jahrgang 1897 wie Strassmann und Robinsohn an, was unter den Bedingungen der kurzfristigen Sozialisation in einer politischen Jugendorganisation von besonderer Bedeutung ist, weil sie in demselben Alter von den gleichen politischen Erfahrungen und Kämpfen geprägt wurden. So teilten Strassmann, Robinsohn, Dehler und zwei oder drei

---

27 Otto John: »Falsch und zu spät«. Der 20. Juli 1944. München/Berlin 1984, S. 162.
28 Sassin: Liberale im Widerstand (wie Anm. 16), S. 241.
29 Johannes Wieban: Hans Wölfel. Der Widerstand gegen das »Dritte Reich« in Bamberg. Staatsexamensarbeit, Gesamthochschule Bamberg 1976. – Lothar Braun: Hans Wölfel und sein politischer Prozeß. In: Historischer Verein Bamberg, Bericht 139 (2003), S. 399-410.
30 Peter Brandt: Die deutschen Auftragsverwaltungen. In: Lutz Niethammer u.a. (Hg.): Arbeiterinitiative 1945. Antifaschistische Ausschüsse und Reorganisation der Arbeiterbewegung in Deutschland. Wuppertal 1976, S. 644-662, hier S. 660f.

weitere Mitstreiter 1923 die Mitgliedschaft im Reichsführerrat der Jungdemokraten. Auch Juristen waren in der Gruppe überdurchschnittlich stark vertreten (Strassmann, Elsas, Lachmund, Frank Hoernigk u.a.). Außerdem war Dehler als korrespondierendes Mitglied dem »Klub vom 3. Oktober« in Hamburg beigetreten, der sich seit dem Herbst 1924 für die Verteidigung der Republik gegen ihre Feinde von rechts und links engagierte. Dieser Klub stellte ein wichtiges Rekrutierungsreservoir für die Widerstandsgruppe dar. Strassmann und Robinsohn hatten seinem Führungskreis angehört, Lachmund zählte zu den auswärtigen Mitgliedern. Es gab auch eine ganze Reihe Mitstreiter, die über das Normalmaß hinaus durch die Rassengesetzgebung direkt oder indirekt betroffen waren, weil sie entweder selbst Mitglieder einer Synagogengemeinde waren (z.B. Robinsohn), weil sie zwar christlicher Konfession, aber nach nationalsozialistischen Kriterien »Rassejuden« waren (z.B. der ehemalige Berliner Bürgermeister Fritz Elsas) oder weil sie sogenannte Halbjuden oder in anderer Weise jüdischer Herkunft waren oder in christlich-jüdischer »Mischehe« lebten.[31] Gleichfalls ist Dehlers Eigenschaft als Freimaurer (in der humanitären Loge zur Verbrüderung an der Regnitz) ist in gewisser Weise repräsentativ, weil – vor allem in Norddeutschland – eine ganze Reihe Freimaurerverbindungen bestanden (unter den bisher Genannten: Lachmund und Wentker). Charakteristisch war auch seine begrenzte Einweihung in die aktuellen Verbindungen und in bestimmte Vorhaben der Führungsgruppe in Berlin, eine Einschränkung, die für eine konspirativ gegen die nationalsozialistische Diktatur arbeitende Gruppe eine unverzichtbare Arbeitsgrundlage darstellte.

Diese eingeschränkte Einweihung in die Arbeit der zentralen Leitung der Gruppe hat zu Zweifeln an Dehlers Widerstandtätigkeit geführt – zu unrecht, wie die obigen Ausführungen bewiesen haben sollten. Bei vordergründiger Kenntnisnahme der Quellen kann sich allerdings der Eindruck der Aufbauschung von Nichtigem entwickeln. So wartete Dehler für seinen Bericht an das »Archiv der bayerischen Widerstandsbewegungen« vom 1. März 1948 den Bericht des Berliner Leiters Ernst Strassmann ab, den er zusammen mit seinem eigenen Schreiben dem Archiv einreichte, um seine Ausführungen in den größeren Zusammenhang einzuordnen.[32] Während Dehler hier die komplette Beschreibung Strassmanns der seinen ergänzend angliedert, verfährt er einige Jahre später anders. Das Institut für wissenschaftliche Politik an der

31 Vgl. H. Sassin: Liberals of Jewish Background in the Anti-Nazi Resistance. In: Leo Baeck Institute, Year Book 37, 1992, S. 381-396. – Ders.: »Charakterinseln im Schlammsee des Dritten Reiches«. Assimilierte Juden im liberalen Widerstand. In: »Gegen alle Vergeblichkeit«. Jüdischer Widerstand gegen den Nationalsozialismus. Hg. von Hans Erler, Arnold Paucker, Ernst Ludwig Ehrlich. Frankfurt/M./New York, 2003, S. 167-186.
32 Institut für Zeitgeschichte, München, ZS 380: Aufzeichnung von Dr. Ernst Strassmann vom 19.2.1948; Brief von Thomas Dehler an das »Archiv der bayerischen Widerstandsbewegungen« vom 1. März 1948.

Universität Marburg strebte nach einer wissenschaftlich abgesicherten Darstellung der Gesamtbreite des deutschen Widerstandes, um damit den stärker erforschten Kulminationspunkt vom 20. Juli 1944 zu ergänzen und die Widerstandsbewegungen zu diesem in Bezug zu setzen. Das Institut, geleitet von Professor Wolfgang Abendroth, entwickelte zu diesem Zweck einen detaillierten Fragebogen mit 21, teils noch weiter untergliederten Fragen, die es Thomas Dehler aufgrund seiner stichwortartigen Angaben im Handbuch des deutschen Bundestages sandte.[33] Dehler leitete Strassmann den Fragebogen mit der Bitte weiter, ihm die betreffenden Antworten mitzuteilen. Strassmann beantwortete 13 Fragen, teilweise ganz knapp, teilweise ausführlich.[34] Diese Antworten finden sich in Dehlers Antwort an das Marburger Institut wortwörtlich wieder.[35] Unter dem Gesichtspunkt, dass eine Widerstandsgruppe durch Infiltration von Seiten der Gestapo nicht nur in Teilen, sondern insgesamt dem Untergang geweiht gewesen wäre, ist es mehr als naheliegend, die Mitstreiter nicht mehr als notwendig in die Aktivitäten einzubeziehen; Strassmann und Robinsohn sprachen in diesem Zusammenhang vom »Schottensystem«. Als warnendes Gegenbeispiel konnten die Massenverhaftungen von Kommunisten, Sozialdemokraten und Gewerkschaftern in den ersten Jahren des Dritten Reiches dienen, die die Verantwortungslosigkeit einer solchen Organisationsstruktur schlagkräftig bewiesen.

Nicht repräsentativ ist Dehler für die Widerstandsgruppe hinsichtlich seiner zahlreichen Verbindungen im politischen Katholizismus. In Norddeutschland herrschten Verbindungen zu Sozialdemokraten vor, in Mitteldeutschland (der Region um Halle und Naumburg) Verbindungen zu Konservativen aus der DNVP und dem Stahlhelm, abhängig von den jeweiligen regionalen Schwerpunkten der Parteien und Organisationen. Unter diesem Aspekt der regionalen Schwerpunkte anderer politischer Organisationen passen allerdings Dehlers katholische Kontakte gut zu den Kontakten der Gesamtgruppe außerhalb des liberaldemokratischen Spektrums. Als letzter Aspekt soll Dehlers Engagement in der FDP genannt werden, wo er in seiner Eigenschaft als bayerischer Landesvorsitzender, als Mitglied des bayerischen Landtags und des Parlamentarischen Rates, somit als ein Vater des Grundgesetzes, als erster Bundesjustizminister und als Vorsitzender der Bundespartei eine überaus prominente Rolle spielte – eine Karriere, die ihn als Ausnahmefall in der Widerstandsgruppe ausweist.[36] Damit unterschied er sich von vielen Mitstreitern der

---

33 AdL, N1-1422: Institut für wissenschaftliche Politik der Philipps-Universität Marburg an Dr. Thomas Dehler MdB, 30.3.1955.
34 Ebd. Strassmann an Dehler, 25.4.1955.
35 Ebd. Dehler an das Institut für wissenschaftliche Politik der Philipps-Universität Marburg, 24.5.1955.
36 Vgl. Hermann Schäfer (Hg.): Thomas Dehler und seine Politik. Berlin 1998. – Streiten um das Staatsfragment. Theodor Heuss und Thomas Dehler berichten über die Entstehung des Grundgesetzes. Hg. von Thomas Hertfelder und Jürgen C. Heß. München 1999.

Widerstandsgruppe, die 1945 teilweise in die SPD oder in die CDU übergingen oder parteilos blieben. Selbst der nach Robinsohns Emigration verbliebene Leiter der gesamten Widerstandsorganisation, Ernst Strassmann, schloss sich unmittelbar nach der Neugründung der politischen Parteien in Berlin der SPD an. Lediglich in Hamburg (und mit Einschränkungen in Mitteldeutschland und München) ist eine deutliche Tendenz zur Mitarbeit in der FDP (bzw. LDP) festzustellen.

Zum Abschluss soll der Verfassungsrichter Willi Geiger zitiert werden, der eine Zeitlang in der Bamberger Justiz während des Dritten Reiches als Staatsanwalt gearbeitet hatte; Geiger rühmte an Dehler »seine Konzilianz, seine juristische Prägnanz, seine Leidenschaft für das Recht, seine gewissenhafte Vorbereitung der übernommenen Verfahren, seine besonnene, aber rückhaltlose Vertretung der Interessen seiner Mandanten«.[37] Das, denke ich, lässt sich sinngemäß auch auf Dehlers Mitarbeit in der Widerstandsgruppe um Robinsohn und Strassmann übertragen.

Epilog

Und was ist aus Dehlers Mandanten Dr. Rudolf Kaufmann geworden? Zu drei Jahren Freiheitsstrafe verurteilt, saß er im Zuchthaus Amberg ein, wo er weiterhin von Dehler betreut wurde. Dies geht auch aus einem Brief Dehlers hervor, den Kaufmanns Schwester Trude Teichert in einem Brief vom Sommer 1938 an dessen heimliche Liebe, die Stockholmer Versicherungsangestellte Ingeborg Magnusson, zitierte: »Der Gesamteindruck, den ich von ihm hatte, ist gut. Er ist durch die harte Schule, die er bestehen muß, in seinem Wesen härter und bestimmter geworden. Ich glaube nicht, daß er seelisch gelitten hat. Er besitzt vielmehr die erforderliche Gelassenheit, um über die äußeren Mißlichkeiten hinwegzukommen. Körperlich ist er völlig intakt. Von den Arbeiten im Wald ist er tief gebräunt. Seine Führung ist gut, er ist nie beanstandet worden. Es besteht die Möglichkeit, daß er in einem Moorlager (einer Art von Arbeitsdienstlager) verwendet wird. Über diese Aussicht ist er sehr erfreut. Er hat die Möglichkeit, sich geistig zu beschäftigen. Es gibt viele gute, auch neue Bücher, selbst solche seines Fachgebietes (z.B. Geologie Australiens). Er hat Stenographie gelernt und betreibt eifrig englisch. Die Behandlung ist gut. Besonders weitherzig ist der evangelische Pfarrer, in dessen Händen die Briefzensur liegt.«[38] Tatsächlich ist Kaufmann die drei Jahre über in dem Amberger Zuchthaus geblieben. Seine Englischstudien zeugen von seiner Hoffnung, nach der Entlassung in den englischen Sprachraum auswandern zu

---

37 Sassin: Liberale im Widerstand (wie Anm. 16), S. 107.
38 R. Kaiser: Königskinder (wie Anm. 9), S. 69.

können. Da er außer Englisch noch sechs weitere Fremdsprachen beherrschte, kamen theoretisch weitere Emigrationsländer im französischen, spanischen, italienischen und nordischen Sprachraum in Betracht. Aus heutiger Sicht mutet es merkwürdig an, dass seine Angehörigen in der »Reichskristallnacht« darüber beruhigt waren, dass Rudolf Kaufmann in der Zuchthaushaft nicht so schlimm mitgespielt würde, wie es bei den Pogromen der Fall war.

Am 12. Oktober 1939 wurde Kaufmann aus der Haft entlassen. Er fuhr zunächst zu seinem Bruder nach Köln, arbeitete dann drei Wochen lang beim Straßenbau in Düsseldorf, fuhr im November 1939 nach Königsberg und floh von dort aus illegal über die Grenze nach Litauen, wo er in den folgenden Jahren in Kaunas lebte. Ausreisebemühungen, unter anderem nach Australien, Chile und Haiti, gingen ins Leere. Nach der erzwungenen sowjetischen Angliederung der baltischen Staaten im August 1940 bekam Kaufmann eine feste Anstellung als wissenschaftlicher Mitarbeiter für geologische Aufgaben. Im Herbst verliebte er sich in eine deutsche Emigrantin aus Tilsit, die er im März 1941 heiratete. Drei Monate später überfiel die deutsche Wehrmacht die Sowjetunion und rückte zunächst zügig vor, gefolgt von den Einsatzgruppen, die Jagd auf Juden und kommunistische Funktionäre machten. Rudolf Kaufmann tauchte unter, wurde auf der Landstraße von einem deutschen Besatzungssoldaten erkannt und erschossen – eines von 136.421 Opfern in Litauen.[39]

Thomas Dehler äußerte sich ohne weitere Kenntnis des Schicksals von Rudolf Kaufmann nach dem Krieg zu seinem Engagement: »Für mich war es in jenen Jahren Genugtuung, Anwalt sein, verteidigen zu dürfen, den zu Unrecht Beschuldigten und Bedrängten helfen zu können. Ich tat es bis zur Grenze des Möglichen, bis die Gestapo ihre Hand auf mich legte.«[40]

39 Ebd., S. 118.
40 Thomas Dehler: Beitrag für die Sendung »Widerstand in Franken« (Manuskript), aufgenommen am 10.7.1964, AdL, N1-2713.

Heide-Marie Lauterer

»Fürchte Dich nicht«
Marie-Elisabeth Lüders' Stellung zu den beiden deutschen Diktaturen

In ihrer Autobiographie, die 1963 unter dem Titel »Fürchte Dich nicht. Persönliches und Politisches aus mehr als 80 Jahren« im Westdeutschen Verlag in Köln erschien, stellte sich Marie-Elisabeth Lüders als eindeutige Gegnerin des Nationalsozialismus dar. Sie distanzierte sich von ihren ehemaligen Parteikollegen, besonders aber von ihrer politischen Rivalin Gertrud Bäumer. Lüders machte sie für die Fusion mit dem Jungdeutschen Orden verantwortlich und unterstellte ihr – nicht zu Unrecht – eine Affinität zum Nationalsozialismus.[1] Damit erweckte Lüders den Eindruck, als habe sie den Nationalsozialismus konsequent abgelehnt und diese Haltung stets deutlich gezeigt. Lüders stellte sich als eine Verfolgte des Naziregimes dar, die mehrmals inhaftiert gewesen war und nach ihrer Entlassung vor den Nazis flüchten mußte. Ja, sie gab sich sogar als Widerständlerin aus, die – wenn auch nur für kurze Zeit – als Mitarbeiterin der Quäker in Berlin bedrohten Juden Hilfe geleistet hatte.[2] Daß sie als eine der wenigen Reichstagspolitikerinnen der DDP nach 1945 ihre politische Laufbahn in der FDP fortsetzen konnte, erschien als natürliche Konsequenz dieser vermeintlich »resistenten« Haltung.

Mit ihrer Selbstdarstellung unterschied sich Lüders kaum von den Autobiographien ihrer männlichen Kollegen, wie sie von Angelika Schaser in einem kürzlich erschienenen Aufsatz untersucht wurden.[3] Diese Schriften vermieden es, auf die vielfältigen Verstrickungen der liberalen Politiker in den Nationalsozialismus und damit auf Handlungen einzugehen, die aus der Sicht der Nachkriegszeit kritisierbar waren. In der Regel schrieben diese Politiker

1   Marie-Elisabeth Lüders: Fürchte Dich nicht. Persönliches und Politisches aus mehr als 80 Jahren. Köln/Opladen 1963, S. 141. Zu Bäumers Einschätzung des Nationalsozialismus vgl.: Dies: Evolution – nicht Reaktion. In: Die Frau, 40. Jg. 1932/33, S. 658-662.
2   Lüders (wie Anm. 1), S. 138.
3   Angelika Schaser: Erinnerungskartell. Der Nationalsozialismus in den Darstellungen der Liberalen nach 1945. In: Dies. (Hrsg.), Erinnerungskartelle. Zur Konstruktion von Autobiographien nach 1945. Bochum 2003, S. 49-80. Vgl. Ursula Krey: Demokratie durch Opposition: Der Naumann-Kreis und die Intellektuellen. In: Gangolf Hübinger, Thomas Hertfelder (Hrsg.): Kritik und Mandat. Intellektuelle in der deutschen Politik. Stuttgart 2000, S. 71-92. Norbert Frei: Vergangenheitspolitik. Die Anfänge der Bundesrepublik und die NS-Vergangenheit. München 1996. Hans-Edwin Friedrich: Deformierte Lebensbilder. Erzählmodelle der Nachkriegsautobiographie (1945-1960), Tübingen 2000.

nur dann über ihre partielle Anpassung an den Nationalsozialismus, wenn diese Anlaß für eine öffentliche Debatte in der Nachkriegszeit geboten hatte. Die Kluft zwischen Gesagtem und bewußt Verschwiegenem in Lüders's Selbstdarstellung geht dabei nicht soweit wie bei manch einem ihrer Kollegen, da Lüders während des Dritten Reiches keiner NS-Organisation beitrat.[4] Ein Aufstieg innerhalb der NS-Verwaltung wäre ihr – so sie eine Mitarbeit überhaupt angestrebt hat, wofür es immerhin Anhaltspunkte gibt – schon allein aufgrund ihres Geschlechtes versperrt gewesen, da die Nazis bekanntermaßen Frauen aus der offiziellen Politik ausgeschlossen haben.

Dennoch war Lüders' Verhältnis zum Nationalsozialismus – vielleicht gerade wegen solcher versperrten Aufstiegschancen – ausgesprochen ambivalent. Als Feministin, die sich bereits in der Weimarer Nationalversammlung für die Gleichberechtigung der Frauen eingesetzt hatte, bot ihr die frauenfeindliche NS-Ideologie vor 1933 einen steten Anstoß zum Widerspruch. In zahlreichen Artikeln in der Tages- und Parteipresse wandte sie sich gegen die nationalsozialistischen Versuche, Frauen aus öffentlichen Positionen sowie dem gesamten Arbeitsprozeß zu verdrängen, und sie thematisierte die sich darin ausdrückenden Angriffe auf Verfassung und Demokratie.[5] Die Feinde der bestehenden Staatsordnung sah Lüders nicht nur auf der äußersten Rechten, bei den Deutschnationalen und den Völkischen, sondern auch auf der äußersten Linken, bei den »Geistesverwandten beider, den Kommunisten«.[6]

Gegen die Gründung der Deutschen Staatspartei und die geplante Fusion mit dem »Jungdeutschen Orden« trug Lüders Bedenken, weil sie befürchtete, daß den Frauen keine Partizipationsmöglichkeiten eingeräumt würden.[7] Doch anders als Lüders es in ihrer Autobiographie darstellte, protestierte sie nicht prinzipiell gegen diese Fusion. Dennoch hat sich die Legende erhalten, Lüders habe 1932 aus Protest gegen das Zusammengehen der DDP mit dem ›Jungdo' auf eine Reichstagskandidatur verzichtet[8]. In Wirklichkeit aber hatte Lüders von einem schlechten dritten Platz auf der Reichsliste kein Mandat mehr erzielen können.[9]

---

4 Auskunft des BDC vom 24.6.2004
5 Marie-Elisabeth Lüders, Zurück an den Kochtopf, 27.11.1930. In: Frauen-Beilage. Demokratischer Zeitungsdienst 1930. Dies. Männer unter sich. In: Die Verheiratete Lehrerin. Nachrichtenblatt des Reichsverbandes »Die verheiratete Lehrerin«, Nr. 3, 8. Jg. 1932, S. 1-3.
6 Marie-Elisabeth Lüders, Bitte rechts gehen. In: Vossische Zeitung vom 29.10.1924. Die Sozialdemokratie hielt Lüders dagegen für eine Partei, die eine Politik der Mitte unterstützte und die im besten Sinne »national« handelte.
7 Vgl. Diskussionsbeitrag Marie-Elisabeth Lüders in der Sitzung des Vorstandes der DDP vom 27.9.1930. In: Lothar Albertin (Hrsg.): Linksliberalismus in der Weimarer Republik. Die Führungsgremien der Deutschen Demokratischen Partei und der Deutschen Staatspartei 1918-1933. Düsseldorf 1980, S. 593.
8 So etwa in: www.dhm.de/html/biografien/LuedersMarie/
9 Vgl. Heide-Marie Lauterer: Parlamentarierinnen in Deutschland. Königstein im Taunus, 2002, S. 168.

Trotz ihrer in Teilen oppositionellen Haltung, die von den Nationalsozialisten durchaus wahrgenommen wurde,[10] entschloß sich Lüders nach 1933 weder zur äußeren noch zur inneren Emigration oder gar zum Widerstand gegen das Regime. Ganz im Gegenteil buhlte sie 1933/34 und in den folgenden Jahren um die Gunst der Nazis und versuchte, noch einmal beruflich Fuß zu fassen. Persönlichen Ehrgeiz, eine nationalistische Einstellung, verbunden mit ihrer feministischen Überzeugung, sehe ich als die Triebfedern für ihre partielle Anpassungsbereitschaft an. Im wachsenden Antisemitismus, der 1933 im Umfeld der internationalen Frauenbewegung mit großer Sorge beobachtet wurde, erblickte Lüders keine ernstzunehmende Gefahr, sondern nur Auswüchse, von denen der Führer Adolf Hitler – ihrer Auffassung nach – nichts wusste und die er keinesfalls befürwortete.

Um den Zusammenhang zwischen nationaler und feministischer Einstellung, persönlichem Ehrgeiz und partieller Akzeptanz des NS-Regimes zu erläutern, soll eine kurze Zeitspanne in Lüders' Biographie beleuchtet werden, in der die Politikerin auf der Höhe ihrer beruflichen Laufbahn stand. 1916 wurde die erfahrene Fürsorgerin, promovierte Nationalökonomin und Vertreterin der Frauenbewegung zur Leitung des neugeschaffenen Kriegsarbeitsamtes für Frauen im Berliner Kriegsamt von General Wilhelm Groener berufen.[11] Ihre Aufgabe bestand darin, die systematische Erfassung der Frauenarbeit unter den Bedingungen der »totalen Kriegswirtschaft« zu leiten und ihre verstärkte Verwendung in der Kriegswirtschaft gegen den Widerstand von Unternehmern und Gewerkschaftern durchzusetzen. Die schnellstmögliche Ersetzung von Männern durch Frauen auf allen Arbeitsgebieten sollte durch eine enge Verbindung von Arbeitsbeschaffung und Fürsorge betrieben werden. Lüders und die ebenfalls berufene Agnes von Zahn-Harnack mussten die dazu nötige reichsweite Organisation erst schaffen und mit geeigneten Frauen besetzen. Ute Daniel beurteilt die von Lüders und ihren Mitarbeiterinnen verlangte Leistung als unerfüllbar – denn sie hätten unter den diktatorischen Bedingungen der Zwangsbewirtschaftung im Zeitraffertempo eine sozialpolitische Infrastruktur schaffen sollen, die einem entwickelten Sozialstaat der zweiten Hälfte des 20. Jahrhunderts gut angestanden habe.[12] Daß Lüders vor diesen Anforderungen schließlich kapitulierte, ist nicht verwunderlich. In der Rückschau machte Lüders für ihren Rückzug die eifersüchtige Animosität verschiedener höherer Offiziere, deren soziale und wirtschaftliche Ahnungslosigkeit sowie deren »Männerstolz« verantwortlich. Dorothee von Velsen

10   Sie wurde in der Berliner Volkszeitung am 22. Juli 1933 als eine an Selbstüberheblichkeit leidende, kulturlos keifende Demokratin dargestellt. Zitiert nach Lüders (wie Anm. 1), S. 212.
11   Lüders (wie Anm. 1), S. 66.
12   Ute Daniel: Fiktionen, Friktionen und Fakten. In: Wolfgang Michalka (Hrsg.): Der Erste Weltkrieg. Wirkung, Wahrnehmung, Analyse. Weyran 1997, S. 541.

sprach aus, was Lüders mit geschickten Formulierungen umging: Ihre Chefin, so von Velsen, sei entlassen worden.[13] Der angegebene Entlassungsgrund deutet einerseits auf Lüders' starkes Selbstbewusstsein sowie auf eine gewisse Resistenz gegenüber diktatorischen Anordnungen hin, anderseits aber auch auf ihre mangelnde Flexibilität in hierarchischen Arbeitsstrukturen. Wie von Velsen berichtete, sei Lüders wegen ihrer Weigerung entlassen worden, sich Maßnahmen anzupassen, die sie für verkehrt hielt.[14]

Nach dem Ersten Weltkrieg trat Lüders anders als die meisten ihrer Reichstagskolleginnen nicht für die Ablehnung des Versailler Vertrags ein.[15] Im Gegenteil, ein »Nein« hielt sie für »gleichbedeutend mit der Unmöglichkeit, Deutschland nach und nach wieder aufzurichten«.[16] Um das Ansehen Deutschlands, d.h. um die Gleichberechtigung mit den europäischen Großmächten und Amerika, ging es ihr letztendlich auch als Delegierte des BDF und des Frauenweltbundes bei der Vorberatung der Abrüstungskonferenz in Genf von 1923 bis 1932. Dabei adaptierte Lüders ihre Position in der Abrüstungsfrage an die Haltung der deutschen Abrüstungspolitik. Sie entwickelte sich von der pragmatischen und vernunftgeleiteten Zustimmung zum Versailler Vertrag bis hin zur Verteidigung der Wiedereinführung der allgemeinen Wehrpflicht durch Hitler im Jahre 1935.[17]

Lüders war davon überzeugt, daß die Hitler-Regierung dem Frieden diente. Die Revision des Versailler Vertrages erschien ihr notwendig, um ein Bollwerk gegen den Bolschewismus zu errichten. Deshalb versuchte sie alle Kritik, die im Umfeld der internationalen Frauenbewegung an der Hitler-Regierung laut wurde, zu beschwichtigen. So schrieb sie an die Vorsitzende des Weltbundes für Frauenstimmrecht, Margery Corbett Ashby:

> »Man mag zu der jetzigen Regierung stehen, wie man will, aber niemand – kein Deutscher und kein Fremder – kann wünschen, daß sie scheitert. Ja, sie darf nicht einmal einen starken Stoß bekommen, da schon ein solcher innenpolitische Gefahren nach sich ziehen könnte, deren Wirkungen sich ganz bestimmt nicht nur auf Deutschland erstrecken würden.«[18]

Die Wiedereinführung der allgemeinen Wehrpflicht zog Lüders noch stärker auf die Seite der Hitler-Regierung. Lüders sah jetzt eine Gelegenheit, ihr altes Anliegen aus dem Ersten Weltkrieg wiederaufzunehmen. Abermals wollte sie die Verwendung der Frauen bei einem möglichen Krieg sicherstellen und bei

---

13 Dorothee von Velsen: Im Alter die Fülle, Tübingen 1956, S. 194f.
14 von Velsen (wie Anm. 13).
15 Bei der Abstimmung des Versailler Vertrages in der Nationalversammlung war Lüders noch nicht MdR.
16 Lüders (wie Anm. 1), S. 77.
17 Marie-Elisabeth Lüders, Vergebliche Warnung, verpasster Termin. In: DAZ vom 24.3. 1935. Zeitungsausschnitt in Nl Lüders, BArch Koblenz, Nr. 269.
18 Lüders an Margery Corbett Ashby vom 10.5.1933. In: Nl Lüders, BArch Koblenz, Nr. 2.

der Organisation dieses Fraueneinsatzes mitarbeiten. Da ihre Angebote an das Reichsaußenministerium 1933 keinen Erfolg gehabt hatten, verlegte sich Lüders 1935/36 darauf, den Kriegseinsatz der Frauen theoretisch vorzubereiten. In ihrer 1936 erschienenen Monographie »Das unbekannte Heer. Frauen kämpfen für Deutschland 1914-1918«[19] stützte sie sich auf ihre eigenen Erfahrungen im Kriegsamt. 1937 publizierte sie ihr zweites Buch »Volksdienst der Frau«[20], in welchem sich Lüders der Einführung der Frauendienstpflicht im Kriegsfall zuwandte. Die positive Resonanz in der NS-Öffentlichkeit[21] führte 1937 zu einer Kontaktaufnahme von Vertreterinnen des Deutschen Frauenwerks mit Lüders. Die NS-Frauen planten 1937 eine Ausstellung zum Thema »Frauen am Werk« und baten Lüders um Mithilfe bei der Quellenbeschaffung.[22] Lüders fühlte sich geehrt und sagte ihre Kooperationsbereitschaft zu. In ihrer Autobiographie behauptete die Politikerin später, sie habe alle Aufforderungen der Reichsfrauenführerin Gertrud Scholtz-Klink, ihr Material über die Frauenarbeit im Kriege zur Verfügung zu stellen, konsequent abgelehnt.[23]

Ende des Jahres 1936 entwarf Lüders konkrete Pläne für die Schaffung eines weiblichen Arbeitsheeres zur Durchführung des Vierjahresplanes. Zu diesem Zweck begann sie, – wie es scheint ohne Auftrag – Fabrikinspektionen durchzuführen. Ihre im Sommer 1937 erfolgte Verhaftung, die sie in ihrer Autobiographie unter der reißerischen Überschrift »In den Fängen der Gestapo«[24] schilderte, hängt wahrscheinlich mit dieser eigenmächtigen Aktion zusammen. Doch bislang ließ sich weder ein genaues Datum für die Inhaftierung noch ein belegbarer Grund für ihre Verhaftung ermitteln. Ein Haftbefehl fehlt ohnedies. Im Sommer 1937 scheint sie jedoch tatsächlich in das Fadenkreuz der Gestapo geraten zu sein. Wie Dorothee von Velsen schreibt, fühlte sich Lüders verfolgt und »wechselte Jahre hindurch den Aufenthalt, eine der Ungezählten, die mit Koffern und Säcken, mit Lebensmittelkarten und Brotresten in der Bahn saßen«.[25] Doch steht diese Beschreibung in einer gewissen Spannung zu Lüders' eigener Behauptung, sie habe nach ihrer Haftentlassung im Hilfsbüro der Quäker in Berlin ihren Dienst für die Judenhilfe angeboten, als Kompensation für die Dienste, die ihr in der Haft zuteil geworden waren.[26] Bislang fehlt aber jeder Hinweis darauf, daß sie der Judenverfolgung während

19 Lüders: Das unbekannte Heer. Frauen kämpfen für Deutschland 1914-1918. Berlin 1936.
20 Marie-Elisabeth Lüders: Volksdienst der Frau. Berlin 1937.
21 Vgl. Lauterer (wie Anm. 9), S. 218.
22 Frau Werder an Marie-Elisabeth Lüders vom 22.3.1937. In: BArch Koblenz, Nl Lüders, Nr. 27.
23 Vgl. Lauterer (wie Anm.9), S. 139.
24 Lüders (wie Anm. 1), S. 130ff.
25 von Velsen (wie Anm. 13), S. 355.
26 Vgl. Lüders (wie Anm. 1), S. 138.

des Dritten Reiches überhaupt Beachtung schenkte – zumal sie auch nach 1945 den Holocaust mit keinem Wort erwähnte.

Nach 1945 stand Lüders der »Sowjetzone«, den »Kommunisten« oder dem »östlichen Regime«[27], wie sie die sowjetisch besetzte Zone und die spätere DDR nannte, ablehnend, ja feindlich gegenüber. Diese Haltung leitete Lüders direkt aus ihrem angeblich resistenten Verhalten dem Nationalsozialismus gegenüber ab.[28] Dementsprechend sah sie im Nationalsozialismus und im real existierenden Kommunismus zwei Seiten derselben Medaille. Stalin und Chruschtschow bedeuteten für sie nur einen Wechsel des Namens, nicht aber des Systems und des Ziels.[29] Mit dieser Einstellung, der sie schon in der Weimarer Republik anhing – jeglicher Rußlandromantizismus, wie er bei Marie Baum und Ricarda Huch zeitweise zu spüren war, lag ihr fern – konnte sie der sowjetischen Besatzungszone nichts Anziehendes abgewinnen. Dem von der SED unterstützten Demokratischen Frauenbund Deutschlands (DFD) – einer Konkurrenzorganisation zum westlichen Deutschen Frauenring – verweigerte sie ihre Unterstützung.[30] In der neugegründeten LDP sah sie in erster Linie eine Partei, die sich der SED entgegenstellen sollte. Daß sie erst spät – im Februar 1948 – in den LDP-Bezirksverband Charlottenburg eintrat, also nach der Schaffung klarer Verhältnisse durch Trennung in die West- und Ostverbände, mag aber auch daran gelegen haben, daß sich die Partei bis dahin gar nicht besonders um Lüders bemüht hatte. Im April 1948 gehörte Lüders jedenfalls zum Vorstand der Berliner LDP.[31] In dieser Funktion beobachtete sie die Ereignisse um die Spaltung Berlins, die Blockade 1948/49 sowie die turbulenten und tumultartigen Sitzungen der Berliner Stadtverordnetenversammlung aus sicherem Abstand. Louise Schröder, ihre frühere Reichstagskollegin von der SPD, leitete damals als stellvertretende Oberbürgermeisterin im Brennpunkt des Geschehens die Sitzungen, und die Sozialdemokratin Jeanette Wolff setzte sich kämpferisch gegen die Verfechter einer staatssozialistischen Diktatur zur Wehr. Die Schilderung dieser Ereignisse stehen in Lüders' Autobiographie in einer gewissen Spannung zu dem auf Lüders' eigenes Leben bezogenen Titel »Fürchte Dich nicht«. Sie zog es vor, die Versammlung zu verlassen, bevor es zu Ausschreitungen kam: »Eingedenk meiner vielfachen Erfahrungen mit nationalsozialistischen Versammlungsmethoden«, so schreibt Lüders, »suchte ich über einen Seitenausgang ins Freie zu gelangen. Ein Amtsgehilfe öffnete mir eine Seitentür und wies mir draußen den Weg, auf dem ich nicht in Gefahr kommen konnte, in den allgemeinen Tumult am Haupteingang zu geraten.«[32]

27 Vgl. Lüders (wie Anm. 1), S. 158f., S. 175.
28 Vgl. Marie-Elisabeth Lüders: Frauen sichern Stalins Sieg. Berlin 1952.
29 Lüders (wie Anm. 1), S. 163.
30 Lüders (wie Anm. 1), S. 158f.
31 Vgl. Lauterer (wie Anm. 9), S. 307.
32 Lüders (wie Anm. 1), S. 162.

Im Dezember 1948 wurde Lüders in die Berliner Stadtverordnetenversammlung gewählt. In ihrer Funktion als Stadträtin für Sozialwesen (18. Januar 1949) scheint sie ihre Kontakte zum Ostsektor auf ein Mindestmaß begrenzt zu haben.

In ihren Briefen aus der Nachkriegszeit machte Lüders pauschal ›die‹ Männer für das Dritte Reich verantwortlich.[33] Ihre eigene Auseinandersetzung mit dem Nationalsozialismus war geprägt vom Wegsehen, von der Verdrängung eigener Schuld und Verantwortung. So fällt auf, daß sie den Holocaust mit keinem Wort in ihrer Autobiographie erwähnte. Ihr Verhalten während des Dritten Reiches, ihre gute Beziehung zu Mitarbeiterinnen der Reichsfrauenführerin, ihre beiden Bücher über die Kriegsarbeit der Frauen haben ihrer Anerkennung als »Politisch und Rassisch Verfolgte« nach 1945 und dem Bezug einer monatlichen Rente von 170 DM keinen Abbruch getan. Im Gegensatz zu Gertrud Bäumer musste Lüders kein Entnazifizierungsverfahren der Besatzungsmächte über sich ergehen lassen. Wie die heutige positive Beurteilung Marie-Elisabeth Lüders' als Politikerin zeigt, spielt ihre Verstrickung während des Dritten Reiches keine Rolle mehr. Anders als Gertrud Bäumer, die sich nach 1945 aus dem politischen Leben weitgehend zurückzog und wenige Jahre später starb, war Marie-Elisabeth Lüders weiterhin politisch aktiv und konnte noch wenige Jahre vor ihrem Tod eine Autobiographie verfassen. Diese wird bis heute trotz mancher Unstimmigkeiten als Hauptquelle für die Rekonstruktion ihre politischen Laufbahn genutzt. Es scheint nun an der Zeit, den Lebenslauf dieser liberalen Politikerin – ihre Entwicklung von einer liberalen, national eingestellten und international vernetzten Feministin über eine mit den Nazis paktierende Publizistin bis hin zu einer liberal-demokratischen Bundestagsabgeordneten – kritisch zu rekonstruieren. Unter den Stichworten Feminismus und Nationalismus ist nicht zuletzt ein Beitrag zur Geschichte der Liberalen aus der Geschlechterperspektive vom Ersten Weltkrieg bis zur Zeit des Kalten Krieges zu erwarten.

---

33 So beispielsweise in einem Brief an Erdmuthe Falkenberg vom 5.10.1946: »Die Not ist so groß und das von Männern inszenierte Fiasco ist so groß, dass jetzt die Zeit zum Fordern gekommen ist, damit endlich etwas mehr weiblicher Einfluss im Volks- und Staatsleben zur Geltung kommt.« In BArch Koblenz, Nl Lüders, Nr. 273.

Jürgen C. Heß

Theodor Heuss aus der Perspektive des *Counter Intelligence Corps* der *US-Army*, 15. September 1949[1]

Aus der Perspektive des *Counter Intelligence Corps* lautete der wichtigste Satz des hier vorzustellenden *Personality Report* über Theodor Heuss vom 15. September 1949[2]: »Professor HEUSS as such is not a target of counter-intelligence interest.« Nein, Zielobjekt des eigenen nachrichtendienstlichen Handelns war der neugewählte Bundespräsident für die Agenten des Militärischen Abschirmdienstes der US-Armee nicht, als man im Stuttgarter Regionalbüro im September 1949 die Personalskizze über ihn anfertigte und guthieß. Aber er wurde doch angesichts seiner Stellung für so wichtig erachtet, daß eine »reasonably complete personal history sketch« in der eigenen Registratur vorhanden sein sollte. Daß diese Skizze in den ersten Tagen nach der Wahl von Heuss zum ersten Bundespräsidenten verfaßt und intern abgesegnet wurde, macht sie zu einem kleinen historischen Spiegel für eine amerikanische Sicht auf den obersten Repräsentanten der gerade sich formenden bundesdeutschen Demokratie.

Interessanterweise wird Heuss hier als weitgehend Unbekannter vorgestellt. Im Scheinwerfer der Öffentlichkeit habe er bisher nur in einem sehr begrenzten Maße gewirkt. In der Tat können die Nachgeborenen es sich kaum mehr vorstellen, in welch geringer Weise der später so populäre Theodor Heuss,

---

1   Ausdrücklich sei an dieser Stelle der Friedrich-Naumann-Stiftung, der Robert Bosch Jubiläumstiftung im Stifterverband für die Deutsche Wissenschaft und der Geisteswissenschaftlichen Fakultät der Vrije Universiteit Amsterdam dafür gedankt, daß es mir unter schwierigen persönlichen Umständen im Laufe der vergangenen Jahrzehnte ermöglicht haben, meine Forschungen über Theodor Heuss fortzusetzen. So wurde die Reise nach Washington zur Forschungsarbeit in den National Archives im Herbst 1988 (!), bei ich das hier vorzulegende Dokument vorfand, durch die Friedrich-Naumann-Stiftung finanziert. – Für wichtige Kommentare und Anregungen zu den hier gemachten Ausführungen danke ich Ernst Wolfgang Becker, Jürgen Froelich und Thomas Hertfelder. Herrn Frieder Günther sei für die Beschaffung einer Reihe von Kopien ebenfalls Dank gesagt.

2   Der Report befindet sich in den National Archives in College Park, Maryland (von nun an: NA) im Bestand RG 319 (Records of the Army Staff), Records of the Investigative Records Repository (IRR), Personal Name File XE209782. In dieser Heuss-Akte des *CIC* finden auch sich zahlreiche andere Mitteilungen über Heuss. Ein Einzeldokument stammt aus dem Jahr 1944; Dokumente aus den Jahren 1945 und 1946 fehlen; ab Mai 1947 bis in die frühen fünfziger Jahre hinein folgen dann eine Reihe von im allgemeinen nur wenig relevanten Informationen. Der *Personality Report* vom 15.9.1949 ist der einzige derartig inhaltlich und formal ausgeformte Text. Die Akte wurde am 21.9.1988 für die Benutzung freigegeben (»declassified«).

seit neun Monaten Vorsitzender der FDP in den Westzonen und Westberlin, im September 1949 in der breiten Öffentlichkeit bekannt war.

Die wichtige Rolle etwa, die Heuss an der Spitze der kleinen liberalen Fünf-Mann-Fraktion als Vermittler im Parlamentarischen Rat vom September 1948 bis April 1949 gespielt hatte, war den meisten Westdeutschen angesichts des geringen Interesses, mit dem die Öffentlichkeit die Arbeit der Verfassungs-väter und –mütter verfolgt hatte, nicht deutlich geworden. Dabei war es gerade diese Rolle, die Heuss für das Amt des Bundespräsidenten prädesti-niert hatte. Indessen ist auf keinen Fall zu übersehen, daß er in der konkreten politischen Konstellation des September 1949 nicht der Präsident aller West-deutschen, sondern der Präsident der Adenauerschen bürgerlichen Koalition war. Die Wahlentscheidung für ihn vom 12. September 1949 war selbstver-ständlich eine politische, seine Mehrheit gegenüber Schumacher wurde erst im zweiten Wahlgang erreicht, immerhin mit 16 Stimmen Mehrheit gegen-über der berühmten einen Stimme, die wenige Tage später die erste Bundes-regierung im Bundestag im Amte bestätigen sollte. Der allseits bekannte und geachtete Präsident der sich erst im Laufe der kommenden Jahre langsam als Bundesbürger begreifenden Westdeutschen mußte Heuss im September 1949 noch werden!

Aber war er nun schon der ideale Präsident für die Amerikaner? Darauf gibt die vorliegende Quelle an sich natürlich keine Antwort. Man müßte die Berichte der OMGUS- und dann der HICOG-Verwaltungen, die Reaktionen in Washington und der US-Presse näher untersuchen, um die politischen Urteile der Amerikaner über Heuss, die Bedeutung seines Amtes und die Erwartungen hinsichtlich seiner Amtsführung wirklich umfassend in den Blick zu bekommen.

Die hier präsentierte *CIC*-Quelle erlaubt jedoch etwas anderes. Sie läßt aus einer verborgenen Perspektive erkennen, wie Amerikaner (ausdrücklich nicht: die Amerikaner) Heuss damals wahrgenommen haben. Daß das hier vorgelegte Dokument wenige Tage nach der Wahl des ersten Bundespräsiden-ten abgeschlossen wurde, macht es um so interessanter. Hier wird – sei es auch noch so knapp – ein Bild gezeichnet, das noch ganz unter dem Eindruck der vorhergehenden Jahre stand. Die Zukunftschancen der neuen Demokratie waren noch völlig offen und wurden von vielen Zeitgenossen eher skeptisch betrachtet. Wie zeichnete zu diesem Wendepunkt der deutschen Nachkriegs-geschichte ein zugegeben völlig unmaßgeblicher *CIC*-Agent den neuen Bun-despräsidenten? Der *Personality Report* des *Counter Intelligence Corps* der *US-Army* über Heuss vom 15. September bleibt eine Kuriosität, aber er erlaubt, zumal wenn man diesen mit einigen anderen Heuss betreffenden ame-rikanischen Beurteilungen der Nachkriegsjahre vergleicht, nicht unwichtige Einsichten und Überlegungen. Sie betreffen sowohl die innerhalb weniger Jahre vollständig wechselnde Perspektive der US-amerikanischen Besatzungsmacht gegenüber einem der führenden Träger des neuen westdeutschen Demokratieexperiments als auch wichtige Elemente der Aufarbeitung der Biographie des ersten Bundespräsidenten.

Das Counter Intelligence Corps der US-Army (CIC)

Das *Counter Intelligence Corps* der *US-Army* (*CIC*) ist bis heute in seinem Funktionieren im Grunde nur den Insidern bekannt.[3] Das Wissen um seine Bedeutung steht weit hinter der Aufmerksamkeit für die *Central Intelligence Agency* (*CIA*) zurück. Aber auch das während des Zweiten Weltkrieges geschaffene *Office of Strategic Services* (*OSS*) hat viel mehr Interesse gefunden. Dabei verdient gerade für die Rolle der US-amerikanischen Besatzungsverwaltung im Deutschland der ersten Nachkriegsjahre das *CIC* alle Aufmerksamkeit. Und dies nicht nur, weil der bisher in der Forschung unterbelichtete Faktor Information[4] für ein besseres Verständnis der Sicherheitspolitik der Nachkriegsjahre von zentralem Rang ist, sondern weil dieser Dienst Aufgaben wahrnahm, die weit über nachrichtendienstlichen Funktionen im engeren Sinne hinausgingen.

---

3   Zwar veröffentlichte das *US Army Intelligence Center* 1959 eine offizielle 30-bändige Geschichte der *CIC, The History of the Counter Intelligence Corps* und gibt es eine Reihe von Erinnerungen von ehemaligen Agenten, aber doch hat die historische Wissenschaft sich für diesen Dienst bisher vergleichsweise wenig interessiert. Vgl. Kevin C. Ruffner, CIC Records: A Valuable Tool for Researchers, in: American Intelligence Journal 20, Nr. 1 u. 2 (Winter 2000-2001), S. 83-87, im Internet abrufbar unter http://wwcia.gov/csi/bulletin/ csi11.html#toc5. Es ist kennzeichnend, daß die großen enzyklopädischen Darstellungen zur Geschichte der US-amerikanischen Geheimdienste keinen eigenen Abschnitt über das *CIC* aufweisen, sondern man dort die geringen diesbezüglichen Informationen in anderen Zusammenhängen suchen muß. Vgl. Encyclopedia of American Intelligence and Espionage. From the Revolutionary War to the Present, hg. von G.J.A. O'Toole, New York, Oxford 1988; United States Intelligence. An Encyclopedia, hg. von Bruce W. Watson/Susan M. Watson/Gerald W. Hopple, New York, London 1990.
Zum *CIC* selbst noch immer informativ, wenn auch romantisiert: Ian Sayer/Douglas Botting, America's Secret Army. The Untold Story of the Counter Intelligence Corps, London 1989, Paperback London 1990. Nicht veröffentlicht, aber mir dankenswerterweise durch den Autor zur Verfügung gestellt: Gary A. Trogdon, A Decade of Catching Spies. The United States Army's Counter Intelligence Corps, 1943-1953, Ph.D. Dissertation, University of Nebraska 2001. Gary A. Trogdon danke ich auch für eine Vielzahl von weiteren, per Email erteilten Informationen. Als Einzelfallstudie sehr interessant Alaric Searle, ›Vopo‹-General Vincenz Müller and Western Intelligence, 1948-1954: CIC, the Gehlen Organization and Two Cold War Covert Operations, in: Intelligence and National Security 17, Nr. 2 (2002), S. 27-50. Für das *CIC* dagegen weniger informativ Timothy J. Naftali, Im Zerrspiegel: US-Gegenspionage in Deutschland 1945-1948, in: Wolfgang Krieger/Jürgen Weber (Hg.), Spionage für den Frieden? Nachrichtendienste in Deutschland während des Kalten Krieges, München 1997, S. 87-102.
4   Wolfgang Krieger, Sicherheit durch Abschreckung. Die deutsch-amerikanischen Sicherheitsbeziehungen 1945-1968, in: Die USA und Deutschland im Zeitalter des Kalten Krieges 1945-1990. Ein Handbuch, hg. von Detlev Junker in Verbindung mit Philipp Gassert etc., Bd. 1 1945-1968, Stuttgart/München 2001, S. 287f.

Dabei war das im Ersten Weltkrieg entstandene, dann in der Zwischenkriegszeit zur Bedeutungslosigkeit geschrumpfte und seit Beginn des Zweiten Weltkriegs schnell expandierende, übrigens seit 1942 so genannte *Counter Intelligence Corps* zunächst einmal nur der Nachrichtendienst der US-Army und
damit ein Nachrichten- bzw. Sicherheitsdienst neben diversen anderen derartigen amerikanischen Diensten. Sein Feld war nicht die eindringliche Analyse
des gewonnenen Informationsmaterials oder Organisation von Spionageakti-
vitäten in Feindesland, sondern die Begleitung der sich vorankämpfenden
Heereseinheiten, ihre Versorgung mit möglichst viel Informationen über die
gegnerischen Pläne und Aktivitäten und das Ausschalten von potentiellen
Spionen der Gegenseite in den eigenen Reihen. Mit dem Überschreiten der
Reichsgrenzen änderte sich das Aufgabenfeld entscheidend. Aus den frontnah
operierenden Spähern der Angriffstruppen, die diesen durch Frankreich und
Italien bis nach Deutschland gefolgt waren, wurden die nun permanent einge-
setzten Jäger und Fänger im besetzten Gebiet, immer auf der Suche nach den
Spuren des NS-Staates und seiner Träger. So wurden sie zu wichtigen Instru-
menten der Abwicklung des NS-Systems und der frühen Entnazifizierung der
deutschen Gesellschaft, von vielen nun gefürchtet als die »amerikanische
Gestapo«,[5] wenn sie wieder morgens um drei tatsächliche oder vermutete
Nationalsozialisten und ihre Mithelfer aus den Betten holten, jeden Verdäch-
tigen mehr oder weniger ausführlicher Verhöre unterzogen und dafür sorgten,
daß sich die Internierungslager in der amerikanischen Zone füllten. Auch
Heuss hatte als Kultusminister[6] damit seinen Kummer, wenn durch ihren Einsatz Ministerialbeamte aus dem Verkehr gezogen und die nationalsozialistisch
durchseuchte Lehrerschaft erst einmal aus den Schulen ferngehalten wurde.
Zu diesem Zeitpunkt waren in den Reihen des *CIC* häufig deutsche und österreichische Emigranten tätig, die sprach- und landeskundig ihre Aufgaben
wahrnahmen und wußten, wen sie suchten. Doch es ging nicht nur um Personen, sondern auch um Informationen über die Organisationsstrukturen des
NS-Staates und seiner Apparate, um Wissenschaftler und ihre kriegsrelevan-
ten Forschungen oder um die Reinigung der Universitäten. So war es etwa das
307th CIC Detachment der *7th Army*, das ab April 1945 zahlreichen Professo-
ren der Universität Heidelberg das Fürchten lehrte, und war es der »special
agent« ebendieser Einheit Daniel F. Penham, der noch am 23. Februar 1946
wegen der von ihm unzureichend erachteten Reinigung von Verwaltungsap-
parat und Professorenschaft und der nach seiner Einschätzung noch immer
tiefbraunen Studentenschaft eine erneute zeitweise Schließung der Universität
empfahl, übrigens ohne daß er sich zu diesem Zeitpunkt noch damit durchset-

---

5   Sayer/Botting (wie Anm. 3), S. 281.
6   In Württemberg-Baden damals offiziell »Kultminister« genannt.

zen konnte.[7] Zu den Aufgaben des *CIC* gehörte die Verhinderung des Entstehens einer nationalsozialistisch inspirierten Untergrundbewegung ebenso wie die Kontrolle und Repatrierung der »displaced persons«.

Das vielfältige Wirken des *CIC* im Deutschland der Besatzungsjahre ist hier nicht im einzelnen nachzuzeichnen. Wichtig ist jedoch die Erwähnung jenes Perspektivenwechsels, der mit dem Beginn des Kalten Krieges eintrat. Seit 1947 verlor die Suche nach den Trägern und Mithelfern des NS-Systems zunehmend an Bedeutung, ja, mit der Wendung gegen den neuen kommunistischen Feind wurden seit etwa 1947 mehr und mehr nationalsozialistische Figuren höchst zweifelhaften Ranges zu Informanten oder gar Instrumenten der Arbeit von *CIC*-Instanzen. Mit der Gründung der *CIA* im Jahr 1947 erhielt das *CIC* einen Konkurrenten, der seine Bedeutung in der West-Ost-Konfrontation bald bei weitem übertreffen sollte. 1949 aber war das *CIC* auf dem »battleground Germany« anscheinend noch immer die entscheidende Sicherheitsinstanz der Amerikaner.[8]

Wie der hier vorgelegte Bericht über Heuss zeigt, behielt das *CIC* bei aller vorrangigen Beschäftigung mit der kommunistischen Gefahr auch die Vertreter der neuen Demokratie im Westens Deutschlands weiter im Auge. So finden sich in den *CIC*-Quellen Quellenmappen diverser deutscher Politiker der Nachkriegszeit. Von ihnen seien hier nur Konrad Adenauer[9] und Kurt Schumacher[10] erwähnt. Es ist ohne weiteres davon auszugehen, daß jeder, der im Nachkriegsdeutschland eine politische Rolle anstrebte oder wahrnahm, in das Visier des *CIC* geriet und einer näheren »Betrachtung« unterzogen wurde. Und sei es nur, um einerseits festzustellen, daß bei ihm keine Nazi-Affinitäten vorlagen, und andererseits um zu klären, ob der Kandidat bzw. die Kandidatin nicht vielleicht doch kommunistische Berührungspunkte aufwies.

So überrascht es auch nicht, daß ein *CIC*-Agent selbst bei einem Politiker wie Theodor Heuss die Frage eines möglicherweise vorhandenen braunen Schattens im September 1949 einer näheren Nachfrage unterzog, indem er nämlich die Bedeutung der Heuss'schen Zustimmung zum Ermächtigungsgesetz im März 1933 in seinem Text vergleichsweise ausführlich behandelte und zugleich dem Teilstück von dessen Biographie zwischen 1933 und 1945 hohe

---

7   Siehe eine Auswahl der entsprechenden Dokumente in Jürgen C. Heß/Hartmut Lehmann/ Volker Sellin, Heidelberg 1945, Stuttgart 1996, S. 393-427 und die in diesem Bande abgedruckten Beiträge von Uta Gerhardt, Die Amerikanischen Militäroffiziere und der Konflikt um die Wiedereröffnung der Universität Heidelberg 1945-1946 (S. 28-54), und James F. Tent, Edward Yarnall Hartshorne and the Reopening of the Ruprecht-Karls-Universität in Heidelberg, 1945. His Personal Account (S. 55-74). Siehe jetzt auch Ralph W. Brown III, Removing »Nasty Nazi Habits«. The CIC and the Denazification of Heidelberg University, 1945-1946, in: The Journal of Intelligence History 4 (Summer 2004), S. 25-56.

8   So Ruffner (wie Anm. 2), S. 83. Vgl. auch David E. Murphy/Sergei A. Kondrashev/George Bailey, Battleground Berlin. CIA versus KGB in the Cold War, New Haven/London 1997.

9   NA RG 319 IRR File X8004427.

10   NA RG 319 IRR File X8793846.

Aufmerksamkeit schenkte, und dies, obwohl der neugewählte Bundespräsident schon im September 1945 gleich zwei Spitzenfunktionen in der US-Zone hatte übernehmen dürfen, nämlich einmal als Lizenzträger der »Rhein-Neckar-Zeitung« in Heidelberg, zum anderen als Kultusminister der Landesregierung für Württemberg-Baden in Stuttgart, und sich in den vier anschließenden Jahren als einer der führenden demokratischen Politiker der Westzonen ausgewiesen hatte.

Zur Organisation des *CIC* in Deutschland ist hier nur das Folgende mitzuteilen. War es seit Mai 1945 das *970th CIC Detachment*, das für Deutschland zuständig war, mit seinem zentralen Hauptquartier in Frankfurt, so hieß die entsprechende Instanz seit einer Reorganisation die *7970th CIC Group*. Ende August 1949 verlegte man das zentrale Hauptquartier von Frankfurt nach Stuttgart, ohne daß dies jedoch die regionale Untereinteilung in 12 Regionen veränderte. Die Region 1 deckte etwa Nord-Württemberg und hatte ihre Zentrale ebenfalls in Stuttgart.[11] Es war diese regionale Zentrale, die den Personalbericht über Heuss vorlegte. Dementsprechend waren es übrigens auch Stuttgarter, die als Zeugen in dem Text genannt werden.

Erwähnt muß neben der Fülle der Aufgaben und der inhaltlichen Orientierung des *CIC* auch die Tatsache seiner völligen Überforderung. Diese beruhte nicht nur auf einer viel zu geringen Personalstärke oder der Abhängigkeit von zum Teil zweifelhaften Informanten, sondern auch auf der teilweise zunehmend zweifelhaften Qualifikation des eigenen Personals in den Nachkriegsjahren, als nach den Reduktionen im Umfang des Dienstes ein Einsatz in Deutschland bald die Intelligentesten kaum mehr zu reizen vermochte und die Ausbildung der Neulinge ebensosehr zu wünschen übrigließ wie ihre Sprachkenntnisse oder ihre historisch-politisch-gesellschaftlichen Vorkenntnisse. Unter diesen Umständen ist es im Grunde fast schon erstaunlich, daß der *Personality Report* über Heuss nicht noch sehr viel mehr Fehler enthielt. Es wird zu zeigen sein, daß einige dieser Fehler offensichtlich aus diversen deutschen Presseorganen übernommen wurden. Ein Agent kann schließlich nicht besser sein, als seine Quellen dies sind. Dabei ist nicht entscheidend, ob oder daß er abschrieb, sondern was er abschrieb und damit zur eigenen Aussage machte.

Frühere US-amerikanische Beurteilungen von Heuss

Vor der Besprechung des *CIC*-Berichts über Heuss sei hier zunächst noch ein kurzer Zwischenteil eingefügt, der zumindest an Hand einiger Aussagen sichtbar macht, wie diverse US-Instanzen bzw. Beobachter Heuss in den Jah-

---

11 Eine Karte der 12 CIC-Regionen aus dem Jahr 1948 findet sich im Internet unter: http://usarmygermany.com/Units/Military%20Intelligence/7970th%20CIC%20Gp%201948.htm.

ren ab 1945 wahrnahmen.[12] An dieser Stelle mag es ausreichen, zwei Beurteilungen von Heuss näher zu betrachten. Da ist einmal die ausführliche Diskussion über ihn, die von amerikanischer Seite im Sommer 1945 vor seiner Ernennung zum Lizenzträger der »Rhein-Neckar-Zeitung« geführt wurde.[13] Diese Diskussion ist hier vor allem aus zwei Gründen interessant, zum einen weil es keineswegs so selbstverständlich war, wie es im nachherein schien, daß Heuss als ein versierter Journalist und unzweifelhafter Hitlergegner diese herausragende Stellung an der nach der »Frankfurter Rundschau« zweiten von den Amerikanern in ihrer Zone zugelassenen deutschen Zeitung erhalten hat, zum anderen weil die historischen Argumente des Jahres 1945 so auffällig anders aussahen als die des CIC-Dokuments im Jahr 1949. Die zweite Quelle, auf die hier hingewiesen werden soll, ist eine Beurteilung von Heuss nach seiner Wahl zum FDP-Vorsitzenden auf dem Heppenheimer Gründungspartei der FDP vom Dezember 1948.

Im Sommer 1945 war Heuss in seinem Heidelberger »Asyl«, das er zusammen mit seiner Frau Elly Heuss-Knapp im Herbst 1943 nach der »Flucht aus Berlin« aufgesucht hatte,[14] in schnellen Kontakt mit den Amerikanern gekommen, die in ihm erst einen wichtigen Gesprächspartner, dann aber vor allem einen geeigneten Kandidaten für zukünftige Führungspositionen sahen. Auf einer ihrer »Weißen Listen« als »uncompromising democrat« umschrieben,[15] war er einer der wenigen erfahrenen Journalisten und Politiker, auf die sie bei der Neugestaltung der deutschen Strukturen zurückgreifen konnten. Fast gleichzeitig erfolgte im September die Ernennung zum Lizenzträger der »Rhein-Neckar-Zeitung« in Heidelberg und zum Kultusminister in Stuttgart. Da die amerikanischen Akten über den Auswahlprozeß der Minister für die

---

12 Die Quellenlage ist dabei von höchst diverser Natur und dem Verfasser, der kein Spezialist der US-amerikanischen Besatzungspolitik in Deutschland ist, auch nur in ausgewählten Teilen vertraut. Es kann kein Zweifel daran bestehen, daß es weitere als die hier zu nennenden Dokumente gibt, die Beurteilungen von Theodor Heuss in dieser Zeit enthalten. In dem Sandberg an Material, den die diversen Instanzen der US-Verwaltung hinterlassen haben, die Sandkörner zu finden, die Theodor Heuss betrafen, ist allerdings eine Aufgabe, die mehr Aufwand erfordert, als dem Verfasser dieser Ausführungen möglich war. Immerhin hat eine Durchsicht der entsprechenden Materialien im Herbst 1988 in den National Archives in Washington (also noch vor der Verfilmung der OMGUS-Bestände) und anschließend das wiederholte Durchstöbern der im Hauptstaatsarchiv in Stuttgart präsenten Mikrofilme einiges Interessante ans Licht gebracht.
13 Vgl. hierzu auch den knappen, allerdings in einigen wenigen Punkten irrtümlichen Bericht bei Harold Hurwitz, Die Stunde Null der deutschen Presse. Die amerikanische Pressepolitik in Deutschland 1945-1949, Köln 1972, S. 134-137. Ausführlicher als hier möglich beschreibt die damalige Kontroverse über Heuss Reiner Burger, Theodor Heuss als Journalist. Beobachter und Interpret von vier Epochen deutscher Geschichte, Münster 1999, S 398-414.
14 Vgl. Jürgen C. Heß, »Die Nazis haben gewußt, daß wir ihre Feinde gewesen und geblieben sind.« Theodor Heuss und der Widerstand gegen den Nationalsozialismus, in: Jahrbuch zur Liberalismusforschung 14 (2002), S. 176, 187.
15 Vgl. den Auszug aus der Weißen Liste von SHAEF, abgedruckt bei Henric L. Wuermeling, Die weiße Liste. Umbruch der politischen Kultur in Deutschland 1945, Berlin 1981, S. 284f.; auch zitiert bei Burger (wie Anm. 13), S. 399 Anm. 19.

Stuttgarter Landesregierung für Württemberg-Baden bisher noch immer nicht aufgetaucht sind – da der Entscheidungsprozeß sich wochenlang hingezogen hat, dürfte es auch hier sehr interessante Erörterungen gegeben haben –,[16] sind es nur die Heidelberger Entscheidungen, die uns heute ein Bild davon zu geben, wie Amerikaner einen Demokraten wie Heuss im Sommer 1945 beurteilten.

Selbstverständlich ist hier nicht auf alle Einzelheiten der Sicherheitsuntersuchungen und des Lizensierungsvorgangs im Falle der »Rhein-Neckar-Zeitung« einzugehen. So mag die Angabe genügen, daß im Laufe des Juli 1945 ein Presseteam des *6871st District Information Services Control Command* (abgekürzt: *6871st DISCC*) vier Kandidaten für die gemeinsame Übernahme der Lizenz des Heidelberger Blattes vorgeschlagen hat. Entsprechend der angestrebten Abdeckung des parteipolitischen Spektrums waren als Kandidaten ein Sozialdemokrat (Dr. Hermann Knorr) und ein Kommunist (Rudolf Agricola) als Vertreter der Arbeiterparteien und zwei Bürgerliche vorgesehen: der Journalist Hans Adalbert Berger als Mann des Zentrums und Heuss als Liberaler.[17] Während die Auswahl von Agricola und Knorr keine Probleme machte, wurde Bergers Kandidatur verworfen. Heuss' Position geriet unter heftige Kritik.

Das Team des *6871st DISCC* hatte im Fall von Heuss den eigenen Empfehlungen drei Referenzen beigefügt, die alle die unzweifelhafte politische Zuverlässigkeit von Heuss und seine ebenso eindeutige Ablehnung des Nationalsozialismus bestätigten. Sowohl der Heidelberger Theologieprofessor Martin Dibelius als auch Gustav Hartlaub, vor 1933 Direktor des Mannheimer Kunstmuseums, und der Journalist Franz Heidelberg hatten die Gegnerschaft von Heuss gegenüber dem Nationalsozialismus, seine wahre demokratische Gesinnung, seine christliche Orientierung, bzw. die seiner Frau, und seine reiche Erfahrung betont. In der eigenen Empfehlung des Auswahlteams wurde Heuss als einer der führenden Vertreter des demokratischen Liberalismus in Deutschland gepriesen, der seine demokratischen Überzeugungen auch unter Hitler nicht kompromittiert hätte, dem überdies großer Respekt sowohl in politischen als auch in intellektuellen Kreisen entgegengebracht werde und der eine »dignified, charming personality with a gift of working with men of diverse political and social views« sei. In der Zusammenfassung der Lizensierungsempfehlung wurde Heuss überdies als »the strongest figure in the group« der vorgeschlagenen Lizenzträger umschrieben und zugleich »a man

---

16 Auch eine kürzlich durchgeführte Nachfrage bei verschiedenen Kennern der Szene ergab bisher kein anderes Ergebnis.

17 NA Washington RG 260 7/53/18/3-1 box 190: Press Survey for Heidelberg by 6871st DISCC. Da ich die Originalquellen in den National Archives eingesehen habe, Burger dagegen die Mikrofilme im Institut für Zeitgeschichte, weichen die Quellenannotierungen bedauerlicherweise voneinander ab.

of obviously superior quality« genannt, den die anderen Kandidaten, die alle jünger und politisch weit weniger erfahren als Heuss waren, in der Tat »as final arbiter in questions of policy« zu akzeptieren bereit seien. Es wurde nicht vergessen, ausdrücklich hinzuzufügen, daß das *CIC* – das also auch hier seine spezifische Aufsichtsfunktion wahrgenommen hatte – und die lokale Heidelberger Militärregierung der Auswahl der Kandidaten zustimmten.[18]

Wie sahen nun die Argumente in der anschließenden Diskussion im einzelnen aus, soweit es sich um Heuss handelte? Hierbei sollen die Stimmen der Kritiker im Vorgrund stehen. Der erste war Alfred Toombs, stellvertretender Leiter der *Intelligence Section* der *Information Control Division* (*ICD*), der zweite William Harlan Hale, laut Hurwitz ein liberaler Rechtsanwalt und Sohn eines presbyterianischen Pfarrers, der seine Jugend in Berlin verbracht hatte und von Deutschland zutiefst enttäuscht war.[19] In den Papieren taucht letzterer als »policy adviser« der *ICD* auf.

Ihr Argumentationsstil war geprägt durch eine Mischung von Unterstellungen und rigorosen Vorannahmen. Toombs zeigte sich in keiner Weise beeindruckt von der Betonung einer Nazigegnerschaft von Heuss und verwendete den Begriff des Anti-Nazi für Heuss daher nur mit Anführungsstrichen. Dieser »Anti-Nazi« sei zwar vor 1933 ein eindeutiger liberaler Demokrat gewesen, habe sich aber nach 1933 in der Verteidigung seiner demokratischen Überzeugungen nicht übermäßig engagiert. Schlimmer noch, Heuss habe 1944 gar 11 000 Mark verdient. Ein Teil davon habe von der Firma Bosch gestammt, die Kriegsmaterial für die Nazis hergestellt habe. Ein wissenschaftliches historisches Werk, an dem Heuss gearbeitet habe, könnte ein »Nicht-Nazi-Buch« gewesen sein, wahrscheinlich sei es das aber nicht gewesen. »Völlig unbefriedigend« sei die journalistische Tätigkeit von Heuss gewesen. So habe er für das »Illustrierte Blatt« geschrieben, ein »ordinäres« anti-amerikanisches Blättchen, und an der »Frankfurter Zeitung« in den Jahren 1941-1943 mitgearbeitet, in denen diese »schreierische Nazi-Propaganda« veröffentlicht habe. Auch sei er schon 1933 dem »Reichsverband der deutschen Presse« beigetreten; früher befragte antinazistische Journalisten – hier ohne Anführungsstriche verwendet – hätten eine Mitgliedschaft in einer solchen Organisation sorgfältig vermieden. Schließlich wurde Heuss von Toombs noch zum Vorwurf gemacht, daß er in seinem persönlichen Fragebogen die Frage nach der Leistung von Spenden für die NSDAP nicht ausgefüllt hatte.[20] Für den Ame-

---

18 Ebd.: Precis of 6871st DISCC report recommending license for Phase 3 newspaper in Heidelberg-Mannheim area (submitted 7/21/45).
19 Hurwitz (wie Anm. 13), S. 136.
20 Die diversen Fakten hatte Toombs dem von Heuss am 30.6.1945 ausgefüllten Fragebogen des *Military Government of Germany* entnommen (NA Washington RG 260 7/53/18/3-1 box 190). In derselben Akte findet sich auch ein undatiert ausgefüllter Fragebogen von Heuss für die Abteilung *Information Control* des *Military Government of Germany*. Im Bundesarchiv in

rikaner reichten diese Feststellungen aus zu der eindeutigen Empfehlung, daß Heuss aus dem Kreis der vorgesehenen Lizenzträger auszuscheiden sei.[21] Gegenargumente wollte er einige Wochen später insoweit akzeptieren, als daß Heuss einen überzeugenden demokratischen Hintergrund aufweise und bereit gewesen sei, für seine Prinzipien in einem gewissen Maße selbst unter den Nazis einzutreten. Eine Lizensierung könne er aber dennoch nicht befürworten, da Heuss sich dadurch kompromittiert habe, daß er »die Profite des Nazi-Systems akzeptiert« habe.[22]

Der zweite Kritiker William H. Hale zeigte zum einen ein sehr enges Verständnis des politischen Liberalismus, als er eine Äußerung von Dibelius aufspießte, daß laut Heuss kein deutscher Staat ohne oder gegen die Arbeiterschaft gebildet werden dürfte. Für Hale war eine solche politische Offenheit mit Liberalismus offenkundig nicht zu vereinen. War Heuss hier anscheinend zu linksorientiert, so tendierte er in seinen persönlichen Beziehungen für Hale zu sehr nach rechts. Zwei Beispiele mußten dafür ausreichen. So erschien die Heuss'sche Teilnahme am Kreis des Widerstandes um Goerdeler – sie spielte in der ganzen Diskussion eine auffällig geringe Rolle – nota bene als ein Negativum, da es sich bei Goerdeler um einen Konservativen gehandelt habe.[23] Ernst Jäckh, Leiter der Deutschen Hochschule für Politik bis 1933 – und nicht bis 1937 oder 1938, wie Hale hier unterstellte – und mittlerweile Emigrant in New York, trete dort aktiv in Emigrantenkreisen der Mitte und der Rechten auf. Die »Frankfurter Zeitung« war zudem in Hales Augen ein von den Nazis kontrolliertes Blatt: Insofern habe Heuss für die Nazi-Presse geschrieben. Nein, als eine potentiell dominierende Persönlichkeit im Lizenzträgergremium der »Rhein-Neckar-Zeitung« einen Mann zuzulassen, »whose political attitude has leaned towards the side of caution and middle-of-theroad neutrality, and who has made at least a partial peace with Nazism«, das sah Hale noch am 22. August nicht als angängig.[24]

Ein materieller Profiteur des Nationalsozialismus, Mitarbeiter an der Nazi-Presse, ein zweifelhafter Liberaler mit den falschen politischen Beziehungen

Koblenz ist ein weiterer ausgefüllter Fragebogen auf einem anderen Formblatt des *Military Government of Germany* vom 3.6.1945 überliefert, der in den Lizensierungsdiskussionen keine Rolle spielte. Auffällig sind die bewußten oder unbewußten Fehlinterpretationen von Toombs: Heuss erwähnte ausdrücklich, daß seine Einkünfte von der Firma Bosch mit dem Auftrag für die Biographie zusammenhingen, doch stellte Toombs den Zusammenhang zum Kriegsbetrieb her, um nur diesen Punkt hier anzusprechen.

21 NA Washington RG 260 7/53/18/3-1 box 190: Brief Toombs an Secretary Licensing Board vom 6. August 1945.
22 Ebd.: Brief von Toombs an Secretary of Licensing Board vom 16. August 1945.
23 Heuss erwähnte die Verbindung zu Goerdeler in allen drei Fragebögen, am ausführlichsten in dem vom 30.6.1945. Hier hieß es: »Ich stand seit März 1942 mit der Gruppe Dr. Goerdeler in Beziehung und sollte sein Pressechef werden.« NA Washington RG 260 7/53/18/3-1 box 190. Vgl. zu den Kontakten mit Goerdeler Heß (wie Anm. 14), S. 181ff.
24 Ebd.: Memorandum Hales mit Begleitbrief an Sutherland Denlinger, Acting Chief der Press Section des ICD, vom 22. August 1945.

– das waren Etikettierungen, die im Sommer 1945 auch dann für eine neue journalistische Karriere tödlich sein konnten, wenn sie auf äußerst einseitigen und zum Teil absurden Interpretationen beruhten. Diese Einseitigkeit mußte allerdings erst einmal deutlich widerlegt werden. Heuss hatte doppelt Glück. Zwei wichtige Fakten waren den Presseoffizieren der *ICD* nicht bekannt, und die persönlichen Fürsprecher stellten sich auch rechtzeitig ein.

Die Heuss'sche Zustimmung zum Ermächtigungsgesetz – in seinen Fragebögen des *Military Government* und der *Information Control* von Heuss nicht erwähnt, da keine Frage darauf zielte – spielte in der Diskussion keine Rolle. Auch Hales Memorandum vom 22. August enthielt keinen Hinweis darauf. Ebensowenig kamen jene Artikel zur Sprache, die Heuss 1940 für »Das Reich« verfaßt hatte. Diese war als Zeitung im Kern des Regimes ja ein anderes Kaliber als die »Frankfurter Zeitung« gewesen, auch wenn die wenigen Beiträge von Heuss alles andere als nationalsozialistischer Art gewesen waren.[25] Auch über diese Artikel für »Das Reich« hatte Heuss sich bei der Ausfüllung der Fragebögen ausgeschwiegen und nur allgemein von der »Mitarbeit an Zeitungen und Zeitschriften politischen und kulturellen Charakters« gesprochen. Wäre das Votum von Heuss für das Ermächtigungsgesetz und seine Mitwirkung am »Reich« – sei dies auch in noch so begrenzter Form – den Lizenzierungsinstanzen im Sommer 1945 bekannt gewesen, so hätte dies die Auseinandersetzungen mit Sicherheit verschärft und den Gegnern seiner Ernennung weitere Munition geliefert.[26]

Als Befürworter sprachen sich in jenen schwierigen Wochen des August 1945 für ihn vor allem zwei Personen aus. Einmal der deutsch-amerikanische Professor Felix Gilbert, damals Mitarbeiter der *German Section of the European Research and Analysis Branch* im amerikanischen Geheimdienst OSS, der gerade rechtzeitig in Bad Homburg eintraf, um für Heuss zu plädieren,[27] zum anderen der Lizenzierungsoffizier Major Shepard Stone, dessen ausführliches

25 Vgl. zu seinen Beiträgen im »Reich« Burger (wie Anm. 13), S. 329ff.
26 Wie brisant die Frage der Mitarbeit am »Reich« war, zeigte sich im Herbst 1945, als anscheinend von einer untergeordneten Stelle auf amerikanischer Seite der Vorwurf der Fragebogenfälschung erwogen und der kommunistische Lizenzträger der »Frankfurter Rundschau«, Emil Carlebach, um Unterstützung gebeten wurde, die dieser allem Anschein nach äußerst bereitwillig lieferte, war er doch kurze zuvor mit Heuss auf der ersten Tagung der Lizenzträger der amerikanischen Besatzungszone in Marburg heftig zusammengestoßen. Frohlockte der hier aktiv gewordene amerikanische Sergeant bereits, Heuss sei erledigt, als er seinen bisher leider nicht aufgefundenen Bericht ans amerikanische Hauptquartier vor den Augen von Carlebach versiegelte – auf Fragebogenfälschung stand damals eine Freiheitsstrafe bis zu zehn Jahren –, so hatte diese Aktion auf höherer Ebene augenscheinlich keine Folgen. Heuss war mittlerweile nicht nur Lizenzträger, sondern auch Kultusminister. Ein Sergeant der amerikanischen Armee konnte ihn mit dem Hinweis auf die fünf von ihm genannten Artikel aus dem »Reich« nicht mehr abschießen. Vgl. Emil Carlebach, Zensur ohne Schere. Die Gründerjahre der »Frankfurter Rundschau« 1945/47, Frankfurt 1985, S. 68ff.
27 Vgl. Felix Gilbert, A European Past. Memoirs 1905-1945, New York 1988, S. 210f.; Hurwitz, Deutsche Presse, S. 137.

Gutachten mit einer entschiedenen Empfehlung für Heuss endete. Stone, der in den Jahren 1930 bis 1933 in Deutschland studiert und an der Deutschen Hochschule für Politik dabei auch einzelne Vorlesungen von Heuss gehört hatte,[28] zeigte ein sehr viel tieferes Verständnis für die schwierigen Arbeits- und Lebensbedingungen eines Nazigegners wie Heuss im »Dritten Reich« als Toombs und Hale. Sorgfältig widerlegte er ihre einzelnen Argumente. Auch scheute er sich nicht, die persönliche Integrität und den moralischen Mut von Heuss in aller Deutlichkeit zu unterstreichen. In seiner Schlußfolgerung ließ Stone keinen Zweifel daran, daß Heuss die Lizenz zu übertragen war: »His personal behaviour and his books indicate that he was a courageous man who left no doubt that he was anti-Nazi. Dr. HEUSS, in the opinion of the undersigned, is an outstanding man and we would commit a serious error, both in the accomplishment of our mission and in the eyes of anti-Nazi Germans if we removed him from among the licensees. It is strongly recommended that Dr. HEUSS be licensed.«[29]

Dies war eine klare Befürwortung für einen in jeder Hinsicht als geeignet erachteten Kandidaten. Da fand sich auch nichts von jenem Zynismus, der auf höherer Ebene gelegentlich durchschimmerte. *Lt. Colonel* John S. Minary, *Acting Chief* der *Plans and Directives Section* der *Information Control Division*, konnte es in seiner Befürwortung der Ernennung von Heuss jedenfalls nicht lassen, darauf hinzuweisen, daß man zwar für den Wiederaufbau der deutschen Presse vor allem »white, aggressive and perfect anti-Nazis« suche, gewisse »border line applicants« jedoch in der Praxis besser funktionieren könnten als die Leute der ersten Wahl, weil sie noch das natürliche Bedürfnis hätten, sich zu beweisen.[30]

Zuletzt siegte der gesunde Verstand der Realisten über die Puristen. Ende August 1945 gab Robert Murphy persönlich als *U.S. Political Adviser* aus dem Hauptquartier des *USGCC (Germany)* grünes Licht für die Gewährung der Lizenz.[31] Damit war jene Auseinandersetzung endlich beendet, die William S.

---

28 Brief Shepard Stones an den Vf. vom 30.7.1988 und Interview mit ihm in Berlin, 12.10.1988. Der in der Situation des Sommers 1945 zum Heuss-Retter gewordene Shepard Stone hat die US-Army kurze Zeit später verlassen, frustriert über den in seinen Augen unerträglichen Strafcharakter der Denazifizierungspolitik der ersten Nachkriegszeit. Im Anschluß übernahm er den prestigiösen Posten des Stellvertretenden Redakteurs der Sonntagsausgabe der »New York Times« und wurde nach 1949 als »director of public affairs« wichtiger Mitarbeiter von John McCloy, des ersten *US-High Commissioner* in Deutschland. Im Anschluß sollte er für die deutsch-amerikanischen Kulturbeziehungen noch eine höchst wichtige Rolle spielen. Vgl. Volker Berghahn, Philanthropy and Diplomacy in the American Century, im Internet abrufbar unter: http://www.fathom.com/feature/121733/ Weiter ders., America and Intellectual Cold Wars in Europe. Shepard Stone between Philanthropy, Academy, and Diplomacy. Princeton 2001.

29 NA Washington RG 260 7/53/18/3-1 box 190: Memorandum Shepard Stones an Commanding Officer, 6871st DISCC vom 13. August 1945.

30 Ebd.: Brief von John S. Minary an die Press Section der ICD vom 22. August 1945.

31 Ebd.: Brief Murphys an Lt.Col. John S. Minary, Executive Secretary, Information Control Licensing Board, Information Control Division, USFET vom 25. August 1945.

Paley, der stellvertretende Leiter der *Information Control Division (ICD)* kurz zuvor so charmant als »quite a little controversy« umschrieben hatte.[32] Am 5. September 1945, dem Tag des Erscheinens der ersten Ausgabe der »Rhein-Neckar-Zeitung«, erhielt auch Heuss zusammen mit den anderen beiden Lizenzträgern seine Lizenz. In der abschließenden Betrachtung wird noch einmal auf die Unterschiede der Argumente und der ihnen zugrundeliegenden Kenntnislage zurückzukommen sein, die die Kontroverse des Sommers 1945 von der Wahrnehmungssituation des September 1949 unterschied.

Zunächst aber ist die angekündigte Charakterisierung von Heuss im Januar 1949 hier vorzustellen. Die Quelle ist eine etwas mehr als zehnseitige, als »vertraulich« klassifizierte Darstellung der FDP in dem *Weekly Intelligence Report No. 141* des *OMGUS Office of the Director of Intelligence* vom 22.1.1949. Hier sei der ganze diesbezügliche Absatz zitiert:

>»The most influential single group in the FDP is at present still the DVP Association of Wuerttemberg-Baden, with Dr. Heuss and Ministerpresident Reinhold Maier as the outstanding leaders, although the influence of that group begins to be contested. Measured by German standards, both men are unusually realistic and well-balanced in their political attitude, opposed to rabble-rousing, and well aware of the dangers involved in a revival of German nationalism. Heuss, in particular, is highly educated, easy-going, matter-of-fact, and a quite able mediator in political conflicts. Reportedly, at a recent meeting of representatives of the various parties in Bonn, he stopped a hot political controversy with the simple question: »Gentlemen, are we now discussing the German Basic Law, or are we discussing your party slogans for the coming election campaign.« However, with respect to the position of a party leader, Heuss has also serious shortcomings. One of them is that he has grown old. Another one is the fact that although he is certainly an author (of a large number of politico-historical books), although he is possibly a statesman, he is not a politician, not an organizer, and that his appeal to mass audiences may be doubted.«[33]

Aus dem im Sommer 1945 noch umstrittenen zukünftigen Lizenzträger war inzwischen der anerkannte und als Persönlichkeit geschätzte liberale Parteiführer geworden. Seine Vergangenheit vor 1945 spielte im Januar 1949 vor dem Hintergrund der Nachkriegsentwicklungen für den damaligen, offensichtlich über die Entwicklung und Verhältnisse in den liberalen Zonenparteien gut informierten Beobachter keine Rolle mehr. So gab es auch an dieser Stelle keinerlei Anlaß, die zwei Jahre früher in Stuttgart aufgeworfene Frage der Zustimmung von Politikern wie Theodor Heuss oder des hier auch genannten Reinhold Maier zum Ermächtigungsgesetz aufzugreifen. Sie wird erst bei der Wahl zum Bundespräsidenten im September 1949 noch einmal eine Rolle spielen und ist in diesem Kontext ausführlicher zu behandeln.

32 Ebd.: Brief Paleys an General McClure vom 24. August 1945.
33 NA RG 260 7/52/28/4-5, box 160.

111

Wichtiger war Anfang 1949, gerade auch im Kontext der Wahrnehmung der in ihren Flügeln stark auseinanderklaffenden FDP, daß für den Betrachter Heuss als Vertreter der württembergischen Liberalen einer der Garanten der Ablehnung von nationalistischen Neigungen war. Wurden seine persönlichen Qualitäten, wie auch die Reinhold Maiers, hochgeschätzt, wie sein für deutsche Maßstäbe ungewöhnlicher Realismus und seine Ausgeglichenheit, seine Lockerkeit und seine Sachlichkeit und blieben weder seine Bildung noch seine Gabe als Vermittler ungenannt, mit einer kennzeichnenden Verweisung auf ein Beispiel aus den Diskussionen des Parlamentarischen Rates, so sah der uns unbekannte Wahrnehmer Heuss als Parteiführer doch auffällig kritisch. Dabei sei die Bemerkung über sein sich bemerkbar machendes Alter dahingestellt, weil wir nicht wissen können, wie angeschlagen die Gesundheit von Heuss bereits zu diesem Zeitpunkt tatsächlich war. Ende Januar 1949 wurde er 65 Jahre alt. Wenige Monate später, nämlich im Mai 1949, mußte er zu einem längeren Erholungsurlaub in eine Konstanzer Klinik, nachdem ihm der monatelange Einsatz in den Diskussionen des Parlamentarischen Rates neben den anderen Aktivitäten wie die Parteiführung und in begrenzterem Maße öffentliches Reden und die Weiterführung seiner journalistischen Arbeit offensichtlich stark zugesetzt hatten.[34] Für die politische Kritik wichtiger sind die anderen drei Bemerkungen, die klare Grenzen der politischen Fähigkeiten von Heuss hervorheben: Er mochte dann die Begabung eines sehr produktiven Schriftstellers vorweisen können, ja möglicherweise die Gaben eines Staatsmannes besitzen, ein Politiker wäre er ebensowenig wie ein Organisator und die Wirkung als Redner vor großen Zuhörermassen müsse auch bezweifelt werden.

Lizenzträger, Parteiführer, Staatsmann, so verliefen drei wesentliche Entwicklungsschritte von Heuss in den Nachkriegsjahren. Es fehlt in diesem Bild seine mindestens ebenso wichtige Rolle als Kultusminister in der ersten Stuttgarter Nachkriegsregierung. Auch hier muß es Bewertungen der Amerikaner gegeben haben, nicht nur in den bisher nicht aufgefundenen Diskussionen bei der Präsentation der Kandidaten, sondern auch während der Heuss'schen Tätigkeit und nach seinem durch das Ergebnis der ersten Landtagswahlen erzwungenen Abtreten im Dezember 1946, als er seine Position räumte, um Reinhold Maier den Posten als Ministerpräsident zu erhalten, während doch die Liberalen nur die drittstärkste Kraft im Stuttgarter Landtag geworden waren. Sie liegen bisher bedauerlicherweise nicht vor. So muß die amerikanische Reaktion auf diesen Teil seines Wirkens hier unbelichtet bleiben. Wenden wir uns nun dem Beobachter des *CIC* und der Art und Weise zu, in der er

34 Am 1.4.1949 schrieb er seinem Freund Alfred Wolf: »Mein eigener gesundheitlicher Zustand ist im Augenblick so schlecht, wie er es nie gewesen ist.« (Bundesarchiv Koblenz NL Heuss 105)

im September 1949 den angehenden Staatsmann zu charakterisieren versuchte.

Die Biographie von Theodor Heuss im CIC-Report vom 15. September 1949

Noch einmal sei an dieser Stelle hervorgehoben, daß es dem Verfasser des *Personality Reports* über den gerade gewählten Bundespräsidenten nicht um eine tiefschürfende Behandlung des Heuss'schen Lebensweges und seiner Leistungen ging, sondern um eine »einigermaßen vollständige Skizze der Geschichte seiner Person«. Der Text enthält dabei eine Vielzahl von mehr oder weniger auffälligen Fehlern und Verzeichnungen. Zudem sind allerlei Lücken in der Beschreibung zu konstatieren. Soweit sie nicht in diesem Abschnitt behandelt werden, werden sie in den Anmerkungen zum Dokument kurz angeführt bzw. korrigiert.

Wer den Text verfaßt hat, läßt sich nicht mehr feststellen. Die beiden Unterzeichner, die »special agents« Edwin K. Eich und Edward W. Hoffer, über deren Identität ich keine näheren Informationen zu bekommen vermochte, haben den Bericht genehmigt. Sie dürften ihn aber kaum verfaßt haben. Interessant ist hier noch die abschließend genannte Bewertung des Reports mit dem Kürzel »B-2«, eine interne Formel, die eine doppelte Benotung als »gut« für die Qualität der Quelle(n) und des Inhalts des Reports aussprach. Die Tatsache, daß es sich um einen Bericht eines Regionalbüros handelte, minderte seinen Wert nicht, waren es doch jeweils die orts- bzw. informationsnächsten Büros, die derartige Berichte erstellten. Anschließend gingen diese in die *Central Registry*, dem Informationszentrum für die gesamte Arbeit des *CIC*.

Zu präzisen Datierung des Berichts reicht die am Ende des Textes genannte Angabe des 15. September 1949 nicht aus. Vielmehr gibt es einige Indizien, die darauf hinweisen, daß der Bericht spätestens am Abend des 13. September in der vorliegenden Fassung vorgelegt und dann am 15. September unverändert abgesegnet wurde. Während sich nämlich feststellen läßt, daß verschiedene Zeitungsartikel bis zum 13.9. eindeutig als eine Quellengrundlage des *Reports* gedient haben, ist ebenso klar zu konstatieren, daß entsprechende Artikel des 14. September nicht mehr einbezogen wurden. Das gilt vor allem für die zum damaligen Zeitpunkt bei weitem ausführlichste, mehrspaltige Darstellung des Lebensweges des Bundespräsidenten auf der ersten und zweiten Seite der »Neuen Zeitung«, die von Alfred Joachim Fischer an diesem Tag dort unter dem anspruchsvollen Titel »Deutschlands Staatsoberhaupt mit Freundesaugen gesehen« veröffentlicht wurde, einem deutschen Emigranten, der Heuss mindestens seit 1930 persönlich kannte – was ihn aber nicht hinderte, auch allerlei Fehler in die Darstellung einfließen zu lassen.[35] Hier hätte das *CIC*-Team dennoch manche Fehler des eigenen Textes berichtigen bzw. deutlich vorhandene Lücken schließen können. Von geradezu sensationeller Bedeutung war dabei im Fischer-Text, daß sich dort die einzige öffentliche Erwähnung aus dieser Zeit von Heuss' Beziehung zum Widerstand gegen Hitler findet, die indessen im *CIC*-Bericht ebenso unerwähnt bleibt wie in den Presseorganen, die eindeutig als Quellen für diesen Text auszumachen sind.

Die meisten Passagen des *Personality Report* geben eine knappe Wiedergabe der verschiedenen Phasen des Lebens von Heuss in chronologischer Reihenfolge. Dabei richtet sich die Hauptaufmerksamkeit auf seine journalistische und politische Tätigkeit und seine Rolle als Autor.

Der Beginn seines politischen Engagements wird auffälligerweise erst auf die frühen 1920er datiert. Bedeutung scheint er nach dieser Berichterstattung erst mit dem Zeitpunkt zu gewinnen, als er als Vierzigjähriger Reichstagsmitglied für die Deutsche Demokratische Partei (DDP) wurde. Seine jahrzehntelangen vorherigen Aktivitäten als junger Wahlhelfer für Friedrich Naumann schon 1906 und seine Versuche, um 1912 für die Fortschrittliche Volkspartei einen Landtagssitz im Stuttgarter Landtag zu erobern oder 1919 in die Nationalversammlung bzw. 1920 in den Reichstag gewählt zu werden, bleiben ebenso außerhalb der Skizze wie seine lokalpolitischen Aktivitäten in Schöneberg und Berlin seit 1919/20. Auch sein innerparteilicher Werdegang innerhalb der DDP und Deutschen Staatspartei (DStP) vom jungen Nachwuchspolitiker, dem in einer überalterten Partei Anfang der 1920er noch klar bedeutet wurde, daß Kronprinzen warten können müßten, zum anerkannten Reichstagsabgeordneten in der kleinen Restfraktion der DStP des Jahres 1932/33 wird als solche nicht behandelt. Auch innerparteiliches Auftreten wird nicht genannt. So bleibt seine Rolle als Parteipolitiker auffällig blaß und der Hintergrund des ständigen Schrumpfens der Wählerbasis der Weimarer Linksliberalen und damit des politischen Gewichts der DDP/DStP im Weimarer Parteienspektrum allgemein und im Kreis der republikanischen Parteien im besonderen wird völlig ausgeblendet. Sein Wirken an der Deutschen Hochschule für Politik ab 1920 wird wohl genannt, aber in ihrer organisatorischen Bedeutung gar nicht behandelt, in der Betitelung seiner Rolle als »Professor« in ihrer Bedeutung jedoch übersteigert.

Entscheidend für die Darstellung bleibt im Kern die frühe Gegnerschaft zu den Nationalsozialisten und die Konsequenzen, die dies für Heuss ab 1933

---

35 Alfred Joachim Fischer, Deutschlands Staatsoberhaupt mit Freundesaugen gesehen«, in: Die Neue Zeitung, Nr. 142, S. 1f. Daß ein CIC-Agent die »Neue Zeitung«, das der US-Besatzungsmacht am nächsten stehende Zonenpresseorgan der US-Zone, überhaupt nicht gelesen hat, erscheint dagegen höchst unwahrscheinlich.

hatte. Welche politischen Ziele als solche Heuss vor 1933 verfolgte oder wie die damaligen Inhalte und Denkmuster seines liberaldemokratischen Denkens aussahen, bleibt dem Leser unbekannt. Offensichtlich verfügte der *CIC* über keine dementsprechenden Informationen bzw. hat man es nicht für interessant erachtet, hier z.B. bei den erwähnten, später noch näher zu betrachtenden Zeugen näher nachzufragen.

Auch die journalistischen bzw. publizistischen Leistungen von Heuss vor 1933 werden nur in wenigen zentralen Punkten angesprochen, nämlich in seiner Rolle als Redakteur der Heilbronner »Neckar-Zeitung« von 1912-1918 und in der Herausgabe der Zeitschrift »Deutsche Politik« ab 1918. Das Eingehen dieser Zeitschrift im Jahr 1922 wird ebensowenig erwähnt wie die Fortsetzung der Redaktionstätigkeit für die Zeitschrift »Deutsche Nation« von 1923 bis 1925. Die Vielfalt seiner sonstigen Veröffentlichungen als Journalist in diversen Zeitungen und Zeitschriften bleibt, abgesehen von einer kurzen Erwähnung seiner Beiträge für »andere liberale Zeitungen«, außerhalb der Perspektive. Von den Buchveröffentlichungen wird nur das 1932 erschienene Buch »Hitlers Weg« ausdrücklich genannt, daneben Essays über Friedrich Ebert, Hugo Preuss und Max Weber.[36] Von anderen wichtigen Buchveröffentlichungen wie u.a. »Die neue Demokratie« (1920) oder »Staat und Volk« (1926) erfährt der Leser nichts. Auch wird die Naumann-Biographie hier auf eine Weise angeführt, daß der Eindruck entsteht, sie sei ebenfalls bereits vor 1933 publiziert,[37] während sie erst in den Jahren zwischen 1933 und 1937 abgeschlossen wurde und Ende 1937 unter höchst eigentümlichen Umständen veröffentlicht wurde.[38]

Die Betonung seiner Auseinandersetzungen mit den Nationalsozialisten im Reichstag als »sarkastisch, häufig geistreich, aber immer Schaden anrichtend«, seine ausdrückliche, wenn auch ungenaue Erwähnung, daß »seine Bücher« der Bücherverbrennung zum Opfer gefallen seien[39] und ihm das berufliche Wirken im öffentlichen Raum verboten worden war, kennzeichnen

---

36 Hierbei handelt es sich um den 1927 erschienenen Essay-Band »Führer aus deutscher Not«.

37 Die Art der Erwähnung der Bücher von Heuss läßt darauf schließen, daß hier der noch mehrfach anzuführende ausführliche Heuss-Artikel im »Spiegel« vom 9.9.1949 («Wie soll ich dich empfangen«, S. 8-10) die Quelle darstellte.

38 Jetzt erstmals und überzeugend verdeutlicht durch Ernst Wolfgang Becker: Biographie als Lebensform. Theodor Heuss als Biograph im Nationalsozialismus, in: Wolfgang Hardtwig / Erhard Schütz (Hg.): Geschichte für Leser. Populäre Geschichtsschreibung in Deutschland im 20. Jahrhundert, Stuttgart 2005.

39 Es sei hier nicht verborgen, daß es Heuss selbst war, der bei seiner Aussage zur Zustimmung zum Ermächtigungsgesetz vor dem Untersuchungsausschuß des württemberg-badischen Landtags im Februar 1947 bereits die entsprechende Legende in die Welt gesetzt hat, als er im Hinblick auf seine bis 1933 erschienenen Bücher in einer eigentümlichen Verkürzung ausführte: »Meine Bücher sind verbrannt worden.«, während es zwei seiner Bücher waren. Ernst Wolfgang Becker/Thomas Rösslein (Hg.), Politischer Irrtum im Zeugenstand. Die Protokolle des Untersuchungsausschusses des Württemberg-Badischen Landtags aus dem Jahr 1947 zur Zustimmung zum »Ermächtigungsgesetz« vom 23. März 1933, Stuttgart/München 2003, S. 141.

Heuss als einen klaren Gegner des Nationalsozialismus. Die Anführung einer »ständigen, wenn auch lockeren Gestapoüberwachung« und von »häufigen Durchsuchungen« seines Hauses durch die Staatspolizei geben ihm dabei zusätzlich den Nimbus eines stark gefährdeten Hitlergegners, weit mehr, als dies der Wirklichkeit entsprach.[40]

Dieser Eindruck wird verstärkt durch die Beschränkung auf die Erwähnung der Herausgabe der Zeitschrift »Die Hilfe« zwischen 1933 und 1936, während weitere Veröffentlichungen in der ja keineswegs 1936 eingestellten »Hilfe« auch hochpolitischen Charakters in den anschließenden Jahren, aber auch solche von feuilletonistischer Art in anderen Zeitungen und Zeitschriften keine Aufmerksamkeit finden.[41] Stattdessen erscheint Heuss nach 1936 als in finanziellen Nöten verkehrender Privatgelehrter, während seine Frau für das finanzielle Überleben der Familie sorgte. Seine »erzwungene Untätigkeit« sah indessen ganz anders aus, war der »Schriftsteller Dr. Theodor Heuss«, wie er in offiziellen Dokumenten der Zeit erschien, doch weiterhin höchst aktiv, einmal als – allerdings thematisch zunehmend auf historische Gedenkartikel und Buchbesprechungen beschränkter – Journalist, nota bene ab 1941 bis zur ihrer Einstellung 1944 in einem festen Vertragsverhältnis mit der »Frankfurter Zeitung« stehend, zum anderen als Biograph von immerhin drei weiteren, zum Teil gewichtigen Biographien über Hans Poelzig (1939), Anton Dohrn (1940) und Justus von Liebig (1942). Daß auch die zwischen 1943 und Anfang 1945 niedergeschriebene und dann 1946 veröffentlichte große Biographie von Robert Bosch unerwähnt bleibt, fällt ebenfalls auf, stellt dies doch eine um so überraschendere Lücke dar, als ja die dafür zuständigen US-Instanzen das Erscheinen dieses Bandes genehmigen mußten, ein nota bene in Stuttgart täti-

40 Richtig ist, daß Heuss als »Systemfeind« galt und dementsprechender Kontrolle unterlag. Laut Heuss'eigener Aussage hat es neben der in Abständen durchgeführten Briefkontrolle im Februar 1940 »eine große Haussuchung« gegeben (Fragebogen vom 30.6.1945, NA Washington RG 260 7/53/18/3-1 box 190). In der »Stuttgarter Zeitung« vom 13.9.1949, Nr. 165, S. 2, »Theodor Heuss' Lebensweg« lautete der entsprechende Satz in der Lebensbeschreibung von Heuss: »Lange Zeit stand er unter polizeilicher Überwachung. Wiederholt wurden in seinem Heim Haussuchungen durchgeführt.« Ein fast gleichlautender Text findet sich unter dem Titel »Der Demokrat Theodor Heuss« auch in »Die Welt« vom 13.9.1949, Nr. 140, S. 1 und ist so möglicherweise auch in weiteren deutschen Zeitungen veröffentlicht. Doch auch in die Auslandspresse gelangten wichtige Fehlinformationen dieses Textes, wie sich an »Le Monde« zeigen läßt, in der am 14.9. der Heuss'sche Lebensweg unter dem Titel »La carrière du nouveau président« knapp beleuchtet wurde.

41 Vgl. zu Heuss' journalistischer Tätigkeit nach 1933 gut informiert, wenn auch im Urteil nicht immer überzeugend Burger (wie Anm. 13), S. 284ff. Das eigentümliche Ausblenden der weiteren Veröffentlichungen von Heuss in der »Hilfe« nach 1936 findet sich übrigens auch schon in der Diskussion anläßlich der Übertragung der Lizenz der »Rhein-Neckar-Zeitung«, nachdem Heuss in seinen Fragebögen das Verbot seiner Redaktionstätigkeit im Jahr 1936 genannt, weitere Veröffentlichungen in der Zeitschrift aber nicht erwähnt hatte. Wie sehr sich der Mythos der Einstellung der »Hilfe« im Jahr 1936 und des erzwungenen völligen Publikationsverbots auch international verbreitet hat, zeigt auch das folgende Zitat in dem Artikel »Profile – Theodor Heuss«, in: The Observer vom 18.9. 1949: »In 1936 his journal [«Die Hilfe«] was banned and Heuss himself forbidden to publish anything in the future.«

ger *CIC*-Agent dies drei Jahre später aber offensichtlich schon nicht mehr wußte.[42] Die in dem *Report* als Quelle angeführten »files of this Headquarters and archives« müssen also höchst lückenhaft gewesen sein. Was die geheimdienstlich verschleierte Quelle »0-743-I« beigetragen hat, kann auch nicht besonders informativ gewesen sein. Auf die beiden namentlich genannten Zeugen, nämlich Franz Karl Maier und Henry Bernhard wird bei der Behandlung der Frage der Zustimmung zum Ermächtigungsgesetz noch kurz einzugehen sein.

Zunächst ist hier jedoch die Darstellung der journalistischen und politischen Nachkriegslaufbahn von Heuss zu charakterisieren. Um es mit entsprechend wenigen Worten zu sagen: Sie könnte kaum knapper sein, indem sie nur wenige Hauptdaten herausgreift, nämlich die Mitgliedschaft in der Stuttgarter liberalen Neugründung, fälschlicherweise schon ab 1946 statt DVP bereits FDP genannt, die Wahl in den württembergisch-badischen Landtag, die Mitgliedschaft im Parlamentarischen Rat und die Wahl zum Vorsitzenden der FDP im Jahr 1948. Auch hier fehlen bestimmte wichtige Daten, wie die ersten parteipolitischen Versuche im Jahr 1945, die Wahl von Heuss zum Zonenvorsitzenden der Liberalen der Amerikanischen Zone im September 1946 oder die Wahl zum West-Vorsitzenden in der kurzfristig existierenden Demokratischen Partei Deutschlands als Dachverband der Liberalen aller vier Besatzungszonen im März 1947. Irgendeine Behandlung von inhaltlichen Positionen in den bekannterweise intensiven innerparteilichen Auseinandersetzungen der ersten Nachkriegsjahre oder eine Analyse seines politischen Denkens fehlen völlig. Ebensowenig wird seine Rolle im Parlamentarischen Rat oder sein Auftreten während des ersten Bundestagswahlkampfs im August behandelt, ja sogar die Wahl zum FDP-Bundestagsabgeordneten in dieser Wahl erfährt der Leser nicht. So fehlen auch die Hintergründe der nur äußerst knapp angerissenen Wahl zum Bundespräsidenten, bei der nur das Stimmenverhältnis im entscheidenden zweiten Wahlgang Erwähnung findet, nicht aber die koalitionspolitischen Voraussetzungen dieser Wahlentscheidung.

Was den Nachkriegs-Journalismus von Heuss betrifft, bleibt es bei der Erwähnung der Ernennung zum Lizenzträger der Heidelberger »Rhein-Neckar-Zeitung« durch die Militärregierung. Dabei wird diese amüsanterweise als Fortsetzung der »Neckar-Zeitung« präsentiert. Heilbronn oder Heidelberg, ach, wer sollte bzw. sogar wollte das beim *CIC* im September 1949 schon genau wissen! Daß Heuss schließlich erst im Januar 1948 zum Professor ernannt wurde, und zwar als Honorarprofessor für Politik an der Technischen Universität Stuttgart, bleibt ebenfalls ein ungenanntes Detail.

---

42 Dabei ist indessen noch einmal zu berücksichtigen, daß abgesehen von einem Einzeltext aus dem Jahr 1944 die ersten Berichte in der offensichtlich mehr als unvollständigen Heuss-Akte des *CIC* erst 1947 beginnen (vgl. oben Anm. 2).

Der faszinierendste Teil im historischen Überblick der Heuss'schen Vita in der Skizze des *CIC* ist der Abschnitt 8 b mit der darin enthaltenen Darstellung der Zustimmung von Theodor Heuss zum Ermächtigungsgesetz im März 1933. Zugleich ist dies auffälligerweise der längste Abschnitt zu einem Einzelthema. Auch dies ein Indiz, wie gewichtig die Frage der Zustimmung zum Ermächtigungsgesetz auch einem Agenten des *CIC* noch im Jahre 1949 erschien, in dem er doch schon längst mehr an der kommunistischen Gefahr interessiert war als an der Suche nach nationalsozialistischen Relikten. Ganz aber war die Sensibilität bei den Amerikanern auf diesem Gebiet noch längst nicht gewichen. Daß das nicht nur beim *CIC* der Fall war, zeigt der Artikel zur Wahl von Heuss in der »New York Times«.[43] Dagegen hat die »Neue Zeitung« eigentümlicherweise jede Bezugnahme auf das offensichtlich schon als heißes Eisen eingeschätzte Thema vermieden.[44]

Das Eingehen auf die Frage der Zustimmung von Heuss zum Ermächtigungsgesetz lag im übrigen weniger am *CIC* selbst als an der SPD-Führung unter Kurt Schumacher. War diese es doch gewesen, die Anfang September 1949 vor der Wahl des Bundespräsidenten den Versuch unternommen hatte, den Adenauerschen Kandidaten für das Amt des Bundespräsidenten zu beschädigen – und damit der eigenen Kandidatur Schumachers einen Vorteil zu verschaffen –, indem die Heuss'sche Zustimmung zum Ermächtigungsgesetz im

---

43 In einer auffälligen Schärfe und Verkürzung hat hier der Sonderkorrespondent Jack Raymond unter dem Titel »Heuss, Liberal, Is President of West German Republic«, New York Times Nr. 33 470 vom 13.9.1949, zweimal auf das Verhalten von Heuss im März 1933 Bezug genommen. So hieß es zunächst: »Herr Heuss, a dignified, scholarly, gray-haired man, who once supported and then broke with Adolf Hitler, . . .«. An einer späteren Stelle des Textes folgte dann: »Herr Heuss, . . ., was a representative of the Democratic party in the old Reichstag. He voted for Hitler in the famous enabling act that gave Hitler dictatorial powers, but soon turned on the dictator and wrote a book »Hitler's Way« that was publicly burned by the Nazis.« Heuss als anfänglicher Unterstützer Hitlers, härter konnten es nur noch die Kommunisten formulieren! Weniger wichtig ist, daß die Chronologie nicht stimmte, nämlich in der zeitlichen Zuordnung des Hitlerbuches von Heuss, das ja bereits 1932 erschien und insofern in keinerlei zeitlichem Zusammenhang mit den Ereignissen vom März 1933 stand.

44 Auffälligerweise gilt dies in der »Neuen Zeitung« ebensosehr für die Beschreibung der Hintergründe der Aufstellung von Schumacher als Gegenkandidaten von Heuss wie für den hier am 14.9. abgedruckten nationalen und internationalen Pressespiegel, bei dem selbst bei kommunistischen Presseorganen die sehr wohl vorhandene Erwähnung der Problematik des Ermächtigungsgesetzes weggelassen wird. Besteht hier vielleicht ein Zusammenhang mit der Äußerung des Jahres 1947, die sich in Reaktion auf die Stuttgarter Vorgänge am 2. Februar 1947 in der »Neuen Zeitung« in einem Leitartikel fand, als man dort nämlich klar zum Ausdruck gebracht hat, daß diejenigen, die sich damals, also 1933, geirrt hätten, nun gehen müßten? Nach diesem Maßstab hätte ein Theodor Heuss 1949 kein Bundespräsident werden dürfen. Möglicherweise schwieg die »Neue Zeitung« lieber über alle entsprechenden Äußerungen im September 1949, als daß sie sich noch einmal an ihr eindeutiges Votum von Februar 1947 erinnern lassen wollte.

März 1933 noch einmal ins Gerede gebracht wurde.[45] Dies war nach den sogleich noch zu behandelnden Stuttgarter Vorgängen der ersten Monate des Jahres 1947 das zweite Mal nach 1945, daß Heuss in aller Öffentlichkeit mit seinem Abstimmungsverhalten im März 1933 konfrontiert wurde. Hat sich die allgemeine Literatur zu diesem Zusammenhang der Wahl des ersten Bundespräsidenten offensichtlich ebenso ausgeschwiegen[46] wie dies eindeutig die Heuss-Historiographie bisher tat, so zeigt ein näherer Blick auf die damaligen Umstände und die nationalen und internationalen Pressereaktionen, daß es eben doch nicht nur kommunistische Propagandisten waren, die den Vorgang in Erinnerung riefen. Heuss selbst war über das Verhalten der SPD begreiflicherweise ausgesprochen »enttäuscht«[47] und dürfte mehr als froh gewesen sein, daß die Geschichte schon nach ein, zwei Tagen wieder aus der Presse verschwand, abgesehen von der ständig wiederholten Litanei in den Zeitungen der DDR und diverser Ostblockländer. Der »Handlanger Hitlers als Kolonialpräsident« (so das »Neue Deutschland« am 13.9.1949), als der »Mann

---

45 Eine kurze Beschreibung der Haltung der SPD brachte die »Stuttgarter Zeitung« vom 13.9.1949, Nr. 165, S. 2 unter dem Titel »Erklärung der Linksopposition«. Hier hieß es: »Fritz Heine, Mitglied des SPD-Parteivorstandes, erklärte am Montag [dem 12.9.], seine Partei habe Dr. Kurt Schumacher als Kandidaten für den Posten des Bundespräsidenten aufgestellt, um gegen die Nominierung von Professor Heuss zu protestieren. Heine sagte, nicht nur weil Heuss seine Zustimmung zum Hitlerschen Ermächtigungsgesetz gegeben habe, sei die SPD mit seiner Wahl nicht einverstanden, sondern noch mehr wegen seiner jüngsten parteipolitischen Einstellung.« Er fügte die von starker Distanzierung zeugende wörtlich zitierte Bemerkung hinzu: »Wir hoffen, daß Heuss nach seiner Wahl zum Bundespräsidenten seine Haltung klarstellt und die Interessen des Volkes vertritt.«
46 Auch in der Biographie von Peter Merseburger, Der schwierige Deutsche. Kurt Schumacher, Stuttgart, 3. Auflage 1996, S. 448 werden die Zusammenhänge nicht klar dargelegt, immerhin aber erwähnt, daß Heuss in einem zeitlich nicht genau verorteten und quellenmäßig nicht belegten Gespräch den SPD-Vorsitzenden gefragt habe, »ob die SPD im Falle seiner Wahl sein Verhalten im Zusammenhang mit dem Ermächtigungsgesetz gegen ihn ins Spiel bringen werde.« Für Heuss war dies offensichtlich ein Punkt großer Sorge. – Bei der Behandlung der teilweise heftigen Kritik an Heuss als Kandidaten für die Wahl zum Bundespräsidenten in der CDU-Fraktion, die Adenauer nur mit Mühe bändigte, hat das Heuss'sche Verhalten im März 1933 selbstverständlich keine Rolle gespielt, hatten doch die Anwesenden, ob sie nun 1933 Abgeordnete des Zentrums oder gar der Deutschnationalen gewesen waren, ebenfalls für das verhängnisvolle Gesetz gestimmt. Vgl. zu diesen Diskussionen u.a. Hans-Peter Schwarz, Adenauer. Der Aufstieg: 1876–1952, Stuttgart 1986, S. 626ff.; Henning Köhler, Adenauer. Eine politische Biographie, Frankfurt/M. 1994, S. 531ff.
47 Heuss schrieb dazu am 23.9.1949 Erich Roßmann, vor 1933 jahrelang SPD-Landesvorsitzender in Württemberg und SPD-Reichstagsabgeordneter und von 1946 bis 1948 Generalsekretär des Länderrates u.a.: »Es war für mich menschlich etwas eine Enttäuschung und sachlich eine verhältnismäßig ungeschickte Haltung der SPD, daß sie die Wahl des Bundespräsidenten parteipolitisch stempelte.« Zum Rekurs auf die Zustimmung zum Ermächtigungsgesetz führte er anschließend u.a. aus: »Höchst ungeschickt von den Sozialdemokraten war dann, daß sie, um ein zweites Alibi zu gewinnen [nach dem vorher genannten Hinweis auf eine Heuss-Äußerung vom 15. August, in der er eine Koalition mit der SPD wegen deren Wirtschaftsprogramm für unwahrscheinlich erklärt hatte], auf das Ermächtigungsgesetz zurückgriffen, obwohl ihnen meine Stellungnahme in der Sache bekannt war. Ich habe auch Herrn Schumacher gesagt, daß ich es für sehr ungeschickt halte, den Bundespräsidenten hier mit dieser Geschichte ins Weltgespräch zu bringen, da ich doch nicht meine Aussage vor dem württembergischen Untersuchungsausschuß in die Welt geben kann.« (Bundesarchiv Koblenz NL Heuss 192)

Wallstreets« (so die »Tägliche Rundschau« am 14.9.1949), das waren Formeln, die jedes Hinhören im Westen von vornherein ausschlossen.

Das *CIC* konnte nach dem Vorpreschen der SPD im September 1949 also gar nicht anders, als sich auch diesem Punkt zuzuwenden. Dabei werden zwei Zusammenhänge hergestellt: Zum einen wird einleitend auf parteipolitische Angriffe von Gegnern verwiesen, die Heuss in den vorhergehenden Jahren ebenso wie andere auf eine gewissermaßen typische Weise getroffen hätten. Dies war eine etwas verklausulierte Formel für die Angriffe von vor allem kommunistischer Seite auf Politiker bürgerlicher Parteien, die im März 1933 ihre Zustimmung den Nationalsozialisten nicht versagt hatte – und das waren bekannterweise die damaligen Reichstagsmitglieder aller bürgerlichen Parteien einschließlich der fünf übriggebliebenen Demokraten, zu denen Heuss zählte. Abschließend wird in diesem Abschnitt dann ausdrücklich die SPD anvisiert, die in der jüngsten Vergangenheit die Frage des Ermächtigungsgesetzes, wie wir lesen müssen, im Hinblick auf Heuss, wieder aufgebracht, es dabei jedoch versäumt hätte, die wahren Zusammenhänge sichtbar zu machen, so wie sie im *CIC*-Bericht selbst dargelegt seien. Dieser Wahrheitsanspruch enthielt für Heuss eine vollständige Exkulpation.

Wer nämlich am Anfang des Lesens dieses Absatzes hätte befürchten können, daß die Erwähnung der Stimmabgabe für das Ermächtigungsgesetz Heuss in ein negatives Licht tauchen könnte, wird schnell eines besseren belehrt. Nein, für den *CIC*-Autor waren es die parteipolitischen (Miß)Bräuche des deutschen Parlamentarismus, die Heuss im März 1933 dazu gezwungen haben, nicht seinem »better judgement«, also seinem einsichtigeren Urteil zu folgen, sondern dem Druck der Parteiführung. Sonst hätte er mit »Nein« gestimmt.

Daß er in der Tat persönlich gegen die Zustimmung zum Ermächtigungsgesetz war, wie ausdrücklich erwähnt, daran besteht kein Zweifel. Es wird indessen wohl umstritten bleiben, ob er unter den Umständen des März 1933 tatsächlich mit »Nein« stimmen oder sich der Stimme enthalten wollte. Im Nachlaß Heuss hat sich eine Erklärung für ein »Nein« nicht finden lassen, dagegen aber ein sehr wohl ausgesprochen ablehnend formulierter Erklärungsentwurf für eine Stimmenthaltung. Wie die damalige Entscheidung und ihre späteren Rückwirkungen im nachherein zu beurteilen sind, ist an dieser Stelle nicht näher zu behandeln, zumal auf andere Darstellungen verwiesen werden kann.[48] Die genauen Zusammenhänge der Situation im März 1933

---

48 Jürgen C. Heß, »Die deutsche Lage ist ungeheuer ernst geworden.« Theodor Heuss vor den Herausforderungen des Jahres 1933«, in: Jahrbuch zur Liberalismus-Forschung 6 (1994), S. 65-136, vor allem S. 83-99. Allgemeiner und vor allem zugespitzt auf die Nachkriegsdiskussion Ernst Wolfgang Becker, Ermächtigung zum politischen Irrtum. Die Zustimmung zum Ermächtigungsgesetz von 1933 und die Erinnerungspolitik im ersten württemberg-badischen Untersuchungsausschuß der Nachkriegszeit, Stuttgart 2001; Ders., Politischer Irrtum im Zeugenstand. Zur Einführung in die Edition, in: Ders./Thomas Rösslein (wie Anm. 38), S. 15-39. Die Erklärung von Heuss vor dem Ausschuß ist hier abgedruckt auf S. 137-142.

konnte ein Agent des *CIC* im Jahr 1949 sowieso nicht kennen. Woher stammte dann seine Interpretation?

Hier ist es notwendig, den Blick auf seine Gewährsleute zu richten, und zwar auf die beiden namentlich Erwähnten. Henry Bernhard, als früherer Sekretär von Gustav Stresemann nach 1945 zur Stuttgarter DVP gestoßen und 1946 wie Heuss in den Landtag von Württemberg-Baden gewählt, dürfte dabei von geringerem Interesse sein. Er hätte allerlei Parteipolitisches berichten können. Dies hat aber, wie behandelt, im Report keine Aufmerksamkeit gefunden. Möglicherweise stammte ansonsten ein gewisser Teil der Informationen über den Heuss vor 1933 von ihm.

Es ist dagegen Franz Karl Maier, ein 1946/47 erst 36 Jahre junger Jurist und Lizenzträger der »Stuttgarter Zeitung«, der als Zeuge an dieser Stelle nun wirklich der Mann der Stunde war. Nur er kann die im Text genannte, ausdrücklich als »zuverlässig« bezeichnete Quelle gewesen sein, wußte er doch am besten, worum es bei dem ersten Aufkommen der Frage der Ermächtigungsgesetzes in der Vita von Heuss nach 1945 gegangen ist. Denn es war dieser Mann, der als Öffentlicher Kläger im späten Herbst 1946 in Stuttgart einen ausgesprochenen Skandal wegen der Zustimmung zum Ermächtigungsgesetz durch Ministerpräsident Reinhold Maier und Kultusminister Wilhelm Simpfendörfer ausgelöst hatte. Ein Untersuchungsausschuß des Landtags war nötig, um die Vorwürfe aufzuklären. Simpfendörfer, gerade erst Nachfolger von Heuss als Kultusminister, mußte seinen Hut nehmen, während der Angriff für Reinhold Maier ohne Folgen blieb. Franz Karl Maier verlor im übrigen auch seinen Posten als Öffentlicher Kläger. Heuss war als Landtagsabgeordneter durchaus betroffen, stand jedoch nicht im Kern der Angriffe, die sich vor allem auf die Regierungsmitglieder richteten, hat sich aber in der Öffentlichkeit wie im Ausschuß entschieden bei der Verteidigung der Entscheidung von 1933 engagiert. Dabei hat er sich nicht gescheut, den Öffentlichen Kläger F.K. Maier mit aller ihm gelegentlich zur Verfügung stehenden Grob- bzw. Derbheit als »Robbespierre von Ochsenhausen« öffentlich zu schelten.[49]

Natürlich erzeugte diese Auseinandersetzung heftigste Spannungen zwischen Maier und Maier! Und nun sagte vor dem *CIC*-Agenten der eine Maier, der ehemalige Kläger und von Heuss heftig Angegriffene, über diesen aus, während, wie nicht zu übersehen, der andere Maier in demselben *CIC*-Text als ein an zweiter Stelle genannter Freund von Heuss genannt wird.Und doch erscheint der neue Bundespräsident im Licht der Unschuld! Ganz offensichtlich hat Franz Karl Maier dem *CIC*-Agenten nicht seine ursprüngliche Inter-

---

49 Politiker gegen Demagogen. Die Wahrheit über das »Ermächtigungsgesetz«. Sonderdruck aus »Das neue Vaterland. Halbmonatsschrift der DVP«. Erhalten in: Bundesarchiv Koblenz NL Heuss 1.

pretation aus dem Jahr 1947 vermittelt, sondern sich zugunsten von Heuss geäußert. Sonst hätte der Report wohl zumindest eine entsprechende Bemerkung enthalten.[50]

Dementsprechend konnte der Agent des *CIC* beruhigt die »true facts« über die verhängnisvolle Stimmabgabe des Jahres 1933 notieren. Dies tat er, ohne dabei im übrigen die Stuttgarter Verwicklungen vom Winter 1947 zu erwähnen. Aber nachdem er einen der informiertesten Zeugen dieses Vorgangs gesprochen hatte, konnten irgendwelche Äußerungen von Heuss-Gegnern, von wem sie auch immer stammten, als unerheblich, als »unwahr« abgetan werden. Was er gedacht haben könnte, als ihm wenige Tage später die Äußerungen in diversen internationalen Presseorganen wie der »New York Times« oder »Le Monde« vor Augen kamen, läßt sich raten: Er wußte es besser, denn er wußte, wie es wirklich gewesen war. Auf sozialdemokratische Zeitungen oder gar Stimmen aus dem Osten brauchte er sowieso nichts zu geben.

Soweit es für diese These der Realitätsverweigerung im Kontext des Kalten Krieges eines Beweises bedarf, so läßt sie sich durch das Dokument in der *CIC*-Akte über Heuss belegen, das dem hier vorgestellten *Personality Report* folgt.[51] Dieser Text mit dem Titel »Bundespräsident Theodor Heuss« liegt in einer deutschsprachigen, auf einer amerikanischen Schreibmaschine verfaßten Erstfassung und einer englischsprachigen Übersetzung vor. Er ist kein ausgearbeiteter Report, es gibt keinen Verfassernamen, keine Autorisation, keine Dienstbezeichnung, ja nicht einmal ein Datum. Interne Indizien lassen darauf schließen, daß er wahrscheinlich im Januar 1950 von einem deutschsprachigen Verfasser vorgelegt wurde. Er enthält sehr viel mehr und genauere Informationen über den Lebensweg von Theodor Heuss als der hier vorgestellte Text, aber ist auch nicht völlig frei von Fehlern. Es würde zu weit gehen, auf diese hier näher darauf einzugehen.

Es sind jedoch zwei Passagen, die es verdienen, hier vorgestellt zu werden. Die erste betrifft die Zustimmung zum Ermächtigungsgesetz:

> »23.3.1933: Ermaechtigungsgesetz – Abstimmung im Reichstag, er war einer der letzten 5 Abg. der Staatspartei, – dass er dem Ermaechtigungsgesetz zustimmte, entspricht der Wahrheit, die Heuss feindlich gesinnten Veröffentlichungen entstellen lediglich oder bewußt die Tatsachen: ›In der Fraktionssitzung, die der bekannten Reichstagssitzung vorausging, sprach und stimmte er »gegen« das Ermaechtigungsgesetz, da aber die Mehrheit der Fraktion »fuer« dieses Gesetz stimmte, beugte er sich der Fraktionsmehrheit und stimmte »fuer« das Ermaechtigungsgesetz in der Reichstagssitzung‹[52]«

---

50 Für diese Einschätzung spricht auch, daß Heuss in dem schon zitierten Brief vom 23.9.1949 an Erich Roßmann den Satz schrieb: »F.K.M. hat sich in dieser Geschichte sehr loyal verhalten.« (BA Koblenz NL Heuss 192).

51 NA RG 319 (Records of the Army Staff), Records of the Investigative Records Repository (IRR), Personal Name File XE209782.

52 Es fällt auf, daß die hier gegebene Tatsachenfeststellung als Zitat gebracht wird. Nicht erklärt wird, von wem dieses stammt.

Diese Passage ist inhaltlich noch wenig auffällig, vergleicht man sie mit dem *CIC*-Text vom 15.9., wiederholt sie doch nur die dort vorliegenden Konstatierungen. Sie zeigt indessen, daß die Argumentation des früheren Textes »angenommen« worden ist und an den »Tatsachen« nicht mehr gerüttelt wurde. Interessanter noch ist die folgende längere Passage zu einer Reihe von Zitaten aus kommunistischen Zeitungen über Heuss-Veröffentlichungen nach 1933. Sie führen über die Frage des Ermächtigungsgesetzes hinaus, zeigen aber um so deutlicher, wie in Dokumenten des *CIC* Wirklichkeiten verdrängt wurden, nur weil diese aus einer Ost- oder von dort beeinflußten Quelle stammten:

> »10.10.1939: soll er in der Zeitschrift »Die Hilfe« unter der Überschrift »Der totale Krieg« einen pronazistischen Artikel geschrieben haben, wenigstens behauptet es in ihrer Nr. 37, IV-September 1949 die kommunistische »Nordbayerische Volkszeitung« – demgegenüber aber sei sachlich objektiv festgestellt –
> a) »Die Hilfe« hatte bereits 1936 ihr Erscheinen eingestellt,
> b) 1939 gab es in Deutschland das Schlagwort vom »totalen Krieg« noch nicht, Goebbels schleuderte es, wenn mich nicht alles taeuscht und entsprechend der Geschichts- und Kriegsliteratur, 1942 oder 1943 in einer ›Sportpalast-Rede‹ zum erstenmal in die Oeffentlichkeit.
> Im Falle Heuss geht »Neues Deutschland«, das Zentralorgan der SED, noch weiter – es meldet, dass Heuss 1944-45 Mitarbeiter des Goebbelschen Leibblattes »Das Reich«, gewesen sei, zu viel spricht dagegen, es lohnt nicht untersuchen . . .
> Nur kurz sei gesagt:
> Von Heuss wurden durch Goebbels Buecher verboten und verbrannt, Heuss war Mitarbeiter der »Frankfurter Zeitung«, jenem Blatt, welches Goebbels seit Jahren missfiel,
> Heuss hatte Hitler und Goebbels, vor 1933, ironisch laecherlich gemacht,
> und Goebbels, der, wie hier bekannt, keinem Menschen auch nur die leiseste Kraenkung jemals verzieh, soll ausgerechnet den Menschen ›Heuss‹ als Mitarbeiter zu seinem Leibblatt heranziehen . . .«

Hier irrte der Verfasser dieser Bemerkungen gleich mehrfach. »Die Hilfe« war, wie oben bereits genannt, nicht 1936 eingestellt worden, und Heuss publizierte in ihr weiter, auch nachdem er in diesem Jahr seine Stelle als Redakteur aufgeben mußte. Den genannten »Hilfe«-Artikel hat er in der Tat verfaßt. Dabei lautete dessen Titel »Der ›totale‹ Krieg«,[53] ist der Begriff »total« also in einer distanzierenden Form gekennzeichnet. Dieser Artikel wurde auch sonst in der kommunistischen Presse genannt. Die »sowjetische Zonenzeitung *Tägliche Rundschau*«[54] zitierte am 14.9. ausführlich aus diesem und kommentierte anschließend in propagandistischer Zuspitzung: »Das heißt: der Mann, der 1933 dem Hitlersystem seine Stimme gab und 1939 den

---

53 Heuss, »Der ›totale‹ Krieg; in: Die Hilfe 45 (1939), S. 417-421. Vgl. zu diesem Artikel auch Jürgen C. Heß (wie Anm. 14), S. 154, zum Weitererscheinen der »Hilfe« und den dortigen Veröffentlichungen von Heuss, Burger (wie Anm. 13), S. 317ff.
54 Kurt Koszyk, Pressepolitik für Deutsche 1945-1949. Berlin 1986, S. 337.

imperialistischen Raubkrieg frisch-fromm-fröhlich frei verherrlichte, steht heute an der Spitze des Westzonenstaates.«[55] Den Artikel – allerdings aufgrund eigener fehlerhafter Informationen über das Erscheinen der »Hilfe« und der Heuss-Veröffentlichungen in ihr – als nicht-bestehend zu kennzeichnen, war eine Spitzenleistung der bewußten Nicht-Wahrnehmung. Hier wäre es informativer gewesen, einmal »rein sachlich« nachzuprüfen, ob man die entsprechenden »Hilfe«-Jahrgänge nicht in irgendeiner Bibliothek hätte auftreiben können. Liest man im Anschluß die gewundenen Argumente, mit denen die im »Neuen Deutschland« genannte und sehr wohl historisch gegebene Heuss-Mitarbeit am »Reich« vom Tisch gewischt wurde (dabei hatten sich die Ostjournalisten allerdings in der Jahresangabe geirrt, denn die Heuss-Artikel im »Reich« stammten aus dem Jahr 1940[56]), dann hätte es sich eben doch gelohnt, auch diesen Punkt näher zu untersuchen.

Ob es nun die Zustimmung zum Ermächtigungsgesetz betraf oder eine Reihe von Veröffentlichungen von Heuss nach 1933, so verfügte der Ostjournalismus über die besseren Informationen. Man präsentierte diese indessen auf eine Weise, die es dem *CIC* und wahrscheinlich fast allen anderen nicht-kommunistischen westlichen Beobachtern nur zu einfach machte, sie nicht zur Kenntnis zu nehmen. Dafür ist auch der *CIC*-Text vom 15.9. ein prägnantes Beispiel.[57]

Zur abschließenden Bewertung von Heuss

Die beiden kurzen Absätze des Abschlußkommentars des *CIC*-Reports sind selbstverständlich die wichtigsten Teile dieses Textes. Auffälligerweise zeichnen sie ein wahres Glorienbild von Heuss. Da ist einmal die Hervorhebung, daß kein Besserer zum Bundespräsidenten hätte gewählt werden können. Charakteristischerweise wird dies mit dem Hinweis auf die positive und vorurteilslose Haltung von Heuss gegenüber angelsächsischen Demokratievorstellungen verbunden. Er sei nicht etwa nur ein – wie deutlich unterschwellig gemeint – opportunistischer Anhänger des Westens, der die west-

---

55 »Der Mann Wallstreets. Aus dem Leben, Denken und Schreiben des Herrn Dr. Theodor Heuß«, in: Tägliche Rundschau, 14.9.1949.
56 Siehe auch oben Anm. 25.
57 Wie sehr im September 1949 auch auf französischer Seite die Meinungen über Heuss zwischen euphorischer Zustimmung und aufgrund der Zustimmung zum Ermächtigungsgesetz entschiedener Ablehnung schwankten, deutet Guido Müller mit den entsprechenden Literaturverweisen an in seinem Artikel »Theodor Heuss, die deutsch-französischen Beziehungen und die europäische Einigung«, in: Mareike König/Matthias Schulz (Hg.), Die Bundesrepublik Deutschland und die europäische Einigung 1919-2000. Politische Akteure, gesellschaftliche Kräfte und internationale Erfahrungen. Festschrift für Wolf D. Gruner zum 60. Geburtstag, Stuttgart 2004, S. 61, Anm. 3.

lichen Besatzungsmächte im Vergleich zur Sowjetischen Besatzungsmacht als das kleinere Übel ansehe, sondern glaube aufrecht daran, daß die für eine Demokratie notwendigen Freiheiten nur durch den Westen gesichert werden können. Dies bedeutete nichts anderes, als daß Heuss im inzwischen längst heiß gewordenen Kalten Krieg als ein unbedingt vertrauenswürdiger Partner des Westens dargestellt wird. Inhaltlich ist hieran nicht zu rütteln, aber die besondere Betonung, die dieser Punkt gerade an dieser Stelle erfährt, ist kennzeichnend genug.

Im Anschluß werden zum anderen die persönlichen Qualitäten von Heuss hervorgehoben: seine charakterliche Höhe, seine persönliche Integrität und seine ausgezeichnete Bildung. Die Hervorhebung, er habe, anders als viele andere Berufspolitiker seit 1945, sich seine Position nicht durch billige Öffentlichkeitsarbeit und die üblichen allseitigen Versprechungen erkämpft – ein erneutes Indiz für die geringe Wertschätzung, die vom *CIC* deutschen Parteipolitikern beigemessen wurde –, wird als eine Garantie für die Qualität seiner zukünftigen Amtsführung verbunden.

Nun könnte man sagen, dies alles sei nichts Überraschendes, denn auch sonst wurde der neue Bundespräsident auf diese Weise gepriesen. Man schaue dafür nur in die öffentlichen Würdigungen in der Presse des In- und Auslandes, abgesehen natürlich von den Angriffen in kommunistisch inspirierten Organen. Da dem uns unbekannten *CIC*-Agenten verschiedene dieser Presseartikel als Quellen der Information, aber auch der Desinformation gedient haben, hat er aus ihnen doch aus heutiger Sicht erstaunliche Fehlinformationen übernommen, wird er ihren im allgemeinen höchst lobenden Charakter in der Darstellung von Heuss selbstverständlich auch nicht übersehen haben.

Insgesamt bleibt festzuhalten, daß in dem *CIC*-Report über Heuss vom 15. September 1949 ein Bild eines trotz aller politischen Aktivität eigentlich Unpolitischen geboten wird, eines prowestlich orientierten, ethisch hochstehenden und hochgebildeten Mannes, der als Opfer der Nationalsozialisten ohne Tadel war. Seine Wahl wird nicht in die konkrete parteipolitische Konstellation eingebunden, sondern er wird praktisch schon als über den Parteien stehend charakterisiert. Frühere Zweifel an seiner Vergangenheit oder an seinen Fähigkeiten, wie sie in den oben erwähnten amerikanischen Einschätzungen von Heuss zwischen 1945 und Anfang 1949 aufgetaucht waren, spielen nun im September 1949 in der Beurteilung des neugewählten Bundespräsidenten keine Rolle mehr. Aus dem im Sommer 1945 von einigen der US-amerikanischen Entscheidungsträger entschieden Abgelehnten und noch Anfang 1949 in seinen praktischen politischen Fähigkeiten Angezweifelten ist inzwischen die beste Wahl als Staatsoberhaupt geworden. Auch werden Zweifel an der zukünftigen demokratischen Entwicklung Deutschlands bzw. des neuen westdeutschen Staates, wie sie bis 1949 häufig genug in anderen internen

Analysen amerikanischer Beobachter auftauchten,[58] hier nicht ausgesprochen. Heuss war als ein vertrauenswürdiger Vertreter der westlichen Demokratie für das *CIC* zu diesem Zeitpunkt offensichtlich über derartige Unsicherheiten erhaben.

Schlußbetrachtung

Im September 1949 stand Heuss am Beginn des letzten großen Wirkungsabschnitts seines Lebens. Genau auf diesem Schnittpunkt verfaßte das CIC die vorliegende Lebensskizze. Sie konnte nur von der Vergangenheit von Heuss ausgehen und wußte noch nichts von den zukünftigen großen Leistungen des ersten Bundespräsidenten. Sie war indessen schon vollständig vom Perspektivenwechsel des Neubeginns geprägt. Staatsmännische Elemente waren schon wichtiger geworden als biographische Einzelheiten über den Weg eines Parteipolitikers. Der Ausweis der überzeugenden Gegnerschaft zum Nationalsozialismus mußte demokratische Zuverlässigkeit bestätigen. Da war es selbstverständlich mehr als lästig, daß es gerade zu diesem Zeitpunkt die Sozialdemokraten unternommen hatten, die Aufmerksamkeit auf den schwarzen Schatten der Vergangenheit zu richten. Doch einer wirklichen Verschattung der Präsidentenvita durch die Zustimmung zum Ermächtigungsgesetz konnte – aufgrund der Aussage sogenannter zuverlässiger Zeugen – glücklicherweise entgegengehalten werden, daß alles nicht so schlimm gewesen sei, ja Heuss selbst ein Opfer der parteipolitischen Konventionen gewesen sei, während er doch den Nazis ein klares Nein habe entgegenhalten wollen.

Für den damaligen Betrachter war Heuss auf diese Weise nun nicht mehr ein Grenzfall eines deutschen Demokraten, wie ihn ein Teil der amerikanischen Beobachter noch 1945 gesehen hatten, sondern ein Musterfall demokratischer Bewährung. Daß er für einen Parteiführer eher zweifelhafte Qualitäten aufwies, wie noch Anfang 1949 festgestellt, spielte auch keine Rolle mehr. Außerdem, auch der Beobachter des Januar 1949 hatte schon notiert, daß Heuss »vielleicht« ein Staatsmann sei. Jetzt war die Gelegenheit gegeben, sich als solcher zu bewähren, und jetzt wurde ihm im Kontext der Ost-West-Auseinandersetzung sowohl aufgrund seiner klaren pro-westlichen Orientierung wie aufgrund seiner persönlichen Qualitäten genau diese Kompetenz auf eine geradezu euphorische Weise beigemessen.

Wer den *CIC*-Text liest, kann gar nicht anders, als sich über die Vielzahl der vorhandenen Fehler in der Darstellung zunächst einmal zu wundern – und dies selbst, wenn er seit dem Irakabenteuer der vergangenen Jahre erneut

---

58 Vgl. Petra Marquardt-Bigman, Amerikanische Geheimdienstanalysen über Deutschland 1942-1949, München 1995, S. 260ff.

weiß, wie wenig zuverlässig das Informationsangebot von Geheimdiensten sein kann. Wußte man beim Militärischen Abschirmdienst der US-Army denn wirklich nicht, daß Heuss keinen russischen Großvater hatte, war man so unvollständig über seine Buchpublikationen oder seine Rolle als Journalist und Buchautor im nationalsozialistischen Deutschland informiert? Man war es in der Tat.

Zum Teil waren dies Details, die die grundsätzliche Bewertung nicht trafen. Zum Teil aber verzeichneten sie weitgehend die Lebensdarstellung des gerade Gewählten. Aber derartige Einseitigkeiten und Fehler fanden sich zum damaligen Zeitpunkt auch in diversen westdeutschen und internationalen Presseorganen. Es hieße, einen Geheimdienstmann zu überfordern, wenn dieser damals in wenigen Tagen für einen Politiker, der kein Objekt der geheimdienstlichen Observation war, eine fehlerfreie Lebensvita hätte erstellen sollen, zudem noch mit einer näheren Analyse des politischen Werdeganges des Objekts seiner Darstellung. Schließlich gab es bis dahin für den bisher weitgehend Unbekannten doch auch keine ausführlicheren und zuverlässigen biographischen Informationen; weder ein Bundespresseamt oder gar ein Bundespräsidialamt konnte sie liefern in jener Situation, in der die zentralen Organisationen und Instrumente des neuen Bundesstaates erst noch zu schaffen waren.

Da gab es als Informationsgrundlage eben doch nur, was ein paar mehr oder weniger informierte Gesprächspartner antragen konnten, ansonsten aber die westlich orientierten Presseorgane zeichneten und verzeichneten. Sie waren von diesem Zeitpunkt an ganz von dem Bemühen geprägt, den neuen Bundespräsidenten als eine überzeugende Spitzenfigur des neuen Staates zu präsentieren. Das galt interessanterweise auch für ein der CDU nahestehendes Blatt wie »Der Rheinische Merkur«, das für Heuss wenige Monate vorher während der Auseinandersetzungen im Parlamentarischen Rat nur scharfe Kritik übrig gehabt hatte.[59] Und auch die sozialdemokratischen Blätter blieben letztlich in ihrer Distanzierung zurückhaltend, waren mehr auf die Hoffnung auf demokratische Bewährung des neuen Spitzenmannes ausgerichtet. In der Tat war für die Westzonen mehr als überfällig, daß ein solches Identifikationsangebot gemacht wurde, hatten diese bisher durch die Teilung in drei Besatzungszonen und die weitere Zersplitterung des politischen Lebens in die Gehäuse der neuen Länder keinen zentralen Identifikationspunkt aufzuweisen.[60] Vor diesem Hintergrund wurde auch das *CIC*-Dokument zu einem Ausdruck der Suche nach einem Vertrauensträger der neuen westdeutschen Republik, denn auch die westlichen Besatzungsmächte waren noch von vielen Zweifeln über

---

59 Paul Wilhelm Wenger, »Theodor Heuss«, in: Der Rheinische Merkur Nr. 38 vom 17.9.1949.
60 Vgl. hierzu die anregenden Überlegungen von Rainer Gries, »Mythen des Anfangs«, in: Aus Politik und Zeitgeschichte 18-19 (2005), S. 16ff.

die demokratische Zuverlässigkeit der Westdeutschen geplagt – und dies in der mentalen Situation des Jahres 1949 noch mit guten Gründen! In diesem Augenblick bot ein angehender Staatsmann wie Theodor Heuss genau die richtigen Voraussetzungen für Zukunftsgewißheit, und so wurde er nun auch für den *CIC* zu einem Hoffnungsträger erster Ordnung. Er sollte in der Tat nicht enttäuschen.

Abdruck des Textes mit Erläuterungen

HEADQUARTERS
COUNTER INTELLIGENCE CORPS REGION I
7970TH COUNTER INTELLIGENCE GROUP
US ARMY EUROPE[61]

FILE: I-3694   APO 154[62]
                                              15 SEPTEMBER 1949

SUBJECT: HEUSS, Professor Dr. Theodor

RE: Bundespräsident

PERSONALITY REPORT

1. NAME: Professor Dr. Theodor HEUSS

2. IDENDITY DOCUMENT: German Kennkarte

3   PRESENT ADDRESS: Viktorshoehe, BAD GODESBERG/Rhine (K51/F53)

4   FORMER ADDRESSES: STUTTGART/Degerloch (L49/SO1), Loewenstrasse 86

5   PERSONAL DATA: SEX: Male   HEIGHT: 69« (175,2 cm) est.[63]

WEIGHT: 150 lbs (68 kg) est.

---

61   Da der Seitenspiegel des vierseitigen Berichts an dieser Stelle nicht eingehalten werden kann, sind hier die jeweiligen Titelzeilen auf jeder dieser Seiten gestrichen. Sie lauten: »AR, File I-3694, Hqs., CIC Reg I, 7970th CIC Grp, APO 154, USAEUR, 15 Sep 49, Subj: HEUSS, Professor Dr. Theodor«.
62   APO: Abkürzung für *Army Post Office.*
63   Est.: Abkürzung für *estimated.*

HAIR: White   EYES: Brown

BUILD: Slender   MARITAL STATUS: Married
NATIONALITY: German

DATE OF BIRTH: 31 January 1884 PLACE OF BIRTH: BRACKENHEIM
(L50/R95)   Kreis Heilbronn

CITIZENSHIP: German   OCCUPATION: Journalist

RELIGION: Protestant

DISTINGUISHING CHARACTERISTICS: Speaks with Schwaebian accent

6.   POLITICAL AFFILIATIONS:

From the early 1920's on, Subject was a member of the Deutsche-Demokratische
Partei (German Democratic Party).[64]
From 1930 to 1933, he was a member of the Reichstag, belonging to the German
Democratic Party bloc.[65]
As an avowed anti-Nazi and renowned anti-National Socialist author, his books
were publicly burned in 1933, one of the most famous having been the work »Hitler's Weg« (Hitler's Road).[66]
During the Nazi Regime, he was under constant, if loose, Gestapo surveillance
and his home was subjected to frequent searches by the State Police.[67] He was, of
course, not active in politics during the Nazi Regime.
After the FDP (Freie Demokratische Partei – Free Democratic Party) was founded
in 1946, he joined the party[68] which he represented in Wuerttemberg/Baden Landtag until the present time.

---

64   Heuss war Mitglied der Deutschen Demokratischen Partei (DDP) seit November 1918, da er
      zu ihren Gründungsmitgliedern gehörte. Wie im einführenden Text näher ausgeführt, war
      das Spektrum der politischen Aktivitäten von Heuss erheblich breiter als hier angegeben.
65   Reichstagsmitglied für die DDP war Heuss von 1924 bis 1928 (so richtig auch unter 8), und
      dann wieder für die Deutsche Staatspartei (DStP), die Nachfolgerin der DDP, ab 1930 bis
      Frühjahr 1932. Im November 1932 wurde er als einer von fünf Abgeordneten der DStP wie-
      dergewählt und hörte dem Reichstag bis zu seinem von den Nationalsozialsten erzwungenen
      Ausscheiden im Sommer 1933 an. Einen sogenannten »Deutsch-Demokratischen Partei-
      Block« gab es hier nicht. Gemeint ist hier damit die aus einer Fusion von DDP und Jungdeut-
      schem Orden hervorgegangene DStP.
66   Bei der Bücherverbrennung vom 11. Mai 1933 wurden zwei Bücher von Heuss verbrannt,
      nämlich »Hitlers Weg« und »Führer aus deutscher Not«. Andere Buchveröffentlichungen
      von Heuss aus den Jahren vor 1933 wurden nicht verbrannt. In der »Stuttgarter Zeitung«
      vom 13.9.1949 (wie Anm. 40) hieß es diesbezüglich fälschlicherweise: »Seine mehr als
      zwanzig Bücher, darunter das anti-nationalsozialistische Werk »Hitlers Weg«, wurden
      öffentlich verbrannt.«
67   Dieser Satz suggeriert, wie bereits oben erwähnt, ein weit höheres Überwachungsniveau als
      tatsächlich gegeben.
68   Heuss gehörte zu den Stuttgarter Gründungsmitgliedern der sich als »Demokratische Volks-
      partei« präsentierenden Stuttgarter Liberalen im Herbst 1945. Der Name FDP für die Libe-
      ralen der Westzonen und Westberlin stammt erst vom Heppenheimer Parteitag vom Dezem-
      ber 1948, auf dem Heuss zum Parteivorsitzenden gewählt wurde.

He was also a member of the Parlamentarischen Rat (Council of Parliament) in BONN (K51/F53).[69] In 1948, Professor HEUSS was elected chairman of the Free Democratic Party.

7. SPOUSE, RELATIVES, FRIENDS, ASSOCIATES.
   a. Wife, ELLY HEUSS nee KNAPP

   Frau HEUSS is a politician in her own right and has for a long time been noted as a democratic liberal of long standing and excellent reputation.
   She, like her husband, was an ardent disciple of Friedrich NAUMANN, famous political philosopher and leader of the German liberals in opposition to the narrow-minded and ill-fated patriotism of Kaiser Wilhelm, the Second.[70]
   She is the daughter of the late, Georg Friedrich KNAPP, Professor of Economics at the University of STRASSBURG. Originally she wanted to become a teacher but gave up her profession to marry Heuss.[71]

   b. Son, Theodor, Jr., Married, one child.[72]

   c. Friends:
      (1) Professor Albert SCHWEITZER of STRASSBURG and Lambarene, Belgian Congo, famous doctor, philosopher, philantropist and Bach biographer.[73]
      (2) Dr. Reinhold MAIER (FDP), Minister President of Wuerttemberg/ Baden.

---

69 Auffälligerweise werden für den Parlamentarischen Rat keine Daten genannt. Im Sommer 1949 war offensichtlich noch präsent, daß er vom September 1948 bis Mai 1949 getagt hatte. Es ist indessen auch hier darauf zu verweisen, daß die Lebensbeschreibung von Heuss in der »Stuttgarter Zeitung« vom 13.9.1949 (wie Anm. 40)) ebenfalls keine Zeitangaben zum Heuss'schen Mitwirken im Parlamentarischen Rat machte.

70 Diese wohlwollende Beschreibung der Bedeutung von Friedrich Naumann hätte Heuss wohl gefallen. Sie übertreibt indessen, da Naumann nun doch nicht als »berühmter politischer Philosoph« und liberaler Parteiführer im Kaiserreich umschrieben werden kann. Auch die Gegnerschaft zu Wilhelm II. galt erst ab 1908. Liberaler Parteiführer war Naumann erst ab seiner Wahl zum Vorsitzenden der DDP im Juni 1919, wenige Wochen vor seinem plötzlichen Tod. Möglicherweise hat sich der Agent des CIC auch bei der Charakterisierung Friedrich Naumanns als »Kopf der deutschen Liberalen unter Wilhelm zwo« in dem »Spiegel«-Artikel über Heuss vom 8.9.1949 (wie Anm. 37) beeinflussen lassen.

71 Nach der Eheschließung mit Theodor Heuss setzte Elly Heuss-Knapp ihre bildungspolitischen Aktivitäten im Rahmen der Frauenbildung begrenzt fort. Als verheiratete Frau hätte sie unter den damaligen Umständen nicht als Lehrerin im Staatsdienst tätig sein können.

72 Der 1910 geborene Sohn von Theodor Heuss und Elly Heuss-Knapp hieß Ernst Ludwig Heuss.

73 Daß hier der vor allem mit Elly Heuss-Knapp seit den gemeinsamen Straßburger Jugendtagen befreundete Albert Schweitzer – er hatte das Ehepaar Heuss 1908 auch getraut – als erster der Freunde von Heuss genannt wird, gibt Heuss einen zusätzlich positiven Nimbus, entspricht aber nicht dem tatsächlichen Stellenwert dieser persönlichen Verbindung. Immerhin blieb ein lockerer freundschaftlicher Kontakt über die Jahrzehnte hinweg erhalten. Heute würde wohl eine Freundschaft mit Nelson Mandela denselben positiven Klang vermitteln. Der schon genannte »Spiegel«-Artikel vom 8.9.1949 (wie Anm. 37) enthielt auch eine Beschreibung einer Begegnung von Schweitzer mit »seinem alten Freund Heuß« während der Goethe-Gedenkveranstaltungen in Frankfurt im August 1949.

(3) Numerous important FDP politicians, university professors, authors and journalists.

(4) Charlotte KAEMPFFER has been Professor HEUSS' personal secretary since 1928 and lives with the family like a daughter.[74]

8. PREVIOUS HISTORY:

a. Professor HEUSS was raised in and around HEILBRONN (L50/SO6) where his father was the official city architect.[75] His mother was the daughter of a Russian officer.[76]

He attended the Humanistisches Gymnasium and subsequently studied political science at the universities of MUNICH and BERLIN.[77] At the age of twenty-one, he wrote his doctor's thesis under the able guidance of Professor Friedrich NAUMANN (Dr. rer. pol.).[78]

In his early youth, he already was interested not only in his studies of political science and art history[79] but he became interested in practical politics and journalism as well. He wrote articles for the »Neckar Zeitung« and also contributed to other liberal newspapers. In 1905, he became assistant editor of the weekly »Die Hilfe« which was edited by Friedrich Naumann. In 1912, he became editor of the »Neckar Zeitung« in HEILBRONN.

In 1918, he took the position of manager of the weekly »Deutsche Politik« and moved to BERLIN.[80] In 1920 he became a professor at the »Hochschule fuer

---

74 Frau Charlotte Kämpfer war in der Tat seit 1928 die treue private Sekretärin der Heussens und blieb Theodor Heuss bis zu seinem Tode eng verbunden. Ein Zusammenleben quasi als »Haustochter« hat es indessen höchstens zeitweise gegeben. Es wird ebenfalls in dem schon genannten »Spiegel«-Artikel vom 8.9.1949 (wie Anm. 37) erwähnt. Mit Dank auch an Frau Hanna Frielinghaus.

75 Louis Heuss war nicht Stadtarchitekt, sondern Regierungsbaumeister.

76 Dies ist ein besonders amüsanter Irrtum. Auch dieser ist in der kurzen Beschreibung der Vita von Heuss in der »Stuttgarter Zeitung« vom 13.9.1949 (wie Anm. 40) zu finden. Die Mutter von Theodor Heuss war Elisabeth, geb. Gümbel, die aus einer rheinpfälzischen Familie kam. Es war Elly Heuss-Knapp, die den Rußlandbezug vorweisen konnte: Ihre Mutter Lydia von Karganow entstammte einem kaukasischen Adelsgeschlecht und war als junge Studentin in den Bann von Professor Friedrich Knapp geraten. Im Rahmen des Kalten Krieges war ein derartiger Irrtum insofern nicht ganz unbedeutend, als daß jeder verwandtschaftliche Bezug zu Rußland verdächtig sein konnte. Nichts weist in dem vorliegenden Bericht indessen darauf hin, daß Heuss' unterstellte Familienbande als potentiell bedenklich angesehen wurden. Anzunehmen ist vielmehr, daß die Zeitungsmeldung als solche ohne weitere Schlußfolgerungen übernommen worden ist.

77 Heuss studierte nicht Politische Wissenschaft oder »Staatswissenschaft«, wie der Artikel der »Stuttgarter Zeitung« vom 13.9.1949 (wie Anm. 40) schrieb, sondern ein buntes Gemisch von Geschichte, Kunstgeschichte und schließlich vor allem Nationalökonomie und promovierte auch als Nationalökonom.

78 Wieder ein Irrtum, bei dem die Quelle indessen zur Zeit nicht feststellbar ist. Heuss' Doktorvater war der berühmte Nationalökonom Lujo Brentano in München. Naumann war zunächst Pfarrer, dann Schriftsteller und Politiker, aber nie Professor und konnte so die hier sogenannte »kundige Betreuung« nicht gewähren. Wohl aber hat Naumann als politischer Mentor und persönlicher Freund für beide Heussens die zentrale Rolle gespielt.

79 Die Kunstgeschichte als ein genuines Interessengebiet von Heuss wird hier zu Recht genannt, während diese im vorigen Absatz unerwähnt blieb.

80 Neben der Rolle als Redakteur der Zeitschrift »Deutsche Politik«, später dann der hier nicht erwähnten Zeitschrift »Deutsche Nation« war Heuss in Berlin auch Geschäftsführer des »Deutschen Werkbundes«.

Politik« (College for Politics) in BERLIN.[81] This position he occupied until 1933. From 1924 to 1928, he was a member of the Reichstag of the Democratic Party and again from 1930 to the event of the Hitler Regime in 1933 he was a member of the Reichstag of the same party.[82] In the Reichstag, he acquired a certain fame for his sarcastic, often witty, but always damaging attacks against the rising Nazi Party. This fact naturally »endeared him« to the National Socialists to such a degree that they released him from all his official positions as soon as they had come into power, publicly burned his books and prohibited him from working in any official capacity.[83] Among his books was a 750 page biography on Friedrich NAUMANN, a historical study of National Socialism as well as numerous essays on Friedrich EBERT (first German Reichspresident), Hugo PREUSS and Max WEBER, both well-known historians and economists.[84]

b. HEUSS, in a way almost typical of German politicians in the past few years, was attacked numerous times by his political opponents for the fact that he voted for the so-called Reichstag Enabling Act (Ermaechtigungs-Gesetz) on 23 March 1933 which conferred absolute power on Chancellor HITLER and set aside provisions of the Weimar Constitution. It was however explained to this agent by a reliable source that HEUSS was personally against the Enabling Act and would have voted »no« if it had been up to him. It is an unfortunate political custom in Germany, however, that the member of a political party which he represents in a legislative body such as the former Reichstag and even the present Landtag cannot and does not vote to represent his personal opinion but must subject this opinion to resolutions taken by the governing body of his party leadership. HEUSS, therefore, had to follow his party chairmanship's resolution and against his better judgment was forced to vote for the Enabling Act. His political opponents of the SPD in the West have lately given this point a lot of adverse publicity but have not explained the true facts as they are given above.

---

81 Heuss war von 1920 bis 1933 Studienleiter der Deutschen Hochschule für Politik in Berlin und daneben auch Dozent. Eine Professorenstellung an dieser privaten Hochschule gab es nicht. Möglicherweise hat der Verfasser des Berichts den in deutschen Texten gebrauchten Begriff Dozent als Professor übersetzt, da er sich nur so den Heuss'schen Professorentitel erklären konnte, nennt er doch die Ernennung von Heuss zum (Honorar)Professor an der Technischen Hochschule in Stuttgart Anfang 1948 nicht.

82 Heuss gehörte dem im Sommer 1932 gewählten Reichstag nicht an. Die DDP hieß nach dem – mißglückten – Zusammenschluß mit dem Jungdeutschen Orden seit 1930 Deutsche Staatspartei.

83 In der Tat war Heuss den Nationalsozialisten als klarer Gegner seit den späten Weimarer Jahren bekannt. Auch im Reichstag und Berliner Abgeordnetenhaus scheute er deutliche Worte nicht. Schließlich hat das Buch »Hitlers Weg« seinen Namen als Gegner Hitlers endgültig gefestigt, obwohl es als eine vergleichsweise breit angelegte vor allem ideenpolitische Studie manchen anderen Hitlergegnern nicht polemisch genug formuliert war. Bei der Bücherverbrennung wurden nicht die, sondern zwei Bücher von Heuss verbrannt. – Das praktische Berufsverbot betraf die Aufhebung seines Reichstagsmandats und die Beendigung seiner Tätigkeit an der Deutschen Hochschule für Politik und für den »Deutschen Werkbund«.

84 Die hier genannte Naumann-Biographie erschien erst Ende 1937 (siehe oben). Weder Hugo Preuss noch Max Weber waren Historiker. Hugo Preuss war Jurist und Politiker, Max Weber Nationalökonom und Soziologe.

c. From 1933 to 1936, Professor HEUSS published again the weekly[85] »Die Hilfe« but that privilege was also taken away from him by the Nazis. He thereupon retired completely from public life devoting himself exclusively to personal studies and his yet unpublished writings.[86] During this time, his financial condition became quite precarious due to his enforced inactivity. At that time, his wife started to do free lance work by creating advertising copy for several important German firms. She was successful enough in this work to furnish a livelihood until 1945 for the whole family.[87]

d. In 1945, Professor HEUSS was licensed by Military Government as a co-publisher of the revived »Neckar-Zeitung«, which presently bears the name of »Rhein-Neckar Zeitung«.[88] From September 1945 until December 1946, he was Minister of Education in the Wuerttemberg/Baden cabinet. From 1946 on, he was also a member of the Wuerttemberg/Baden Landtag. Subsequently he became a member of the Coucil of Parliament in BONN and was elected chairman of the FDP in the Western Zone in 1948. On 12 September 1949, Professor HEUSS was elected the First President of the Bundesrepublik Deutschland with 416 to 800 votes. Professor Heuss accepted his election.

9. REFERENCE TO PREVIOUS REPORTS: None

10. REASON FOR INVESTIGATION:

Though Professor HEUSS as such is not a target of counter-intelligence interest, it is felt that due to his eminent position in German public life, a reasonably complete personal history sketch should be availabe in the files of this headquarters.

11. RESULTS OF INVESTIGATION: See paragraph 8 above.

---

85 Seit dem Jahreswechsel 1932/33 war »Die Hilfe« eine Halbmonatsschrift.
86 Dieser völlige Rückzug ins Private entspricht keineswegs der Situation von Heuss nach 1936. Er veröffentlichte, wie oben im Text erwähnt, die vier Biographien über Friedrich Naumann, den Architekten Hans Poelzig, den Zoologen Anton Dohrn und den Chemiker Justus von Liebig in den Jahren von 1937 bis 1942. Außerdem blieb er weiter als Journalist aktiv, vor allem ab 1941 in einem festen Vertragsverhältnis für die »Frankfurter Zeitung«. Er konnte allerdings ab 1942 nur noch unter einem – zugelassenen – Pseudonym schreiben. Ungenannt bleibt hier auch die seit 1942 einsetzende Arbeit an der Biographie von Robert Bosch, die Anfang 1945 abgerundet war, aber erst 1946 veröffentlicht werden konnte. Wieder kann auf die falsche Darstellung in dem Artikel über Heuss in der »Stuttgarter Zeitung« vom 13.9.1949 (wie Anm. 40) verwiesen werden: »In der Zeit von 1933 bis 1945 befaßte Professor Heuß sich mit privatwissenschaftlichen und schriftstellerischen Arbeiten, die bisher zum Teil noch nicht veröffentlicht sind.«
87 So wichtig wie die ebenso erfolgreiche wie aufreibende berufliche Tätigkeit von Elly Heuss-Knapp als innovative »Werbefachfrau« für den Erhalt des Lebensstandards einschließlich der Finanzierung des Studiums des Sohnes für die Heussens ab 1933 auch war, so trug Heuss selbst vor allem ab 1941 durch das Vertragsverhältnis mit der »Frankfurter Zeitung« und die Zahlungen der Bosch-Werke für seine biographische Arbeit gerade während der für die Tätigkeit seiner Frau zunehmend schwieriger werdenden Kriegsjahre seinen erheblichen Teil zu den Familieneinkünften bei. Auch seine sonstige Tätigkeit als freier Journalist ab 1933 war in hohem Maße von dem Zwang des Geldverdienenmüssens bestimmt.
88 Bei der bereits früher genannten »Neckar-Zeitung« handelte es sich um ein Heilbronner Blatt, bei der »Rhein-Neckar-Zeitung« um ein Heidelberger Organ. Von der hier genannten Wiederbelebung kann also keine Rede sein.

12. ACTION TAKEN AND/BEING TAKEN: None

13. COMMENTS:

    a. This agent feels that the election of Professor HEUSS to his present position which he will hold for five years was most probably the wisest choice taken by those who had to make this difficult decision, particularly in view of the fact that Professor HEUSS is known to be friendly and opend-minded towards Anglo-Saxon views of democracy. This should not be understood to mean that Professor HEUSS simply prefers the American and British occupation to the Soviets and their occupation as the lesser of two evils but rather that he honestly believes that of the two worlds opposing each other at the present time, only the western one assures the ideals of freedom in which democracy can live.

    b. It appears that Professor HEUSS, who has until now been in the public limelight to a very limited degree only, is a man of high character, personal integrity and excellent education. The fact that he has not personally fought to attain this position through cheap publicity and the usual well-known promises to all sides, as so many other professional politicians have done since 1945, should be a certain guarantee for the future execution of his high office.

EVALUATION: B-2[89]

SOURCES: 0-743-I;
                Franz Karl MAIER;
                Henry BERNHARD (FDP)[90];
                Files of this Headquarters and archives.

APPROVED:

[handgeschriebene Unterschrift]   [handgeschriebene Unterschrift]
        EDWIN K. EICH   EDWARD W. HOFFER
        Special Agent CIC   Special Agent CIC
        Cmdr. PI Team[91]

---

89   Siehe oben den einführenden Text, S. **113**
90   Siehe zu den beiden persönlich genannten Zeugen oben Text, S. **124**
91   »Cmdr. PI Team« steht wahrscheinlich für »Commander Political Intelligence Team«.

Jürgen Louis

Verfolgung und Widerstand von Liberaldemokraten in Thüringen[1]

Die weiteste denkbare Erfassung widerständigen Verhaltens von Liberaldemokraten im östlichen Nachkriegsdeutschland – ohne an dieser Stelle in eine methodologische Diskussion einzusteigen – könnte sein, bereits in der Mitgliedschaft in einer bürgerlichen Partei schon an sich einen Akt des Widerstands zu sehen, da sich die Mitglieder von LDP und CDU dadurch dem allumfassenden Herrschaftsanspruch von KPD/SED widersetzten. Immerhin – und dies haben wir im Rahmen dieses Symposiums im Zeitzeugengespräch mit Wolfgang Schollwer gehört – wurde nicht wenigen Liberaldemokraten beispielsweise ein Hochschulstudium aufgrund ihrer aus Sicht der Kommunisten »falschen« Parteizugehörigkeit verwehrt oder konnten LDP-Mitglieder deswegen nicht in berufliche Leitungsfunktionen aufsteigen.

Verlangt man für die Qualifizierung als widerständiges Verhalten jedoch mehr als nur die passive Parteizugehörigkeit, bietet es sich an, eine Trennung der Akteure nach ihrer jeweiligen Handlungsebene vorzunehmen. Nachfolgend wird daher zwischen den Führungskadern der Landespartei, den Studenten an der Landesuniversität Jena, Jugendlichen außerhalb der Hochschulen sowie einfachen Parteimitgliedern an der kommunalen Basis differenziert.

I. *Politische Akteure an der Spitze der Landespartei*

Vor allem auf der Ebene der Landespartei wird der Transformationsprozess von einer ursprünglich liberalen Partei hin zu einer weitgehend gleichgeschalteten Blockpartei, die sich als Teil eines Bündnisses mit der herrschenden sozialistischen Partei begreift, deutlich[2].

Im Frühjahr 1948 wurden die Auseinandersetzungen zwischen LDP und SED schärfer. Der LDP-Landtagsfraktion gelang es in dieser Zeit unter ihrem Vor-

---

1 Um Anmerkungen ergänzte Fassung eines auf dem von der Friedrich-Naumann-Stiftung veranstalteten Symposium »Deutsche Liberale und die Diktaturen des 20. Jahrhunderts« vom 15.-17.10.2004 in Gummersbach gehaltenen Vortrags. Die Vortragsform wurde weitgehend beibehalten.

2 Ausführlich zu diesem Transformationsprozess des thüringischen LDP-Landesverbandes Jürgen Louis: Die Liberal-Demokratische Partei in Thüringen 1945-1952, Köln/Weimar 1996, S. 126 ff.

sitzenden Hermann Becker erstmalig, in der Öffentlichkeit ein eigenständiges politisches Profil zu gewinnen, was ihr zugleich die Anerkennung der eigenen Parteimitglieder eintrug. Zur gleichen Zeit wurde der Umbruch in der personellen Entwicklung des thüringischen Landesverbandes, d.h. die Ablösung der Gründergeneration, durch die Besatzungsmacht gesteuert.

Sie begann mit dem Fortgang des thüringischen Justizministers Helmut Külz in den Westen, der sein Amt wegen grundsätzlicher Meinungsverschiedenheiten mit der Sowjetischen Militäradministration niederlegte. Die sowjetische Besatzungsmacht lancierte nun ihr genehme Politiker in die Schlüsselstellungen der Partei. Dies traf insbesondere für den Gothaer Oberbürgermeister Hans Loch zu, den sie gegen den Willen der LDP-Landtagsfraktion als neuen Justizminister durchsetzte. Den Fraktionsvorsitzenden Hermann Becker versuchte sie vor dem Landesparteitag im Juli 1948 zu bewegen, nicht mehr für den stellvertretenden Landesvorsitz zu kandidieren. Schließlich wünschte sich die SMAD in Karlshorst nach dem Ableben von Wilhelm Külz den Präsidenten der Landeskreditbank Thüringen, Alphons Gaertner, an die Spitze der sowjetzonalen Parteileitung. Dessen Flucht löste am 23. Juli 1948 die Verhaftung Beckers, der sich zuvor dem Willen der Besatzungsmacht nach einem Rückzug aus dem LDP-Landesvorstand widersetzt hatte, durch den sowjetischen Geheimdienst aus. Im Januar 1949 legte dann Leonhard Moog aus gesundheitlichen Gründen den Landesvorsitz nieder. Moog, der weiterhin Finanzminister in der thüringischen Landesregierung blieb, wurde in den folgenden Monaten innerparteilich immer mehr an den Rand gedrängt. Aufgrund einer gegen ihn geführten Pressekampagne kehrte er im Januar 1950 von einer Reise nach West-Berlin nicht mehr nach Thüringen zurück. Wie kein anderer liberaldemokratischer Politiker trieb nun Hans Loch, seit Januar 1949 Nachfolger Moogs als Landesvorsitzender, die Gleichschaltung der LDP in Thüringen voran.

Entscheidend für die personelle und inhaltliche Neuausrichtung der LDP war die Verhaftung Beckers. Hermann Becker – so ergibt sich aus seinen Erinnerungen – hatte sich insbesondere nach dem Jenaer Parteitag im Juli 1948 zwar gefährdet gefühlt, mit einer Verhaftung zu dem damaligen Zeitpunkt jedoch nicht gerechnet. Unmittelbar nach dem Parteitag hielt Becker sich zu Gesprächen mit der zentralen Parteileitung in Berlin auf. Über das Maß einer Gefährdung seiner Person besprach er sich unter anderem mit seinem Parteifreund Eugen Schiffer, dem Präsidenten der Deutschen Justizverwaltung. Eugen Schiffer versicherte Hermann Becker, dass er ihn gegebenenfalls wieder aus der Haft herausholen werde. Doch gegen die Verschleppung des Landtagsabgeordneten Becker durch den sowjetischen Geheimdienst nur wenige Tage später zeigte sich selbst der Präsident der Deutschen Justizverwaltung machtlos. Nicht zuletzt wegen der Verhaftung Beckers trat Eugen Schiffer am 23. August 1948 von seinem Amt zurück und machte damit den Platz für Max

Fechner (SPD/SED) frei. Die Gründe für die Verhaftung Beckers lagen in seinem konsequenten Eintreten für rechtsstaatliche Positionen im Thüringer Landtag sowie in seiner überaus großen Popularität in der gesamten Mitgliedschaft. Hermann Becker wurde ohne ordentliches Gerichtsverfahren durch ein administratives Fernurteil des sowjetischen Ministeriums für Innere Angelegenheiten (MWD) wegen Spionage zu 25 Jahren Zwangsarbeit verurteilt, von denen er mehr als vier Jahre nördlich des Polarkreises im Schweigelager von Workuta zubrachte. Nach über siebenjähriger Verschleppung wurde er schließlich am 16. Oktober 1955 in den Westteil Berlins entlassen[3].

Der Weggang von Helmut Külz, Alphons Gaertner und Leonhard Moog in den Westen, vor allem aber die Verhaftung Hermann Beckers machten den Weg für Karl Hamann und Hans Loch, beide geschätzte Werkzeuge der Besatzungsmacht, an die Parteispitze in Thüringen und wenig später auch auf zentraler Ebene frei. Vor allem Hamanns Rolle wird von Historikern und Zeitzeugen zum Teil sehr unterschiedlich beurteilt: Ich selbst habe Karl Hamann, wie übrigens auch Ulf Sommer in seiner Monographie zur LDPD von 1952-1961[4], immer sehr kritisch gesehen und habe dafür u. a. von Zeitzeugen wie Hermann Marx, aber auch von Wolfgang Schollwer Widerspruch erfahren. Nach der Wende ist die Sicht auf Karl Hamann sehr geprägt worden durch ein Wort Hans-Dietrich Genschers aus dem Februar 1990:

»Und ich denke an Dr. Karl Hamann, der aufrecht blieb, als die anderen anfingen, sich zu beugen. Ihre Namen [gemeint sind Wolfgang Natonek, Arno Esch und Karl Hamann, J. L.] haben die Ehre der Liberalen in der DDR bewahrt.«[5]

Aber, so ist zu fragen, wird Hamann denn alleine deswegen schon zu einer Person des Widerstandes gegen das DDR-System, nur weil er im Dezember 1952 in seiner Eigenschaft als DDR-Versorgungsminister verhaftet wurde? Hamann, der dem ersten Thüringer Landtag angehörte und im Gegensatz zu Loch bei den Mitgliedern durchaus beliebt war, galt als Fachmann für Landwirtschaftspolitik und fiel bis 1948 nicht durch eine besondere Nähe zur SED auf. Nach seiner Wahl zum gleichberechtigten Vorsitzenden der Gesamtpartei gemeinsam mit Hermann Kastner im Februar 1949 verlagerte Hamann seinen Arbeitsschwerpunkt nach Berlin. Vor allem bei der Zustimmung der LDP zu den Einheitslistenwahlen 1950 spielte Hamann in den Gesprächen mit der

3   Vertiefend zu Becker siehe Jürgen Louis: Hermann Becker. In: Karl Wilhelm Fricke, Peter Steinbach, Johannes Tuchel (Hrsg.): Opposition und Widerstand in der DDR. Politische Lebensbilder, München 2002, S. 38 ff.

4   Ulf Sommer: Die Liberal-Demokratische Partei Deutschlands. Eine Blockpartei unter der Führung der SED, Münster 1996, S. 89 ff.

5   Hans-Dietrich Genscher auf dem Gründungskongress der Jungliberalen Aktion am 24./25. Februar 1990 in Weimar, abgedruckt in: Tom Steinborn, Ivo Klatte (Hrsg.): Liberale Jugend in Ostdeutschland, Dresden 1994, S. 117.

SED eine unrühmliche Rolle, indem er sich frühzeitig und deutlich weitgehender als Kastner den Forderungen der SED beugte[6].

Auch Sascha-Ilko Kowalczuk kommt nach Auswertung der Akten des ehemaligen Ministeriums für Staatssicherheit in seinem Beitrag für das letztjährige Jahrbuch zur Liberalismus-Forschung zu dem Ergebnis, dass Hamann weder Gegner der SED noch oppositionell war: »Karl Hamann war ein früher Prototyp des Blockpolitikers, der in der SED-Diktatur als willfähriger Adlatus der SED-Führung agierte.«[7]

Von besonderer Bedeutung ist eine von Kowalczuk zitierte Quelle aus den MfS-Beständen: Danach hat Karl Hamann eine an den LDP-Zentralvorstand kurz vor den Volkskammerwahlen im Oktober 1950 gerichtete Resolution gegen die Einheitslistenwahlen mit 1814 Unterschriften von LDP- und CDU-Mitgliedern aus allen Regionen der DDR unverzüglich nach Erhalt an das Ministerium für Staatssicherheit weitergeleitet. Damit erwies sich Hamann nicht nur als Verfechter der Einheitslistenwahlen, sondern auch als Denunziant, der umfangreiche Ermittlungen des MfS gegen eigene Parteimitglieder auslöste, lautet die Wertung von Kowalczuk[8].

Für mich bleibt es im Fall Hamann daher bei der Aussage, dass Hamann seit seinem Aufrücken in die obersten Machtpositionen der LDP schrittweise liberale Grundwerte aufgegeben hat. Die Existenzsicherung der Partei um jeden Preis geriet für Hamann zum obersten Leitmotiv seines Handelns.

II. *Studenten an der Friedrich-Schiller-Universität Jena*

Ein wesentliches Zentrum oppositionellen und widerständigen Verhaltens waren für die Liberaldemokraten die Hochschulgruppen an den Universitäten der SBZ. Dies hat damit zu tun, dass die sowjetische Besatzungsmacht parteieigene Jugendverbände in der SBZ nicht zugelassen hatte. Für Thüringen war dieses Zentrum liberaldemokratischen Jugendwiderstandes die Friedrich-Schiller-Universität Jena. Hier hatte die LDP-Hochschulgruppe auf dem Höhepunkt ihres Zuspruchs rund 600 Mitglieder. Ihre Blütezeit waren die Jahre 1947-1949.

Kernpunkte ihrer hochschulpolitischen Forderungen waren eine am Leistungsprinzip orientierte Zulassungspolitik zu den Universitäten und Hochschulen, eine gerechte Verteilung der Stipendien sowie die Gewährung einer freien Lehr- und Forschungsausübung. Da sich die LDP-Hochschul-

---

6   Jürgen Louis: Die Liberal-Demokratische Partei in Thüringen 1945-1952, ebd. (Fn. 2), S. 210 ff.
7   Sascha-Ilko Kowalczuk: Opfer der eigenen Politik? Zu den Hintergründen der Verurteilung von Minister Karl Hamann (LDPD), in: JzLF 16 (2004), S. 271.
8   Ebd., S. 226.

gruppe ausschließlich mit hochschulpolitischen Fragestellungen befasste, blieb ihr innerparteilicher Widerstand auf den Universitätsbereich beschränkt. Im Unterschied zur Landespartei wurden in der LDP-Hochschulgruppe nicht die handelnden Personen ausgewechselt oder politische Inhalte geändert, sondern die LDP-Hochschulgruppe wurde auf Veranlassung der SED gleich ganz aufgelöst, da sie aus Sicht der Besatzungsmacht und der SED im Unterschied zur Gesamtpartei nicht zur Absicherung des kommunistischen Herrschaftsanspruchs benötigt wurde. Mit Verhaftungen und Exmatrikulationen verschafften sich die Kommunisten die Macht im Studentenrat. Ein loser Organisationsverbund liberaldemokratischer Studenten bestand bis in den Sommer 1954. Der letzte Vorsitzende dieses Verbundes, Franz Hammer, wurde im August 1954 verhaftet und anschließend zu 10 Jahren Zuchthaus wegen angeblicher Spionage verurteilt. Franz Hammer nahm sich im September 1957 in der Strafvollzugsanstalt Waldheim das Leben.

III. *Jugendliche außerhalb der Universität*

Eine besondere Bedeutung in der Widerstandsgeschichte kommt einem Kreis von Lehrern und Schülern der Karl-Marx-Schule in Altenburg zu, dessen maßgebliche Angehörige Mitglieder der LDP waren. Siegfried Flack, Jahrgang 1929, wurde im August 1947 Oberschulhelfer. Gemeinsam mit dem Oberstufenschüler Joachim Näther stand er einem losen Kreis gleichgesinnter Schüler und eines weiteren Neulehrers vor, die im September 1949 begannen, mit einem »F« beschriftete Handzettel an gut sichtbaren Stellen in Altenburg anzubringen. Der Buchstabe »F« war in der damaligen Zeit ein weithin bekanntes Symbol, welches für das Wort Freiheit stand. Weitere Flugblätter forderten »Nieder mit der SED-Regierung« und »Freiheit der Ostzone«. Zudem wurden auch Wände und Fenster der SED-Kreisleitung Altenburg mit dem Freiheitssymbol »F« bemalt. Diese Maßnahmen erinnern sehr an die Aktionen der »Weißen Rose«. In der Nacht vom 21. auf den 22. Dezember 1949 gingen einige Angehörige dieses Kreises noch einen Schritt weiter. Sie nahmen einen Rundfunksender mit einer Reichweite von 40 Kilometern in Betrieb, um die Rede von Wilhelm Pieck zu Stalins Geburtstag zu stören und zum Widerstand aufzufordern. Im März 1950 wurde die Gruppe schließlich entdeckt. Mehrere Mitglieder der Gruppe wurden in einer gemeinsam von Staatssicherheitsdienst, Kriminalpolizei und sowjetischen Dienststellen durchgeführten Aktion festgenommen, andere konnten sich noch rechtzeitig der drohenden Verhaftung durch Flucht in den Westteil Berlins entziehen. Es folgte im September 1950 die Verurteilung von Siegfried Flack, Nico Ostermann und Joachim Näther zum Tode durch ein Sowjetisches Militärtribunal in Weimar, acht weitere Angeklagte erhielten langjährige Haftstrafen.

IV. Einzelpersonen an der kommunalen Basis

Die von den Zeitzeugen im Rahmen dieser Tagung vorgetragene These, dass in erster Linie Jugendliche Widerstand leisteten, kann für Thüringen so nicht bestätigt werden. In vielen Ortsverbänden gab es mutige Frauen und Männer, die in den Kommunalparlamenten nach Möglichkeiten suchten, liberale Gedanken einzubringen. Ich möchte dies an der Person von Martin Lauer verdeutlichen[9].

Martin Lauer, gebürtig aus dem schlesischen Breslau, hatte es kriegsbedingt nach Schmölln in Thüringen verschlagen. 1946 übernahm er dort den Vertrieb der Thüringischen Landeszeitung und begann mit dem Aufbau einer rund 6.000 Bücher umfassenden Leihbücherei und eines Lesezirkels, der 1949 bereits 25 Angestellte beschäftigte.

Zur Jahreswende 1945/46 trat Lauer der LDP bei. Für die Ortsgruppe Schmölln wurde er als Wahlredner bei der Gründung ländlicher Ortsgruppen tätig. Auch dies waren Formen widerständigen Verhaltens, nämlich die gezielte Werbung für einen Eintritt in die LDP oder auch die Gründung von Ortsverbänden, damit die LDP an den Kommunalwahlen 1946 mit eigenen Listen teilnehmen konnte.

Nach den Gemeinderatswahlen im September 1946 wurde Lauer Mitglied der 9-köpfigen LDP-Fraktion in der Gemeindevertretung Schmölln (SED 17 Sitze, CDU 4 Sitze), ein Jahr später übernahm er den Vorsitz seiner Fraktion. Auch an der Basis spitzten sich ab dem Sommer 1948 die öffentlichen Auseinandersetzungen zwischen SED und LDP zu. Im Juni 1948 beschloss die LDP-Fraktion auf Vorschlag ihres Vorsitzenden Lauer, die Beflaggung öffentlicher Gebäude und städtischer Veranstaltungen mit roten Parteifarben abzulehnen. Statt dessen sollten bei besonderen Anlässen nur noch die Stadt-, Kreis- und Landesfarben oder gemäß Beschluss des Volksrates die Farben schwarz-rot-gold gezeigt werden. Die Beflaggung der öffentlichen Gebäude mit Parteifahnen sei in einer Demokratie mit einem Mehrparteiensystem unangebracht, da sie nur dem Willen eines Teils der Bevölkerung Rechnung trage, den anderen Tei aber durch diese einseitige Zurschaustellung von Parteisymbolen veranlasse, den ehrlichen Willen der Behördenvertreter zu überparteilichem Handeln anzuzweifeln, so die Begründung des im Juli 1948 eingebrachten LDP-Fraktionsantrages. Eine Abstimmung über die Beschlussvorlage der LDP wurde im Gemeinderat mit der Stimmenmehrheit der SED verhindert.

---

9 Siehe hierzu auch die in der Haft entstandenen Gedichte Lauers in dem Gedichtband Martin Lauer: Mein Buch Sehnsucht. Gedichte aus dem Archipel Gulag 1950-1954. Mit einer Einführung von Jürgen Louis, Erfurt 2002.

Für Martin Lauer war – und dies haben wir ganz ähnlich auch schon in den Zeitzeugengesprächen gehört – die Durchführung freier Wahlen von entscheidender Bedeutung. Dagegen wurde die Gründung der DDR als eigenständiger Oststaat als eine unvermeidliche Reaktion auf den westlichen Alleingang in der Bildung der Bundesrepublik Deutschland betrachtet. So gab Lauer in einer Sondersitzung der Gemeindevertretung am 14. Oktober 1949 anlässlich der Gründung der DDR zu Protokoll, dass »wir eine demokratische Republik brauchen, doch könne man dies nicht ohne eine Volksbefragung tun.« Er hoffe, »dass die Wahlen nunmehr an dem vorgesehenen Termin stattfinden werden.«

Nachdem dann der Thüringer Landesblock sich in seiner Sitzung vom 24. März 1950 für ein gemeinsames Wahlprogramm ausgesprochen hatte und sich darüber hinaus auch eine Zustimmung der Parteispitze der LDP gegen den eindeutigen Willen der Mitgliedschaft zu einer einheitlichen Wahlliste bei den Kommunal-, Landtags- und Volkskammerwahlen abzeichnete, legte Martin Lauer im Mai 1950 aus Protest seine Parteiämter in der LDP nieder.

Der ostdeutsche und sowjetische Repressionsapparat reagierte auf Ablehnungen der Einheitslistenwahlen unnachgiebig. Nach der Niederlegung seines Gemeinderatsmandats setzten im Sommer 1950 Übergriffe auf die persönliche und wirtschaftliche Integrität Martin Lauers ein, die seine Existenzgrundlage vernichten sollten. Drei Durchsuchungen seiner Privat- und Geschäftsräume verliefen ergebnislos.

Am 20. Oktober 1950 wurde dann zunächst der Schmöllner Schuhfabrikant Kurt Pöschel, ein Freund Lauers, der Vorsitzender des LDP-Kreisverbandes Altenburg und zugleich Vorsitzender der LDP-Fraktion im Altenburger Kreistag war, verhaftet. Lauer wurde einen Monat später von der Staatssicherheit verhaftet und an die Sowjets übergeben. In den Verhören kam die Sprache immer wieder auf einen abgefangenen Brief, in dem Kurt Pöschel die FDP in West-Berlin von den katastrophalen Zuständen im Schmöllner Gesundheitswesen unterrichtete. Die Informationen über die unzureichende Medikamentenversorgung und die hohe Kindersterblichkeit in Schmölln sollten von der Ärztin Dr. Anna Raykowski, die ebenfalls der LDP angehörte, stammen. Anna Raykowski wurde ebenfalls inhaftiert. Martin Lauer wurde vorgeworfen, von dem Brief Kenntnis gehabt und den Briefschreiber nicht angezeigt zu haben.

Kurt Pöschel wurde von einem Sowjetischen Militärtribunal zum Tode verurteilt und wahrscheinlich am 6. August 1951 hingerichtet. Martin Lauer erhielt 25 Jahre Zwangsarbeitslager wegen Mitwisserschaft der Kurt Pöschel zur Last gelegten Spionage. Die Ärztin Dr. Anna Raykowski wurde zum Tode verurteilt, später zu 25 Jahren Zwangsarbeit begnadigt. Martin Lauer und Anna Raykowski wurden nach harten Jahren sowjetischer Lagerhaft am 26. Dezember 1953 in die DDR entlassen.

V. Zusammenfassende Wertung

Günther Heydemann hat am ersten Abend dieser Tagung die Unterschiede von NS- und SED-Diktatur aufgezeigt.[10] Er konstatierte, dass die DDR von Anfang an ein antidemokratisches und antipluralistisches System war. Ich denke, dass dies eine ohne jeden Zweifel zutreffende wissenschaftliche Wertung ist, aber es ist eine Wertung, die wir aus der Retrospektive als Wissenschaftler treffen in Kenntnis des geschichtlichen Verlaufs und in Kenntnis der überlieferten Akten.

Ein Zitat soll dies verdeutlichen: Fritz Lange, der Leiter der Zentralen Kontrollkommission in Berlin, sagte Mitte 1950 im Zuge der Vorbereitung des Moog-Prozesses in einer internen Besprechung zum Verhältnis der Kommunisten zu den bürgerlichen Parteien: »Wir sind im Augenblick gezwungen, mit diesen Parteien ein kleines, aber nur ein ganz kleines Stück Weges zusammen zu gehen. Wenn dann die scharfe Linkskurve kommt, müssen sie ohnehin abspringen.«[11]

Zumindest in den Anfangsjahren gab es aber doch für die bürgerlichen Parteien den Anspruch auf Mitwirkung im politischen System, auch wenn sich die Rahmenbedingungen zusehends und schließlich sehr rasch nachteilig veränderten. Aber im Unterschied zur NS-Diktatur mit der erzwungenen Auflösung der Parteien gleich zu Beginn der faschistischen Machtergreifung bot das System der SBZ/DDR den bürgerlichen Kräften einen eigenen Organisationsrahmen mit eigenständigen Mitwirkungsmöglichkeiten. Und diesen Anspruch auf Mitwirkung forderte so manches Parteimitglied ein und nicht wenige Liberaldemokraten mussten wie Martin Lauer mit mehrjähriger Lagerhaft dafür büßen.

Und schließlich scheint mir die Ausrichtung widerständigen Verhaltens eine andere gewesen zu sein: Der Zeitzeuge Fritz Gericke[12] hat geschildert, dass sein Handeln in der Vorstellung geschah, dass man vielleicht an dem System noch etwas ändern könne. Und weiter sagte Gericke: »Nach den Erfahrungen der NS-Zeit wollten wir etwas anderes aufbauen.« Während sich der Widerstand gegen die NS-Diktatur gegen das System an sich, also auf eine Entfernung der Nationalsozialisten und ihrer Ideologie richtete, zielte das widerständige Verhalten in der SBZ/DDR in der Regel auf Teilhabe am System, um dieses System nicht abzuschaffen, sondern es durch Teilhabe zu demokratisieren.

Spätestens seit dem Sommer 1948 gilt es jede zu diesem Zeitpunkt in den Vertretungskörperschaften des Landes und der Kommunen formalgesetzlich noch

---

10 Vgl. den Beitrag Heydemann oben S. 11-28.
11 Heinz Perscheid, Helmut Portwich: Die Wahrheit über den Moog-Prozeß v. 28.8.1950, Archiv des Liberalismus, Gummersbach, Bestand Ostbüro der FDP Akte 2924.
12 Auf dem Zeitzeugen-Podium der in Anm. 1 genannten Tagung.

142

zulässige Opposition als Widerstandshandlung gegen den SED-Herrschafts-anspruch zu qualifizieren, da jede Abweichung von den politischen Vorgaben der SED, die über eine marginale Detailkritik hinausging, mit schärfsten Sanktionen des kommunistischen Repressionsapparates belegt wurde, wie die Verhaftung des mit parlamentarischer Immunität versehenen LDP-Landtags-fraktionsvorsitzenden Hermann Becker im Juli 1948 für jedermann gezeigt hatte.

Gerade die Verhaftung Beckers machte deutlich, dass die Liberal-Demokrati-sche Partei nicht einmal in der Lage war, ihren Spitzenfunktionären einen Par-teischutz gegen Übergriffe der sowjetischen Besatzungsmacht zu bieten. Wie sollte die LDP dann einfachen Mitgliedern an der Parteibasis einen Schutz gewähren können?

Ein weiterer Unterschied zwischen den hier vorgestellten Widerstandsfor-men und dem Widerstand in der NS-Diktatur fällt auf. In der NS-Zeit haben wir es häufig mit konspirativ agierenden Gruppen zu tun, die auf die Ablö-sung des NS-Systems hin arbeiteten. Liberaldemokratischer Widerstand in der SBZ/DDR war dem gegenüber im Wesentlichen von Einzelpersonen getragen – sieht man einmal von dem geschilderten Kreis Jugendlicher in Altenburg ab –, ohne dass eine organisatorische Vernetzung dieser Personen stattfand.

Insgesamt machen die hier aufgezeigten Fälle deutlich, dass sich die Formen widerständigen Verhaltens in der NS- und SED-Diktatur in mehreren Kern-punkten voneinander unterscheiden. Dennoch ist die vergleichende Analyse dieser unterschiedlichen Widerstandserfahrungen schon alleine deswegen fruchtbar, da beispielsweise die Aktionen der jugendlichen Gruppe in Alten-burg bewusst an Formen des NS-Widerstandes anknüpften.

Ines Soldwisch

Verweigerung, Opposition und Widerstand – Politische Gegnerschaft in der LDP in Mecklenburg in den ersten Nachkriegsjahren

»Was wir Liberaldemokraten wurden, politisch und ganz persönlich, wurden wir als Bürger dieses Staates – der deutschen Demokratischen Republik. Wir gehören zur sozialistischen deutschen Nation. [. . .] Wir sind dabei, die bisherige deutsche Geschichte dadurch fortzuführen, daß wir uns endgültig aus dem Reich der Notwendigkeit in das Reich der Freiheit begeben: Wir gestalten den entwickelten, den reifen Sozialismus – eine Etappe auf dem Wege zum Kommunismus.«[1] Dieser Passus ist der Rede von Manfred Gerlach entnommen, die er anlässlich des 30-jährigen Bestehens der LDPD am 5. Juli 1975 hielt. Der Weg dahin war ein sehr langer. Er war gekennzeichnet durch Anpassung, Verfolgung, Tod und Unterdrückung. Für viele Liberaldemokraten bedeutete dieser Weg das Ringen um politische Selbstbehauptung, jedoch auch das Aufgeben jeglicher liberaler Grundprinzipien und Parteiprogrammatik, auf die sie 1945/46 stolz gewesen waren. Sie glaubten an den Aufbau eines neuen demokratisch-pluralistisch verfassten Gesellschaftssystems, und sie wurden sehr schnell eines anderen belehrt.

Die offensichtliche Unterstützung der KPD/SED durch die Besatzungsmacht bei der Vergabe von politischen Ämtern, in der Durchführung des Wahlkampfes, beim Abhalten von Versammlungen legten den bürgerlichen Parteien eine ungeheure Selbstbeschränkung auf, die eine normale Parteiarbeit unmöglich machte. Auf Einschnitte in ihre persönliche Freiheit und die Ausübung ihrer liberalen Politik reagierten viele Liberaldemokraten in Mecklenburg still durch Passivität oder auch durch Austritt aus der Partei. Viele hatten nicht den Mut, ihre Ziele durchzusetzen, viele hatten Angst – nicht nur um sich – aber um die eigene Familie und deren Zukunft. Viele waren unerfahren und naiv. Manche begrüßten das neue System, glaubten an die formal bestehende gleichberechtigte Arbeit der Parteien im Demokratischen Block. Wenige wollten gerade gegen diese Ansicht ihrer Parteikollegen kämpfen.

Diese Wenigen wurden als reaktionär bezeichnet, beobachtet, unterdrückt, oft auch verhaftet und getötet. In ihren Bemühungen, sich gegen die Verletzung

---

1 30 Jahre LDPD, Reden und Grußadressen, hrsg. vom Sekretariat des Zentralvorstandes der Liberal-Demokratischen Partei Deutschlands, Berlin (DDR) o.J. (1975), S. 13.

demokratischer Rechte und bürgerlicher Freiheiten zu wenden, vereinigten sich Opposition und Widerstand.

Doch wie gestaltete sich die Gegenwehr und wie ist sie zu definieren? Die Autorin folgt in dieser Frage den Ausführungen von Karl Wilhelm Fricke. Opposition kann »in der DDR als politische Gegnerschaft umschrieben werden, die sich relativ offen, relativ legal zu entfalten versucht. Dagegen läßt sich Widerstand als politische Gegnerschaft definieren, der jede Möglichkeit zu offener und legaler Entfaltung genommen ist.«[2]

Aus marxistisch-leninistischer Sicht war Opposition mit dem System der DDR nicht kompatibel. »In sozialistischen Staaten existiert für eine Opposition gegen die herrschenden gesellschaftlichen und staatlichen Verhältnisse keine objektive politische oder soziale Grundlage. Da die sozialistische Staatsmacht die Interessen des Volkes verkörpert und seinen Willen verwirklicht, die Staatsmacht tatsächlich vom Volkes ausgeht [. . .] richtet sich jegliche Opposition gegen die sozialistische Gesellschaftsordnung und gegen die Werktätigen selbst.«[3]

Das war auch mehrheitlich die Auffassung der bürgerlichen Parteien, die sich nicht in der Oppositionsrolle sahen, sondern immer wieder auf der Gleichberechtigung der Parteien und der gemeinsamen Verantwortung beharrten.[4] Dennoch gab es diese Opposition, vornehmlich zu spüren an Schulen und Universitäten. Durch die Illegalisierung dieser Opposition durch die Machthaber im Staat, kam es zwangsläufig zum dialektischen Umschlag von relativ legaler Opposition in illegalen Widerstand.[5]

Opposition und Widerstand führten in der SBZ/DDR von Aufbegehren, offener Kritik über stille Verweigerung und Passivität bis zum planmäßigen Widerstand und bedingten sich gegenseitig. Beide entwickelten sich weiter, paßten sich den zeitlichen Gegebenheiten an, weil sich Voraussetzungen, Begleitumstände und Ziele änderten. Beide Begriffe sind untrennbar miteinander verbunden, versucht man, abweichendes politisches Verhalten zu orten. Nicht immer führte Opposition zum Widerstand. Auch war Opposition nicht immer klar formuliert, aber dennoch spürbar. Es war oft genug der Glaube an das »große Ganze«, der die LDP schweigen ließ.

Auf der Sitzung des erweiterten LDP-Landesvorstandes am 17./18. Juli 1948 übte der Landesvorsitzende Dr. Max Suhrbier deutlich Kritik am Zweijahresplan der SED. Seiner Meinung nach werde der Plan zu einem Problem in der Innenpolitik werden, da er parteipolitische Ziele verfolge. Als es jedoch

2   Karl-Wilhelm *Fricke*, Opposition und Widerstand in der DDR, Ein politischer Report, Köln 1984, S. 13.
3   Kleines Politisches Wörterbuch, Berlin (DDR) 1967, S. 471.
4   Stimmungsbericht vom 2. Februar 1950 an die Parteileitung, Archiv des Liberalismus (AdL) L5 214, o. Bl.
5   *Fricke* (wie Anm. 2), S. 13.

darum ging, mit der SED ins Gespräch über diesen Missstand zu kommen, erklärte Suhrbier: »Wir werden uns eine Kritik vorbehalten und sie jetzt und auch in Zukunft davon abhängig machen, ob der Plan der SED erkennen lässt, dass es sich darum handelt, etwas für das ganze Volk zu leisten und nicht nur den Zielen einer Partei dienen soll.«[6]

Dieser Widerspruch zwischen Wahrnehmung und aktiven Handeln, der sich vor allem in der LDP-Landesspitze formierte, führte zu Passivität, zu Verweigerung und schließlich auch zu Opposition und Widerstand. Oppositionelle Haltung gegen die KPD/SED war nicht immer organisiert, sie fand ihren Niederschlag auch in den Mitgliederzahlen der beiden bürgerlichen Parteien. In Mecklenburg ist ein Anstieg der Zahl der Parteimitglieder von 1946 bis 1949 von ca. 1.700 auf 10.200 zu beobachten. [7]

In der bisherigen Forschung wurde der Widerstand meist jugendlicher mecklenburgischer Liberaler unter dem Begriff der »Gruppe Esch« zusammengefasst. Viel ist darüber geschrieben worden, allerdings handelt es sich gar nicht um eine Gruppe, vielmehr wurde so durch die Besatzungsmacht das Engagement einzelner zusammengefasst.[8] Der Widerstand der Kommilitonen und Freunde des Studenten Arno Esch begann als Opposition in den Schulen und Hochschulen des Landes.

Neben Friedrich-Franz Wiese, Gerhard Blankenburg aus Stralsund, dem LDP-Kreissekretär von Rügen, Heinrich Puchstein, Karl Giese, dem späteren Bundestagsabgeordneten der FDP Hans-Günther Hoppe, Helmut Jaschke, Horst Köpke und Karl-Hermann Flach waren es Jugendliche aus der Parteibasis, die Kontakt zu Esch pflegten. Auch Karl-Heinz Krumm ist diesem Kreis zuzurechnen; als Volontär bei der Norddeutschen Zeitung (NdZ) hatte er den Kontakt zu Flach und war somit auch in die Aktivitäten der jungen Liberalen involviert.

Auf Hochschulebene traten die politischen Spannungen und Auseinandersetzungen offen zu Tage, was den Begriff der Opposition partiell rechtfertigt. Vertreter der LDP im Studentenrat engagierten sich besonders bei der Auseinandersetzung über die Zulassungsbedingungen zu den Universitäten.

Die Diskussionen hatten schon im Landtag begonnen und setzten sich an den Universitäten fort. Der Studentenrat der Universität Rostock befasste sich mehrmals mit dieser Problematik. Am 1. Juni 1948 formulierten die Mitglieder eine Resolution, die die strikte Einhaltung des Leistungsprinzips forderte. Verantwortlich zeigte sich hier der Schriftführer Hans-Günter Hoppe, Mit-

---

6   Protokoll über die Sitzung des erweiterten Vorstandes am 17./18. Juli 1948 in Schwerin, AdL L5 168, o. Bl.
7   Organisatorische Entwicklung des Landesverbandes der LDP, AdL L5 245, Anl. 1, o. Bl., Mitgliederbewegung AdL L5 243, o. Bl.
8   Gespräch mit Dr. Hartwig Bernitt am 4. April 2003 in Dannenberg, Privatarchiv Ines Soldwisch.

glied der LDP. »Der Studentenrat ist sich darüber im Klaren, dass die Förderung des Arbeiter- und Bauernstudiums eine dringende Notwendigkeit ist. Dennoch erklärt sich der Studentenrat mit der Abfassung der Bestimmungen über das Zulassungsverfahren nicht einverstanden und macht folgenden Gegenvorschlag: Grundsätzlich soll die bessere Leistung entscheiden. Den Bauern- und Arbeiterkindern und den sog. Opfern des Faschismus ist nur dann der Vorzug zu geben, wenn ihre Leistung die gleiche ist, wie die der übrigen Bewerber.«[9] Diese Resolution sollte zu einer Farce werden. Das Volksministerium reagierte darauf und verlangte schriftlich das Zurückziehen der Resolution. Dies konnte in mehreren Sitzungen nicht vollzogen werden, da die geforderte Zweidrittelmehrheit, auch bei Anwesenheit der Besatzungsmacht, nicht erreicht wurde. Nach erfolglosen Bemühungen brachte ein SED-Mitglied des Studentenrates den Antrag auf Selbstauflösung ein, der mit 13 Stimmen gegen 5 mit einer Enthaltung angenommen wurde. Schon vorher hatten mehrere Mitglieder ihren Rücktritt erklärt, unter ihnen auch Hoppe.[10]

Im neuen Studentenrat hatte die LDP noch einen gewählten Vertreter, Wilhelm Orth, den späteren Parteihistoriker der LDP. Er bekleidete das Amt des Referenten für Rundfunk, war aber nicht stimmberechtigt. Die SED-Betriebsgruppe konnte somit konstatieren: »Mit Fug und Recht kann man behaupten, dass wir einen SED-Studentenrat besitzen.«[11]

Die LDP-Hochschulgruppe Rostock war dem Volksbildungsministerium von Anfang an ein Dorn im Auge und wurde sofort als Zentrum des Widerstandes und der Reaktion eingestuft. Die SED-Betriebsgruppe berichtete dem Ministerium regelmäßig über deren Aktivitäten: »Die LDP-Gruppe arbeitet zwar formal und offiziell mit uns zusammen, nimmt aber durch Stellungnahmen ihrer namhaften Vertreter sehr oft eine für unsere Arbeit schädliche und feindliche Haltung ein.«[12]

Im Laufe der ersten Semester nach Wiedereröffnung der Universität wurde das oppositionelle Verhalten immer deutlicher. Während Vorlesungen der Philosophie von sehr vielen Studenten besucht wurden, waren die Vorlesungen über »Politische und soziale Probleme der Gegenwart« nur spärlich besucht. Dies führte unter anderem dazu, dass der Rektor der Universität zur Sicherung von mehr Disziplin und konsequentem Arbeiten Anwesenheitslisten in den Vorlesungen ankündigte. Der Vorstand der LDP-Hochschul-

---

9   Resolution des Studentenrates vom 10. Juni 1948, Universitätsarchiv Rostock (UAR) SR 1, o. Bl.
10 Vgl. dazu ausführlich Martin *Handschuck, »*Es gibt keinen Fortschritt an der Universität, an dem die Parteiorganisation nicht wesentlichen Anteil hat.«, Zur Geschichte der Universität Rostock in den Jahren 1945 bis 1955, Diss. Rostock 2001, S. 170-173.
11 Monatsbericht der SED-Betriebsgruppe Universität Rostock vom 20. Dezember 1948, Mecklenburgisches Landeshauptarchiv Schwerin (MLHASN) Landesleitung der SED 500, Bl. 20.
12 Bericht der SED-Betriebsgruppe Rostock vom Mai 1949, MLHASN MfV 94, Bl. 60.

gruppe, der Pädagogikstudent Bernhard Kraak, der Soziologiestudent Helmut Jaschke und der Chemiestudent Friedrich-Franz Wiese stellten sich an die Spitze der Kritiker. Arno Esch, Karl Giese und Hans-Günter Hoppe wurden bewusst vom Geschehen fern gehalten, da sie schon zu oft »auffällig« geworden waren und man ihr Entfernen von der Universität befürchten musste.[13]

Der Vorstand der LDP-Hochschulgruppe reagierte auf die Ankündigung des Rektors in sehr waghalsiger Art und Weise mit dem Aushang eines von Hoppe verfassten Artikels, in dem er die Hoffnung äußerte, doch weiterhin auf einer Universität und nicht auf einer nationalpolitischen Erziehungsanstalt zu sein.[14] »Wir hoffen, daß diese Reglementierung nicht Wirklichkeit wird, und wir das Gefühl auch weiterhin behalten dürfen, auf einer Universität zu sein und nicht auf einer nationalpolitischen Erziehungsanstalt. [. . .] Auf die Gefahr des Zurückdrängens in das Stadium der Unbeständigkeit soll deshalb hingewiesen werden; ein Zustand, der mit der nur zu berechtigt erwarteten Einführung von Abwesenheitslisten in den einzelnen Vorlesungen der kommenden Semester erreicht sein dürfte. Allen, die bestimmenden Einfluß auf die Gestaltung unserer Hochschulen nehmen, rufen wir darum zu: Beschränken Sie nicht unsere Handlungsfreiheit.«[15] Die Reaktion auf den Text, der am Zugang der Mensa angebracht war, übertraf die Erwartung der Verfasser. Der Vorstand wurde zur Kommandantur bestellt. Der Hochschulgruppe wurde für diese Angelegenheit Rede- und Schreibverbot erteilt, das Abhalten von Versammlungen untersagt. Gegen Helmut Jaschke, Bernhard Kraak und Friedrich-Franz Wiese wurde durch den Rektor ein Disziplinarverfahren eingeleitet. Kraak wurde für ein Semester relegiert. Jaschke und Wiese erhielten einen schriftlichen Verweis.[16] Nach eigenen Angaben verließ Hoppe am 29. Mai 1949 Rostock, um sich dem Zugriff des NKWD zu entziehen, der unmittelbar bevorstand.[17]

Am 8. Februar 1949, dem Tag der Studentenratswahlen, brachte ein weiteres Vorkommnis die LDP-Hochschulgruppe in Rostock in Bedrängnis. In einer Vorlesung von Professor Hans-Gotthilf Strasser, an der u. a. Arno Esch teilnahm, referierte der Jurastudent Hans Ulrich Schwarz über »Liberalismus und Sozialismus«. Seine Ausführungen riefen den Unmut der anwesenden SED-

13 Gespräch mit Friedrich-Franz Wiese am 25. März 2002 in Ludwigshafen, PA Ines Soldwisch.
14 Friedrich-Franz *Wiese*, Das Disziplinarverfahren, In: Horst *Köpke*/Friedrich-Franz *Wiese*, Mein Vaterland ist die Freiheit. Das Schicksal des Studenten Arno Esch, Rostock 1990, S. 97.
15 »Das Universitätssekretariat muß schließen, um zu streichen«, Abschrift ohne Datum, MLHASN MfV 2244, Bl. 264.
16 Friedrich Franz *Wiese*, Das Disziplinarverfahren, In: *Köpke/ Wiese* (wie Anm. 14), Rostock 1990, S. 95-107.
17 Antrag von Hans-Günter Hoppe auf Zuzug nach Berlin vom 25. Juli 1949, AdL A45 1572, o. Bl.

Mitglieder hervor. Schwarz hatte in seinem Vortrag betont, dass sich Menschen in einem sozialistischen Staat nicht frei entfalten könnten. In den Untersuchungsakten gab der SED-Student Hildebrandt an, Schwarz habe angeführt: »im sozialistischen Staate fühle man sich wie in einem Trauerhause, [...] wo bürgerliche Philosophen zu denken anfingen, da höre Marx auf, [...] die sozialistischen Philosophen kännten nur ihr eigenes Dogma; wenn sie bürgerliche Philosophen hörten, würfen sie alles von diesen in einen Topf, rührten um, klebten eine Etikette darauf und stellten ihn fort.«[18]

Die Diskussion endete in einer Konfrontation zwischen SED- und LDP-Studenten, bis die Veranstaltung abgebrochen wurde. Am 11. Februar stand der Vorfall auf der Tagesordnung der Fakultät. Es wurde beschlossen, zukünftig keine Referate in Vorlesungen mehr zuzulassen. Doch damit nicht genug. Das Volksbildungsministerium ordnete eine eingehende Untersuchung an, in der auch Strasser befragt wurde, der die Meinung vertrat, der Vorgang werde »erheblich aufgebauscht und übertrieben«.[19]

Schwarz wurde ohne Einleitung eines Disziplinarverfahrens relegiert, das Verhalten von Strasser gerügt. Die Parteileitungen wurden durch das Volksbildungsministerium aufgefordert, derartigen Auftritten ihrer Mitglieder in Zukunft vorzubeugen.[20]

Bei den Studentenratswahlen am 8. Februar 1949 an der Universität Rostock hatten die Liberalen nur noch ein Mandat erhalten.[21] Das letzte noch im Studentenrat verbliebene LDP-Mitglied, Hans-Joachim Büsser, musste von seiner Fakultät aus dem Rat zurückgezogen werden und wurde kurze Zeit später relegiert.[22] Im Sommer 1949 untersagte die Kommandantur der LDP-Hochschulgruppe jegliche Tätigkeit.[23] Einige Mitglieder setzten die Treffen jedoch konspirativ fort.

Eine legale Entfaltung der Opposition an der Hochschule war unmöglich geworden. Jetzt fanden Treffen bewusst heimlich statt. Die Gründung der Radikal-Sozialen Freiheitspartei (RSF) im November 1948 kann als Wider-

---

18 Auszug von Bl. 1 der Untersuchungsakten betr. Vorfälle in der Vorlesung des Professor Dr. Strasser am 8. Februar 1949, UAR Personalakte Hans Gotthilf Strasser, Bl. 112.
19 Brief von Hans Gotthilf Strasser an Wilhelm Weiland vom 15. Februar 1949, MLHASN MfV 2316, Bl. 12-15, Stellungnahme von Professor Dr. Strasser an den Dekan der Juristischen Fakultät der Universität Rostock vom 15. Februar 1949, UAR Personalakte Hans-Gotthilf Strasser Bl. 118.
20 Brief von Gottfried Grünberg an den »Block der antifaschistischen Parteien« vom 4. März 1949, MLHASN MfV 9, Bl. 53-55.
21 Martin *Handschuck* (wie Anm. 10), S. 182.
22 Markus *Seils*, »Auftrag: Die planmäßige ideologische Umgestaltung der Universitäten, Staatliche Hochschulpolitik im Land Mecklenburg-Vorpommern 1945-1950, Schwerin 1996, S. 129.
23 Semesterbericht der Betriebsgruppe für das Sommersemester 1949 vom 1. August 1949, MLHASN Landesleitung der SED 501, Bl. 187-201.

stand gegen das bestehende System, aber auch als Widerstand gegen die eigene Partei gewertet werden.[24]

Wiese und Esch waren der Meinung, dass man der LDP nach der Vereinigung von Ost und West eine Partei gegenüberstellen müsste, die die Grundzüge des Liberalismus noch immer verinnerlichte. Die LDP hielten sie zu dem Zeitpunkt für nicht überlebensfähig in einem geeinten Deutschland. Dass dieses geeinte Deutschland unmittelbar bevorstand, davon waren beide fest überzeugt.[25]

Viele Liberale hatten sich während der Zeit des Nationalsozialismus kompromittiert. Diesen Vorwurf machte ihnen Esch jetzt erneut. Als Erfüllungsgehilfen der Sowjets, wie er die meisten führenden LDP-Mitglieder bezeichnete, sah Esch den Begriff »liberal« desavouiert. Aus diesem Grund tauchte auch im Namen der neuen Partei das Wort »liberal« nicht auf. Das Gründungsprotokoll, das die Namen der Mitglieder trug, bewahrte Esch zunächst zu Hause auf. Als ihm das zu gefährlich erschien, erbot sich Karl-Heinz Krumm, die Unterlagen in der Gartenhütte seines Vaters zu vergraben.[26] Die jungen Leute um Esch waren nach Ansicht der Besatzungsmacht zu einer Gefahr geworden. Sie ließen sich nicht einschüchtern und genossen gerade bei jungen Leuten große Sympathie. Esch, Wiese und ihre Mitstreiter waren sich ihrer gefährlichen Situation bewusst.

Am 18. Oktober 1949 erfolgte neben anderen die Verhaftung Wieses und Eschs durch den NKWD. Nach langen Verhören musste Wiese die vorläufige Anklage unterschreiben, die ihm Spionage, Antisowjethetze und illegale Gruppenbildung vorwarf.[27] Gleich in den ersten Verhören wurde die Frage nach der RSF gestellt, die Protokolle waren offensichtlich gefunden worden.[28] Immer wieder wurde Wiese über seine Verbindungen zu dem ehemaligen Landesjugendreferenten der LDP Berlin Herbert Geissler[29] im Westsektor Berlins befragt. Anfangs hatte es diese Kontakte durch Esch gegeben, die unter anderem darin bestanden, Informationsmaterial zu liefern, die aber bald abgebrochen wurden. Blankenburg hatte sich nicht an die Anweisung Eschs gehalten und weiter Verbindung zu Geissler gepflegt. So war es nicht verwunderlich, dass die Lieferung von »Spionagematerial« an Geissler in den Urteilen eine große Rolle spielte.[30]

---

24   Die Informationen über diese Initiative basieren leider nur auf den Erinnerungen von Zeitzeugen, Unterlagen oder Akten existieren nicht. Gespräch mit Friedrich-Franz Wiese am 25. März 2002 in Ludwigshafen, PA Ines Soldwisch.
25   Gespräch mit Friedrich-Franz Wiese am 25. März 2002 in Ludwigshafen, PA Ines Soldwisch.
26   Horst *Köpke*, Die Radikal-Soziale Freiheitspartei, In: *Köpke/Wiese* (wie Anm. 14), S. 91.
27   Horst *Köpke*, Die Prozesse, In: *Köpke/Wiese* (wie Anm. 14), S. 112-115.
28   Ebd., S. 115.
29   Vgl. Wolfgang *Buschfort*, Die Ostbüros der Parteien in den 50er Jahren, 2. Aufl. Berlin 2000, S. 53-57.
30   Horst *Köpcke*, Die Prozesse, In: Köpcke/Wiese (wie Anm. 14), S. 115-117.

Ein weiterer großer Schlag für die Gefangenen war das Auftauchen der sicher gewähnten Akten der RSF. Aus unbekannter Quelle wusste das NKWD von diesen Akten. Krumm erinnerte sich daran, das Bündel Akten allein vergraben zu haben, konnte sich das Wissen des NKWD nicht erklären. Er hatte in der Redaktion der NdZ von der Verhaftung Eschs und Wieses erfahren, ebenso von der Flucht Flachs, Jaschkes und Köpkes nach Westberlin, wo sie sich bei dem ehemaligen Fraktionsvorsitzenden Dr. Scheffler meldeten.[31] Dieser befasste sich sehr eingehend auch mit dem Schicksal der Verurteilten. In erster Linie bemühte er sich um Informationen als Vertreter des Hilfsdienstes Ost der FDP in Berlin.[32]

Über die Anklage sagte Köpke Folgendes: »Auf Grund der sowjetischen Protokolle, die auf Verlangen Arno Eschs in ermüdender Sorgfalt gelesen wurden, ergab sich folgendes Bild für die Sowjets: Esch sei 1947 von Herbert Geissler für Spionagezwecke angeworben worden und beauftragt gewesen, die RSF zu gründen. Er habe die Gruppe geführt, neue Mitglieder angeworben und zur Tarnung ideologische Broschüren verfaßt. Esch habe auch fortgesetzt Antisowjethetze betrieben. Blankenburg habe die Gruppe in Vorpommern aufgebaut, als Kurier zu Geissler gedient und ebenfalls fortgesetzt Antisowjethetze betrieben. Wiese sei die rechte Hand von Esch gewesen, sei der Spionage zumindest stark verdächtig, habe ebenfalls Tarnbroschüren geschrieben und fanatische Antisowjethetze betrieben. Puchstein habe Blankenburg laufend Spionagematerial übergeben und Mitglieder angeworben. Krumm habe die Aufgabe gehabt, wichtige Materialien zu verwahren und Antisowjethetze zu betreiben. Posnanzky sei direkt von Geissler geworben worden und habe ihn ständig mit Informationen beliefert. Neujahr habe in großem Umfang Spionage betrieben. Die Anklagepunkte gegen die anderen waren noch dünner: Antisowjethetze und Lieferung von Spionagematerial.«[33]

Am Morgen des 18. Juli begann der Prozess, der nur zwei Tage dauerte. Am Nachmittag des 20. Juli wurden die Urteile in erster Instanz vom Sowjetischen Militärtribunal Schwerin verkündet: 25 Jahre Zwangsarbeit war das allgemeine Urteil für die meisten. Vier wurden zum Tode durch Erschießen verurteilt: Arno Esch, Heinrich Puchstein, Gerhard Blankenburg, Karl-Heinz Neujahr. Sie wurden gemeinsam Klaus Lamprecht, einem überhaupt nicht in Verbindung zu Esch stehenden und dennoch zu 25 Jahren Zwangsarbeit verurteilten Lehrling, nach Moskau gebracht, wo am 4. und 5. April 1951 ein zweiter Prozess stattfand. Die Todesurteile wurden bestätigt und das von Esch am 24. Juli 1951 vollstreckt.[34] In einer Mitteilung des Referats Wiedervereinigung

---

31 Horst *Köpke*, Davongekommen, In: *Köpke/Wiese* (wie Anm. 14), S. 117-123.
32 Brief von Dr. Scheffler an die Bundesgeschäftsstelle des Hilfsdienstes Ost der FDP vom 20. März 1951, AdL A45 2068, o. Bl.
33 Horst *Köpke*, Davongekommen, In: *Köpke/Wiese* (wie Anm. 14), S. 124.
34 Ebd, S. 127-131.

der FDP vom 25. April 1958 wird protokolliert, dass nach einer unbestätigten Meldung das Urteil gegen Puchstein vollstreckt worden sei.[35] Über Blankenburg ist lediglich bekannt, dass er in der Häftlingskartei des Referats Wiedervereinigung registriert war und in der Suchkartei beim DRK in Berlin-Dahlem unter der Nummer 506 821 geführt wurde.[36] Lamprecht hat die Lagerhaft überlebt. Die übrigen, zu 25 Jahren Verurteilten wurden am 1. September 1950 in das Zuchthaus Bautzen gebracht, in Berlin wurde ihnen vom Obersten Militärgericht der Sowjets erneut der Prozess gemacht. Am 25. November 1950 wurden auch Wiese, Posnanzky und Kiekbusch zum Tode verurteilt, die anderen erneut zu 25 Jahren Zwangsarbeit. Die Todeskandidaten wurden sofort voneinander getrennt und nach Moskau gebracht. Am 20. April 1951 erfolgte die Begnadigung Wieses zu 25 Jahren Zwangsarbeit. Über den Verbleib von Posnanzky und Kiekbusch liegen keine Informationen vor.[37]

Diese Verhaftungswelle, die mit der »Gärtner-Gruppe«[38] in Stralsund begonnen hatte und sich mit der Verhaftung Eschs und seiner Mitstreiter fortsetzte, brachte die Jugendarbeit und damit den größten Teil der Opposition und des Widerstandes innerhalb der LDP gegen den Herrschaftsanspruch der SED und der Besatzungsmacht zum völligen Stillstand. Die Protagonisten waren verhaftet worden und hinterließen ein Gefühl der Leere in der politischen Jugendarbeit, ein Gefühl der Angst und der Unsicherheit. In Zukunft würde sich niemand aus den Reihen der liberalen Jugend so exponiert gegen die Besatzungsmacht und die SED stellen wie die Freunde um Arno Esch. Wiese meinte einmal, den Grundsatz für das Handeln des NKWD gefunden zu haben und sagte ziemlich treffend: »Bestraft einen, erzieht Hunderte.«[39]

Ein weiteres Beispiel für das skrupellose Vorgehen gegen aktiven und passiven Widerstand von LDP-Mitgliedern zeigte der Güstrower Prozess vom September 1950, der gegen Oberschüler der John-Brinckmann-Schule geführt wurde, die begonnen hatten, sich aktiv mit der neuen Gesellschaftsordnung und ihrem Einfluss auf den Unterricht auseinander zu setzen. Der ehemalige Schüler Peter Moeller[40] beschrieb ihre Motive im Jahr 1999 so: »Es waren gute, alte Lehrer, die die Nazizeit mit Anstand überstanden hatten, und junge,

---

35 Brief des Referats Wiedervereinigung an die Bundesgeschäftstelle der FDP vom 25. April 1958, AdL A45 2186, o. Bl.
36 Ebd.
37 Horst *Köpke*, Die Prozesse, In: *Köpke/Wiese* (wie Anm. 14), S. 127-131.
38 Gerhard Blankenburg war Gärtner, deshalb diese Namensgebung.
39 Ebd., S. 135.
40 Peter Moeller war mit dem Ministerpräsidenten des Landes Mecklenburg, Wilhelm Höcker (SED) verwandt, dessen Frau, Grete Höcker, war die Tante Peter Moellers. In einem Brief an den 1. Sekretär der SED des Landes Mecklenburg, Kurt Bürger, wies Höcker jegliche persönliche Verbindung zu seinem Neffen zurück und teilte mit, er selbst habe sich dafür ausgesprochen, Moeller nicht zum Studium zuzulassen. Vgl. Dok. abgedruckt in: Peter *Moeller*, . . . sie waren noch Schüler, Repressalien – Widerstand – Verfolgung an der John-Brinckmann-Schule in Güstrow 1945-1955, Rostock 1999, S. 35.

die aus dem Krieg zurückgekehrt waren und ›die Schnauze voll hatten‹ von denen wir lernten, wie verbrecherisch jene Nazi-Ideologie war, von der wir zuvor nur die Sonnenseite gekannt hatten. [. . .] Doch neben dieser Anfangshoffnung meldeten sich bald die neuen Ideologen. Die Schreckensbilder vom Mai 1945 wurden offiziell geleugnet. Der Russischunterricht wurde eingeführt, der sehr schnell mehr als reiner Sprachunterricht wurde. Die größten Wissenschaftler, Künstler und Schriftsteller sowie der wahre Humanismus kamen aus der Sowjetunion, so wollte man es uns weis machen. Ein neuer Zeitgeist meldete sich, und wir sträubten uns.«[41] Hintergrund des gegen die Schüler im Jahr 1950 geführten Prozesses waren die Kontakte der acht Angeklagten, sieben von ihnen gehörten der LDP an, sechs von ihnen waren Schüler der Güstrower Oberschule, zu Arno Esch. Vor Gericht standen Enno Henke, stellv. Ortsvorsitzender der LDP Güstrow und Betriebsgruppenvorsitzender der LDP an der Güstrower Oberschule, Peter Moeller, Fritz Gutschmidt, Wolf-Heinrich Dieterich, Günter Heyer, Horst Rieder und Rolf Beuster. Ihnen wurde fortgesetzte Verbreitung von Gerüchten nach dem 8. Mai 1945, Fassung eines gemeinsamen Planes gegen den Frieden, Boykotthetze und Völkerhass vorgeworfen.[42]

Was war passiert? Henke hatte zusammen mit Esch an einem Gespräch mit zwei LDP-Mitgliedern, Kuhagen und Schneider, teilgenommen, die später nach Westberlin gingen. Thema dieser losen Zusammenkunft waren neue Ziele für die LDP. Diesem Treffen folgten keine weiteren. Im März 1950 wurde Henke von Kuhagen über die »Kampfgruppe gegen die Unmenschlichkeit« informiert, die sich zum Ziel gesetzt hatte, die Vorherrschaft der SED zu brechen und eine gesamtdeutsche Regierung zu bilden. Von diesem Treffen erzählte Henke den übrigen Angeklagten. Im Verlaufe des Jahres fanden weitere lose Zusammenkünfte statt. Im August 1950 wurde Henke beauftragt, Flugblätter und Klebezettel zu verbreiten, was er dann mit allen Angeklagten, außer Dieterich und Nehring, tat. »Als im Sommer sich eindeutig zeigte, dass die Wahlen am 15. Oktober 1950 nicht mehr, wie zugesichert, als Listenwahlen, sondern unter dem Mantel der Nationalen Front als Blockwahlen mit einer Einheitsliste durchgeführt werden würden, nahmen wir Flugblätter von Westberlin mit nach Güstrow. ›Freiheit durch freie Wahlen in Ost und West‹, so lautete der Text.«[43] Es wurden Gruppen gebildet, die sich einzelne Stadtteile vornehmen sollten. In der Nacht vom 31. August zum 1. September klebten sie Zettel an die Güstrower Oberschule. Bei einem weiteren Einsatz in der Nacht vom 15. zum 16. September 1950 wurden Henke und Moeller verhaf-

---

41 Ebd., S. 22.
42 Bericht über den Güstrower Prozess gegen verschiedene Mitglieder der LDP wegen Sabotage und Kriegshetze vom 30. September 1950. AdL L5 246, S. 1.
43 Peter *Moeller* (wie Anm. 39), S. 26.

tet.[44] Moeller beschreibt eine Begebenheit der Verhöre, die sofort nach der Verhaftung einsetzten. »Man wollte mich zwingen, weitere Namen zu nennen. Ein Offizier kam zur Vernehmung hinzu und teilte mir mit, daß man meine Mutter verhaftet hätte. Da ich nicht sprechen wollte, müßte sie das nun ausbaden. Durch die offenstehende Tür gab er Anweisung, kaltes Wasser in die Badewanne zu lassen und meine Mutter auszuziehen. Sie sollte so lange in dem kalten Wasser verbleiben bis ich sprechen würde. Ich glaubte ihnen nicht, denn gewiß hätten sie dann meine Mutter aufgefordert, mir etwas zuzurufen, um mich zu zwingen.«[45]

Der Prozess begann am 27. September 1950 vor der Großen Strafkammer für Anklagen nach SMA-Befehl 201 (NS-Strafsachen) beim Landgericht Schwerin. Die Urteile für Verbrechen gegen den Frieden, Vorbereitung eines Krieges, Verletzung von internationalen Verträgen und Bekundung von Völker- und Rassenhass lauteten: Enno Henke – 10 Jahre Jugendgefängnis, Peter Moeller – 15 Jahre Zuchthaus, Fritz Gutschmidt – 15 Jahre Zuchthaus, Rolf Beuster – 15 Jahre Zuchthaus, Horst Rieder – 12 Jahre Zuchthaus, Günther Heyer – 10 Jahre Zuchthaus, Wolf-Heinrich Dieterich – 5 Jahre Zuchthaus, Horst Nehring – 5 Jahre Zuchthaus. Moeller beschreibt die kurze Zeit nach seiner Begnadigung am 20. November 1956, als er mehr als die Hälfte der Strafe verbüßt hatte: »Als ich [. . .] nach Hause kam, war von Freude keine Spur. Wie aus dem Koma erwacht: Man ist da, und das ist alles. [. . .] Am Tag, bevor ich mit dem Nachtzug nach Berlin die DDR verlassen wollte, kaufte ich in der Engen Straße in Güstrow einen Koffer. Die Besitzerin des Geschäftes – ich weiß es wie heute – erlaubte mir nicht, am Tage mit dem Koffer durch die Stadt zu gehen, und brachte ihn in der abendlichen Dunkelheit. Noch immer solidarisierten sich die Menschen dieser Stadt mit uns. Nichts hatte sich geändert.«[46]

Das Verhalten von LDP-Mitgliedern im Landtag als Widerstand zu bezeichnen, fällt schwer, waren sie doch als an der Landesregierung Beteiligte formal mitverantwortlich für Beschlüsse und Aktionen. Dennoch gab es deutliche Opposition seitens mancher Liberaler. Im Mecklenburgischen Landtag traten Widersprüche in der Parlamentsarbeit zum Anfang noch öffentlich, dann verhalten zu Tage. Bei den Beratungen zur Verfassung des Landes Mecklenburg regte sich Unmut in den Reihen der LDP. Sie wollte den Verfassungsentwurf der SED wegen rechtsstaatlicher Bedenken ablehnen. Auf Grund des Intervenierens des Finanzministers Hans-Gotthilf Strasser (LDP), der seinen Partei-

---

44 Bericht über den Güstrower Prozess gegen verschiedene Mitglieder der LDP wegen Sabotage und Kriegshetze vom 30. September 1950, AdL L5 246, S. 1-6.
45 Peter *Moeller* (wie Anm. 39), S. 27.
46 Ebd., S. 31.

freunden die Konsequenzen eines solchen Handelns aufzeigte, beendete die Fraktion die Debatte.[47]

Diskussionen im Verfassungsausschuss von Seiten der LDP waren dahingehend eingeschränkt, dass am 6. Januar 1947 eine zentrale Weisung des Parteivorsitzenden Külz an die Landesverbände erging.»Die Landesverbände werden gebeten, sofort den zuständigen Mitgliedern unserer Partei Mitteilung davon zu geben, dass von uns im Hinblick auf den fortgeschrittenen Stand der Beratungen eine gewisse Zurückhaltung der Anträge am Platz ist. Andererseits ist alles zu vermeiden, was auch nur den Schein eines Durchpeitschens der Verfassungsvorlagen erwecken könnte.«[48]

Hier wird ersichtlich, dass gewählte Mitglieder der LDP, ebenso wie die der CDU, sich im Parlament aktiv gegen Vorschläge der SED wandten und versuchten, ihren Ideen Raum zu verschaffen. Doch zunehmende Weisungen des Landesverbandes und des Zonenverbandes schränkten den Handlungsspielraum zusätzlich ein. Vertreter wurden angewiesen, möglichst alles zu vermeiden, was zur Konfrontation mit Besatzungsmacht und SED führen könnte. Dies führte zur vermehrten Selbstzersplitterung innerhalb der LDP. Bei der CDU in Mecklenburg waren ähnliche Tendenzen sichtbar. Anpassungswillige und Mitglieder, die immer noch an eine freiheitliche Demokratie glaubten, standen sich in harschen Diskussionen gegenüber. Folge dieser Diskussionen waren oftmals Flucht in den Westen oder das Absetzen der oppositionellen Mitglieder der bürgerlichen Parteien von ihren Ämtern durch die Besatzungsmacht.[49]

1950 aus dem Landtag ausgeschlossen, floh der LDP-Abgeordnete Edmund Geißler in den Westen. Vorangegangen war ein langwieriges Untersuchungsverfahren gegen ihn. Geißler wurde schon 1945 vorgeworfen, sich der Höhe des Ablieferungssolls widersetzt zu haben. Da er nach einer Aussprache beim Bürgermeister der Stadt Crivitz am 3. Oktober 1945 den Forderungen immer noch nicht nachkam, veranlasste dieser seine kurzzeitige Verhaftung.[50] Im Januar 1947 wurden bei Edmund Geißler Haussuchungen vorgenommen. Die Ermittlungen verliefen ohne Ergebnis.[51] Geißler selbst reagierte auf die rege Tätigkeit des Bürgermeisters in einem Brief vom 12. Januar 1947. »An sich muß ich mir als Abgeordneter des Meckl.-Vorp. Landtages und Vors. des landw. Ausschusses untersagen, dass wenn ich, wie diese Woche 3 volle Tage in den Ausschüssen sitze, derartig in meiner Tätigkeit gestört werde. Sie wol-

---

47 Gerhard *Braas,* Die Entstehung der Länderverfassungen in der Sowjetischen Besatzungszone Deutschlands 1946/47, Köln 1987, S. 91.
48 Telefonische Durchsage der Reichsparteileitung vom 6. Januar 1947, AdL L5 215, o. Bl.
49 Vgl. dazu ausführlicher: Uwe *Heck,* Geschichte des Landtags in Mecklenburg, Ein Abriß, Rostock 1997, S. 172.
50 Brief des Bezirksoberbürgermeisters der Stadt Crivitz, Malchow, an den Landrat des Kreises Schwerin vom 10. Oktober 1945, MLHASN Landtag 85, o. Bl.
51 Schlussbericht der Kreispolizei Schwerin vom 11. Januar 1947, ebd.

len daher alle Einwendungen, die Sie gegen mich glauben vorbringen zu können, an den Herrn Minist. für Landwirtschaft einreichen, so geht es nicht weiter.«[52] Im November 1948 erfolgte auf eine weitere Beschuldigung von Geißler eine Stellungnahme Dr. Stratmanns, der den Landtagspräsidenten aufforderte, die verhängte Geldstrafe aufzuheben.[53] Die Angriffe gegen Geißler setzten sich bis zu seinem Ausschluss aus dem Landtag 1950 fort.

Der bis April 1947 amtierende 2. stellvertretende Vorsitzende des Landesvorstandes der LDP Dr. jur. Roderich Hustedt[54] wurde verhaftet und floh am 10. September 1954 in die Bundesrepublik.[55] Ein ähnliches Schicksal erfuhr der liberaldemokratische Landtagsvizepräsident Kurt Kröning 1951. Von seiner Partei ausgeschlossen, seines Landtags- und Volkskammermandats, das er 1950 durch die Einheitsliste bekommen hatte, enthoben, floh Kröning nicht, wie es Heck in seiner Studie anführt, 1952 in die Bundesrepublik,[56] sondern beging 1951 in Berlin Selbstmord. Nach Angaben seiner Ehefrau war er zu einem Gespräch beim Staatssicherheitsdienst (SSD) geladen worden. Auf Anfrage der LDP brachte der SSD zum Ausdruck, dass er Kröning den Vorwurf gemacht hatte, politische Beziehungen zu westdeutschen politischen Kreisen zu haben.[57] Sein Nachfolger wurde der Landtagsabgeordnete Friedrich-Wilhelm Otto.[58] Schon in der Charakteristik der SED über Kröning war klar festgelegt, welche Meinung von dem Abgeordneten Kröning in der SED herrschte: »K. hat starke Bindungen zu den alten Deutsch-Nationalen und Zentrumsleuten, von denen ein großer Teil die antifaschistisch-demokratische Ordnung ablehnt. Er ist einer der gefährlichsten Doppelzüngler, der es ausgezeichnet versteht, für die offizielle Befürwortung der Blockpolitik sich in den Vordergrund zu schieben. In Blocksitzungen hat er bis jetzt 2 bis 3 mal die Maske fallen lassen und trat für reaktionäre Kräfte ein.«[59]

Der Abgeordnete der zweiten Wahlperiode des mecklenburgischen Landtages und Stadtrat in Greifswald Johannes Wiedöft wurde am 22. September 1950 in seiner Wohnung verhaftet, nachdem er vorher seine Funktion als Stadtrat und sämtliche Aufgaben in der LDP niedergelegt hatte.[60] Ein Beschluss des

52 Brief von Edmund Geißler an Bürgermeister Malchow vom 12. Januar 1947, ebd.
53 Brief Dr. Stratmann an den Landtagspräsidenten vom 3. November 1948, ebd.
54 Dr. jur. Roderich Hustedt: geb. am 3. Oktober 1878 in Mirow, 1922-1928 Justizminister in Mecklenburg, AdL A45 2114, o. Bl. Die Schreibung des Nachnamens variiert zwischen Hustedt und Hustädt.
55 Brief an den Leiter des Bundesnotaufnahmeverfahrens vom 18. September 1954, AdL A45 2114, o. Bl.
56 Uwe *Heck* (wie Anm. 48), S. 176.
57 Vgl. Aktennotiz Betreff Kurt Kröning Stralsund vom 7. Februar 1951, AdL L5 165, o. Bl.
58 Brief des Fraktionsvorsitzenden an den Präsidenten des Landtages vom 9. März 1951, AdL L5 236, o. Bl.
59 Charakteristik über Kurt Kröning vom 2. August 1950, MLHASN Landesleitung der SED 575, Bl. 85.
60 Brief des Landesverbandes an die Landtagsfraktion vom 26. September 1950, AdL L5 235, o. Bl.

Kriminalamtes Schwerin vom 2. November 1950 stufte ihn nach eigenem Geständnis als Verbrecher ein und ordnete Untersuchungshaft an.[61] Im Untersuchungsvorgang 128/50 wurde der Tatbestand wie folgt dargestellt. »Der Wiedöft Johann hat als Stadtrat und als Kreisvors. der LDP im Februar 1949 auf einer Betriebsfeier der Stadtverwaltung Greifswald in einer Ansprache, die Henneckebewegung als Akkord ist Mord bezeichnet. Ferner trat er offen als Gegner der DDR. in Erscheinung, indem er noch in dieser Versammlung hervorhob, dass er die Wirtschaftspolitik der DDR ablehnt und niemals Sozialist sein kann. In innerbetrieblichen Schulungen der Stadtverwaltung Greifswald hetzte er offen gegen die DDR. und SU. In den Diskussionen versuchte diese Person immer wieder den Anwesenden klar zu machen, das in der SU. der Statskapitalismus [sic!, I.S.] herrscht und dieses eine Gefahr für Deutschland bedeutet. Im Mai 1950 verbreitete der Wiedöft das Gerücht in seinem Betrieb, dass in den Parlamenten der DDR. heute noch der selbe Kuhhandel wie früher mit den Abgeordneten getrieben wird. Die Politik aber hinter verschlossenen Türen stattfindet.«[62] Die Schlüsselworte der Anklage waren: ›Akkord ist Mord‹, die undemokratische Einheitsliste, der Kuhhandel der Regierung der DDR – Anhaltspunkte genug, Wiedöft als Gegner der neuen sozialistischen Ordnung hinzustellen. Da er als Landtagsabgeordneter Immunität besaß, stellte er vermutlich ein politisches Sprachrohr für kritische Stimmen in der LDP dar, die sonst nur auf die Gefahr einer Verhaftung hin geäußert wurden.

Bei seiner Vernehmung äußerte sich Wiedöft zum Tatbestand. Als Gründe für die Niederlegung seiner Ämter als Stadtrat und Kreisvorsitzender der LDP führte er folgendes an: »In meiner Tätigkeit als Stadtrat bin ich des öfteren betrunken zum Dienst erschienen. Durch diese Zustände habe ich auch manchmal verspätet meinen Dienst angetreten. Genaue Zeitangaben kann ich heute nicht mehr machen. Ferner durch meinen unmoralischen Lebenswandel, da ich mit einer Frau Rieck in Greifswald ein uneheliches Kind habe. Gleichzeitig wurde mir bei meiner Entlassung vorgeworfen, dass ich politisch nicht einwandfrei bin.«[63] Die aufgeführten Handlungen und Äußerungen fanden Niederschlag im Abschlussbericht der Verwaltung für Staatssicherheit Land Mecklenburg, die ihn für überführt und teilweise geständig befand, gegen den Artikel 6 der Verfassung der DDR verstoßen zu haben.[64] Mehrere Schreiben mit der Bitte um Entlassung Wiedöfts aus der Untersuchungshaft blieben unbeantwortet.[65] Das Verfahren gegen Wiedöft wurde von der Gene-

---

61 Beschluss d. Kriminalamtes Schwerin vom 2. November 1950 über Johann Wiedöft, (BStU) A22 112/51, Bl. 4.
62 Untersuchungsvorgang 128/50 zur Person Johann Wiedöft, ebd., Bl. 6.
63 Vernehmung von Johann Wiedöft am 30. Oktober 1950 in Greifswald, ebd., Bl. 20-22.
64 Schlussbericht der Verwaltung für Staatssicherheit Land Mecklenburg Abteilung Greifswald vom 13. November 1950, ebd., Bl. 26-28.
65 Brief Dr. Stratmanns an den Landtag vom 29. September 1950, AdL L5 250, o. Bl.

ralstaatsanwaltschaft in Schwerin am 20. Dezember 1950 eingestellt. Die Beweisaufnahme ergab, dass die Äußerungen Wiedöfts gegen die DDR und die SU, weiterhin seine kritische Einstellung zur Einheitswahlliste persönlich geäußerte Standpunkte waren. Weiterhin konnten die Zeugen nicht glaubhaft machen, dass die politischen Äußerungen Wiedöfts nicht allgemeiner Natur waren. »Auf die weitere Frage meinerseits, in welcher Form sich dieses herausgestellt hat [Einstellung gegen die DDR, I.S.] erklärte er, Wiedöft wäre kein Sozialist gewesen. Daß man dieses nicht von einem Landtagsabgeordneten und LDP-Vorsitzenden verlangen kann, dürfte verständlich sein.«[66] Die Einstellung des Verfahrens mag an dieser Stelle verwundern, hatte doch Wiedöft im Laufe der Vernehmungen durch Druck sämtliche Vorwürfe eingestanden. Doch auch so hatte die SED erreicht, was sie wollte. Wiedöft war in seiner eigenen Partei unglaubwürdig geworden für diejenigen Mitglieder, die den Kurs der SED befürworteten. Den Mitgliedern, die sich dem nicht ergeben wollten, schien ein weiterer Kontakt zu Wiedöft sicherlich zu gefährlich. Ähnlich verlief der Fall Moritz[67]. Der Abgeordnete der LDP im Landtag war ebenfalls verhaftet worden. Die Landtagsfraktion formulierte den Antrag auf Behandlung dieser Sache in der nächsten Landtagssitzung. Sie stellte die Frage nach den Gründen der Verhaftung und sah die in der Landesverfassung verankerten Immunität von Landtagsabgeordneten gefährdet.[68] Diese Angelegenheit wurde im Landtag nicht behandelt, obwohl der Landtagspräsident den Fraktionen auf der Ältenratssitzung am 9. Dezember 1948 eine schriftliche Erklärung über die Verhaftung und ihre Gründe zugesagt hatte.[69]
Durch die Verhaftungen und das Einschüchtern von Mitgliedern beider bürgerlicher Parteien wurde ihre Arbeit in den Fraktionen sehr erschwert. Abgeordnete legten ihre Mandate ohne Begründung nieder.[70]
Die LDP in Mecklenburg lebte von Anfang an vom Engagement einzelner, die manchmal sogar ihr Leben in den Dienst ihrer Partei stellten. Oftmals waren sie sich über die Gefahr, in der sie durch ihre politische Arbeit schwebten, nicht bewusst. Der Großteil der Mitglieder engagierte sich nicht in der Öffentlichkeit für die LDP und reagierte mit Passivität und Zurückhaltung. Es wäre gefährlich, die Ansprüche an die Verweigerung, Opposition und Widerstand zu hoch anzusetzen. Nicht jedem war es in einem System von Terror-

---

66 Brief des Generalstaatsanwalts an die Verwaltung für Staatssicherheit Schwerin vom 21. Dezember 1950, Betreff: Strafsache gegen den ehemaligen Stadtrat Johann Wiedöft, Greifswald, BStU A22 112/51, Bl. 30 u. 31.
67 Der Vorname konnte nicht ermittelt werden.
68 Antrag der LDP-Fraktion des Landtages an den Landtagspräsidenten v. 17. Januar 1949, AdL L5 234, o. Bl.
69 Brief d. Landesverbandes d. LDP an den Landtagspräsidenten v. 6. Januar 1949, MLHASN Landtag 88, o. Bl.
70 Vgl. Notiz über die Niederlage des Mandats als Abgeordneter des Landtags Gustav Bergmann vom 29. Mai 1951, AdL L5 236, o. Bl.

maßnahmen der SMAD, NKWD und SED zuzumuten, Widerstand zu leisten. Keinen aktiven Widerstand geleistet zu haben, bedeutete aber noch lange nicht, sich der herrschenden marxistisch-leninistischen Parteipolitik ange-passt und unterworfen zu haben. Fricke schreibt über die Existenz von LDP und CDU in der DDR: »Die beiden bürgerlichen Parteien, die 1945 in der SBZ entstanden, haben sich der Hegemonie der Kommunisten jahrelang zu widersetzen versucht. Ihre Herabwürdigung zu Satelliten-Parteien der SED setzte die weitgehende Zerstörung ihrer geistigen, politischen und sozialen Fundamente voraus. Allerdings zeugte es für ihre innere Kraft, wenn die Kommunisten trotz der unverhohlenen Unterstützung durch die sowjetische Besatzungsmacht immerhin Jahre dazu brauchten.«[71]

---

71   *Fricke* (wie Anm. 2), S. 47.

Wolfgang Buschfort

Das Liberale Ostbüro – Widerstand von außen?[1]

Schon die Fragestellung impliziert, daß man sich »außen« gesehen haben könnte. Tatsächlich gingen die Verantwortlichen des FDP-Ostbüros jedoch davon aus, nicht außen zu stehen, sondern innerhalb ihres eigenen Landes bedrängten Parteifreunden helfen zu wollen und zu können, um eine unnatürliche Staatsgründung auf deutschem Boden, zu bekämpfen und so einen Beitrag zur Einheit von Ost- und Westdeutschland leisten zu können.

Das Bürgertum war neben den Sozialdemokraten die vielleicht am stärksten bedrängte Gruppe in der Frühzeit der SBZ und der DDR, und auch Bürgerliche haben in erheblichem Umfang Widerstand geleistet, individuell oder als Gruppen, selbständig oder angeleitet durch Parteien und Organisationen im Westen. Daß dies bis heute nicht so im Bewusstsein der Öffentlichkeit verankert ist, hat viel mit der Individualität von Widerstand zu tun, viel aber auch mit der Zersplitterung der politischen Gruppierungen. Und mit dem parteiinternen Föderalismus, dem die Liberalen in ihrer Frühzeit ausgiebig frönten. Während auf der Linken das SPD-Ostbüro stand, dem das DGB-Ostbüro zuarbeitete, und das daneben angeblich eigenständige, tatsächlich aber organisatorisch wie finanziell vollständig abhängige Gruppierungen des »3. Weges« unterhielt, war der bürgerliche Widerstand in zahlreiche Gruppierungen unterteilt. Es gab den »Untersuchungsausschuß freiheitlicher Juristen«, es gab die »Kampfgruppe gegen Unmenschlichkeit« (KgU), es gab das Ostbüro der CDU, das Ostbüro der Deutschen Partei, ein Ostbüro des Blocks der Heimatvertriebenen und Entrechteten, (BHE), das Ostbüro der FDP, und später sogar noch ein eigenständiges Ostbüro der Freien Volkspartei (FVP) in Berlin. Diese Organisationen arbeiteten nur sehr selten zusammen, auch wenn das Personal zum Teil zwischen den Organisationen wechselte.

Hier interessiert jedoch vor allem das Ostbüro der FDP, daneben wird ein wenig auf das Ostbüro der Deutschen Partei eingegangen, auch und gerade, weil so deutlich wird, wie ähnlich die Probleme, wie ähnlich vor allem aber die Erfolge der Staatssicherheit waren.

Zunächst zur Gründungsgeschichte des liberalen Ostbüros: Es entstand nach der endgültigen deutschen Parteienspaltung, nach dem vergeblichen Versuch, eine gesamtdeutsche liberale Partei zu schaffen, vor allem aber nach der Par-

---

1   Der Vortragsmodus wurde weitgehend beibehalten.

teienspaltung in Berlin. Gegründet wurde das Ostbüro der FDP unter dem Namen »Hilfsdienst Ost«, kurz: HDO, durch den Berliner Landesvorsitzenden Schwennicke. Die Staatssicherheit schrieb hierzu später: »Der Hilfsdienst Ost hatte damals das Ziel, die Verbindung zu den im demokratischen Teil Berlins [gemeint ist der sowjetische Sektor] verbliebenen LDPD-Mitgliedern aufrecht zu erhalten, und durch diese Informationen über die weitere Entwicklung zu bekommen«[2]. Daneben sollten die nach den ersten Verfolgungsmaßnahmen geflüchteten Mitglieder der LDPD zunächst provisorisch versorgt werden. Doch viele Ostliberale wandten sich aus mangelnder Kenntnis über die FDP-Dienststelle an das Ostbüro der SPD; andere wurden von Liberaldemokraten gar dorthin empfohlen.[3] Einige Ostliberale wurden später sogar festbeschäftigte Mitarbeiter des SPD-Ostbüros, beispielsweise die langjährige Berliner Leiterin Charlotte Heyden und der stellvertretende Bonner Ostbüroleiter Helmut Fränzel alias Bärwald.[4] Großer Handlungsbedarf bestand demnach für die Berliner FDP, die eigene Ostarbeit effizienter und mehr publik zu machen.

Die Leitung übernahmen zunächst der Berliner FDP-Jugendchef Herbert Geißler und sein Jugendreferent Rudolf Jacobi. Geißler war zuvor Mitglied im Sekretariat des Zentralrats der FDJ gewesen, zuständig für Sport, Jugendheime und Wandern. Geißler unterhielt am Kaiserdamm in Charlottenburg ein Büro; dort gab er auch eine Jugendzeitschrift heraus. Er galt jedoch in LDPD-Kreisen als Nachrichtenhändler, der seine Arbeit »auf höchst unprofessionelle Weise« betrieb.[5]

Im Januar 1950 wurde der geflüchtete Stellvertretende Landesvorsitzende und Fraktionsvorsitzende der LDPD im Mecklenburger Landtag, Dr. Paul Scheffler, festbeschäftigter Leiter dieser Dienststelle der Berliner Liberalen. Den Großteil der Arbeit führten ehrenamtlich mitwirkende Parteifreunde durch, die Flüchtlinge betreuten und Schreibarbeiten übernahmen. Scheffler war nicht weniger problematisch als sein Vorgänger: Neben seiner Tätigkeit im Berliner Abgeordnetenhaus hatte er zahlreiche Ehrenämter und betätigte sich als Nachrichtenhändler bei alliierten Geheimdiensten. Die HDO-Tätigkeit verwaiste so zusehends.

Die Landesvorstände der FDP hatten am Rande des Parteitages in Heppenheim im Dezember 1948 beschlossen, möglichst alle aus der SBZ geflüchteten LDPD-Mitglieder zu registrieren; der Gießener Oberbürgermeister Dr. Engler wurde mit der Aufstellung dieser Kartei beauftragt. Finanziert

---

2 MfS AOP 1539/65, Bd. I, Auskunftsbericht über das Büro für Wiedervereinigung, BStU Berlin.
3 Vgl. Wolfgang Mischnick: Von Dresden nach Bonn, Erlebnisse – jetzt aufgeschrieben, Stuttgart 1991, S. 201.
4 Beide traten 1971 in die CDU ein.
5 Horst Köpke u. Friedrich-Franz Wiese: Mein Vaterland ist die Freiheit. Das Schicksal des Studenten Arno Esch, Rostock 1990, S. 116.

wurde dies zunächst ausschließlich vom Kreisverband Gießen der FDP, eine kaum zu leistende Aufgabe. Zwangsläufig mußte die Tätigkeit daher zeitweise auch aus Mangel an finanziellen Möglichkeiten eingestellt werden.[6] Dies geschah zeitgleich mit der größten Verfolgungswelle gegen Liberale in der SBZ und in der neugegründeten DDR:»Man kommt mit den Verlustmeldungen kaum noch nach«, schrieb damals der LDPD-Landessekretär Wolfgang Schollwer aus Potsdam in sein Tagebuch[7].

Eine Reorganisation der Arbeit tat Not, und sie kam mit der Schaffung einer Geschäftsstelle in der neuen Bundeshauptstadt Bonn. Am 1. Oktober 1950 konnte der damals erst 28-jährige Karl-Heinz Naase, ehedem Bürgermeister von Rastenburg und thüringischer Landtagsabgeordneter, die Leitung des Hilfsdienstes Ost in Bonn übernehmen. Grund für die Unterstützung durch die Bundespartei war u.a. die Erwartung, bald wieder eine gesamtdeutsche liberale Partei bilden zu können.»Man darf das Feld nicht den anderen Parteien überlassen (besonders im Hinblick auf gesamtdeutsche Wahlen)«[8], teilte Ostbürochef Naase dem Organisationsausschuß seiner Partei mit. Es handelte sich im übrigen um die identische Argumentation, die auch das SPD-Ostbüro immer zur Rechtfertigung seiner Tätigkeit vorbrachte.

In Bonn wurde versucht, die verschiedenen Büros, die sich mittlerweile gebildet hatten, zusammenzufassen. Es waren dies insbesondere Anlaufstellen in den Flüchtlingslagern Berlin, Gießen und Uelzen, daneben auch noch Büros in Eschwege und Hamburg[9]. Doch Naase hatte vor allen Dingen mit personellen und finanziellen Problemen zu kämpfen;»sämtliche 17 Aufgabengebiete« wurden Ende 1951 von ihm und Wolfgang Schollwer wahrgenommen, er mußte der Parteiführung mitteilen, zahlreiche Aufgaben könnten gar nicht oder nur teilweise erfüllt werden. Naase zählte hierzu vor allem die Archivarbeiten und die Öffentlichkeitsarbeit.

In Bonn traf man derweil organisatorische Maßnahmen, um die Zentralisierung hin auf *ein* Ostbüro voranzutreiben. Eine offizielle Aufgabenbeschreibung existiert vom Oktober 1950, danach war das Ostbüro vor allem im Westen für die Abwehr kommunistischer Infiltrationen zuständig, Weiter heißt es bei der Aufgabenbeschreibung,»daß der Schwerpunkt unserer Arbeit in der augenblicklichen Situation sich insofern verlagert hat, als wir unsere ganze Aufmerksamkeit den kommunistisch beeinflußten Organisationen zuwenden müssen«.[10] Daneben sahen die Aufgaben folgendermaßen aus:

6   Bd. 2586, Tätigkeitsbericht Gießen 1.9.50-31.7.51, o. Dat., ADL Gummersbach.
7   Wolfgang Schollwer: Potsdamer Tagebuch 1948-1950. Liberale Politik unter sowjetischer Besatzung, München 1988, S. 85.
8   MfS AOP 1539/65, Bd. I, Bl. 71. Manuskript vermutlich von 1955, BStU Berlin.
9   Bei der sog. B-Stelle in Hamburg handelte es sich wahrscheinlich um eine reine Flüchtlingsbetreuungsstelle des dortigen Landesverbandes.
10 Bd. 2592, Schreiben Naase an Rieß v. 13.10.1950, ADL Gummersbach.

»1. Beurteilung von Sowjetzonenflüchtlingen, insbesondere höheren Funktionären.
2. Beobachtung der Infiltrationsbewegung von Ost nach West.
3. Laufende Überwachung der Tätigkeit von kommunistischen Tarnorganisationen.
4. Feststellung von Personen, die sich verfassungsfeindlich betätigen.«[11]

Umfangreiche Aktenbestände lassen erkennen, daß die Tätigkeit zur Überwachung verfassungsfeindlicher Aktivitäten im Bundesgebiet keine Randaufgabe, sondern ein zentraler Bestandteil der Ostbüroarbeit der FDP war.[12]

Wichtig blieb bei der eigenen Arbeit immer der Blick auf die SPD: Die FDP musste ein Ostbüro haben, musste in die DDR hineinwirken, weil SPD und CDU dies auch machten. Geradezu apodiktisch heißt es in einem internen Schreiben: »Es bleibt nur die Alternative, entweder die erforderlichen Mittel zu beschaffen, oder uns in der Erfüllung unserer Aufgaben Beschränkungen aufzuerlegen, die unsere Partei vielleicht einmal mit dem Verlust von Gewicht bezahlen muß.«[13] Dem Autor ist hingegen aus diesen Jahren kein einziger Fall bekannt, in dem die FDP im Osten tatsächlich agierte, um Entscheidungen zu beeinflussen. Dies war bei der SPD dagegen eine Hauptaufgabe.

Vor allem die Zusammenarbeit in und mit Berlin erwies sich als schwierig, aber auch der Gießener Kreisverband machte Probleme. In Berlin verschliss die FDP innerhalb von nicht ganz zwei Jahren sechs Leiter oder de facto-Leiter der Ostbüro-Außenstelle. Vor diesem Hintergrund ist es nicht verwunderlich, daß eine wirkliche Arbeit in Richtung Osten nicht in Gang kam, man hatte zuviel mit sich selbst zu tun. Hinzu kamen Probleme mit den Ostbüros der Deutschen Partei (DP) und des Gesamtdeutschen Blocks/BHE, die in den Flüchtlingslager etwas vom konservativen »Flüchtlingskuchen«, der vornehmlich das FDP-Referat aufsuchte, abhaben wollten.[14]

Da die FDP nicht – wie SPD- oder CDU-Ostbüro – auf caritative Organisationen wie Caritas, Diakonisches Werk oder Arbeiterwohlfahrt zurückgreifen konnte, entfiel eine weitergehende Hilfe für Flüchtlinge und ihre – zum Teil noch in der SBZ/DDR befindlichen – Angehörigen. Lediglich die sogenannte »Freie Demokratische Wohlfahrt e.V.«, eine Berliner FDP-Gründung von 1949, die sich 1951 dem Paritätischen Wohlfahrtsverband anschloß, konnte in kleinem Umfang caritativ mit Nähstube, Kleiderkammer etc. tätig werden.

---

11 MfS AOP 1539/65, Bd. I, Bl. 80, Notiz von Naase an Weirauch, BStU Berlin.
12 Vgl. Aktenpläne in Bd. 2907, Sachgruppen 32-34, ADLGummersbach. Vgl. auch Schriftwechsel im ADL, Bd. 2589. Hier sind mehrere hundert Anfragen aus Niedersachsen gesammelt, es handelt sich jedoch lediglich um die Jahre 1957-1960 und um Personen, zu denen die FDP keine Aussagen treffen konnte.
13 Bd. 2584, Schreiben Otto an Naase v. 27.4.52, ADL Gummersbach.
14 Bd. 2585, Schreiben Naase an Bach v. 30.9.1953, ADL Gummersbach.

Dieser Verein bestand jedoch lediglich in Berlin; für soziale Arbeit der Dienststellen in den westdeutschen Flüchtlingslagern war diese Organisation nicht brauchbar.

Erfolgreicher konnte das FDP-Ostbüro erst werden, nachdem es dank fremder Finanzspritzen unabhängig von der FDP geworden war. Das Geld kam ab Ende 1952 vom Gesamtdeutschen Ministerium (BMG) und vom US-Geheimdienst. Jetzt sollte es endlich eine verstärkte Propagandatätigkeit in die DDR hinein, vor allem auch in die LDPD hinein geben. Eingestellt wurde von dem neuen Geld u.a. Hans Füldner in Berlin Anfang 1953. Unter dem Aliasnamen »Ludwig«, entfaltete er eine bemerkenswerte Aktivität in vielen Bereichen, so auch in der Propaganda. Die Bevölkerung der DDR und insbesondere liberal denkende Menschen, nicht nur LDPD-Mitglieder, sollten über die liberale Politik im Westen informiert werden. Hiermit hoffte man den Boden zu bereiten für die Zeit nach der Wiedervereinigung. Die DDR-Bevölkerung sollte die FDP nicht nur dem Namen nach kennen, sondern mit diesem Parteinamen auch konkrete politische Inhalte verbinden. Um dies zu erreichen wurden Broschüren und Flugblätter hergestellt und verteilt.

Der Hilfsdienst Ost hätte ein flächendeckendes Netz von Parteifreunden benötigt, die zu dieser Arbeit bereit gewesen wären, doch das war nicht vorhanden. Man suchte daher nach anderen logistischen Möglichkeiten und fand die notwendige Unterstützung. Füldner knüpfte Kontakte zu einer »Organisation Brandt« an, die mit privaten Geldspenden Widerstandsarbeit in der DDR betrieb.[15] Das Material sollte zukünftig über Ost-Berlin in Depots in verschiedenen Städten der DDR eingelagert und dann innerhalb weniger Tage zeitgleich im gesamten Land verteilt werden.[16] Mitte August 1953 gelangten rund 30.000 eigens für die Herbstmesse gedruckte Flugblätter durch Kuriere in ein Depot und wurden dann an elf Mitglieder der »Organisation Brandt« weitergeleitet. Mit Hilfe von Flugblattraketen, sogenannten Fröschen, verteilte man innerhalb kürzester Zeit rund 10.000 Flugblätter in der Innenstadt; abends dann die restlichen Exemplare in den Randbezirken der Stadt. Da die eigenen Flugblattverteiler stark gefährdet worden wären, verzichtete man darauf, während der Rede Otto Grotewohls beim Eröffnungsfestakt der Messe eine Flugblattrakete zu starten. In Cottbus waren an der Aktion sechs Verteiler beteiligt, insgesamt konnten rund 14.000 Exemplare der FDP-Flugblätter am 27. August 1953 in verschiedenen Stadtvierteln verteilt werden.

Auch die sogenannten Ballonaktionen intensivierte Füldner. Zuvor hatte man mit normalen Kinderluftballons jeweils drei bis vier Flugblätter verschickt, eine aufwendige und zeitraubende Arbeit. Bei der ersten Aktion des HDO

---

15 Unterlagen hierzu in: Bd. 2524, ADLGummersbach.
16 Fallschilderung in: Bd. 2593, Flugblattaktion des Ostbüros der FDP während der diesjährigen Leipziger Herbstmesse v. 9.9.1953, ADL Gummersbach.

wurden im Frühjahr 1952 innerhalb von drei Monaten mit Hilfe dieser Methode 4.000 Ballons mit 17.000 Flugblättern auf die Reise geschickt.[17] Jetzt konnten innerhalb eines halben Jahres rund 400.000 Flugblätter versandt werden. Die Finanzierung des Drucks, des Versandes und des Einschleusungsapparates erfolgte durch die vom Leiter des Ostbüros beschafften Mittel von privater Seite[18], also letztendlich durch die Alliierten oder zum Teil durch Industriespenden.

Zudem schickte Füldner rund 1.500 Drohbriefe an LDPD-Parteifunktionäre.[19] In diese Briefe floß das Wissen des Ostbüros über viele Täter im Regime ein; unterzeichnet waren die Briefe, die oftmals auf offiziell wirkenden Briefköpfen von DDR-Organisationen geschrieben waren, vom Ostbüro der FDP. Das Ostbüro wollte die LDPD auch wirtschaftlich treffen, daher schrieb man Inserenten in LDPD-Zeitungen mit der Bitte an, doch im Interesse einer wahrhaft liberalen Politik keine Anzeigen mehr zu schalten. Mit Hilfe gefälschter LDPD-Briefe[20] bestellte man Funktionäre, etwa Bezirkssekretäre, kurzfristig zu Besprechungen nach Ostberlin ein, andere wurden mit Druckschriften des Ostbüros beliefert. Doch nicht nur Briefpapier, Umschläge und Schriften wurden gefälscht: Hans Füldner alias Ludwig schmuggelte 1953 tausende gefälschter 20,- DM-Scheine der DDR-Notenbank nach Osten[21], andere Ostbüros fälschten Lebensmittelkarten und Mitgliedsmarken von Parteien und Massenorganisationen.

Das Berlin des Kalten Krieges war zumindest bis zum Mauerbau am 13. August 1961 eine ausgeprägte Nachrichtenbörse. Informationen und Nachrichten, auch kleinster und unbedeutendster Art wurden gesammelt. Dabei war der Handel mit Informationen in Berlin eine typische und weitverbreitete Spielart des Kalten Krieges. Überzeugte Regimegegner, die Informationen weitergaben, fand die FDP kaum. Mit der Tatsache, daß »Honorare für Berichte hier praktisch überhaupt nicht zur Verfügung« standen, hatte schon Ottos Vorgänger Dr. Henn 1952 die Notwendigkeit begründet, sich lediglich mit Zweitauswertungen anderer Dienste zu beschäftigen. Er könne »nur aufgrund persönlicher Beziehungen zu Dienststellen oder Einzelpersonen solche Berichte beschaffen«, von denen er wisse, »daß sie bereits auf anderem Wege an alliierte oder deutsche Zentralstellen weitergeleitet« worden seien.[22]

17 ADL, Bd. 2593, Flugblattaktion des Ostbüros der FDP während der diesjährigen Leipziger Herbstmesse v. 9.9.1953.
18 Bd. 2608, Tätigkeitsbericht 1.1.-30.9.1953, S. 9, ADL Gummersbach.
19 Vgl. Wolfgang Schollwer: a.a.O., S. 101, Anm. 8. Vgl. auch ADL Gummersbach, Bd. 2608, Tätigkeitsbericht 1.1.-30.9.1953, S. 8.
20 Bd. 2526, ADL Gummersbach.
21 Vgl. Bd. 2521, Schnellbericht Nr. 23 v. 4.9.1953, ADL Gummersbach.
22 Bd. 2584, Schreiben Dr. Henn an Naase v. 14.1.1952, ADL Gummersbach.

Symptomatisch für die Probleme steht ein Schreiben, das die Gießenerin Christa von Holly 1951 nach Bonn schickte. Man sei in der Lage, von einem »hohen FDJ-Funktionär« ein Manuskript »über die Organisation, Infiltrierungsmethoden und Angaben über geplante Aktionen in der Westzone [sic!]« zu beschaffen, man benötige hierfür jedoch finanzielle Mittel. Die Frage des Geldes für Informationen, so von Holly, müsse »ein für alle Mal« geklärt werden. Sie habe da jemanden, der hierzu interessante Finanzierungsvorschläge machen könne.[23] Möglicherweise boten schon damals die Amerikaner ihre Unterstützung an.

Geld bekam man ab Ende 1952 vom amerikanischen Geheimdienst, doch das Personalproblem war nicht gelöst. Weder hatte das Ostbüro fähige Informanten, noch im Geheimdienst erfahrene Mitarbeiter. Man bediente sich daher der Unterstützung eines Mitarbeiters der KgU, der gleichzeitig auch FDP-Mitglied war: Joachim Porzig. Porzig war zu diesem Zeitpunkt Flüchtlingsbetreuer bei der Kampfgruppe gegen Unmenschlichkeit; er fertigte – ebenso wie die Vertreter der Ostbüros der Parteien – im Flüchtlingslager Berlin-Marienfelde Gutachten über einlaufende Flüchtlinge an. Er gehörte nach eigenen Aussagen »der Aufklärungsabteilung [der KgU] an und bearbeite[te] die Sachgebiete Parteien und Verwaltung«.[24] Informanten sollten jetzt für die FDP angeworben werden, die man für ihre Arbeit auch entlohnen wollte: »Lieber weniger, aber gute Leute, denen man dann auch finanziell etwas mehr bieten kann«, so ein Zitat von Porzig. Die politische Grundüberzeugung spielte keine Rolle – mehr. Man wollte an Informationen kommen, um mit denen handeln zu können, und richtete eine sogenannte »I-Stelle« ein, die völlig separat vom Ostbüro arbeiten sollte.

Die I-Stelle wurde umgehend vom Staatssicherheitsdienst ausgeforscht. Doch Porzig schien trotzdem bereits nach kurzer Zeit einen handlungsfähigen Apparat von Informanten aufgebaut zu haben, selbst einen »Kapitänleutnant der Seepolizei« konnte er anwerben.[25] Insgesamt konnten Bonn und Berlin jetzt zufrieden sein mit dem Erreichten. Das FDP-Ostbüro war zum Mitspieler an der Nachrichtenbörse geworden und wurde erstmals auch in DDR-Zeitungen ausführlich erwähnt.

Die von den Amerikanern getragenen Kosten summierten sich einige Jahre später auf für damalige Zeiten astronomische Höhen; so erhielt die FDP zwischen Januar und Oktober 1956 151.646,66 DM, die als »private« Spenden bezeichnet wurden.[26] Hingegen brachte ein Spendenaufruf des FDP-Vorsitzenden Thomas Dehler im November 1956 lediglich 1191,- DM ein.[27] Diese

23 Bd. 2586, Schreiben von Holly an Naase v. 25.4.1951, ADL Gummersbach.
24 Vgl. MfS HA II/Stab, Lebenslauf Porzig v. 11.12.52, Bl. 101, BStU Berlin.
25 MfS AOP 1539/65, Bd II B, Schreiben Porzig an Naase v. 20.2.53, Bl. 29, BStU Berlin.
26 Bd. 2608, Aufstellung o. Dat. (Februar 1957), ADL Gummersbach.
27 MfS AOP 1539/65, Bd. II/8, Bl. 362, BStU Berlin.

Dreifachfinanzierung, BMG, US-Dienste und FDP, führte Ende 1955 zu erheblichen Problemen. Der Bundesrechnungshof führte im September d. J. eine Prüfung der Bücher durch, die zu dem erstaunlichen Ergebnis kam, das Ostbüro habe erheblich mehr ausgegeben, als es eingenommen habe.[28] Von der Finanzierung durch die USA wußten die Rechnungsprüfer nichts, und so vermuteten sie fälschlicherweise, bestimmte Belege seien doppelt abgerechnet worden.

1953 geriet das Ostbüro der FDP unter massiven Druck. »Mit Hilfe des GM »Pelz« gelang es im Mai 1953, eine Agentin des Ostbüros der FDP zu entlarven«, so ein wörtliches Zitat, dadurch konnten zwei weitere Mitarbeiter in Rostock festgenommen werden. »Hierdurch wurden uns erstmalig nähere Einzelheiten über die Tätigkeit des Ostbüros der FDP bekannt«, stellte die Staatssicherheit zur ersten Verhaftung einer Vertrauensperson des Ostbüros fest.[29]

Auch in Dresden gab es personelle Verluste. Ausgangspunkt hierfür war ein Günter Hegewald alias GM »Hans«, der sich als Verräter seiner Parteifreunde betätigte. Hegewald war damals Abteilungsleiter im Bezirksvorstand der LDPD, wurde in eine Untergrundgruppe in Dresden eingeschleust und berichtete fortan hierüber[30]. Diese Gruppe wurde von der Staatssicherheit als erhebliche Gefahr angesehen, hatte sie doch Kontakt zum ehemaligen LDPD-Landesvorsitzenden und stellvertretenden Ministerpräsidenten der DDR, Professor Kastner aufgenommen, mit dem man eine neue, wahrhaft liberale Partei gründen wollte[31]. Als diese Gruppe, bestehend aus neun Männern und einer Frau, von der Staatssicherheit Mitte 1953 zerschlagen wurde, gelang es Günter Hegewald, nach Berlin zu »flüchten«. Er kam in der I-Stelle an, wurde von Hans Füldner als Flüchtling betreut[32], und ihm gelang es, »sich bei den dortigen hauptamtlichen Mitarbeitern Vertrauen zu erwerben«[33], schrieb der Staatssicherheitsdienst, so daß er im Ostbüro laut Staatssicherheit »ehrenamtlich« angestellt wurde. Ab diesem Zeitpunkt bekam die Staatssicherheit Informationen in Hülle und Fülle. Wahrscheinlich trug er auch zur Verhaftung von Vertrauensleuten des Ostbüros der Deutschen Partei (DP) bei, denn auch zum Leiter dieses Büros, Segel, unterhielt er bis weit ins Jahr 1954 hinein gute Beziehungen[34].

---

28 MfS AOP 1539/65, Bd. IIA, Bl. 414, BStU Berlin.
29 MfS AOP 1539/65, Bd II/4, Bl. 4, BStU Berlin.
30 Ebenda, Bl. 40.
31 Kastner wehrte sich hiergegen. Er stand zu diesem Zeitpunkt bereits mit dem BND/Organisation Gehlen in Kontakt und flüchtete 1956 in die Bundesrepublik. Vgl. Gehlen, Reinhard: Der Dienst, Mainz, Wiesbaden 1971, S. 202f.
32 Interview Hans Füldner, 28.3.1995, S. 10. Insgesamt wurden im August 1953 in Dresden und im benachbarten Meißen 17 FDP-Freunde festgenommen. (Vgl. BStU, MfS AOP 1539/65, Bd. I)
33 MfS AOP 1539/65, Bd II/4, Bl. 4, BStU Berlin.
34 MfS AP 10154/92, Überprüfungsvorgang 368/54, Bl. 2, BStU Berlin.

War dieser Schlag gegen die Informationsstelle der FDP schon schwer genug, so traf die nächste Aktion der Staatssicherheit die FDP noch erheblich stärker, ja, sie machte einen Großteil der bisher geleisteten Arbeit zunichte. Hans Füldner wurde am 9. Oktober 1953 von der Staatssicherheit entführt und inhaftiert.[35] Resultierend aus Vernehmungen von Füldner alias Ludwig konnten zahlreiche Vertrauensleute in der DDR festgenommen werden.[36] Manche Verhaftungen führten schneeballartig zu weiteren Verhaftungen.[37] Anschließend[38] verfügte die FDP über fast keine Mitarbeiter mehr im Osten, sie säßen entweder im Gefängnis oder in West-Berlin, teilte Porzig Ende Oktober mit: Daß die Staatssicherheit erheblich mehr Festnahmen melden konnte als Porzig an Mitarbeitern hatte, liegt an der Gruppenbildung der LDP'ler in der DDR, die vom Ostbüro nicht gewollt war. Liberale, die Kontakt in den Westen hatten, scharten Gruppen Gleichgesinnter um sich, von denen die FDP nichts wußte, deren Mitglieder dann aber bei Verhaftungen in der Regel alle geschnappt wurden.

Zudem wurden zahlreiche Personen verhaftet, die mit Füldner oder gar mit dem Ostbüro nichts zu tun hatten. Hegewalds Informationen flossen in die Verhaftungen mit ein, zudem nahm die Stasi den Fall Füldner zum Anlaß, zahlreiche Liberale zu inhaftieren, um ihnen eine Zusammenarbeit zu unterstellen. Wenig später wurde ein weiterer Ostbüro-Mitarbeiter entführt, dies führte zu weiteren Verhaftungen.

1954 mußte man die Informationsstelle des Herrn Porzig schließen. Nach Auffassung der Staatssicherheit geschah dies »auf Beschluß der Bonner Leitung« des Ostbüros,[39] tatsächlich hatten jedoch die Amerikaner den Finanzhahn abgedreht, so daß ab dem 20. Juli schon keine Informanten mehr bezahlt werden konnten.[40]

Drei Geheime Mitarbeiter der Staatssicherheit schafften es in den folgenden zwei Jahren, die Arbeit des verbliebenen Ostbüros der FDP so zu diskreditieren, daß sie letztendlich weitgehend eingestellt werden mußte. Es war dies zunächst der schon eingangs erwähnte Günter Hegewald alias »GM Hans«; dann der im Rahmen der Verhaftungsaktionen gegen Bekannte Füldners konspirativ verhaftete Heinz Irmscher alias »GM Heimat«. Der dritte war Werner Hähn. Hähn war arbeitslos in West-Berlin, seine geschiedene Frau war im Osten. Durch seine Zusammenarbeit mit dem MfS erreichte er, daß der Frau

---

35   Verschiedentlich wird in Akten des MfS auch von »Ende September« als Verhaftungszeitraum gesprochen, so In: MfS AS 35/62, Bd 7, Bl. 55, BStU Berlin.
36   MfS, Bericht, AOP 1539/65, Bd. II/5, Bl. 16ff, BStU Berlin.
37   Dies und die Aktion »Schlag« in: MfS AOP 1539/65, Bd II/5, Schreiben Abt V/6 v. 26.10.53.
38   Vgl. BStU, MfS AOP 1539/65, Bd. I, BStU Berlin.
39   MfS AOP 1539/65, Bd I, Auskunftsbericht über das Büro für Wiedervereinigung, BStU Berlin.
40   MfS AOP 1539/65, Bd. II B, Schreiben Porzig an Naase v. 30.7.1954, Bl. 43, BStU Berlin.

das Sorgerecht für die beiden Kinder entzogen wurde. Die Kinder kamen auf seinen Wunsch hin ins Heim.

Nach den ersten Massenverhaftungen wurde in der FDP-Parteispitze die Frage aufgeworfen, ob es sinnvoll sei, die Ostarbeit fortzusetzen. Nach langer Diskussion erhielt Naase das Plazet, mit der Arbeit fortzufahren. Doch es dauerte rund ein halbes Jahr, bis die durch Füldners Verhaftung entstandene Lücke beim Flugblatttransport wieder geschlossen war. Im April 1954 war man sich sicher, endlich einen Weg gefunden zu haben, die eigenen Propagandabriefe auch per Post sicher durch die Postkontrollen der Staatssicherheit zu schleusen. Zitat:»In Zukunft haben wir die Möglichkeit, (. . .) die Briefe bei Postämtern aufzugeben, die bereits zur SBZ gehören. Dabei wird das Abfangen der Sendungen durch die Kontrollorgane weitgehend ausgeschaltet. (. . .) Der dafür neu gewonnene V-Mann hat sich bereits bestens bewährt«, schrieb die Berliner Zweigstelle nach Bonn.[41] Was man weder in Bonn noch in Berlin wußte war, daß es sich bei dem Mann um den Stasi-Mitarbeiter Hähn alias GM»Radeberg« handelte, der die Briefe gleich in Ostberlin abgab, wo sie die Staatssicherheit dann beantwortete. Hähn überbrachte der Staatssicherheit auch Besucherlisten, Flüchtlingsunterlagen usw.[42] Da jeder Besucher des Ostbüros am Eingang seinen DDR-Personalausweis vorzeigen mußte, wurde die Aufklärung des MfS über diese Dienststelle nahezu lückenlos.

In der Nacht vom 12. zum 13. Februar 1955 wurde in das Berliner FDP-Ostbüro eingebrochen. Die Staatssicherheit konnte teilweise noch in der Nacht 23 V-Leute der FDP festnehmen[43]. Da das Berliner Ostbüro der FDP nicht mit einem Einbruch dieser Größenordnung gerechnet hatte, waren auch viele Akten, die eigentlich einer gewissen Diskretion oder gar der Vernichtung bedurft hätten, in die Hände der Staatssicherheit gefallen.

Die Einbrüche, Entführungen, Diebstähle, Anwerbungen und die ständigen Personalprobleme innerhalb des Berliner Ostbüros führten mittelfristig dazu, daß das Ostbüro seine Tätigkeit einstellen musste. Hinzu kam politischer Druck von der LDPD. Seit 1953 hatten LDPD-Funktionäre keine Gelegenheit ausgelassen, über die »kriegsvorbereitende Rolle des Ostbüros der FDP«[44] zu lamentieren. Volkskammerpräsident Dieckmann von der LDPD forderte am 28. April 1955 gar öffentlich zum Denunziantentum auf, indem er die Mitglieder aufforderte, alle Parteifreunde zu melden, die zu den »republik- und volksfeindlichen Elementen« gehören könnten.[45]

---

41 Bd. 2531, Monatsbericht März 1954 v. 1.4.1954, ADL Gummersbach.
42 MfS, Auskunftsbericht vom 19.11.1955, Personalakte Radeberg A/M 748/61 P, Bl. 34, BStU Berlin.
43 MfS AOP 1539/65, Bd. II/4, Bl. 5, BStU Berlin. In der Akte MfS AOP 1539/65, Bd. I ist von 13 Festnahmen die Rede.
44 Zit. nach Ostdienst, Nr. 5/54 v. 27.7.1954, S. 7.
45 Zit. nach Ostdienst, Nr. 3/55 v. 28.4.1955, S. 7.

Während die SPD-Führung unter Schumacher nach der Zwangsvereinigung alle Kontakte zur SED abbrach und die CDU nach der Flucht fast aller Vorstandsmitglieder im Westen eine Exilorganisation mit Alleinvertretungsanspruch aufbaute, sahen sich die Liberalen in West und Ost als Mittler zwischen den politischen Welten. Um hier die politische Atmosphäre nicht zu vergiften, sann man beim Bundesvorstand in Bonn auf Möglichkeiten, das Ostbüro ohne großes Aufsehen zu beseitigen, oder zumindest seine Aufgaben erheblich zu verringern.

Zehn Monate nach dem Aktenraub in Berlin wurde ein Einbruch in die Bonner Dienststelle verübt. Die Staatssicherheit verfügte durch diese Aktion, die kurz vor Weihnachten 1955 durchgeführt wurde, sowohl über umfangreiche Rechnungsunterlagen des Ostbüros als auch über Gehaltslisten und den Schriftwechsel über Anschaffungen etc. Besonders interessant für die Staatssicherheit war die Korrespondenz mit denjenigen Firmen, die Wasserstoffgas, Flugblätter oder Luftballons lieferten, sie konnten anschließend unter Druck gesetzt werden.[46] Selbst die Tagegeldabrechnungen des Bonner Ostbüroleiters Naase fielen in die Hände des östlichen Geheimdienstes – eine nahezu lückenlose Beschreibung seiner Tätigkeit der vergangenen Jahre wurde damit möglich. In den Monatsberichten, die das Berliner Ostbüro nach Bonn geschickt hatte, waren Aktionen der Verbindungsleute in der DDR teilweise mit ihren Klarnamen beschrieben. Da auch solche Monatsberichte erbeutet wurden, konnten diese Personen jetzt ermittelt werden.[47]

Auch die sogenannte X-Kartei mit rund 690 Namen von vertrauenswürdigen Liberalen auf Karteikarten wurde nach Ost-Berlin gebracht; die Staatssicherheit stellte im Januar 1956 fest, »davon wohnen zur Zeit im Gebiet der DDR noch 330 Personen«[48]. Spätestens ab diesem Zeitpunkt hat das Ostbüro durch seine Widerstandsarbeit von außen den Parteifreunden in der DDR sicherlich mehr geschadet als genutzt.

Nach dem Einbruch in das Bonner Ostbüro versuchte die Staatssicherheit mit Hilfe der erbeuteten Unterlagen, ihren Erzfeind Carl-Hubert Schwennicke, den Berliner FDP-Chef, politisch zu destabilisieren. Die Staatssicherheit unterstützte einen Kurs der Gespräche zwischen SED-treuer LDPD und FDP, einen Kurs der Brückenfunktion der FDP und Deutschlands, den sie als »verdienstvolle Rolle (...) beim Werk der deutschen Einigung« beschrieb. Das MfS wollte Dehler unterstützen, damit sich die FDP »auf ihre Kraft besinnt«.[49]

---

46 Die FDP erhielt ihr Wasserstoffgas ursprünglich von der Fa. Linde (ADL, Bd. 2529); nach dem Abkommen der Fa. Linde mit Zoll und Staatssicherheit der DDR kündigte man auch der FDP den Liefervertrag, nicht bedenkend, daß das Ostbüro schon zwei Jahre zuvor seine Ballonaktionen eingestellt hatte. (Schreiben Linde an FDP Gießen v. 24.6.58, in: ADL, Bd. 2527.)
47 MfS AOP 1539/65, Bd. II/5, Schreiben v. 28.12.1955, Bl. 617, BStU Berlin.
48 MfS AOP 1539/65, Bd. II/8, Aktennotiz v. 10.1.1956, Bl. 134, BStU Berlin.
49 Bd. 2382, Schreiben Hegewald an Wrochem, Mai 1955, ADL Gummersbach.

Die FDP hatte zu diesem Zeitpunkt eine Reihe eigenständiger Gespräche mit dem sowjetischen Botschafter Valerian Sorin begonnen, die in Bonn in der jugoslawischen Botschaft stattfanden. Auch hier sollten die Möglichkeiten ausgelotet werden, die für eine Wiedervereinigung blieben.

Die Staatssicherheit wußte aus den im Bonner Ostbüro erbeuteten Briefen, daß die Spannungen zwischen Dehler und Schwennicke nicht unbeträchtlich waren, daß zudem die Bonner Leitung des Ostbüros der Linie Dehlers mißtraute. Schwennicke lehnte Dehlers Forderungen nach Gesprächen mit der Sowjetunion und der DDR-Regierung zur Neuerringung der Deutschen Einheit ab[50] und trat, nachdem er im Bundesvorstand nicht die notwendige Unterstützung fand, von seinem Posten als Stellvertretender Bundesvorsitzender der FDP zurück. Im Ostbüro dachte man ähnlich über Gespräche mit SED, LDPD und mit der DDR: »Abgesehen davon, daß die Vertreter der sogenannten DDR-Regierung nichts anderes sagen und abmachen dürfen als ihnen die Sowjets zuvor gestatten, würden es Millionen unseres Volkes als eine Provokation betrachten, wenn westdeutsche Vertreter sich mit den Leuten an einen Tisch setzten, die am 17. Juni 1953 die Volkspolizei und die Sowjettruppen zur Niederknüppelung des deutschen Aufstandes veranlaßten«[51], teilte Naase hierauf angesprochen einem Bremer Parteifreund mit. Ergo konnte es für Naase auch keine Gespräche mit der kommunistischen Führung der LDPD geben.

Nach Thomas Dehlers Wiederwahl als Parteichef auf dem Würzburger Parteitag im April 1956 trat der Berliner Parteichef Schwennicke im Juni aus der FDP aus, da er Dehlers Politik nicht mehr mittragen wollte und konnte. Auf das Ostbüro der FDP hatte die Parteispaltung gewaltige Auswirkungen. Auch Agent Werner Hähn alias GM »Radeberg«, der zuvor das FDP-Ostbüro ausspioniert hatte, wechselte auf Wunsch der Staatssicherheit in die neugegründete FVP Schwennickes. »Der GM erhielt den Auftrag, (. . .) sich unabkömmlich in der Vorarbeit zur Gründung der FVP zu machen, um somit einen guten Einblick und gute Positionen zu erhalten.«[52] Wie wichtig Hähn für die Staatssicherheit war, schildert ein später für Schulungszwecke erarbeiteter Bericht des ostdeutschen Geheimdienstes über Anwerbung und Tätigkeit des Agenten. Zitat: »Hervorzuheben ist hierbei die operative Findigkeit der (. . .) Genossen [Rahnsch, Grunert und H. Fischer] der Hauptabteilung V«; die »Grundlage für eine erfolgversprechende Werbung bildeten die umfassenden Informationen zum Persönlichkeitsbild«, so das MfS.[53] »Schon nach kurzer Zeit war es der Quelle möglich, dem MfS detaillierte Informationen über die

50   FDP Berlin (Hrsg.): 50 Jahre Berliner FDP, Berlin 1995, S. 47.
51   Bd. 2415, Schreiben Naase an Dieckmann v. 25.7.1953, ADL Gummersbach.
52   MfS, Treffbericht v. 26.6.1956, Personalakte Radeberg A/M 748/61, Bd. 2, Bl. 289, BStU Berlin.
53   MfS HA XX/4, Bd. 2469, Bl. 3ff, BStU Berlin. Nachfolgende Zitate ebenda.

personelle Zusammensetzung, die räumlichen Gegebenheiten und vorhandene Unterlagen zu geben.« Man habe bei der Arbeit mit Hähn Arbeitsweisen verfolgt, »die nicht nur einen historischen Platz einnehmen, sondern auch für das tschekistische Handwerk in der Gegenwart unerläßlich sind.«

Das Ostbüro der FDP hatte durch den Verlust Schwennickes seinen Mentor verloren. Im Bundesvorstand der FDP witterten jetzt die Gegner der Widerstandstätigkeit Morgenluft. Dabei waren dies nicht allein Personen, die wie Dehler eine andere Deutschlandpolitik wollten. Friedrich Middelhauve zum Beispiel war das Ostbüro ein Dorn im Auge, weil es seiner Auffassung nach zuviel Mittel band, Hans Wolfgang Rubin war das Ostbüro zu teuer, Hans Wolfgang Döring paßte die ganze Richtung nicht, zudem verhandelte er separat und unautorisiert in Ostberlin.[54] Nur einen Monat nach Schwennickes Parteiaustritt bahnte sich eine Kompetenzverringerung des FDP-Ostbüros an. Dem Ostbüroleiter wurde jetzt erneut vorgeworfen, seine Aufsichtspflicht zwei Jahre zuvor im Fall Hans Füldner schwer verletzt zu haben, er hätte Füldner hindern müssen, private Fahrten in den Ostsektor zu machen und Kontakt zu alliierten Geheimdiensten zu suchen[55]. Vor allem wurde Naase jedoch vorgeworfen, gefärbte Stimmungsberichte über die angeblich negative Einstellung von DDR-Besuchern zur Politik Dehlers angefertigt zu haben, ein Vorwurf, der wohl zutraf[56].

Frappierend deutlich ist die zeitliche Übereinstimmung der Gespräche der FDP-Spitze mit den LDPD-Abgesandten und der Einstellung der meisten Tätigkeiten des Ostbüros durch die eigene Partei: Am 22. Juli 1956 fand die erste Zusammenkunft in Garmisch-Partenkirchen statt. Kurze Zeit nach dem ersten Treffen mußte das Ostbüro seine Ballonaktionen einstellen. Dies geschah bis zum zweiten Treffen vom 5.-7. Oktober in Weimar. Doch die Einstellung der Ballonaktionen war nur ein erster Schritt hin in Richtung auf die Umwandlung des Ostbüros der FDP in eine reine Flüchtlingsbetreuungsstelle. So wurde das Ostbüro zum 1. November 1956 auf Beschluß des Bundesvorstandes der FDP vom 28. September 1956, also eine Woche vor dem zweiten Treffen in Weimar, in Referat Wiedervereinigung umbenannt, gegliedert »in die Sachgebiete Wiedervereinigung und Flüchtlingsbetreuung«.[57] Mit Naase oder den anderen Mitarbeitern hatte vorab niemand darüber gesprochen, das Ostbüro erhielt seine Informationen über den bevorstehenden Namens- und Richtungswechsel über Mitglieder der Freien Volkspartei in Berlin, die in

54 Vgl. hierzu: Wolfgang Schollwer: Liberale Opposition gegen Adenauer. Aufzeichnungen 1957-1961, München 1991, S. 25.
55 MfS, Betrifft Trautmann v. 31.1.1956, Personalakte Radeberg A/M 748/61, Bd. 2, Bl. 184f, BStU Berlin. Vgl. auch ebenda Bl. 192.
56 MfS, Bericht v. 14.2.1956, Personalakte Radeberg A/M 748/61, Bd. 2, Bl. 192, BStU Berlin.
57 Udo Wengst (Hrsg.): FDP-Bundesvorstand. Sitzungsprotokolle 1954-1960. Düsseldorf 1991, S. 202.

Kenntnis dieser beabsichtigten Entscheidung bereits begannen, eine Exil-LDPD und ein eigenes Ostbüro zu gründen.

Was dem Ostbüro der FDP blieb, war die Flüchtlingsbetreuung: Großen Ärger hatte die FDP mit dem neugegründeten Ostbüro der FVP, das kurz zuvor mit Hilfe amerikanischer Finanziers gegründet worden war,[58] und im Flüchtlingslager Berlin-Marienfelde im Haus A unter dem Namen »Mitteldeutsche Hilfsstelle FVP« residierte. Die Mitarbeiter taten alles, um als eigentlicher Ansprechpartner der LDPD-Flüchtlinge zu gelten, man versuchte gar, LDPD-Mitglieder zur FVP »hinüberzuziehen«,[59] zumal die FDP nun ja eigentlich kein Ostbüro mehr hatte, und sich zudem mit den verhaßten »Blockflöten« von der LDPD einließ. Die FDP stieß nicht zum ersten Mal auf ein solches Problem. Schon 1953 hatte man es mit Ostbüros der Deutschen Partei (DP) und des Gesamtdeutschen Blocks/BHE zu tun gehabt, die in den Flüchtlingslagern vom konservativen »Flüchtlingskuchen«, der vornehmlich das FDP-Referat aufsuchte, etwas abhaben wollten.[60] Und auch die Deutsche Partei hatte mit den gleichen Problemen zu kämpfen, mit denen die FDP sich herumschlug. Auch hier brach die Staatssicherheit in das parteieigene Ostbüro ein und entwendete zahlreiche Unterlagen. Mit vorbereitet hatte dies eben jener Werner Hähn alias GM »Radeberg«, der im Auftrag der Staatssicherheit von der FDP zur FVP und anschließend zur Deutschen Partei gewechselt war.

Karl-Heinz Naase, der das FDP-Ostbüro aufgebaut und sechs Jahre lang geleitet hatte, ging zum 1. Januar 1957 als Personalchef zur Druckerei »Maul & Co« in Nürnberg[61], ein Betrieb, der dem Fotogroßhändler, FDP-Mitglied und später enttarnten Stasi-Spion Porst gehörte. Wolfgang Schollwer bekam, zunächst kommissarisch, die Referatsleitung, wurde dann jedoch bereits nach wenigen Monaten, Mitte April 1957, abgelöst und in die Pressestelle der FDP-Bundespartei versetzt.

Mit der Umbenennung und Aufgabeneinschränkung 1956 exerzierte die FDP eine politische Richtung vor, die später von der SPD mit ihrem Ostbüro (1966/67) nachgeahmt wurde. Das Ostbüro der FDP war zwar personell konsolidiert; eine politisch-propagandistische Wirkung hatte es nicht mehr. Doch schien es dem MfS nach wie vor gefährlich zu sein. 1962 gelang es der Staatssicherheit, die Besucherzettel des Ostbüros zu erbeuten und damit festzustellen, welche DDR-Bürger diese Dienststelle aufgesucht hatten. Acht Personen wurden vorläufig festgenommen und vernommen, ein Besucher verurteilt[62].

---

58 MfS, Bericht v. 9.10.1956, Personalakte Radeberg A/M 748/61, Bd. 3, Bl. 110, BStU Berlin.
59 Bd. 2582, Lorenz an Bundesgeschäftsstelle v. 8.5.1957, ADL Gummersbach.
60 Bd. 2585, Schreiben Naase an Bach v. 30.9.1953, ADL Gummersbach.
61 Naase machte sich dann später in Bonn mit einer eigenen Druckerei selbständig.
62 MfS, AOP 1539/65, Analyse v. 5.1.1962, Bd. I, Bl. 294f., BStU Berlin.

Die Paketsendungen wurden bis in die siebziger Jahre fortgesetzt, ein Teil der Akten der Außenstellen 1974 nach Genehmigung durch die Bundesgeschäftsstelle vernichtet,[63] die Aktenschränke, um deren Beschaffung die Mitarbeiter so manchen Kampf hatten ausfechten müssen, dem Kreisverband Gießen zur Verfügung gestellt. Schon 1965 konnte die Staatssicherheit feststellen, das FDP-Ostbüro habe »immer mehr an Bedeutung verloren« und spiele »in der Feindtätigkeit gegen die DDR keine Rolle mehr. Die Bearbeitungen dieses Objektes werden daher eingestellt und die Unterlagen kommen ins Archiv der Abteilung XII zur Ablage«.[64] Die Anfang der 70er Jahre im Keller des Berliner Landesverbandes abgestellten Aktenbestände wurden Mitte der 70er Jahre erneut genauestens unter die Lupe genommen. Wahrscheinlich ließ die Staatssicherheit sämtliche Flüchtlingsbeurteilungen, über die Jahre hinweg einige Zehntausend Stück, kopieren, um sie anschließend in Ostberlin auszuwerten.[65] Hierzu gehörte auch der komplette Schriftwechsel des Ostbüros und seiner Nachfolgeorganisation mit den Landesämtern bzw. dem Bundesamt für Verfassungsschutz, Flüchtlingsämtern, dann Spitzelmeldungen und vieles mehr.

Fazit

Insgesamt hatte die FDP mit ihrem kleinen Ostbüro, gemessen an Mitarbeiterzahl und V-Leuten, die wohl größte Zahl an festgenommenen Personen. Eine große Rolle in der politischen Auseinandersetzung in der und mit der DDR dürfte es, abgesehen vom Zeitraum April bis Oktober 1953 kaum gespielt haben. Allein für die nach Einbrüchen, Festnahmen und Entführungen notwendigen Umzüge des Ostbüros hätte man eine eigene Möbelspedition gründen können. Die Staatssicherheit ging von insgesamt 68 V-Leuten des Ostbüros der FDP aus, die bis 1958 verhaftet wurden, eine Zahl, die eher als zu niedrig gegriffen erscheint.

Daß dem FDP-Ostbüro nur eine so kurze Lebensdauer vergönnt war, ist hingegen nicht allein mit den hohen Opferzahlen zu erklären, auch nicht mit Unzulänglichkeiten in der Arbeit oder mit Verrat. Diese waren bei anderen Widerstandsorganisationen, gerade auch bei den Ostbüros und hier insbesondere bei jenem der SPD nicht geringer. Im Gegenteil: Die Schätzungen der Opfer allein der ersten Verhaftungsorgien von Mitte 1948 bis Anfang 1949 liegen zwischen 600 und 1.000 Personen, die direkt oder indirekt mit dem

---

63 Bd. 6743, Schreiben Juling an Leins v. 21.10.1974, ADL Gummersbach. Leins war der Nachfolger der in Pension gegangenen langjährigen Flüchtlingsbetreuerin Christa von Holly.
64 Handschriftlicher Vermerk vom 15.1.59 in: MfS AOP 1539/65, Bd. I, BStU Berlin.
65 Vgl. Akten mit Buchstabe B in:,MfS HA II, Bd. 2708, BStU Berlin.

SPD-Ostbüro zu tun hatten. Konsequenz für die SPD war gewesen, einerseits die eigene Arbeit zu intensivieren und zu professionalisieren, andererseits die Führungsspitze auszuwechseln. Bei der FDP zweifelte man schnell an der Durchführung der eigenen Aufgabe, hinzu mag ein bürgerliches Unverständis gegenüber politischem Widerstand, Opferbereitschaft für politische Ideen und Märtyrertum gekommen sein, eine Einstellung, die es bei der CDU und vor allem bei der SPD vorhanden war. Das Ostbüro der FDP war eine Gründung einiger Berliner und LDPD-Mitglieder, die die Notwendigkeit einer solchen Institution vor allem in Hinblick auf eine deutsche Wiedervereinigung sahen. Als in der FDP eine Führung unter Thomas Dehler an die Macht kam, die keine illegale Arbeit, sondern Gespräche mit der LDPD wollte, und die in guten Kontakten und einer Zusammenarbeit mit der LDPD den Grundstein für spätere Wahlerfolge in dem Gebiet der damaligen DDR nach einer Vereinigung sah, war das Ostbüro als Institution obsolet geworden. Hinzu kamen die Angriffe der Staatssicherheit, die auch unter wohlmeinenden FDP-Funktionären die Ansicht verstärkten, in diesem Parteireferat seien wohl die falschen Personen an der Arbeit. Letztendlich lässt sich feststellen, daß das Ostbüro der FDP mit dem bürgerlichen, ja liberalen Widerstand in der SBZ/DDR wenig zu tun hatte.

Die Frage, ob sich die Arbeit des Ostbüros gelohnt hat, läßt sich nicht so einfach beantworten. Die Widerstandsarbeit hat Opfer gekostet, und aus heutiger Sicht ist kaum verständlich, warum man angesichts der Aussichtslosigkeit der deutsch-deutschen Situation so lange an dieser Arbeit festgehalten hat. Heute bleibt daher ein deprimierendes Gefühl zurück, ein Gefühl der Sinnlosigkeit. Doch da hilft vielleicht, sich der Widerstandsopfer des NS-Staates zu erinnern. Weder die Geschwister Scholl noch Sozialdemokraten, Bekennende Kirche oder die Offiziere des Widerstands vom 20. Juli 1944 hatten eine Möglichkeit, mit ihrem Widerstand die Politik zu beeinflussen. Moralisch gesehen haben die damaligen Widerständler gesiegt, denn sie traten für eine bessere, gerechtere Gesellschaft ein und riskierten dafür ihr Leben. Es fehlt in der Bundesrepublik jedoch bis heute die Akzeptanz und das Wissen um den Widerstand in der SBZ und der frühen DDR. Die Opfer aus den Reihen der Ostbüros und der vielen anderen Widerstandsorganisationen haben die gleiche Anerkennung verdient wie *die* Widerstandskämpfer im NS-Staat, die sich für einen demokratischen deutschen Staat eingesetzt haben.

176

Reiner Marcowitz

Liberaler Widerstand am Ende der DDR. Ein Problemaufriss in sechs Thesen[1]

1. *Widerstand im klassischen Sinn als ein aktiver Kampf gegen das bestehende politische System mit dem Ziel seiner Ablösung durch eine alternative Ordnung hat es im organisierten Liberalismus der DDR in den 1980er Jahre nicht mehr gegeben*[2].

Diese Aussage gilt vor allem für die Liberaldemokratische Partei Deutschlands (LDPD), die damals eine der regierenden Blockparteien war. Hier verschwand widerständiges Verhalten in Form einer offen erklärten, politischen Gegnerschaft im Laufe der 1950er Jahre nicht nur in der Parteiführung, sondern zunehmend auch in den zunächst noch kritischeren Teilen der Mitgliedschaft. Das hatte funktional-strukturelle wie generationell-individuelle Gründe: Zum einen wurden die Blockparteien nun ein integraler Bestandteil des SED-Herrschaftssystems, zum anderen waren die Mitglieder jetzt zunehmend DDR-sozialisiert – sei es als Angehörige jener aufstiegsorientierten »FDJ-Generation«[3] der frühen Nachkriegszeit oder sei als Vertreter der in der »Ära Ulbricht« und der »Ära Honecker« aufwachsenden Jahrgänge.

Die spätere LDPD hatte sich im Sommer 1945 zunächst als »Liberal-Demokratische Partei« (LDP) konstituiert und zu Freiheit, Demokratie und Rechtsstaatlichkeit, weltanschaulicher Toleranz sowie dem Schutz des Privateigen-

---

1   Die folgenden Ausführungen gehen auf meinen Vortrag im Rahmen der Gummersbacher Tagung am 17. Oktober 2004 zurück. Die Thesenform wurde beibehalten.
2   Die Betonung liegt hier auf »organisiertem« Liberalismus in der DDR, meint also sowohl die Liberaldemokratische Partei Deutschlands (LDPD) als auch die 1989/90 entstehenden neuen liberalen Parteien Deutsche Forumpartei (DFP) und FDP in der DDR. So interessant die Frage nach sonstigen liberalen Strömungen in der DDR-Gesellschaft und deren politischem Verhalten auch ist, sie muss weiteren Forschungen vorbehalten bleiben, die dem liberalen Potential beispielsweise in den bürgerlichen Relikten der DDR-Gesellschaft nachspüren; zu letzteren vgl. Christoph Kleßmann: Relikte des Bildungsbürgertums in der DDR. In: Hartmut Kaelble/Jürgen Kocka/ Hartmut Zwahr (Hrsg.). Sozialgeschichte der DDR, Stuttgart 1994, S. 254-270. Immerhin erfasst die Berücksichtigung sowohl der regierenden Blockpartei LDPD als auch der Oppositionsparteien DFP und FDP in der DDR ein breites liberales Meinungsspektrum in der DDR Ende der 1980er Jahre.
3   Lutz Niethammer: Erfahrungen und Strukturen. Prolegomena zu einer Geschichte der Gesellschaft der DDR. In: ebenda, S. 95-115 (S. 104).

tums bekannt[4]. Damit war sie im damaligen politischen Meinungsspektrum der SBZ programmatisch am rechten Rand des Parteiensystems angesiedelt. Dennoch oder gerade deshalb entwickelte sie sich rasch zur Mitgliederpartei: Bereits Anfang 1946 hatte sie über 100.000 Mitglieder, und bis 1948 verdoppelte sich diese Zahl fast noch einmal. Dabei entsprach die sozial gemischte Anhängerschaft durchaus dem eigenen Anspruch, »Volkspartei« zu sein. Bei den ersten Landtagswahlen im Herbst 1946 wurde die LDPD mit 24,6 % zudem auf Anhieb zweitstärkste Partei hinter der SED.

Doch in den folgenden Jahren verstärkte sich der Druck der sowjetischen Militärregierung sowie nach Gründung der DDR im Oktober 1949 der SED. Die Verweigerung einer Mitarbeit an der kommunistischen Umgestaltung Deutschlands wurde hart bestraft: Missliebige Funktionäre wurden abgesetzt, inhaftiert oder mussten in den Westen fliehen, und mit der Gründung der Nationaldemokratischen Partei Deutschlands (NDPD) im Frühjahr 1948 entstand der Partei eine unmittelbare Konkurrenz[5]. Daher passte sich die LDPD seit Anfang der fünfziger Jahre sukzessive dem SED-Staat an, übernahm dessen autoritäre Führungsstrukturen und sein sozialistisches Bekenntnis. Statt des ursprünglichen umfassenden Gestaltungsanspruchs akzeptierte sie nun die zugewiesene Aufgabe, jene Bevölkerungsgruppen für den Sozialismus zu gewinnen, welche die SED selbst nicht erreichen konnte – also Gewerbetreibende, Handwerker sowie einzelne Angehörige der technischen, medizinischen und pädagogischen Intelligenz. Mit der Reduzierung auf die Rolle eines Erfüllungsgehilfen der SED entstand innerhalb der Partei auch ein neuer Funktionärstyp: Er fühlte sich nicht länger der ursprünglichen liberalen Programmatik, sondern vor allem den Erwartungen der SED verpflichtet. Nun rückten zunehmend die Angehörigen jener Jahrgänge in Führungsämter, die sich nach primärer Sozialisation in der NS-Zeit erstmals in der SBZ/DDR parteipolitisch betätigten. Diese Gruppe hob sich deutlich ab von der Gründergeneration in den bürgerlichen Blockparteien, die noch in der Kaiserzeit geboren worden war und oft bereits in der Weimarer Republik aktiv Politik

---

4 Gerhard Papke: Rolle, Bedeutung und Wirkungsmöglichkeiten der Blockparteien – Die LDPD, in: Deutscher Bundestag (Hg.): Materialien der Enquete-Kommission »Aufarbeitung von Geschichte und Folgen der SED-Diktatur in Deutschland« (12. Wahlperiode des Deutschen Bundestages). Bd. II/4: Machtstrukturen und Entscheidungsmechanismen im SED-Staat und die Frage der Verantwortung, Baden-Baden/Frankfurt/M. 1995, S. 2399-2463; Ulf Sommer: Die Liberal-Demokratische Partei Deutschlands. Eine Blockpartei unter der Führung der SED, Münster 1996; Siegfried Suckut: Die LDP(D) in der DDR. Eine zeitgeschichtliche Skizze. In: Aus Politik und Zeitgeschichte B 16-17 vom 12.4.1996, S. 31-38; Ders.: Parteien in der SBZ/DDR 1945-1952, Bonn 2000.

5 Zur NDPD und ihrer Konkurrenz mit der LDPD vgl. Jürgen Frölich: Transmissionsriemen, Interessenvertretung des Handwerks oder Nischenpartei? Zu Rolle, Bedeutung und Wirkungsmöglichkeiten der NDPD. In: Deutscher Bundestag (Hrsg.) (wie Anm. 4): Bd. II/4, S. 1542-1577 und Roland Höhne: Aufstieg und Niedergang einer nationalen Blockpartei 1948-1990. In: Heiner Timmermann (Hrsg.): Die DDR in Deutschland. Ein Rückblick auf 50 Jahre, Berlin 2001, S. 269-311.

getrieben hatte, so dass sie nach 1945 trotz aller notwendigen Kooperation mit der sowjetischen Besatzungsmacht ihre eigenen politischen Ideale behielt. Für die LDP(D) wären hier Waldemar Koch, Wilhelm Külz (ehemals DDP), Arthur Lieutenant (früher DVP) oder Hermann Kastner (einst DDP) zu nennen.

Die neuen »Aufsteiger« der 1950er Jahren repräsentierten hingegen die Schicht der ebenso anpassungsbereiten wie effizienten »Berufsfunktionäre aus der FDJ-Generation«, wie Lutz Niethammer sie beschrieben hat: »Diese war vorwiegend in den späteren zwanziger Jahren im Arbeitermilieu (selten in ostdeutschen ländlichen Unterschichten) geboren und hatte ihre erste politische und soziale Sozialisation im Dritten Reich erfahren, und zwar nur selten im Widerstand. Um nicht mit den nationalsozialistisch ›verseuchten‹ Generationen gemeinsame Sache machen zu müssen, wurde von den ›Alten Genossen‹ dieser noch bildungsfähig erscheinenden Generation das doppelte Angebot gemacht, durch bloßen Willensakt auf die siegreiche ›antifaschistische‹ Seite überzutreten und aus ihrem fast durchgängigen Facharbeiterstatus durch unterschiedliche Zusatzausbildungen zu höherer Verantwortung aufzusteigen. Die Sinnhaftigkeit dieses Angebots lag in der Exekution der von den ›alten Genossen‹ beglaubigten und dargestellten Politik. Diese moralische Unterstellung ruhte jedoch auf dem in der HJ und im Militär ausgebildeten exekutiven Verhaltenstyp. Die Berufsfunktionäre aus der FDJ-Generation verzichteten auf eine eigene politische Willensbildung und perfektionierten den Apparat auf allen Ebenen, jedenfalls soweit es ihre schnelle und sekundäre Ausbildung zuließ, was sich häufig genug in emsig aktivistischen Sekundärtugenden erschöpfte. Für sie war ein stereotypisierter Antifaschismus zweiter Hand, ein militärisch-exekutives Vorgehen und Sicherheitsdenken und die Ausgestaltung des Kommunismus zu einem autoritären Ökonomismus in Theorie und Praxis kennzeichnend«[6].

Die Unterwerfung der neuen LDPD-Führung unter das SED-Herrschaftsmonopol wurde zunächst von einem Großteil der Mitglieder nicht mitgetragen: Ihre Zahl ging zwischen Ende 1948 und Mitte der sechziger Jahren von fast 200.000 auf 65.000 dramatisch zurück. Die verbleibende LDPD-Anhängerschaft bot ein ambivalentes Bild: Einerseits konnte auch sie sich nicht dem wachsenden Konformitätsdruck im politischen Betrieb der DDR entziehen und signalisierte durch ihre Mitarbeit in einer Blockpartei auch eine überdurchschnittliche Bereitschaft zur Mitwirkung an der sich herausbildenden sozialistischen Gesellschaft. Andererseits konservierten zumindest Teile der LDPD-Basis durchaus liberales Gedankengut und pflegten »antisozialisti-

---

6 Niethammer (wie Anm. 3), S. 104. Vgl. auch Jürgen Kocka: Ein deutscher Sonderweg. Überlegungen zur Sozialgeschichte der DDR. In: ders: Vereinigungskrise. Zur Geschichte der Gegenwart, Göttingen 1995, S. 102-121 (S. 113), der von der »sog. Aufbaugeneration« spricht, die er ähnlich definiert.

sche, besser Anti-SED-Ressentiments«[7]. Deshalb erschienen die Liberaldemokraten SED und MfS auch längst nicht als so loyal und staatkonform, wie ihre aktive oder zumindest formale Mitarbeit im SED-Staat suggerierte. Vielmehr mutete sie die liberaldemokratische Blockpartei als die »am wenigsten staatskonforme« an[8]. Tatsächlich war ungeachtet der Subordination der Parteiführung »die Organisation als Ganzes [. . .] weit davon entfernt, ›gleichgeschaltet‹ zu sein«[9]. Die vordergründige Anpassung signalisierte hier keineswegs echte Überzeugung, sondern »oft die taktisch motivierte Entscheidung von eigentlich Unzufriedenen. [. . .] Die Mitglieder verhielten sich staatsloyal – aber längst nicht alle dachten auch staatskonform«[10]. Gleichwohl waren inneres Widerstreben und selbst interner Widerspruch – soweit überhaupt vorhanden – natürlich kein Widerstand.

Diese Feststellung gilt allerdings auch für jene Kräfte, die Ende der 1980er Jahre oppositionelle liberale Parteien – die Deutsche Forumpartei (DFP) und die FDP in der DDR – gründeten[11]: Sicherlich zeichnete sie eine – teilweise jahrzehntelange – kritischere Einstellung zur DDR und erst recht zur Blockpartei LDPD aus als langjährige Liberaldemokraten. Indes hatten auch die Initiatoren der neuen Parteien in der Vergangenheit keinen Widerstand geleistet. Allenfalls konnten manche Vertreter auf deutlichere Kritik an Missständen in ihrer näheren Umgebung verweisen, die ihnen auch vereinzelt Sanktionen, kaum jedoch wirkliche Repressalien zugezogen hatten. Beispielsweise war der Vorsitzende der DFP, der Chemnitzer Jürgen Schmieder, ein ehemaliges LDPD-Mitglied, in der zweiten Hälfte der 1980er Jahre mehrmals politisch angeeckt, weil er sich in Vorträgen kritisch mit der Energie- und Wirtschaftspolitik der DDR beschäftigt und zu Gorbatschows Politik von Glasnost und Perestroika bekannt hatte, woraufhin er mit einem Redeverbot belegt worden war[12]. In der FDP in der DDR wiederum fanden sich etliche frühere Liberaldemokraten, die sich in den vergangenen Jahren und Jahrzehnten mit ihrer alten Partei wegen deren Botmäßigkeit gegenüber der SED überworfen hatten. Dazu gehörten auch jene, die bereits unmittelbar nach dem Krieg in die neugegründete LDP eingetreten waren, um die Partei dann einige Jahre später wieder enttäuscht zu verlassen, weil sie ihre alten Ideale aufgegeben und sich

7   Jürgen Frölich: »Regierungspartei und Oppositionspartei« zugleich? Zur Politik der Liberal-Demokratischen Partei Deutschlands (LDPD) in der Wendezeit 1988-1990. In: Timmermann (Hrsg.) (wie Anm. 5), S. 255-268 (S. 259).
8   Siegfried Suckut: Widerspruch und abweichendes Verhalten in der LDP(D). In: Deutscher Bundestag (Hrsg.) (wie Anm. 4): Bd. VII/2, S. 1492-1653 (S. 1525).
9   Ebenda, S. 1500.
10   Ebenda, S. 1493.
11   Zur DFP vgl. Michael Walter: »Es ist Frühling, und wir sind so frei«. LDPD, NDPD, DFP und FDP in der DDR 1989/90, Würzburg 1998, S. 79-85 und Reiner Marcowitz: Der schwierige Weg zur Einheit. Die Vereinigung der deutschen Liberalen 1989/90, Dresden 2002, S. 47-53; zur FDP in der DDR Walter: Frühling, S. 91-95 und Marcowitz: Weg, S. 53-58.
12   Ebenda, S. 48.

ganz der SED und dem Ziel des Sozialismus untergeordnet hatten. Hinzu kamen aber ebenfalls viele Bürger, vor allem aus der sogenannten Intelligenz, die sich bisher von der Politik ferngehalten hatten und deren gesellschaftliches Engagement erst durch die umstürzenden Ereignisse in der DDR im Herbst 1989 geweckt worden waren[13].

2. *Es ist fraglich, ob es in der DDR in den 1980er Jahren überhaupt noch Widerstand im Sinne einer generellen Loyalitätsaufkündigung und geleitet durch eine umfassende Gegenidee gegeben hat.*

In der Forschung zur Geschichte der SBZ/DDR besteht heute ein Konsens, dass klassischer Widerstand allenfalls bis Anfang der 1960er Jahren auszumachen ist und er sich deutlich von jenen Formen der Dissidenz, der Opposition und des Protestes abhebt, die zumindest eine kleine Minderheit der ostdeutschen Gesellschaft in den 1970er und 1980er Jahren praktizierte[14]. Der Widerstand in der Frühphase der DDR war durch eine grundsätzliche Ablehnung des SED-dominierten Herrschaftssystems motiviert und zielte auf dessen Ablösung, sei es auf friedlichem Wege mittels demokratischer, freier und geheimer Wahlen oder sei es mit gewaltsamen Mitteln im Zuge eines Aufstandes oder Umsturzes. Seine Träger fanden sich in allen gesellschaftlichen Schichten und Organisationen – in den Betrieben, bei den selbständigen Handwerkern, an den Universitäten oder sonstigen akademischen Einrichtungen sowie in einer Vielzahl von noch nicht gänzlich gleichgeschalteten Institutionen einschließlich der politischen Parteien und der Kirchen. Biographisch waren sie oft durch traditionelle Milieus – bürgerlich, christlich, liberal, sozialdemokratisch – und eine (politische) Sozialisation teilweise noch in der Weimarer Republik geprägt. Diese konspirativ arbeitende Fundamentalopposition wurde bereits mit dem misslungenen Aufstand vom 17. Juni 1953 und dann endgültig durch den Mauerbau vom 13. August 1961 entscheidend geschwächt. Seitdem prägten den politischen Alltag in der DDR »nicht [. . .] Opposition und Widerstand, sondern [. . .] Anpassung und Arrangementbereitschaft«[15].

Zwar gab es auch in den späten 1960er Jahren – beispielsweise im Zusammenhang mit dem Einmarsch der Warschauer Pakt-Staaten in die CSSR – und

13 Hans-Herbert Haase: Die F.D.P. in der DDR. Ein Bericht aus Sachsen-Anhalt – Versuche einer Rekonstruktion. In: Sachsen und Anhalt. Jahrbuch der Historischen Kommission für Sachsen-Anhalt 23 (2001), S. 203-219 (S. 206); Marcowitz (wie Anm. 11), S. 53.
14 Detlef Pollack/Dieter Rink: Einleitung. In: Diess. (Hrsg.): Zwischen Verweigerung und Opposition. Politischer Protest in der DDR 1970-1989, Frankfurt/M.-New York 1997, S. 7-29 (S. 10ff.); Detlef Schmiechen-Ackermann: Diktaturen im Vergleich, Darmstadt 2002, S. 135; Günther Heydemann: Die Innenpolitik der DDR, München 2003, S. 104-107.
15 Suckut (wie Anm. 8), S. 1492.

in den beiden folgenden Jahrzehnten durchaus Protest gegen das DDR-System. Doch er unterschied sich in Form, Motivation und Trägern deutlich vom Widerstand der 1950er Jahre: Statt der früheren Fundamentalopposition, die das bestehende System restlos beseitigen wollte, handelte es sich bestenfalls um eine radikale Systemopposition, der es nicht um den Sturz des Bestehenden, sondern »nur« um dessen Reform ging. Diese zielte vor allem auf eine Demokratisierung des politischen Systems und eine Pluralisierung der gesellschaftlichen Kultur, also »eine verbesserte DDR auf der Grundlage ihrer eigenen Staatsdoktrin«[16]. Das implizierte Kritik an konkreten Entscheidungen der Regierung und einzelnen Missständen in der Gesellschaft, nicht jedoch die Forderung nach einer Aufgabe des Sozialismus, geschweige denn den noch in den 1950er und frühen 1960er Jahren zentralen Wunsch der Regimegegner nach einer Wiederherstellung der staatlichen Einheit Deutschlands. Im Gegenteil – der Sozialismus wurde weitgehend positiv wahrgenommen und die Teilstaatlichkeit akzeptiert, erlaubte sie doch vielleicht, einen »dritten Weg« zwischen Kommunismus und Kapitalismus, eben einen »demokratischen Sozialismus« oder einen Sozialismus »mit menschlichem Antlitz« zu verwirklichen.

Dieser oppositionelle Paradigmenwechsel hing zum einen mit den gewandelten äußeren Umständen zusammen: Bereits der Aufstand von 1953, spätestens aber der Mauerbau 1961 musste jeden desillusionieren, der auf einen erfolgreichen Sturz der SED-Herrschaft gehofft hatte. Offensichtlich ließ dies weder die Sowjetunion zu, noch wurde eine solche Option von den Westmächten zum absehbaren Preis eines großen – wohl: nuklearen – Ost-West-Krieges unterstützt. Gleichzeitig verbesserten sich die Lebensbedingungen für die Bevölkerung insbesondere durch die stärker konsumorientierte Wirtschaftspolitik in der »Ära Honecker«, aber auch die parallele internationale Aufwertung der DDR, zumal diese die Staatsführung zwang, ihre Repression abzuschwächen oder aber zumindest subtiler einzusetzen. Überdies ging die neue Opposition der 1970er und 1980er Jahre vorwiegend von jungen, rein DDR-sozialisierten Menschen – jenen nach 1949 geborenen »Kindern der Republik«[17] – aus, die zudem oft im Umfeld der Kirche agierten, die sich wiederum – zumindest im Fall des Protestantismus – als »Kirche im Sozialismus« verstand[18]. Das erklärt, warum selbst auf dem Höhepunkt der Proteste in der

---

16 Ehrhart Neubert: Geschichte der Opposition in der DDR 1949-1989, Bonn 1997, S. 269.
17 Hartmut Zwahr: Umbruch durch Ausbruch und Aufbruch: Die DDR auf dem Höhepunkt der Staatskrise 1989. Mit Exkursen zu Ausreise und Flucht sowie einer ostdeutschen Generationenübersicht, in: Kaelble/Kocka/Zwahr (Hrsg.) (wie Anm. 2), S. 426-465 (451f.).
18 Zu Haltung und Stellung der Kirchen in der SBZ/DDR vgl. die Forschungsüberblicke von Heydemann (wie Anm. 14), S. 100-104 und – speziell zur evangelischen Kirche – Joachim Mehlhausen/Leonore Siegele-Wenschkewitz (Hrsg.): Zwei Staaten – zwei Kirchen? Evangelische Kirche im geteilten Deutschland. Ergebnisse und Tendenzen der Forschung, Leipzig 2000.

DDR, im Herbst 1989, die meisten Regimegegner in der Bürgerbewegung allenfalls »eine Art Perestroika-Umbau des politischen Systems der DDR in einen Rechtsstaat und der zentralistischen Staatsplanwirtschaft in einen effektiven (marktwirtschaftlich organisierten) volkseigenen Wirtschaftsorganismus mit ökologischer Langzeitperspektive«[19] – und dies natürlich unter Beibehaltung der Zweistaatlichkeit – forderten.

In der Entwicklung von fundamentaloppositionellem Widerstand zu innersystemischem Protest zwischen den 1950er und den 1980er Jahren in der DDR zeigt sich ein deutlicher Unterschied zwischen dem »kurzen« – klassisch totalitären –»Dritten Reich«, das sich im Laufe des Zweiten Weltkrieges kurzzeitig sogar noch einmal radikalisierte, und der gemessen daran »langen« DDR mit ihren wechselnden Herrschaftsausformungen von der totalitären zur »autalitären«[20], ungeachtet des konstant anwachsenden Bespitzelungs- und Überwachungsapparats »kommoderen«, Diktatur, die von den meisten akzeptiert – ob nun aus echter Überzeugung oder nur widerwillig – und von den wenigsten offen kritisiert, geschweige denn bekämpft wurde. Dieser Gegensatz wiederum stellt eine grundlegende methodische Herausforderung für einen entsprechenden Diktaturvergleich dar. Zudem gemahnt er daran, normabweichendes Verhalten bis hin zum offenen Widerstand immer einzubetten in den jeweiligen gesellschaftlichen Kontext: Die Reaktion der »Beherrschten« muss stets in Relation zur Aktion der »Herrschenden« untersucht werden. Damit aber wird gleichzeitig noch einmal die Relevanz des Forschungsgegenstandes Widerstand im weitesten Sinne in der Diktatur verdeutlicht: Seine Analyse ermöglicht über das engere Thema hinaus einen genaueren Einblick in die Entwicklung des jeweiligen Herrschafts- und Gesellschaftssystems und verschafft damit weitere Klarheit im Hinblick auf generelle Ähnlichkeiten und Unterschiede diktatorischer Systeme.

3. *Statt des Begriffs Widerstand sollte für die Endphase der DDR ein ähnlich komplexes Instrumentarium wie bei der NS-Gesellschaftsanalyse verwendet werden.*

Nach mehr als zwei Jahrzehnten, in denen sich die Forschung zum »Dritten Reich« auf den »großen« Widerstand gegen das NS-Regime konzentriert hatte – in der westdeutschen Historiographie zunächst insbesondere jenen der konservativen Eliten in Beamtenapparat und Militär, in der DDR-Geschichtsschreibung, mit wenigen Ausnahmen faktisch sogar bis 1989, nur der kom-

---

19 Hartmut Zwahr: Ende einer Selbstzerstörung. Leipzig und die Revolution in der DDR, Göttingen 1993, S. 32.
20 Eckard Jesse: War die DDR totalitär? In: Aus Politik und Zeitgeschichte B 40 (1994), S. 12-23 (S. 23).

munistische Widerstand –, haben zumindest westliche Historiker seit den 1970er und 1980er Jahren zunehmend normabweichendes Verhalten unterhalb dieser hohen Schwelle in den Blick genommen und mit Begriffen wie Nonkonformismus, Dissidenz, Renitenz und Resistenz zu kategorisieren versucht[21]. So problematisch diese Begriffe im einzelnen auch sein mögen[22], sie erlauben doch, eine Gesellschaft zu erfassen, in der viele das herrschende System zwar zunehmend nur noch passiv mittrugen, es aber noch lange nicht aktiv bekämpften. Ihre Übertragbarkeit auf die DDR-Gesellschaftsanalyse ist umstritten: Ulf Sommer beispielsweise lehnt jeden »Vorbildcharakter« der in der Auseinandersetzung mit dem NS-Staat gewonnenen Termini kategorisch mit dem Argument ab, dass »die DDR-Diktatur [. . .] sich hinsichtlich ihrer Herrschaftsform und ihrer Wirkung auf die Bevölkerung fundamental von der Tyrannei in den dreißiger und vierziger Jahren [unterschied]«[23]. Bernd Stöver verweist ebenfalls darauf, dass schon die Forschungen zum NS-Widerstand gezeigt hätten, wie wenig generalisierende Begriffe dem konkretem Verhalten einzelner Personen oder bestimmter sozialer Gruppen in einer Diktatur gerecht würden, so dass ihre Übertragung auf eine andere historische Epoche umso problematischer sei; immerhin akzeptiert er sie als heuristische »»Eckwerte««[24]. Hingegen bedient sich Klaus Schroeder bei seiner Charakterisierung der »Grundformen des antitotalitären Widerstandes« ohne Bedenken weitgehend der etablierten Terminologie aus den Untersuchungen

21 Klaus Hildebrand: Das Dritte Reich, München [4]1991, S. 209-221; Ulrich von Hehl: Nationalsozialistische Herrschaft, München 1996, S. 89-100.
22 Dabei konzentrierte sich die Kritik insbesondere auf den von Martin Broszat geprägten Begriff der »Resistenz« als einer Umschreibung für eine »wirksame Abwehr, Begrenzung, Eindämmung der NS-Herrschaft oder ihres Anspruches, gleichgültig von welchen Motiven, Gründen und Kräften her« – vgl. Martin Broszat: Resistenz und Widerstand. Eine Zwischenbilanz des Forschungsprojektes. In: Ders. u.a. (Hrsg.): Bayern in der NS-Zeit. Bd. IV: Herrschaft und Gesellschaft im Konflikt, München u.a. 1981, S. 691-709 (S. 697) –, womit – so Ian Kershaw pars pro toto für etliche andere – Ian Kershaw: »Widerstand ohne Volk?« Dissens und Widerstand im Dritten Reich. In: Jürgen Schmädeke/Peter Steinbach (Hrsg.): Der Widerstand gegen den Nationalsozialismus. Die deutsche Gesellschaft und der Widerstand gegen Hitler, München-Zürich [3]1994, S. 779-798 – die bisher gültige Prämisse vom »Widerstand ohne Volk« förmlich in ihr Gegenteil verkehrt würde, zumal Übersetzungen dieses Terminus ins Englische, Französische oder Italienische ihn gerade in die Nähe des Widerstandsbegriffs rückten. Gleichwohl hat sich die grundsätzliche Beachtung des von Broszat umschriebenen Phänomens – unabhängig von dessen Bezeichnung und der Einschätzung seiner Bedeutung – durchgesetzt, sei es nun im Begriff des »Dissens« – so Kershaw, ebd., S. 785 –, der »gesellschaftlichen Verweigerung« vgl. Richard Löwenthal u.a. (Hrsg.): Widerstand und Verweigerung in Deutschland 1933 bis 1945, Berlin u.a. 1984, S. 14) – oder der »loyalen Widerwilligkeit« – Klaus-Jürgen Mallmann/Gerhard Paul: Resistenz oder loyale Widerwilligkeit? Anmerkungen zu einem umstrittenen Begriff, in: Zeitschrift für Geschichtswissenschaft 41 (1993), S. 99-116; vgl. Hildebrand (wie Anm. 21), S. 218-22, Hehl (wie Anm. 21), S. 94f. und Bernd Stöver: Leben in Deutschen Diktaturen. Historiographische und methodologische Aspekte der Erforschung von Widerstand und Opposition im Dritten Reich und in der DDR, in: Pollack/Rink (wie Anm. 14): Verweigerung, S. 30-53, hier S. 32ff.).
23 Sommer (wie Anm. 4), S. 21.
24 Stöver (wie Anm. 22), S. 49f. (S. 50), vgl. Schmiechen-Ackermann (wie Anm. 14), S. 133-137.

zum NS-Widerstand einschließlich des besonders umstrittenen Resistenz-Begriffes[25].

Zweifellos braucht die Geschichtswissenschaft die Möglichkeit zur Kategorisierung und eine entsprechende Terminologie, um Aussagen über gesellschaftliche Zustände und menschliche Verhaltensweisen treffen zu können. Dass dies nur mit äußerster Vorsicht und im Bewusstsein geschieht, dass die notwendige Generalisierung den individuellen Fall immer nur unzureichend erfassen kann und deshalb für Differenzierung und Problematisierung offen sein muss, ist geradezu ein geschichtswissenschaftlicher Gemeinplatz. Unter dieser Prämisse geben die Termini der NS-Gesellschaftsanalyse zumindest eine heuristische Hilfestellung auch für die Analyse des DDR-Alltags, wobei die tatsächliche Adäquatheit eines Begriffs und seine genaue inhaltliche Füllung immer am konkreten Beispiel zu überprüfen sind. Dafür spricht, dass selbst die Kritiker einer generellen Übertragung Bezeichnungen vorschlagen, die zumindest tendenziell dieselbe Bedeutung haben wie die inkriminierten NS-Interpretamente[26]. Gleichzeitig erleichtert eine Adaption der aus der Analyse des NS-Staates bekannten Termini natürlich den ungeachtet aller Unterschiede zwischen »Drittem Reich« und SBZ/DDR letztlich nicht nur legitimen, sondern auch sinnvollen Vergleich der beiden deutschen Diktaturen als einem wesentlichen Beitrag zu jener »unausweichlichen Aufgabe«, »die drei Zeitgeschichten des vereinigten Deutschland in ein Relationsgefüge zu bringen«[27].

Die zumindest partielle strukturelle Ähnlichkeit zeigt sich gerade auch im Hinblick auf das hier besonders interessierende Verhältnis von Staatsführung und Bürgern: »Die offensichtliche Gemeinsamkeiten beider Diktaturen in Deutschland waren erheblich, und gerade dies ist für die Bewertung des

---

25 Klaus Schroeder: Der SED-Staat. Geschichte und Strukturen der DDR, München 1998, S. 465f.

26 Beispielsweise differenziert Sommer (wie Anm. 4), S. 22 (Hervorhebungen im Original) den Widerstandsbegriff in »1. [. . .] unterhalb der (polizeilichen) Eingreifschwelle [. . .] *private Nonkonformität* [. . .] *Rückzug ins Private* [. . .] Dazu zählen alle nichtangepassten Verhaltensweisen, die ihre Motivation in dem Streben nach einem Stück Selbstbewahrung finden, d.h. in der Verteidigung der eigenen Identität [. . .] 2. [. . .] die *Verweigerung* gegenüber Anordnungen von Behörden, der Regierung oder der Partei [. . .] ziviler Ungehorsam [. . .] [Ziel ist] die Wahrung der Identität [. . .] Das Spektrum [. . .] reicht von der *passiven* bis zur *aktiven Verweigerung* [. . .] 3. [. . .] verbale *Unmutsäußerungen* [. . .] *Protest* und der Versuch, auf die Gesellschaft Einfluss zu nehmen, ist mit privaten und beruflichen Risiken verbunden [. . .] 4. Die Ablehnung des Systems als Ganzes einschließlich der Vorbereitungen zum Sturz der Regierung sollen schließlich als *Widerstand* im engeren Sinn bezeichnet werden« – verwendet also durchaus gängige Kategorien auch der NS-Gesellschaftsanalyse.

27 Hans-Günter Hockerts: Zeitgeschichte in Deutschland. Begriff, Methoden, Themenfelder, in: Aus Politik und Zeitgeschichte B 29/30 (1993), S. 3-19 (S. 19). Zur Legitimität und Praktikabilität des deutschen Diktaturvergleichs vgl. Stöver (wie Anm. 22), S. 43-50, Schmiechen-Ackermann (wie Anm. 14), S. 59f. und 83-87 sowie Günther Heydemann/Detlef Schmiechen-Ackermann: Zur Theorie und Methodologie vergleichender Diktaturforschung. In: Günther Heydemann/Heinrich Oberreuter (Hrsg.): Diktaturen in Deutschland – Vergleichsaspekte. Strukturen, Institutionen und Verhaltensweisen, Bonn 2003, S. 9-54.

Bevölkerungsverhaltens entscheidend, weil davon auszugehen ist, dass ähnliche Anforderungen des Staates eben auch ähnliche Verhaltensweisen der Beherrschten hervorbrachten. Beide Systeme glichen sich weitgehend in der Anspruchshaltung und der Herrschaftstechnik: Erziehungsstaaten, die um das Ziel einer ›neuen Gesellschaft‹ willen Gehorsam und Gefolgschaft radikal einforderten und den Dissens mit Sanktionen belegten [. . .] Entscheidend für die Vergleichbarkeit der Herrschaftsformen, also auch des Bevölkerungsverhaltens ist, dass beide, NS-Staat und DDR, die Kriterien einer ›asymmetrischen Herrschaft‹ erfüllten [. . .]. Solche Herrschaftsformen zeichnen sich vor allem dadurch aus, dass der gesellschaftliche Ausgleich nicht möglich ist und deshalb nach anderen Formen der Interessendurchsetzung und –artikulation gesucht wird. . . . ›Widerstand‹ ist per se nur in asymmetrischen Herrschaftsformen möglich. Entscheidend ist weiterhin, dass umfassender Herrschaftsanspruch und das Verhalten der Beherrschten dabei in dialektischem Verhältnis stehen, d. h. Devianz wie auch Konsens sind Produkte und Spiegel des umfassenden Herrschaftsanspruches«[28]. Zu diesen Parallelen zwischen den beiden deutschen Diktaturen gehört auch die Erkenntnis, dass der klassische Widerstand in beiden Systemen nur ein Randphänomen und der Normalfall individuellen Verhaltens jene schwierig zu erfassende »Grauzone zwischen Loyalität und Ablehnung«[29] gewesen ist. Dies gilt in besonderem Maße für die DDR, die aufgrund ihrer ungleich längeren Dauer nicht nur innersystemische Transformationen vom Typus des stalinistischen Repressionsstaates der 1950er Jahre bis hin zur für weite Teile der Bevölkerung »kommoderen« »modernen Diktatur«[30] der 1970er und 1980er Jahre durchlief, sondern auch einen generationell bedingten Einstellungswandel seitens ihrer Bevölkerung erlebte.

Dem tragen verschiedene »Widerstands«-Typologien mittlerweile Rechnung: Ilko-Sascha Kowalczuk spricht von Widerstand als Oberbegriff und differenziert ihn in die Typen »1. gesellschaftliche Verweigerung, 2. sozialer Protest, 3. politische Dissidenz und 4. Massenprotest«[31]. Hubertus Knabe unterscheidet sogar zehn verschiedene Formen: Resistenz, Partielle Kritik, Sozialer Protest, Passiver Widerstand, Neue Soziale Bewegungen, Politischer Protest, Dissidenz, Politische Opposition, Aktiver Widerstand und Aufstand[32]. Chri-

---

28 Stöver (wie Anm. 22), S. 43ff.
29 Ebenda, S. 49.
30 Zu dem von Sigmund Neumann: Permanent Revolution. The Total State in A World At War, New York/London 1942 geprägten Interpretament der »modernen Diktatur« und seiner Tragfähigkeit auch im Hinblick auf die SBZ/DDR vgl. Schmiechen-Ackermann (wie Anm. 14), S. 56-62.
31 Ilko-Sascha Kowalczuk: Von der Freiheit, Ich zu sagen. Widerständiges Verhalten in der DDR. In: Ulrike Poppe/Rainer Eckert/Ilko-Sascha Kowalczuk (Hrsg.): Zwischen Selbstbehauptung und Anpassung, Berlin 1995, S. 85-117 (S. 97).
32 Hubertus Knabe: Was war die »DDR-Opposition«? Zur Typologie des politischen Widerspruchs in Ostdeutschland. In: Deutschland Archiv 29 (1996), S. 184-198 (S. 197).

stoph Kleßmann wiederum definiert Opposition als »eine zumindest ansatzweise organisierte Form der Abweichung von der herrschenden politischen Linie mit erkennbaren ideologischen und politischen Alternativkonzepten« und hebt sie ab von »Dissidenz« als »ein eher diffuses und schwer fassbares Phänomen« von Verweigerungen[33]. Ehrhart Neubert seinerseits unterscheidet in Anlehnung an Peter Steinbach, der »Widerstand als Menschenrechtsbewegung« mit dem Ziel der »Wiederherstellung des Rechts« versteht[34], drei Formen widerständigen Verhaltens: Erstens »Opposition«, die an legalen Mitteln zur Durchsetzung ihrer Ziele festhält, d.h. »auf der Grundlage verbindlicher Normen und verbindlichen Rechts die Machtträger zur Einhaltung dieser Normen und Rechtssetzungen zu veranlassen suchte, um deren Macht zu begrenzen«; zweitens »Widerstand« mit dem Ziel »einer Schwächung oder Beseitigung der SED-Macht und deren öffentlicher Diskreditierung« sowie der Bereitschaft zur Illegalität, wobei die Palette vom »spontanen Massenaufstand« über die Handlungen »in unterdrückten sozialen Milieus [. . .] bis zu Sabotagehandlungen« und dem Widerstand einzelner einschließlich Flucht und Ausreise reichte; drittens »politischer Widerspruch« als »eine schwächere Form von bewussten politischen Abweichungen«[35]. Schließlich differenzieren Detlef Pollack und Dieter Rink in »Opposition, Widerstand, Protest, Resistenz oder Verweigerung« und verweisen zudem auf die Notwendigkeit einer Kontextualisierung der entsprechenden Aktivitäten, zumal »das repressive System der DDR seine Gegner selbst produziert [habe]«[36].

4. *Legt man der Analyse ein differenziertes Raster zugrunde, wird die Sonderrolle der LDPD im Kreis der Blockparteien deutlich.*

Bei den Liberaldemokraten herrschte eine offenere Diskussionskultur und war mehr interne Kritik an bestimmten Auswüchsen und Missständen in Gesellschaft und Herrschaftsapparat der DDR möglich als in den anderen Parteien. In den 1980er Jahren erfuhr die LDPD wohl auch gerade deshalb einen erheblichen Popularitätsgewinn. Von allen Blockparteien hatte sie den größten Mitgliederzuwachs zu verzeichnen[37]: Zwischen 1980 und 1987 stieg die Zahl der Mitglieder von 78.000 auf 104.000 und damit um 33,3 %, was weit über dem durchschnittlichen Wachstum der Blockparteien insgesamt von

33   Christoph Kleßmann: Opposition und Dissidenz in der Geschichte der DDR. In: Aus Politik und Zeitgeschichte B 5/91, S. 52-62.
34   Peter Steinbach: Widerstand – aus sozialphilosophischer und historisch-politologischer Perspektive, in: Ulrike Poppe u.a. (wie Anm. 31), S. 27-67 (S. 30f.).
35   Neubert (wie Anm. 16), S. 29-33.
36   Pollack/Rink (wie Anm 14), S. 7f.
37   Peter Joachim Lapp: Die »befreundeten Parteien« der SED. DDR-Blockparteien heute, Köln 1988, S. 143f.

21,8 % lag. Es waren vor allem junge Menschen, die jetzt in die LDPD eintraten. Für etliche Mitglieder war die Partei eine »Nische«, um sich der Dominanz der SED zu entziehen. Sie fühlten sich hier unter Gleichgesinnten, konnten freier miteinander reden – auch über das, was einem nicht gefiel an der DDR – und überlegen, was zumindest im eigenen Umfeld verbessert werden konnte. Gleichwohl gab es auch hier viele überzeugte Sozialisten und SED-Verbündete insbesondere unter den Funktionären bis in die Parteispitze. Insofern bewegte sich die Partei zwischen den Polen passiver Anpassung, echter Bejahung und liberalem »Eigensinn«. Letzterer impliziert zwar – wie die Forschung nachgewiesen hat – zunächst keinen direkten Widerstand, stellt aber dennoch den Versuch dar, sich dem Konformitätsdruck eines diktatorischen Systems zu entziehen oder zumindest der subjektiv als unvermeidlich empfundenen formalen Anpassung eine eigene Bedeutung zu geben: »Er [der Begriff des ›Eigen-Sinns‹] ist notwendig, um folgender Unterscheidung gerecht zu werden: Der herrschaftlich intendierte und meist ideologisch definierte Sinn von Ordnungen, erzwungenen Verhaltensweisen und Verboten ist eine Sache. Die je eigene Bedeutung, die Individuen in ihre Beteiligungen an diesen Ordnungen und Handlungen hineinlegen, ist eine andere. Auch bei äußerlicher Übereinstimmung sind sie nicht identisch. Diese Nicht-Identität kann sehr unterschiedliche Formen und Konsequenzen haben. ›Eigen-Sinn‹ *kann* in Widerstand gegen Vereinnahmungen und Aktivierungsversuche ›von oben‹ in den alltäglichen Beziehungen wie auch in der großen Politik münden, ist jedoch auch in der gezielten Nutzung und damit Reproduktion herrschaftskonformer Handlungsweisen zu beobachten, indem diese für ›eigen-sinnige‹ Individuen einen anderen – und sei es nur zusätzlichen – ›Sinn‹ beinhalten als den der offiziellen Ideologie«[38].

5. *Die LDPD bildete Ende der 1980er Jahre auch insofern einen Sonderfall im politischen System der DDR, als ihr Vorsitzender, Manfred Gerlach, als einziger prominenter Politiker zunehmend offener Reformen des DDR-Herrschaftssystems forderte.*

Gerlach hatte bereits 1956 als junger LDPD-Generalsekretär die Volkskammer als »langweilig« bezeichnet, sich für die Belange der Wirtschaft eingesetzt, einen größeren Einfluss seiner Partei auf die Regierungsarbeit verlangt und bei den eigenen Mitgliedern mehr Mut zur eigenen Meinung ange-

---

38 Thomas Lindenberger (Hrsg.): Herrschaft und Eigen-Sinn in der Diktatur. Studien zur Gesellschaftsgeschichte der DDR, Köln-Weimar-Wien 1999, S. 24 (Hervorhebung im Original). Geprägt wurde der Begriff von Alf Lüdtke: Eigen-Sinn. Fabrikalltag, Arbeitserfahrungen und Politik vom Kaiserreich bis in den Faschismus, Hamburg 1993.

mahnt[39]. Zugleich ließ er aber nie einen Zweifel an seiner unbedingten Loyalität zur SED und seinem Bekenntnis zum Sozialismus. Dementsprechend war er letztlich auch immer bereit, die eigenen Vorschläge zugunsten der SED-Vorgaben zurückzustellen. Das zeigte sich beispielhaft im Frühjahr 1979, als der LDPD-Vorsitzende der SED und der eigenen Parteiführung ein umfangreiches Manuskript zur Begutachtung vorlegte[40]. Unter dem Titel »Wortmeldung zur Zeitgeschichte – Erkenntnisse und Bekenntnisse eines Liberaldemokraten« nahm er hierin zwar erneut Partei für den Sozialismus, doch gleichzeitig kritisierte er die einengende Kultur- und Wirtschaftspolitik der Regierung, verlangte eine realistischere Medienberichterstattung, eine Aufwertung der Volkskammer und der Kompetenzen für deren Abgeordneten sowie mehr Rechtsstaatlichkeit. Indes verhallten diese Forderungen wirkungslos, weil der Autor aufgrund von Kritik der SED, aber auch der LDPD-Spitzengremien auf eine Veröffentlichung verzichtete.

Immerhin war nun ein Grundakkord angestimmt, der sich auch in den kommenden Jahren wiederholt in Gerlachs Äußerungen fand und schließlich auch zunehmend öffentlich bekannt wurde. Dabei erwies sich die Wahl Michail Gorbatschows zum Generalsekretär der KPdSU 1985 als ein wichtiger Einschnitt. In den kommenden Jahren wiederholte der LDPD-Parteivorsitzende seine alten Forderungen im vertraulichen Kontakt mit SED-Funktionären immer selbstbewusster. Und seit 1988 trug er sie dann sogar in die Öffentlichkeit: Im April 1988 rief Gerlach die Kreis- und Stadtbezirkssekretäre seiner Partei zu neuem Denken im Sinne der Moskauer Politik auf und betonte, dass man sich durchaus »von Kommunisten« unterscheiden solle[41]. Da dieser Appell in der parteieigenen Tageszeitung »Der Morgen« mit ihren 250.000 Exemplaren veröffentlicht wurde, fand er erhebliche Verbreitung. Kurz darauf sprach sich Gerlach in einem Vortrag an der Akademie für Staats- und Rechtswissenschaften in Potsdam-Babelsberg vor 400 Funktionären, die fast ausnahmslos der SED angehörten, sogar für »Pluralismus«, »kritische Diskussionen« und »Transparenz politischer Vorgänge« aus[42]. Seine aufmüpfigen Töne bescherten dem LDPD-Vorsitzenden und seiner Partei einen deutlichen Popularitätsgewinn. Allerdings mussten die alten und neuen LDPD-Anhänger gleich anderen DDR-Bürgern Ende der achtziger Jahre erkennen, dass die SED-Führungsriege nichts von Glasnost und Perestroika hielt. Diese Unbelehrbarkeit des Regimes trieb im Herbst 1989 auch etliche Liberaldemo-

39 Suckut (wie Anm. 8), S. 1504; Sommer (wie Anm. 4), S. 234-237; Reiner Marcowitz: Manfred Gerlach – ein »Liberaler im SED-Staat«. Individuelles und Typisches seiner Biographie, in: Jahrbuch zur Liberalismus-Forschung 15 (2003), S. 243-263.
40 Manfred Gerlach: Mitverantwortlich. Als Liberaler im SED-Staat, Berlin 1991, S. 141-157; Sommer (wie Anm. 4), S. 298-301.
41 Zit. nach Gerlach (wie Anm. 40), S. 211.
42 Zit. nach ebenda, S. 212f.

kraten auf die Straße. Zumindest für diese LDPD-Mitglieder war die »Wende« daher auch »ihre« Wende.

Das galt sicher nicht für die ganze Partei, aber es war auch nicht nur eine Sache einzelner an der Parteibasis. Teile der Parteiführung, vor allem Gerlach, waren zumindest mittelbar durchaus am Umbruch im Oktober 1989 beteiligt. Der Parteivorsitzende verstärkte nämlich im Sommer 1989 seine öffentlichen Forderungen nach politischen und wirtschaftlichen Reformen, größerer Offenheit und Diskussionsbereitschaft der SED sowie Wahrhaftigkeit in den Medien. »Schätzen wir ›Querdenker‹«, forderte er in einem Artikel anlässlich des 75. Todestages Bertha von Suttners, den »Der Morgen« am 17. Juni veröffentlichte[43]. In einer Rede auf der Festveranstaltung seiner Partei anlässlich des 40. Jahrestages der DDR sprach er offen die von der SED bewusst ignorierte Fluchtbewegung aus der DDR an und verteidigte sachliche Kritik an den Zuständen in der DDR: »Kritisches Nachdenken« sei nicht »Opposition«[44]. Ähnlich war der Tenor seiner Ansprache aus Anlass des 100. Geburtstags von Carl von Ossietzky in der Zentralen Parteischule in Bantikow: Hier bezog er sich auf die Relegation von Schülern der Erweiterten Oberschule Carl von Ossietzky in Ost-Berlin wegen regimekritischer Äußerungen vom Herbst 1988 und mahnte: »Widerrede ist nicht Widerstand«[45].

Natürlich ging es Gerlach dabei nie um eine Abschaffung, sondern lediglich um eine »Erneuerung« der sozialistischen DDR im Sinne der Leitgedanken der sowjetischen Reformpolitik. Auch begründete er sein Plädoyer für mehr Toleranz gegenüber Andersdenkenden mit dem Argument, dass gerade dadurch jene radikalen Systemkritiker »keinen Raum« bekommen sollten, »die vorgeben, anders zu denken, in Wahrheit aber sich anschicken, alternativ zu handeln«[46]. Er versuchte seit dem Frühjahr 1989 nur, »die Partei vom Reformkurs auf Oppositionskurs zum SED-Regime, nicht zum sozialistischen System, zu bringen«[47]. Dennoch wurden seine Äußerungen von vielen innerhalb und außerhalb der LDPD als eine Ermutigung empfunden. Gerade auch die liberale Basis fühlte sich in ihrer eigenen Kritik an den vielfältigen Missständen in der DDR bestätigt. Selbstbewusst forderten einzelne Funktionsträger auf kommunaler Ebene von der SED mehr Selbständigkeit und praktizierten diese auch. So stimmte die LDPD-Fraktion in der Stadtverordnetenversammlung in Plauen bereits 1988 gegen den Jahreshaushaltsplan. Den verantwortlichen LDPD-Kreissekretär Joachim Günther versuchte die SED

43 Lassen wir uns inspirieren! Zu Bertha von Suttners 75. Todestag am 21. Juni 1989. In: Manfred Gerlach: Standortbestimmung, Berlin (DDR) 1989, S. 16-22 (S. 21).
44 Nachdenken über Gesellschaftsstrategie. Zu politischen Bildungsinhalten der Liberal-Demokratischen Partei Deutschlands. In: ebenda, S. 22-31 (S. 26).
45 Carl von Ossietzky – Demokrat, Märtyrer, Mahner. In: ebenda, S. 8-16 (S. 12f.). Vgl. Gerlach (wie Anm. 40), S. 221-227.
46 Carl von Ossietzky – Demokrat, Märtyrer, Mahner. In: Gerlach (wie Anm. 43), S. 13.
47 Ders. (wie Anm. 40), S. 246.

daraufhin bei der LDPD-Führung anzuschwärzen, doch Gerlach entschied, dass dies eine Angelegenheit des Kreisverbandes sei. Hier konnte Günther dann die entscheidende Abstimmung im Sekretariat des Kreisvorstandes über sein Verbleiben mit vier zu drei Stimmen für sich entscheiden. Ein kleines, aber nicht untypisches Beispiel dafür, wie bereits in den letzten Jahren der DDR einiges in Bewegung geriet, das Machtmonopol der SED auch über den Kreis der erklärten Oppositionsbewegung hinaus nicht mehr kritiklos hingenommen wurde, man sich mehr traute: »Eigentlich waren wir keine Revolutionäre, aber mutig war es schon [. . .]«[48]. Man wollte Veränderungen, auch wenn man noch nicht wusste, wohin die genau führen sollten. Nicht zuletzt der Staatssicherheitsdienst registrierte besorgt diese »Tendenzen zur Überbetonung der Eigenständigkeit [. . .] im System der politischen Kräfte der DDR«[49].

Hingegen stießen Gerlachs Äußerungen in der SED-Führung teilweise auf heftige Kritik. Allerdings gab es auch durchaus einzelne SED-Spitzenfunktionäre, die zwar monierten, dass Gerlach seine Reformvorschläge öffentlich unterbreitete, ihm jedoch inhaltlich durchaus zustimmten[50]. Die Kenntnis der inneren Zerstrittenheit der SED-Führungsriege sowie der sehr gute Draht zur sowjetischen Botschaft in Ost-Berlin stärkten Gerlach in den kritischen Wochen des Sommers und Herbsts 1989 den Rücken. Vor allem aber nutzte er seine wachsende Popularität: »Der Morgen« veröffentlichte am 10. Oktober ganzseitig 21 Zuschriften, welche die Forderung der Parteibasis nach Reformen verdeutlichten und den LDPD-Vorsitzenden zur Fortsetzung seiner Politik ermutigten. Überhaupt erreichten Gerlach auch schon in den Monaten zuvor zahlreiche Briefe – bis zu 50 pro Tag – von DDR-Bürgern, die zum Teil LDPD-Mitglieder waren, zum Teil aber auch nicht. Ihren Äußerungen konnte er sowohl das große Ausmaß der Kritik an den herrschenden Zuständen in der DDR entnehmen als auch die verbreitete Zustimmung zu seinen Reformforderungen[51].

48 Beitrag von Joachim Günther auf der Tagung der Wilhelm-Külz-Stiftung vom 4.-6.3.2000 in Kottenheide. Unveröffentlichtes Manuskript.
49 Einschätzung aktueller Aspekte der politisch-operativen Lage in den befreundeten Parteien, insbesondere der CDU und LDPD, unter besonderer Berücksichtigung gegnerischer Aktivitäten zur Herausbildung und Formierung eines kritischen Potentials an der Basis der Parteien gegen die Bündnispolitik der SED und von Wirkungserscheinungen der politisch-ideologischen Diversion [15.4.1989]. Die Bundesbeauftragte für die Unterlagen des Staatssicherheitsdienstes der ehemaligen Deutschen Demokratischen Republik (BStU). MfS. HA XX/AKG 84, Bll. 39-52 (Bl. 41). Vgl. Suckut (wie Anm. 8), S. 1509-1517 und 1536-1543.
50 Vgl. Gerlachs Ausführungen auf der außerordentlichen Sitzung des Sekretariats des Zentralvorstandes am 9.10.1989. Archiv des Liberalismus (AdL). Bestand Sekretariat des ZV der LDPD. L 3-675, Bl. 6 und Information über die Auswertung einer Beratung des Vorsitzenden der LDPD, Professor Gerlach, mit den Bezirksvorsitzenden am 10.10.1989. BStU. MfS. HA XX/AKG, Nr. 2182, Bll. 1-7.
51 Vgl. Suckut (wie Anm. 8), S. 1517f.

6. *Der LDPD-Vorsitzende und Teile der LDPD-Mitgliedschaft hatten durchaus einen Anteil an der »Wende«.*

Das belegt allein schon die vorübergehende Popularität der Liberal-Demokraten im Herbst 1989. Ihr Vorsitzender avancierte in den Wochen nach der »Wende« zum bekanntesten und beliebtesten Politiker der DDR: »Gerlach for President« stand auf Transparenten, die bei den andauernden Demonstrationen in Dresden und Leipzig hochgehalten wurden. In puncto Mitgliederzuwachs erreichte die Partei mit 830 Neuaufnahmen ihr bestes Oktoberergebnis seit 20 Jahren[52]. Zahlreiche Zuschriften lobten die Politik der Parteiführung und drückten den Stolz der Mitglieder auf ihre Partei und ihren Vorsitzenden aus. Die Abkehr vom »einseitigen geradlinigen Einheitskurs nur einer Partei«[53] und die sich offensichtlich eröffnende Möglichkeit zur »aktiven Teilnahme am demokratischen Umgestaltungsprozess«[54], die von der eigenen Parteiführung vorangetrieben wurde, führten zur regelrechten Aufbruchstimmung unter den LDPD-Mitgliedern: »Noch nie war die Situation in der DDR so günstig, um kurzfristig umfassende Veränderungen durchzuführen, da eine breite Zustimmung dafür bei der Bevölkerung zu verzeichnen ist, ja, von der Basis dieser Zustand erst ausgelöst wurde. [. . .] Unsere Zeitung ›Der Morgen‹ hat sich dabei in letzter Zeit wegweisend an die Spitze der Medien gestellt. Dies wird in der Bevölkerung anerkannt, und wenn wir so fortfahren, ist uns auch zukünftig eine wachsende Mitgliederzahl sicher«[55].

Insofern ist dem harschen Urteil Ulf Sommers zu widersprechen, dass die LDPD »[z]u keinem Zeitpunkt [. . .] den Verlauf der Volksbewegung [beeinflusst habe]«[56]. Gerlachs Äußerungen bestätigten nicht nur die Aufmüpfigen in den eigenen Reihen, sondern verstärkten innerhalb der LDPD wie darüber hinaus die Bereitschaft, der Staatsführung kritische Fragen zu stellen, gerade weil das Ziel des Parteivorsitzenden nie eine Revolution, sondern lediglich eine Reform war. Damit traf er sich durchaus mit den Vorstellungen der meisten Regimegegner selbst in der Bürgerbewegung, obwohl diese letztlich gegen den etablierten politischen Apparat stand, während Gerlach ja zur alten

---

52 Handschriftliches Protokoll der Sitzung des Politischen Ausschusses des Zentralvorstands vom 14.11.1989. AdL. Bestand PA der LDPD. L 2-390, Bl. 4.
53 Jörg Schulz (KV Berlin-Friedrichshain, WGG 5) an Gerlach am 23.10.1989. AdL. Bestand Sekretariat A der LDPD. L 7-108.
54 KV Köpenick, WGG V an Gerlach am 31.10.1989. AdL. Bestand Sekretariat A der LDPD. L 7-108.
55 KV Berlin-Hellersdorf, WGG I an Sekretariat des ZV am 24.10.1989. AdL. Bestand Sekretariat A der LDPD. L 7-108.
56 Sommer (wie Anm. 4), S. 305. Differenzierter ders./Peter Rummelt: Die Wende einer Blockpartei. Zur Rolle der LDPD in der Herbstrevolution 1989. In: Martina Husemann/Ingo Zwilling (Hrsg.): Fragen an die deutsche Zukunft, Münster 1991, S. 118-138 und ders.: Zum Artikel von Peter Juling: Die deutsche Wende im »Morgen«-Spiegel, Heft 4/92. In: Liberal 35 (1993) H. 2, S. 108-111 (S. 110).

Nomenklatur zählte. Zu Recht ist darauf hingewiesen worden, dass Gerlachs Forderungen am damaligen Zustand der DDR gemessen werden müssten, während eine Beurteilung »[v]on einem demokratischen pluralistischen Standpunkt aus gesehen [. . .] kaum zu einem gerechten Urteil führen [könne]«[57]. Sie hoben sich wohltuend ab von der kritiklosen »Weiter so«-Rhetorik der SED, aber auch der anderen »bürgerlichen« Blockparteien. Letztlich trugen sie zu jenem neuen Klima der Offenheit und des Protests bei, das die Entstehung der großen Oppositionsbewegung vom Oktober 1989 förderte, obwohl Gerlach und seine Anhänger in der LDPD-Spitze zunächst gehofft hatten, die von ihnen gewünschten Veränderungen ließen sich auf weniger dramatische Weise herbeiführen. Insofern hatten nicht nur einzelne Parteimitglieder, die bei den Demonstrationen im Herbst 1989 mitmarschierten, Anteil an der »Wende«, sondern – wenn nicht direkt, so doch mittelbar – auch der LDPD-Vorsitzende und jene in der Parteiführung, die seinem Kurs folgten.

Den Machtwechsel von Erich Honecker zu Egon Krenz begrüßte die LDPD-Führung, zumal einige der neuen Spitzenfunktionäre, vor allem der gerade gewählte Generalsekretär, zu jenen in der SED gehört hatten, die Gerlachs Kritik bereits in den Wochen zuvor zumindest vertraulich »verhaltene bis deutliche Sympathie« entgegengebracht hatten[58]. Daher nutzte der LDPD-Vorsitzende seine damalige Popularität auch nicht politisch aus: Bei der Wahl des Staatsratsvorsitzenden am 24. Oktober verzichtete er auf eine Gegenkandidatur zu Krenz, obwohl er hierzu sogar von Führungspersönlichkeiten der Bürgerbewegung wie Rainer Eppelmann und Friedrich Schorlemmer ermutigt worden war. Diese attestierten Gerlach, dass er »den neuen demokratischen Aufbau in unserem Lande wesentlich inspiriert [habe]« und »mit großem Vertrauen in unserem Volk rechnen [könne]«[59]. Der LDP-Vorsitzende begründete seine Entscheidung mit der entsprechenden Verfassungsbestimmung, die der stärksten Fraktion, also nach wie vor der SED, das Recht einräumte, den Staatsratsvorsitzenden vorzuschlagen. Überdies vertraute er der Reformfähigkeit des neuen Mannes an der Spitze der SED, zumal wenn dieser die wichtigsten Staats- und Parteiämter einnahm und damit eine starke Position besaß. Immerhin gab es bei der Wahl von Krenz erstmals einige Gegenstimmen und Enthaltungen aus den Reihen der LDPD.

57 Ivo Klatte: Die Gründung der Jungliberalen Aktion (JuliA). In: Tom Steinborn/Ivo Klatte (Hrsg.): Liberale Jugend in Ostdeutschland, Dresden 1994, S. 42-52 (S. 45).
58 So Gerlach auf der außerordentlichen Sitzung des Sekretariats des Zentralvorstandes am 9.10.1989. AdL. Bestand Sekretariat des ZV der LDPD. L3-675, Bl. 6. Vgl. Aus dem Hauptvorstand der Liberal-Demokratischen Partei Deutschlands zur Einschätzung einiger Aspekte der gegenwärtigen politischen Lage in der DDR [o. D.]. BStU. MfS. ZAIG 5741, Bll. 1-4.
59 Brief Schorlemmers und Eppelmanns an die NDPD am 23.10.1989. Stiftung Archiv der Parteien und Massenorganisationen der DDR im Bundesarchiv (SAPMO-BArch). Bestand NDPD. DY 16/2571. Abgedruckt in: Die FDP-Bundestagsfraktion informiert FDP Fachinfo 2918 v. 24.10.1989.

In seinen »Erinnerungen« hat Gerlach seine damalige Entscheidung selbst als einen Fehler bewertet: Er habe sich nicht nur in Krenz getäuscht, sondern auch eine wertvolle Chance zur weiteren Profilierung der LDPD vertan[60]. Indes belegte sein Verzicht auf eine Kampfabstimmung nur erneut die Grenzen seiner Reformbereitschaft. Gerlach war Realist genug, den Veränderungsbedarf in der DDR zu erkennen, doch er ging weiterhin von der Fortexistenz der DDR aus, ja er wünschte sie. Sein Ziel war lediglich die Ablösung des »stalinistische[n] System[s]« durch einen »demokratische[n] menschliche[n] Sozialismus«[61], einen – wie sein Berater Manfred Bogisch im »Morgen« vom 30. Oktober schrieb – »Sozialismus [. . .], der Spaß macht«[62]. Daher war der LDPD-Vorsitzende auch bereit, den Vorrang der SED weiterhin anzuerkennen, vorausgesetzt diese erwies sich als reformbereit, beseitigte die offensichtlichen Missstände innerhalb der DDR und räumte den übrigen Blockparteien freiwillig ein stärkeres Mitbestimmungsrecht ein. Insofern zielte seine Reformpolitik »auf Systemdehnung, nicht Systemüberwindung«[63]. Auf keinen Fall wollte er, dass sich die DDR »zu einer zweiten Bundesrepublik« entwickelte[64].

Allerdings muss man konzedieren, dass Gerlach innerhalb der LDPD-Führung sicher noch einer der reformfreudigsten Politiker war, dabei aber von erheblichen Teilen des hauptamtlichen Apparats im Zentralvorstand gebremst wurde, weil sie um ihre materielle Existenz fürchteten[65]. Erst recht hob er sich positiv ab von den Vorsitzenden von CDU, NDPD und DBD. Dies verdeutlichte ein gemeinsames Abendessen der Vorsitzenden der Blockparteien am 27. Oktober, auf dem sich Krenz wegen seines moderaten Reformkurses gegenüber Gerald Götting (CDU), Heinrich Homann (NDPD) und Günther Maleuda (DBD) förmlich verteidigen musste[66]: Götting beklagte die wachsende und für ihn letztlich unbegreifliche Opposition in der DDR; Homann war nur zu kleineren Verbesserungen bereit, nicht aber zu tiefgreifenden Veränderungen; Maleuda bat Krenz schließlich inständig, den Anspruch auf die führende Rolle der SED beizubehalten. Gerlach hingegen ging zu diesem Zeitpunkt davon aus, »dass es in der Zukunft in der DDR keine Partei geben wird, die so ist, wie sie früher war; dass die ganze DDR nach ihrem 40. Jahrestag eine andere sein wird, als sie vorher war. Es geht bei uns um eine wirk-

60 Gerlach (wie Anm. 40), S. 305.
61 Ebenda.
62 Der Morgen vom 30.10.1989: Gedanken zur Lage. Vgl. Sommer: Artikel (wie Anm. 56), S. 110.
63 Frölich (wie Anm. 7), S. 263.
64 »Es ist eine Revolution«. Der LDPD-Vorsitzende Manfred Gerlach über die Reformpolitik in der DDR: In: Der Spiegel vom 6.11.1989.
65 Beitrag von Prof. Dr. Rainer Ortleb auf der Tagung der Wilhelm-Külz-Stiftung in Kottenheide vom 4.-6.3.2000. Unveröffentlichtes Manuskript.
66 Gerlach (wie Anm. 40), S. 307.

liche Wende, um eine Umgestaltung. Wir glauben, es ist eine Revolution, eine neue Revolution, die in der DDR stattfindet«[67]. Dies meinten auch etliche an der Basis, doch sie leiteten daraus schon bald weit tiefgreifendere Veränderungen ab als ihre Parteiführung. Ende Oktober trat der LDPD-Kreisverband Plauen als erstes Gremium einer Blockpartei offiziell aus der »Nationalen Front« aus[68]. Überdies suchte er bereits frühzeitig den Kontakt zur westdeutschen FDP und bekannte sich schließlich bereits kurz nach der Maueröffnung vom 9. November 1989 auf einer Veranstaltung in Hof zur Einheit Deutschlands. Dementsprechend gab es in dieser Region faktisch auch keine neuen politischen Gruppen oder Parteien, weil die LDPD sich ausreichend als Oppositionskraft profilierte.

Am 1. November 1989 begann die Grundsatzkommission der LDPD, ein neues Parteiprogramm auszuarbeiten, das der kommende Parteitag verabschieden sollte[69]. Am Tag darauf billigte das Sekretariat des Zentralvorstandes auf Vorschlag Gerlachs verschiedene Forderungen, von denen diejenige nach dem Rücktritt der Regierung Stoph die spektakulärste war. Überdies trat der Parteivorsitzende für eine kurzfristige Behebung von Versorgungsengpässen ein. Hingegen verschloss er sich noch den sehr viel weitergehenden Forderungen der Parteibasis: Diese verlangte zwischenzeitlich nicht nur einen Sonderparteitag, die Vorlage des Entwurfs eines neuen Wahlgesetzes, eine Stellungnahme zur Manipulation der Kommunalwahlen vom Mai 1989 und die Wiederholung der Wahl, sondern auch einen Verzicht auf die führende Rolle der SED sowie eine generelle Trennung der LDPD von der SED, die Ausarbeitung einer neuen Parteisatzung, eine Öffnung der LDPD hin zur Massenpartei und deren Abrücken vom Sozialismus.

Immerhin erklärte sich die Parteiführung zur Unterstützung von Bürgerrechtsgruppen bereit. Insbesondere aus den Reihen des »Neuen Forum« gab es solche Bitten, aber auch zum »Demokratischen Aufbruch« und zu »Demokratie Jetzt« bestanden lose Kontakte. Dokumente des »Neuen Forum« sollten nun im »Morgen« publiziert werden, bis die Bürgerbewegung eine eigene Zeitung lizensiert hatte. Gerlach hielt selbst eine Regierungsbeteiligung der Bürgerrechtler für möglich. Förmliche Absprachen gab es hingegen noch nicht, weil die neuen Gruppen zunächst selbst noch ihre inhaltlichen Positionen und Zielvorstellungen klären mussten. Auf jeden Fall teilte man miteinander den Wunsch, den Sozialismus in einer souveränen DDR lediglich zu reformieren, nicht aber zu suspendieren. Zudem folgten beide Seiten auch taktischem Eigennutz, wie Gerlach später einräumte: Seine Partei beabsichtigte, »die

67 »Es ist eine Revolution«. Der LDPD-Vorsitzende Manfred Gerlach über die Reformpolitik in der DDR. In: Der Spiegel vom 6.11.1989.
68 Beitrag von Joachim Günther auf der Tagung der Wilhelm-Külz-Stiftung in Kottenheide vom 4-6.3.2000. Unveröffentlichtes Manuskript.
69 Walter (wie Anm. 11), S. 17-25.

neuen politischen Gruppierungen gleichsam zu umarmen und Teile allmählich zu vereinnahmen, so wie sie [. . .] die LDPD zu durchdringen versuchten«[70].

Die Öffnung der Mauer am 9. November 1989 ließ solche Überlegungen Makulatur werden. Sie rückte in den kommenden Wochen eine etwaige Vereinigung der beiden deutschen Staaten in den Mittelpunkt, löste also jene »Wende in der Wende« aus, in deren Verlauf die Demonstranten nicht mehr »Wir sind das Volk«, sondern »Wir sind ein Volk« skandierten. Vergeblich kritisierte die LDPD-Führung ebenso wie die Bürgerbewegung die für sie völlig überraschende Entscheidung vom 9. November, weil sie hiervon negative Auswirkungen auf die weitere Entwicklung in der DDR befürchtete. Wenige Tage später erlitt Gerlach dann auch eine persönliche Niederlage: Am 13. November unterlag er bei der Wahl zum Volkskammerpräsidenten dem DBD-Vorsitzenden Maleuda. Dabei gaben die Vertreter der Massenorganisationen den Ausschlag. Sie fühlten sich durch den mittlerweile veröffentlichten Wahlrechtsentwurf der LDPD düpiert, denn dieser wollte künftig nur noch Parteien die Teilnahme an Wahlen erlauben. Überhaupt geriet die LDPD-Spitze nun immer mehr in die Defensive. Ihre bisherige Reformbereitschaft wurde zunehmend als unzureichend kritisiert. Die Parteibasis forderte eine radikalere und schnellere Erneuerung der Partei und ihrer Politik. Nachdrücklich wurde gewarnt, dass die LDPD nur noch »einen kleinen Kredit bei der Bevölkerung« besitze, denn »die Kritik an den Zuständen bei uns sowie die konkreten Forderungen zur Erneuerung [erschienen] [. . .] zu zart und spät«[71].

Letztlich wurden selbst die reformbereiten Teile der LDPD-Führung um Gerlach im November 1989 von der Entwicklung einfach überrollt. Sie hatten immer nur systemimmanente Veränderungen gefordert und sich damit vorübergehend an die Spitze der Reformbewegung in der DDR stellen können. Doch mit der Grenzöffnung am 9. November zeichneten sich weit tiefgreifendere Veränderungen ab, die auf einen völligen Zusammenbruch der alten Ordnung hinausliefen, den mitzuvollziehen, geschweige denn zu befördern ihnen äußerst schwer fiel. Das lag wesentlich daran, dass die LDPD in den letzten Jahrzehnten völlig mit ihrer liberalen Programmatik der frühen Nachkriegszeit gebrochen hatte und auch jener Widerstand aus ihren Reihen verschwunden war, der sich noch in den 1950er Jahren im Kampf gegen die Vorherrschaftsbestrebungen der SED gezeigt hatte. Folglich kam die LDPD nun zunehmend in den Ruch des Bremsers, der die eigene Erneuerung nur zögerlich vorantrieb und dementsprechend unzureichend auch die Wünsche der

70 Gerlach (wie Anm. 40), S. 332.
71 Die Vorsitzende der WGG VIII Berlin-Lichtenberg, Helga Böhm, am Gerlach am 9.11.1989. AdL. Bestand Sekretariat A der LDPD. L 7-108.

Bevölkerung zu berücksichtigen bereit schien. Zusätzlich erwuchs ihr eine neue Konkurrenz in jenen liberalen Parteien, die sich zum Jahreswechsel 1989/90 bildeten: DFP und FDP in der DDR reklamierten für sich, den SED-Staat immer schon abgelehnt, ihm vielleicht sogar »widerstanden« zu haben und setzten frühzeitig auf eine Übernahme des westdeutschen Modells, also parlamentarische Demokratie und soziale Marktwirtschaft, ja die schnellstmögliche Vereinigung der beiden deutschen Staaten. Diese Auseinandersetzung belastete auch die kommenden Monate, in deren Verlauf die drei Parteien auf Drängen der westdeutschen FDP gemeinsam zur Volkskammerwahl vom 18. März 1990 antraten und sich schließlich am 11. August 1990 auf dem »Vereinigungsparteitag« in Hannover mit den Liberalen aus der Bundesrepublik zur gesamtdeutschen FDP zusammenschlossen[72].

Wenn auch nur noch in abgeschwächter Form prägen die alten Auseinandersetzungen um Anpassung und Kooperation einerseits, Dissens und Widerstand andererseits die ostdeutschen Landesverbände der Liberalen bis heute. Eine gerechte Bewertung setzte detaillierte Forschungen zur Entwicklung des Liberalismus und dem Verhalten der Liberalen innerhalb und außerhalb des organisierten Liberalismus in der SBZ/DDR voraus, die bis heute nur bruchstückhaft geleistet worden sind. Dies ist umso bedauerlicher, als hiervon auch weitere Aufschlüsse über die Entwicklung von Gesellschaft und Herrschaftssystem in der zweiten deutschen Diktatur, aber auch die Tragfähigkeit ihres Vergleichs mit dem »Dritten Reich« zu erwarten wären. Das macht die Geschichte des Liberalismus in der SBZ/DDR so aufschlussreich und spannend.

---

72 Zu dieser Entwicklung vgl. Marcowitz: Weg, S. 65-103.

Weitere Beiträge

Jörn Leonhard

Initial oder Modell?
Die Perzeption des italienischen Risorgimento in Deutschland seit 1850

1. *Einleitung: Italien als Initial oder Modell? Die Wahrnehmung des Anderen und die Projektion des Eigenen*

»Und was Italien betrifft, so werden die deutschen Sympathien ebenfalls so lange auf Seite Österreichs und seines Besitzes sein, als es sich um die Frage handelt: österreichischer oder französischer Einfluß? Diese Sympathien Deutschlands könnten, ja müßten konsequenterweise nur dann umschlagen, wenn das Einheitsstreben der Italiener Konsistenz gewänne. Aber dieses hat mit noch größeren Schwierigkeiten zu kämpfen als Deutschland. Welche geistigen und politischen Revolutionen müßten stattfinden, um die italienische Ländermasse inklusive des päpstlichen Territorialbesitzes zu verschmelzen?«[1] So äußerte sich im Januar 1846 Heinrich von Gagern in einem Brief an seinen Bruder Friedrich. Dreizehn Jahre später trat der von Gagern 1846 nicht erwartete Umbruch ein. Die Siege von 1859 verhalfen dem italienischen Risorgimento zum Durchbruch. Zwischen Gagerns Äußerung und den Schlachten von Solferino und S. Martino lag der epochale Umbruch der Revolution von 1848/49, und weder die Ereignisse seit 1859 noch ihre Wahrnehmung in Deutschland sind ohne die Umbruchserfahrung der Revolution angemessen zu erfassen.

Der Nachmärz war nicht einfach eine Phase politischer Restauration. Die Revolution von 1848/49 war nicht nur »gescheitert«. Ihre Erfahrung hatte vielmehr politische und soziale Handlungsspielräume aufgezeigt, die über das Scheitern der unmittelbaren politisch-konstitutionellen Ziele hinausreichten

---

1 Heinrich von Gagern an seinen Bruder Friedrich, Monsheim, Januar 1846. In: *[Heinrich von Gagern]* Deutscher Liberalismus im Vormärz. Heinrich von Gagern. Briefe und Reden 1815-1848. Hg. von *Paul Wentzcke* und *Wolfgang Klötzer*. Göttingen 1959. S. 317.

und die kommenden Jahrzehnte tiefgreifend prägen sollten. Die Revolution hatte deutlich gemacht, wie sich in kürzester Zeit politische Ereignisse kommunizieren und popularisieren, Interessen organisieren und artikulieren ließen, und dies weit über die engeren Grenzen der Parlamente hinaus. Die Revolution als Kommunikations- und Organisationsereignis läßt sich mithin nicht im Rahmen einfacher Kategorien von Erfolg und Mißerfolg fassen, weder für Konservative, noch für Liberale oder Radikaldemokraten. Das machte sie zu einem epochalen Erfahrungsumbruch für eine ganze Generation und ließ gerade ihre unerfüllten Erwartungen zu einem prägenden Erbe werden, das sich jederzeit politisch aktualisieren ließ.[2]

Zwei weitere Aspekte kommen hinzu. Die Revolution ließ erstens, zumal in den Gesellschaften Deutschlands und Italiens, jene politischen Grundfragen stärker hervortreten, welche die Geschichte beider Länder bis 1871 bestimmen sollten. Das Problem, wie innerhalb eines freiheitlichen politisch-konstitutionellen Rahmens aus komplexen partikularstaatlichen Strukturen neuartige Nationalstaaten gebildet werden konnten, gehörte zum Erfahrungssubstrat von 1848/49. Dies aber schien nach 1849/50 drängender denn je und ließ sich nicht mehr, wie dies scheinbar nach 1815 gelungen war, von der politischen Tagesordnung verdrängen. Zweitens hatte die Revolution von 1848/49, weit stärker als die Ereignisse vom Juli 1830 oder die Rheinkrise von 1840, den Zeitgenossen die genuin europäische Dimension politischer Prozesse vor Augen geführt. Damit hing schließlich die Interdependenz von Innen- und Außenpolitik zusammen. Außenpolitische Krisen, das war zwischen 1848 und 1850 in Malmö, in Berlin und Wien, in Italien und Ungarn, klar geworden, hatten unmittelbare Auswirkungen auf innenpolitische Entscheidungsprozesse. Der klassische Primat gleichsam isolierter Kabinettspolitik jedenfalls schien sich unter dem Eindruck des einmal in Bewegung geratenen politischen Massenmarktes nicht mehr ohne weiteres aufrecht erhalten zu lassen.[3]

Alle diese Aspekte trafen sich in der Wahrnehmungsgeschichte des italienischen Risorgimento in der deutschen Öffentlichkeit am Ende der 1850er Jahre.[4] Dieses Problem steht im Mittelpunkt der folgenden Ausführungen. Methodisch liegt dem die Prämisse der Rezeptionsforschung zugrunde, daß Wahrnehmungsprozesse keine Abbildungsprozesse sind, daß also die Rezep-

---

2 Vgl. *Wolfram Siemann:* Die deutsche Revolution von 1848/49. Frankfurt/Main 1985. S. 114-24.
3 Vgl. *Wolfram Siemann:* Gesellschaft im Aufbruch. Deutschland 1849-1871. Frankfurt/Main 1990. S. 171f.
4 Vgl. *Ernst Portner:* Die Einigung Italiens im Urteil liberaler deutscher Zeitgenossen. Studie zur inneren Geschichte des kleindeutschen Liberalismus. Bonn 1959, sowie *Christian Jansen:* Einheit, Macht und Freiheit. Die Paulskirchenlinke und die deutsche Politik in der nachrevolutionären Epoche 1849-1867. Düsseldorf 2000. S. 288-315.

tion der Ereignisse in Italien weniger über die Realität dieses komplexen historischen Prozesses selbst aussagt, als vielmehr über den Rezipienten selbst, also die deutsche Öffentlichkeit und die im zeitgenössischen national-politischen Diskurs sich niederschlagenden Erwartungen und Wünsche. Aus den Kriterien, mit denen in Wahrnehmungsprozessen Informationen selektiert, in eigene Interpretationsmuster integriert oder aus dem eigenen Deutungskanon ausgesteuert werden, lassen sich wichtige Rückschlüsse auf die Verarbeitung von Erfahrungsumbrüchen und die Erwartungen ziehen, die diese Aneignungsprozesse bestimmten. In der Wahrnehmung des Fremden artikuliert sich mithin immer auch das Eigene. Indem das Fremde als Initial wirkt, schafft es Projektionsflächen und Artikulationsräume, in denen eigene Horizonte vermittelt werden können.[5]

Das gilt in geradezu klassischer Weise für die durch die Revolution politisierte deutsche Öffentlichkeit und den in ihr geführten nationalpolitischen Diskurs nach 1850. Den folgenden Überlegungen liegt dabei nicht nur die Frage zugrunde, wie deutsche Zeitgenossen auf die Ereignisse in Italien reagierten, sondern welche Funktion die Wahrnehmung des italienischen Risorgimento für sie hatte. Bedeuteten die Ereignisse seit 1859 ein Initital oder sogar ein Modell für die deutsche Nationalstaatsbildung? Wo genau lagen die Grenzen des Wahrnehmungsinteresses? Welche generellen Rückschlüsse läßt dies auf die Struktur und die Richtung des deutschen nationalpolitischen Diskurses seit dem Ende der 1850er Jahre zu?

2. *»Ein natürlicher Bundesgenoß für Deutschland«? Italien in der Anschauung deutscher Liberaler seit 1848/49*

Bereits im Kontext der Revolution von 1848/49 hatte zumal unter deutschen Liberalen das Interesse an den Vorgängen in Italien zugenommen. Das lag vor allem an der wahrgenommenen Ähnlichkeit struktureller Voraussetzungen in beiden Ländern, also vor allem der Blockade konstitutioneller und nationalpo-

---

5 Vgl. dazu die jüngere Forschung zu deutsch-italienischen Rezeptionsmustern: *Stefan Oswald:* Italienbilder: Beiträge zur Wandlung der deutschen Italienauffassung 1770-1840. Heidelberg 1985; *Klaus Heitmann* und *Teodoro Scamardi* (Hg.): Deutsches Italienbild und italienisches Deutschlandbild im 18. Jahrhundert. Tübingen 1993; *Frank-Rutger Hausmann* (Hg.): Italien in Germanien: Deutsche Italienrezeption von 1750 bis 1850, Tübingen 1996; *Günther Oesterle* (Hg.): Italien in Aneignung und Widerspruch, Tübingen 1996; *Angelo Ara* und *Rudolf Lill* (Hg.): Imagini a confronto: Italie e Germania / Deutsche Italienbilder und italienische Deutschlandbilder, Bologna und Berlin 1991; *Arnold Esch* und *Jens Petersen* (Hg.): Deutsches Ottocento: Die deutsche Wahrnehmung Italiens im Risorgimento, Tübingen 2000; *Wolfgang Lange* und *Norbert Schnitzer* (Hg.): Deutsche Italomanie in Kunst, Wissenschaft und Politik. München 2000, sowie *Dietmar Stübler* (Hg.): Deutschland – Italien 1789-1849. Zeitgenössische Texte. Leipzig 2003.

litischer Fortschritte, aber auch an den Gemeinsamkeiten historisch-kulturel-
ler Traditionen und politischer Erfahrungen in beiden Ländern. Die *Deutsche
Zeitung* schrieb im August 1848: »*Italien, durch eine lange, wenn auch trau-
rige Geschichte an Deutschland geknüpft, ihm so verwandt durch Zerrissen-
heit seiner Stämme, durch innere Kämpfe um Freiheit, die in Absolutismus
und Despotismus, hier in absoluter Knechtschaft, dort in schmähliche Unter-
würfigkeit und Abhängigkeit von Fremden ausgingen, durch große herrliche
Erinnerungen an Bürgertugenden, an Wißbegier für das Gemeinwohl, an
Bestrebungen für die edleren Güter der Menschheit, Kunst und Wissenschaft,
ihm ebenbürtig, Italien wäre, frei und unabhängig, ein natürlicher Bundesgenoß für Deutschland geworden*«.[6]
Zum territorialen Partikularismus kam in Italien aber im Gegensatz zur politischen Wirklichkeit des Deutschen Bundes noch der latente Konflikt mit dem
als ausländische Besatzungsmacht wahrgenommenen Österreich hinzu.
Zumindest latent nahmen österreichkritische Liberale in Deutschland Partei
für die italienische Nationalbewegung und brachten damit den inneren
Zusammenhang zwischen politischer Freiheit und nationaler Selbstbestimmung zum Ausdruck. So hieß es im Februar 1848 in der *Deutschen Zeitung:*
»*Wir mögen uns irren, aber es scheint uns, als ob die meisten Sympathien in
Deutschland auf der Seite der Unabhängigkeit der Lombardei stehen . . . zu
verwundern ist das nicht. Es ist der Standpunkt eines Volkes, das man in politischer Ohnmacht erhielt . . . zum Begriffe der Freiheit gelangt, begehren wir
sie über Alles und gönnen sie jedem anderen; mit dem Begriffe der inneren
politischen Freiheit aber den der äußeren nationalen Unabhängigkeit zu verschmelzen, liegt sehr natürlich nahe*«.[7] Andererseits spielte in der Wahrnehmung Italiens immer auch der stereotypenhafte Unterschied der politischen
Mentalitäten eine wichtige Rolle. Im Gegensatz zum maßvoll handelnden
Deutschen wurde immer wieder der »*zu eregliche Volscharakter*« der Italiener beklagt. Diese sich auch gerade im Politischen äußernde Emotionalität
schien vielen deutschen Liberalen die Folge langwieriger Repression und
Unterdrückung, die man mit dem System Metternichs identifizierte. Die unbe-
rechenbare Mentalität sei durch das seit 30 Jahren herrschende »*polizeiliche
System der Überwachung und Unterdrücking in Schule, Amt und Haus . . .
demoralisiert*«.[8]
Solche Wahrnehmungsmuster bedeuteten nicht, daß man 1848 die gegen
Österreich gerichtete Nationalbewegung von Anfang an und bedingungslos
unterstützt hätte. Dafür waren wenigstens zunächst die großdeutschen Sympathien für Österreich als Flügelmacht des Deutschen Bundes noch zu groß.

6 Deutsche Zeitung, 22. August 1848. Vgl. *Ulrike von Hirschhausen:* Liberalismus und
   Nation. Die Deutsche Zeitung 1847-1850. Düsseldorf 1998. S. 257.
7 Deutsche Zeitung, 25. Februar 1848.
8 Ebd., 21. Oktober 1847. Vgl. *Hirschhausen* (wie Anm. 6), S. 275.

Auch die *Deutsche Zeitung* hielt bis in das Spätjahr 1848 daran fest, daß die österreichischen Ansprüche in Oberitalien grundsätzlich gerechtfertigt seien. Lediglich die Repressionspolitik Metternichs kritisierte man in deutlichen Worten: »*Noch jetzt könnte Österreich der Mittelpunkt des politischen Lebens in Italien werden, alle gewaltsamen Potenzen dort bannen und die gesetzliche Freiheit mit dem Zauber der Macht verstärken, wenn es sein bisheriges unhaltbares System änderte und aus dem innersten Bedürfnis der italienischen Nation heraus an die Spitze ihrer konstitutionellen Freiheit träte*«.[9] Zwar forderte man für den Fall eines Krieges strikte Neutralität. Als dieser Krieg aber dann Wirklichkeit wurde, verstärkten sich die Sympathien vieler Liberaler mit der italienischen Nationalbewegung, die in Italien das gleiche Dilemma wie in Deutschland erkannten, zugleich politische Freiheit und nationale Einheit zu erringen.

Gerade weil offene nationalpolitische Stellungnahmen nach 1850 in der Staatenwelt des Deutschen Bundes unter dem Generalverdacht standen, ein verdecktes Bekenntnis zur Revolution von 1848 zu sein, kam der Wahrnehmung des italienischen Risorgimento am Ende der 1850er Jahre eine umso wichtigere, gleichsam kryptopolitische Funktion zu. Wo in den Bundesstaaten ein repressives oder reaktionäres Klima herrschte, ließen die Ereignisse in Italien eine Projektion der eigenen konstitutionellen und vor allem nationalpolitischen Wünsche und Erwartungen zu. Das erklärt das enorme zeitgenössische Interesse und die Mobilisierungsfunktion der Perzeption in allen Parteien des politischen Spektrums, als das italienische Risorgimento am Ende der 1850er Jahre in ein entscheidendes Stadium trat.

Darüberhinaus zeigte sich aber auch, daß außenpolitische Prozesse direkt auf die Innenpolitik zurückwirkten, indem sie es möglich machten, auf der Projektionsfläche der Wahrnehmung des Anderen eigene Konflikte und Positionen zu artikulieren. Im konkreten Fall des Konflikts zwischen Italien und Frankreich auf der einen und Österreich auf der anderen Seite kam hinzu, daß mit Österreich eine der unbestrittenen deutschen Flügelmächte innerhalb des nach der Revolution wiederhergestellten Deutschen Bundes direkt von der italienischen Nationalstaatsbildung herausgefordert wurde. Von daher stellte sich die Frage, wie die übrigen Mitglieder des Bundes sich zur Frage einer eventuellen militärischen Unterstützung Österreichs stellten. Mit der Herausforderung Österreichs 1859 schien das relative Gewicht dieses Staates in Deutschland, und damit auch für eine zukünftige deutsche Nationalstaatsbildung, auf der politischen Tagesordnung zu stehen. Die Erinnerung an die Konstellation von 1848/49 lag auf der Hand.

---

9 Deutsche Zeitung, 9. Oktober 1847. Vgl. *Hirschhausen* (wie Anm. 6), S. 256.

3. Der Umbruch der äußeren Situation: 1859 als Epochenjahr und Auftakt zum Nationalkrieg

Für deutsche Zeitgenossen, für welche die weitere nationalpolitische Entwicklung in Deutschland mit denkbar vielen Fragezeichen versehen war, bedeutete der Krieg von 1859 einen unerhörten Einschnitt. In ihm manifestierte sich die erfolgreiche Nationalstaatsbildung einer wie Deutschland bisher »staatslosen« Nation, und zwar auf dem von Graf Camillo Cavour beschrittenen doppelten Wege: eines innenpolitischen Konsenses zwischen bürgerlicher Nationalbewegung und piemontesischem Verfassungsstaat und eines außenpolitischen Bündnisses mit dem neo-bonapartistischen Kaiserreich Napoleons III. Ein Nationalkrieg gegen den territorialen und politischen Status quo von 1850 bedeutete für die europäischen Zeitgenossen eine Revolution der Verhältnisse. Vor diesem Hintergrund wird verständlich, warum diese Ereignisse die politische Meinungsbildung quer durch alle bestehenden Parteien in Deutschland katalysierten und intensivierten.

Nach dem Scheitern des Versuchs von 1848/49, in Italien nationale Einheit und politische Freiheit zu erreichen, schienen sowohl das Motto *Italia farà da se* als auch Mazzinis Vorstellung von der brüderlichen Solidarität aller Nationen als Illusionen entlarvt. Jetzt, im Jahre 1859, und diplomatisch wie militärisch flankiert von Frankreich, schien das Königreich Sardinien-Piemont unter Cavour als führende italienische Staatsnation in die Lage versetzt, den Nationalkrieg gegen Österreich erfolgreich zu bestehen und zum Auftakt für eine italienische Nationalstaatsbildung zu machen. Zum ersten Mal seit 1848 schienen erweiterte politische Handlungsspielräume wieder grundlegende Veränderungen zu erlauben.[10]

Die intensive Wahrnehmung dieser Ereignisse in Deutschland setzte nicht erst mit dem Ausbruch des Krieges im Mai 1859 ein. Bereits die Gründung der *Società Nazionale* 1857 war vor allem von deutschen Liberalen aufmerksam verfolgt worden, setzte sie doch auf eine enge Zusammenarbeit mit Cavour und dem von ihm repräsentierten Kurs der liberal-konstitutionellen *moderati* in Piemont.[11] Aus der Sicht vieler deutscher Liberaler stellte sich die Politik Cavours nach 1849/50 äußerst attraktiv dar. Denn im Gegensatz zur weitverbreiteten Politik von »Reaktion und Stagnation«,[12] die zahlreiche italienische Staaten nach der Revolution charakterisierte, betrieb Cavour mit Unterstützung der piemontesischen Monarchie nicht allein eine dynamische, am Ideal des Freihandels orientierte Wirtschaftspolitik, sondern bekannte sich

---

10 Vgl. *Siemann,* Gesellschaft (wie Anm. 3), S. 173ff.
11 Vgl. *Mark Gellert:* Die Società Nazionale Italiana und der Deutsche Nationalverein: Ein Vergleich der Organisation und ihrer Rolle in nationaler Bewegung und Einigung. Aachen 1999.
12 *Rudolf Lill:* Geschichte Italiens in der Neuzeit. 4. Aufl. Darmstadt 1988. S. 157.

zugleich zum Grundsatz eines parlamentarischen Verfassungsstaates. Das *Statuto Albertino* überlebte nicht allein das Ende der Revolution, es wurde vielmehr nach 1850 zu einer Modellverfassung. Verfassung und Parlament dienten mithin, anders als in Preußen und Österreich als den Flügelmächten des Deutschen Bundes, als Instrumente einer von Piemont ausgehenden Modernisierungspolitik. Auch Cavours entschiedene Kirchenpolitik und die Abschaffung bestehender Adelsprivilegien wurden von deutschen Liberalen aufmerksam beobachtet, nicht zuletzt weil diese Politik in Piemont eine nationalpolitische Sammlungsbewegung entstehen ließ, die – anders als etwa in Preußen nach dem Auslaufen der Neuen Ära – ehemalige Republikaner und Emigranten zusammenführte und auf Kooperation mit der Regierung setzte. Die 1857 gegründete *Società Nazionale* markierte diesen Konsens zwischen dem nationalpolitisch progressiven Besitz- und Bildungsbürgertum und der Regierung Cavours. Staat und Nation schienen nicht nur vereinbar, sondern im Sinne der Nationalstaatsbildung zusammenzuwirken.[13]

Der Krieg selbst, der im Mai 1859 ausbrach und im Juni zur Doppelschlacht von Solferino und S. Martino führte, erschien deutschen Zeitgenossen nicht mehr als traditioneller Kabinettskrieg. Es war ein neuartiger Nationalkrieg im Namen und, zumindest in der Wahrnehmung von außen, unter Beteiligung der ganzen Nation. So sehr sich gerade die Diplomatie Cavours und Napoleons III. noch in den Bahnen traditioneller Machtpolitik bewegte, so sehr entzog sich der Krieg in der kollektiven Perzeption der Sphäre souveräner Herrscher und führender Minister. Die gerade in der öffentlichen Meinung Deutschlands zutage tretende nationale Imprägnierung und Emotionalisierung des Konflikts aus der Distanz spiegelte zugleich eine gesteigerte Identifizierung mit Nation und Nationalstaat wieder. Das erklärt die Flut von Stellungnahmen in Traktaten, Anzeigen, Broschüren und Zeitungsartikeln. Hinter dem so intensivierten politischen Diskurs aber stand die Erfahrung einer neuen Kategorie von Nationalkrieg, die sich dem Primat überkommener Machtpolitik zu entziehen schien. Der Bellizismus als Sinnlehre des modernen Krieges und der Nationalstaat als Teleologie der eigenen Geschichte traten in eine neue Beziehung.[14]

13 Vgl. *R. Grew:* A Sterner Plan for Italian Unity. The Italian National Society in the Risorgimento. Princeton 1963 und *Siemann,* Gesellschaft (wie Anm. 3), S. 174.
14 Vgl. zum Kontext *Jörn Leonhard:* Die Nationalisierung des Krieges und der Bellizismus der Nation: Die Diskussion um *Volks-* und *Nationalkrieg* in Deutschland, Großbritannien und den Vereinigten Staaten seit den 1860er Jahren, in: *Christian Jansen* (Hg.): Der Bürger als Soldat. Die Militarisierung europäischer Gesellschaften im langen 19. Jahrhundert: Ein internationaler Vergleich. Essen 2004. S. 83-105.

4. Das Eigene im Fremden? Wahrnehmungsmuster des italienischen Risorgimento im deutschen Nationaldiskurs seit 1859

Die deutsche Öffentlichkeit und insbesondere die deutschen Liberalen reagierten auf den Kriegsausbruch und den Verlauf des Krieges uneinheitlich. Darin spiegelte sich zunächst sehr genau der formative Charakter der nationalpolitischen Entwicklung in Deutschland wieder, der zu diesem Zeitpunkt noch in keine eindeutige Richtung zielte. So sehr die Perzeption des italienischen Risorgimento die deutsche Öffentlichkeit politisierte und mobilisierte, sie bestätigte keinesfalls bestehende Parteibildungen, sondern ließ gegensätzliche Positionen innerhalb der einzelnen Lager und damit zum Teil denkbar paradoxe Meinungsallianzen entstehen. Dazu kamen individuelle Schattierungen und zahlreiche Meinungswechsel. Insgesamt überwog mithin die Uneinheitlichkeit als Hinweis auf die Offenheit der historisch-politischen Konstellation.

Zunächst lassen sich die Wahrnehmungsmuster in der deutschen Öffentlichkeit nach drei Kategorien differenzieren: eine pro-österreichische, eine österreichkritische sowie eine pro-preußische, realpolitisch orientierte. Bereits in dieser Kategorisierung wird deutlich, daß es in der Wahrnehmung des italienischen Risorgimento in Deutschland niemals nur um Italien ging, ja gerade 1859 umso weniger, als sich mit der Position Österreichs und der Involvierung Frankreichs sehr viel weitergehendere Fragen nach der Zukunft der Machtverteilung innerhalb des Deutschen Bundes und Europas und damit der möglichen Zukunft der deutschen Nationalstaatsbildung verbanden. Die Perzeption des Risorgimento wurde für den nationalpolitischen Diskurs Deutschlands ein Vehikel, um grundsätzlichere, über das konkrete Ereignis hinausweisende Fragen zu diskutieren und Erwartungen zu artikulieren.[15]

Eine österreichfreundliche Gruppe bildeten die preußischen Hochkonservativen und Vertreter der großdeutschen Position, so vor allem zahlreiche Katholiken in West- und Süddeutschland. Aber auch die einflußreiche *Augsburger Allgemeine Zeitung*, Marx, Engels und der ehemalige Reichsministerpräsident Heinrich von Gagern unterstützten die Position Österreichs im Kampf gegen Italien und Frankreich. Hier forderte man vehement die Solidarität mit dem im Süden bedrängten Mitglied des Deutschen Bundes. Aus Sicht der Großdeutschen, für die ein zukünftiger deutscher Nationalstaat nur unter Einschluß Österreichs denkbar war, stellte die oberitalienische Position Österreichs zugleich eine deutsche Barriere gegenüber den Machtansprüchen Frankreichs dar. Deutschland, so die hier verbreitete Auffassung, werde auch am Po verteidigt. Das aber mache die solidarische Unterstützung Österreichs zur patriotischen Pflicht aller Bundesmitglieder.

---

15 Vgl. *Siemann*, Gesellschaft (wie Anm. 3), S. 184-89.

In die Wahrnehmung der italienischen Ereignisse ging so von Anfang an auch die Perzeption des französischen Zweiten Kaiserreichs Napoleons III. mit ein, dem man nicht zu Unrecht unterstellte, die italienische Position vor allem deshalb zu unterstützen, weil sich damit der machtpolitische Status quo in Europa zugunsten Frankreichs verändern ließ. Der in dieser Gruppe immer wieder geforderte Nationalkrieg am Rhein rückte Frankreich als Hauptfeind eines mitteleuropäischen deutschen Nationalstaates in den Mittelpunkt. Die Imagination eines Angriffes auf Deutschland am Po und an der Etsch reaktivierte antifranzösische Feindbilder und ließ sich in die historische Kontinuität französischer Bedrohungen gegen seinen östlichen Nachbarn einordnen, die von den Kriegen Ludwigs XIV. über den Siebenjährigen Krieg und die Revolutionskriege der 1790er Jahre bis zu den Napoleonischen Kriegen und die Rheinkrise von 1840 reichten.

Ganz im Sinne der monarchischen Legitimität und des territorialen Status quo, die durch das Vorgehen Italiens und Frankreichs infragegestellt schienen und gegen revolutionäre Anmaßung verteidigt werden müßten, äußerte sich der badische Großherzog Anfang Mai 1859 in einem Brief an den preußischen Prinzregenten und forderte entsprechend die Mobilmachung des Bundes gegen Frankreich, um Österreich zu entlasten: »*Der mächtigste deutsche Bundesstaat ist durch die gerechtfertigste aller Kriegserklärungen an das revolutionäre Sardinien mit Frankreich in Krieg geraten, und der Kaiser der Franzosen erläßt ein Manifest, womit er nicht nur die bestehenden Verträge bricht, sondern auch mit beispielloser Frechheit die Nationalitäten zum Aufstand gegen ihre rechtmäßigen Regierungen aufruft. Österreich kämpft bereits für sein gutes Recht und für die Ehre der gesellschaftlichen Ordnung überhaupt*«.[16]

Aus ganz anderer Perspektive und mit ganz anderem Ziel unterstützte auch Friedrich Engels die Position Österreichs. Für ihn trat hinter dem aktuellen Konflikt um die Lombardei in der Entscheidungsphase des italienischen Risorgimento die sehr viel wichtigere Frage nach dem grundsätzlichen Gegensatz zwischen dem Deutschen Bund und Frankreich auf: »*Gegenüber einem Dritten wie Louis Napoleon, einem Dritten, der um seiner eignen, in andrer Beziehung antideutschen Interessen willen sich einmischt, handelt es sich um die einfache Behauptung einer Provinz, die man nur gezwungen abtritt, einer militärischen Position, die man nur räumt, wenn man sie nicht mehr halten kann*«. Werde man angegriffen, so müsse man sich wehren. Engels forderte die Konzentration der deutschen Kräfte auf nationaler Ebene. Allein diese Einheit könne Deutschland nach außen, und das hieß für ihn

---

16 Großherzog Friedrich I. von Baden an den Prinzregenten von Preußen, 9. Mai 1859. In: Großherzog Friedrich I. von Baden und die deutsche Politik von 1854-1871. Briefwechsel, Denkschriften, Tagebücher. Bearb. von *Hermann Oncken*. Bd. 1. Stuttgart 1927. S. 104f.

gegen Frankreich, stark machen, selbst dann wenn das langfristig die Aufgabe deutscher Positionen in Italien bedeute: »*Das Endresultat dieser ganzen Untersuchung ist, daß wir Deutsche einen ganz ausgezeichneten Handel machen würden, wenn wir den Po, den Mincio, die Etsch und den ganzen italienischen Plunder vertauschen könnten gegen die Einheit, . . . die allein uns nach innen und außen stark machen kann. Haben wir diese Einheit, so kann die Defensive aufhören. Wir brauchen dann keinen Mincio mehr; ›unser Genie‹ wird wieder sein, ›zu attackieren‹*«.[17]

Zur dezidiert österreichkritischen oder antiösterreichischen Gruppe zählten so unterschiedliche politische Charaktere und Temperamente wie Bismarck auf der einen und die ehemaligen 1848er Demokraten Arnold Ruge, Ludwig Bamberger und Ferdinand Lassalle auf der anderen Seite. Zumal in den Worten Bambergers in seiner populären Flugschrift *Juchhe nach Italia* von 1859 war die von einem programmatischen Anti-Katholizismus flankierte Verbitterung des Demokraten von 1848 gegenüber Habsburg als dem prinzipiellen Feind jeder Form nationalstaatlicher Einheit Deutschlands unüberhörbar: »*Merkst du denn gar nichts, teurer Michel? . . . Ist denn diesem Volk wirklich noch zu helfen! Einem Volk, das nicht in Hohngelächter ausbricht, wenn Habsburg von deutschen Brüdern spricht, einem Volk, das nicht stutzig wird, wenn die Jesuiten von Nationalität predigen, einem Volk, das nicht in Unwillen gerät, wenn seine Winkeldespoten das Vaterland in Gefahr erklären? Seht ihr denn nicht, was in Gefahr schwebt? Die österreichische Hausmacht schwebt in Gefahr, das böse Prinzip Deutschlands, und darum alles, was zusammenwurzelt mit diesem bösen Prinzip, die Vielherrschaft, die Zerstückelung, die Dunkelheit, der Jesuitismus, der Rückschritt und die Luderwirtschaft des patriarchalischen Polizeiregiments in allen Graden und Formen. Wahrlich, eine Nation, die nicht von Abscheu und Ekel ergriffen wird, wenn österreichische Kaiser von deutschen Brüdern und von nationaler Einheit sprechen, ist schwer zu retten*«.[18]

Eine dritte Gruppe zeichnete sich durch einen primär pro-preußischen Kurs aus. Eine Schwächung Österreichs sollte die preußische Stellung innerhalb des Deutschen Bundes stärken und so eine kleindeutsche Lösung der deutschen Frage unter preußischen Vorzeichen vorbereiten. Diese Position vertraten am Ende der 1850er Jahre vor allem die Historiker und ehemaligen 1848er Waitz und Droysen, aber auch Sybel und Treitschke. Zugleich zeigte sich aber, daß diese kleindeutsch-preußisch orientierte Gruppe 1859 noch keinesfalls den größten Teil der Liberalen binden konnte. Zumal im Kontext der

---

17 *Friedrich Engels:* Po und Rhein. Berlin 1859. In: *Karl Marx* und *Friedrich Engels:* Werke. Hg. vom Institut für Marxismus-Leninismus beim ZK der SED. 39. Bde. Berlin 1957ff. Hier: Bd. 13. S. 266ff.
18 *Ludwig Bamberger:* Juchhe nach Italia. Franfurt/Main 1859. In: *Ders.:* Gesammelte Schriften. Bd. 3. Berlin 1913. S. 159-92, hier: S. 168ff.

Krise erschien vielen deutschen Liberalen die preußische Politik zu richtungs-
los und schwach.

Was die so unterschiedlichen Meinungslager verband, war der Ruf nach einer
Beteiligung am Krieg, wenn auch aus ideologisch höchst gegensätzlichen
Motiven. Konservativen ging es um die Verteidigung monarchischer Legiti-
mität und Solidarität gegen Cavours Revolution der Nationalitäten und gegen
den pseudo-plebiszitären Bonapartismus Napoleons III., um Bewahrung des
politischen und territorialen Status quo. Linke Demokraten forderten den
Krieg nicht allein zur Unterstützung Italiens in seinem Kampf um nationale
Unabhängigkeit, sondern vor allem um das in ihren Augen despotische
Regime Napoleons III. zu bekämpfen, das die Zweite Republik 1851 mit
einem Staatsstreich beendet hatte. Einen Eindruck von der bellizistischen
Grundstimmung, welche die italienischen Ereignisse zumal in Süddeutsch-
land auslösten, vermittelt ein Brief Heinrich von Sybels, den er Anfang Mai
1859 aus München schrieb: »*Im Publikum dauert die Kriegslust fort. Die
Bauern wollen, durch den Klerus begeistert, lieber heute als morgen raufen.
Die Freiwilligen strömen zu den Regimentern, Edelleute, Beamte, Studenten,
hier wie in Schwaben und Baden*«.[19]

Vor allem aber zeigte sich, daß die Wahrnehmung dieses entscheidenden
Moments des italienischen Risorgimento als Katalysator für die Diskussion
der Zukunft des Deutschen Bundes und damit der Möglichkeiten eines deutschen Nationalstaates wirkte. Diese Fragen traten nun in den Vordergrund und
verdrängten das eigentliche Ereignis des italienischen Kampfes um nationale
Unabhängigkeit. Sybels Brief spiegelte nicht allein die soziale Breitenwir-
kung der Perzeption wieder, sondern auch die politische Richtungsänderung:
»*Der Höldersche Antrag auf Volksvertretung beim Bunde ist in zahllosen
Köpfen. Ausrotten läßt er sich nicht*«.[20] Im Landtag von Württemberg hatte
der Abgeordnete Julius Hölder am 5. Mai den Antrag auf Einrichtung einer
Volksvertretung beim Deutschen Bund gestellt. Schlagartig erlaubte der
durch die Ereignisse in Italien veränderte äußere Kontext die Formulierung
weitgespannter Erwartungen, die direkt an die Revolution von 1848 und an
das alte Doppelziel nationaler Einheit und politischer Freiheit anschlossen.
Hier ging es nicht mehr primär um Italien selbst, sondern um die Projektion
eigener Erwartungen, welche der äußere Umbruch der Ereignisse ermöglichte.

Gegenüber der verbreiteten Forderung nach einem Bundeskrieg verfolgte die
dritte pro-preußisch und realpolitisch orientierte Gruppe das Ziel, Österreichs
Position im Deutschen Bund durch dessen Verwicklung in Italien zu schwä-

---

19 Heinrich von Sybel an Max Duncker, München, 8. Mai 1859. In: *Max Duncker:* Politischer
    Briefwechsel aus seinem Nachlaß. Hg. von *Johannes Schultze.* Stuttgart 1923. S. 101.
20 Ebd., S. 101f.

chen. Sybel formulierte dieses Ziel bereits in seinem Brief vom Mai 1859. Die Zielrichtung war auch hier eine Stärkung preußischer Macht gegen Österreich im Bund und gegen Frankreich nach außen, das Mittel dazu die *bewaffnete Neutralität* Preußens: »*Für mich halte ich noch immer das System der bewaffneten Neutralität für das Beste, bis das Unterliegen eines Kämpfers das Einschreiten Preußens fordert oder die Ermattung beider Preußen das Heft in die Hand gibt. Aber ich überzeuge mich täglich mehr, daß die unerläßliche Vorbedingung zur Behauptung dieser Linie eine starke militärische Aufstellung am Oberrhein ist*«.[21]

Johann Gustav Droysens Reaktion unterstrich einmal mehr die Verschiebung der Prioritäten innerhalb des Wahrnehmungsprozesses vom italienischen Risorgimento auf die deutsche Frage. Italien war Anlaß und Initial, über die Zukunft Deutschlands zu räsonnieren und aus dieser Perspektive über eine Stärkung Preußens nachzudenken. Als Modell fungierte es im nationalpolitischen Diskurs aber nicht: »*Ich habe alle denkbaren Sympathien für das unglückliche Italien, aber meine erste Sorge ist Deutschland und Preußen. Für beide ist es eine Vitalfrage, daß Österreich Italien hat und beherrscht, daß es dort engagiert ist und bleibt. Hätte Österreich Italien nicht, so würde es umso schwerer auf Deutschland drücken, es würde nicht eher ruhen, als bis es Preußen, d.h. die nationale Entwicklung Deutschlands eliminiert hätte. Wenn nicht Preußen in unmotivierter Schwäche und Selbstschwächung ist, so hält es dem österreichischen Kabinett in Deutschland materiell und kraft seiner nationalen Initiative leicht die Stange, solange Österreich an Italien geschmiedet ist. Und dies ist ein wesentlicher Gesichtspunkt. Darum muß Preußen jetzt rasch, kühn, energisch mit beiden Füßen einspringen, damit Österreich in seinen italienischen Aufgaben auch nicht um ein Jota verkürzt wird. Es darf da nichts verlieren; aber gewinnen auch nicht das Artischockenblatt Lomellina, ohne daß Preußen pari passu am Rhein oder an der Eider gewinnt*«.[22]

Droysens rein machtpolitische Priorität war eindeutig: »*Österreich an Italien geschmiedet*« sollte Preußen im Bund entscheidende Handlungsspielräume schaffen.[23] Für seinen Bekannten Haym blieb diese Zielsetzung künstlich und schwer zu vermitteln. Dem »*preußischen Volk*« werde es »*immer schwer begreiflich zu machen*« sein, einen Krieg zu führen »*nicht für Österreich und doch wieder für Österreich*«. Haym setzte nach der schnellen Niederlage Österreichs ganz auf eine machtvolle Entwicklung im Sinne der kleindeutschpreußischen Lösung: »*Die Perfidie Österreichs ist zu eklatant, als daß wir nicht in Deutschland sollten gewinnen können, wenn wir nur groß und kräftig*

---

21 Ebd.; vgl. *Siemann,* Gesellschaft (wie Anm. 3), S. 185.
22 Johann Gustav Droysen an Max Duncker, Jena, 8. Juni 1859. In: *Johann Gustav Droysen: Briefwechsel.* Hg. von *Rudolf Hübner.* Bd. 2: 1851-1884. Stuttgart 1929. S. 601ff.
23 Ebd., S. 601.

genug vorangehen«.[24] Konkret bedeutete dies die Einrichtung eines deutschen Parlaments, eine grundlegende konstitutionelle Neuordnung und die Beseitigung des Bundestages als Instrument österreichischer Politik innerhalb des Deutschen Bundes.

Als Modell für eine deutsche Nationalstaatsbildung eignete sich Italien kaum, vor allem nicht nach der Erfahrung der nationalrevolutionären Volksbewegung des Zugs der Tausend unter Führung Giuseppe Garibaldis, die sich über Cavours Programm einer gleichsam geordneten Staatsumwälzung »von oben« hinwegsetzte. Zumal aus konservativer Sicht wandte man sich nach 1861 nicht nur entschieden gegen die Anlehnung an eine fremde Macht, so wie sich Italien an Frankreich angelehnt hatte, sondern auch gegen das Mittel des Nationalkrieges und der Garibaldinischen Volksbewegung. Das Gründungsprogramm des *Preußischen Volksvereins* formulierte im September 1861 das Ziel: »*Einigkeit unseres deutschen Vaterlandes, doch nicht auf den Wegen des ›Königreichs Italien‹ durch Blut und Brand, sondern in der Einigung seiner Fürsten und Völker und in Festhaltung an Obrigkeit und Recht. Keine Verleugnung unseres Preußischen Vaterlandes und seiner ruhmreichen Geschichte; kein Untergehen in dem Schmutz einer deutschen Republik, kein Kronenraub und Nationalitäten-Schwindel«.*[25] Aus der Perspektive des politischen Katholizismus stellte das italienische Risorgimento mit seinem gewaltsamen Vorgehen gegen den Papst und den Kirchenstaat die Inkarnation unmoralisch-revolutionärer Politik dar. Die Brüder Reichensperger konstatierten 1861: »*Wohin eine Politik führt, welche die Religion über Bord geworfen hat, das lehren uns die italienischen Zustände. Oder ließe sich wohl eine unmoralischere Politik ersinnen, als die ist, die Sardinien gegen das unglückliche Italien befolgt? . . . in Wahrheit* [ist] *Sardiniens Politik eine total irreligiöse zu nennen. Aber ihre Früchte sind der Ruin der Völker«.*[26]

Für die pro-preußisch eingestellten Liberalen markierten die Ereignisse der Jahre 1864 im Norden und 1866 in Schlesien und Böhmen entscheidende Weichenstellungen, welche das italienische Risorgimento zunehmend in den Hintergrund drängten. Am Vorabend des preußisch-österreichischen Konflikts von 1866 betonte Heinrich von Treitschke in den *Preußischen Jahrbüchern* mit Blick auf den italienischen Nationalkrieg den Unterschied zwischen den historischen Situationen von 1859 und 1866: »*Wohl mögen wir die Italiener beneiden, weil ihnen die nationalen Ziele ihres Kampfes unendlich klarer, sicherer vor Augen stehen. Aber auch ein Kabinettskrieg kann heilsame wohl-*

---

24 Brief Hayms, 16. Juli 1859. In: *Ders.:* Ausgewählter Briefwechsel. Hg. von *Hans Rosenberg.* Berlin 1930. S. 188f.; vgl. *Dieter Langewiesche:* Liberalismus in Deutschland. Frankfurt/Main 1988. S. 90f.
25 Gründungsprogramm des Preußischen Volksvereins, 20. September 1861. In: *Ludolf Parisius:* Deutschlands politische Parteien und das Ministerium Bismarck. Berlin 1878. S. 42
26 [*August* und *Peter Reichensperger*] Die Fraktion des Zentrums (Katholische Fraktion). In 12 Briefen. Mainz 1861. S. 21f.

begründete Zwecke verfolgen . . . und der Krieg, der uns bevorsteht, wird zu einem nationalen Krieg führen, sobald die Nation sich das Herz faßt, den Dingen auf den Grund zu schauen«.[27]
Spätestens nach dem Ausgang des Konflikts setzte der überwiegende Teil der deutschen Liberalen dann auf Preußen. Der Gegensatz zur italienischen Nationalstaatsbildung an der Seite Frankreichs trat jetzt immer deutlicher hervor. In der Debatte über die Verfassung des Norddeutschen Bundes unterstrich Johannes Miquel im März 1867 denn auch – bereits mit klarer Stoßrichtung gegen Frankreich – Deutschland werde seine Einheit *»nicht mit fremder Hilfe«* begründen, *»sondern aus eigener Kraft, aus der Kraft des preußischen Staates heraus selbständig und gegen den Willen des Auslandes«.*[28]

5. Zusammenfassung und Ausblick: Vom Initial zur Projektion – Das italienische Risorgimento in der formativen Phase des deutschen Nationalstaatsdiskurses

(1) Ohne Zweifel schufen die italienischen Ereignisse seit 1859 in der deutschen Öffentlichkeit eine wichtige Projektionsfläche für politische und zumal nationalpolitische Erwartungen. Die zeitgenössischen Reaktionen rekurrierten auf Forderungen, die an die Ziele von 1848 anknüpften. Insofern wirkte der Durchbruch des italienischen Risorgimento 1859 als Stimulans und Katalysator und unterstrich, wie leicht sich das politische Erbe der Revolution jederzeit wieder reaktivieren ließ. Aber die zahllosen Vorschläge, die in der Flut von Broschüren und Artikeln 1859 von Anhängern der kleindeutschen oder großdeutschen Lager in zahllosen Varianten gemacht wurden, blieben Theorie, solange sie nicht von den Flügelmächten des Deutschen Bundes aufgenommen und umgesetzt wurden. Solange weder Preußen noch Österreich dieser Strategie folgten, blieb es beim bloßen Diskurs und der Organisation von Interessen, etwa im Nationalverein. Staatliches Handeln wurde davon aber höchstens mittelbar berührt.[29]

(2) Die durch das Epochenjahr 1859 genährte Hoffnung der kleindeutschen, pro-preußisch eingestellten Liberalen auf ein machtvoll auftretendes Preußen, das die Chancen nutzte, die ihm durch den Durchbruch des ita-

27 *Heinrich von Treitschke:* Der Krieg und die Bundesreform. In: Preußische Jahrbücher 17 (Juni 1866). S. 677-96. Hier: S. 687f.
28 Johannes von Miquel in der Generaldebatte über die Verfassung des Norddeutschen Bundes, 9. März 1867. In: [*Ders.*] Johannes von Miquels Reden. Hg. von *W. Schultze* und *F. Thimme.* Bd. 1. Halle 1911. S. 211f.
29 Vgl. *Shlomo Na'aman:* Der Deutsche Nationalverein: Die politische Konstituierung des deutschen Bürgertums 1859-1967. Düsseldorf 1987, sowie *Andreas Biefang* (Hg.): Der Deutsche Nationalverein 1859-1967: Vorstands- und Ausschußprotokolle, Düsseldorf 1995.

lienischen Risorgimento erwuchsen, erfüllte sich zunächst nicht: Die »Neue Ära« mündete in den preußischen Verfassungskonflikt, und von den 1859 so hochgesteckten Erwartungen wurde keine einzige erfüllt. So sehr die Wahrnehmung des italienischen Risorgimento die deutsche Öffentlichkeit mobilisierte und politisierte, so wenig führte dies zu konkreten nationalpolitischen Fortschritten im Deutschen Bund. Konfrontiert mit der Aussicht auf ein gestärktes Preußen im Bund, was die unvermeidliche Folge einer Bundeshilfe unter preußischer Führung für Österreich gewesen wäre, war das habsburgische Kaiserreich eher zum Verzicht auf die Lombardei bereit.

(3) Die Wahrnehmung der italienischen Ereignisse förderte und verstärkte, vor allem bei den Autoren der *Preußischen Jahrbücher*, der *Grenzboten* oder der *Wochenschrift des Nationalvereins*, die Einsicht in den unversöhnlichen Interessenantagonismus zwischen Preußen und Österreich. Vor dem Hintergrund der bei den Liberalen verbreiteten Kritik an der repressiven Politik Österreichs in Italien erschien der Konflikt von 1859 insofern unausweichlich. Das Vorgehen Piemonts, die mittelitalienischen Annexionen, das Eingreifen in Süditalien und vor allem der Zusammenbruch des Kirchenstaates wurden ausdrücklich begrüßt.[30]

(4) Im Blick auf die ausbleibenden konkreten Impulse für Deutschland erklärt diese Konstellation, warum eine wachsende Zahl von Liberalen in Deutschland seit dem Ende der 1850er Jahre begann, im Blick auf die Rolle Cavours in Italien auch in Deutschland auf einen, in den Worten Hermann Baumgartens, *»großen und festen Mann«* zu bauen, der Deutschland *»cavourisieren«* könne.[31] Zumindest hier zeichnete sich in Umrissen ab, inwiefern das italienische Risorgimento für Deutschland auch ein Modell hätte werden können. Denn in Italien war es Cavour gelungen, ein wenn auch fragiles und spannungsreiches Bündnis zwischen staatlicher Macht und Nation, zwischen Piemont und der bürgerlichen Nationalbewegung zu schließen. Cavour symbolisierte jenes Zusammenwirken von nationalem Gedanken und liberaler Idee, das man in Deutschland einstweilen vergebens suchte. Zudem lief seine Strategie auf eine nicht revolutionäre, also gewaltsame und ungeordnete Staatsumwälzung im Namen der Nation hinaus. Gewaltsam war sie nur nach außen, im diplomatisch flankierten Nationalkrieg gegen Österreich. Die Etablierung des Nationalstaates sollte nicht zum Auftakt für eine soziale Revolution werden. Während man den Kurs Giuseppe Mazzinis aus der Perspektive deutscher Liberaler daher als national- und sozialrevolutio-

30   Vgl. *Portner,* Einigung (wie Anm. 4), S. 172.
31   Brief Hermann Baumgartens, 22. Mai 1859. In: *Julius Heyderhoff* und *Paul Wentzcke* (Hg.), Deutscher Liberalismus im Zeitalter Bismarcks. Bd. 1. Bonn 1925. S. 39; vgl. *Langewiesche*, Liberalismus (wie Anm. 24), S. 91.

när ablehnte, blieben Cavour und mit ihm die *moderati* um Gioberti und d'Azeglio ein beeindruckend glückliches Beispiel staatsmännischer Kunst, ja im Falle Cavours sogar politischen Genies. So sehr man in Giuseppe Garibaldi das individuelle Heldentum anerkannte, so zurückhaltend bis skeptisch blieb die Reaktion auf seine nationalrevolutionäre Initiative, welche die Strategie Cavours in Frage zu stellen drohte. Eine solche Konstellation, und vor allem eine solche politisch-integrierende Persönlichkeit wie Cavour existierte in Deutschland weder 1859 noch später. Dies verbot insofern eine einfache Übertragung des italienischen Modells der Nationalstaatsbildung auf die deutschen Verhältnisse. Weder galt Preußen als politisch und konstitutionell liberales Staatsmodell wie Piemont in Italien, noch bekannte sich Bismarck wie Cavour zum parlamentarischen Verfassungsstaat. Eine Veränderung trat erst nach 1863 ein, als die Schleswig-Holstein Krise den Appell an die Nation für die Regierung in Berlin attraktiver machte, um im kommenden Konflikt mit Österreich innenpolitische Bundesgenossen zu gewinnen. Die Zweifel an Bismarcks politischer Richtung und seinen Methoden zerstreute dies zunächst nicht; dazu waren die Erinnerungen an den Konfliktminister im preußischen Verfassungskonflikt noch zu frisch. In alldem waren der Wahrnehmung des italienischen Risorgimento als Modell für die deutsche Nationalstaatsbildung sehr enge Grenzen gesetzt.

(5) Einen tieferen und längerfristigen Einfluß auf die politische Meinungsbildung der deutschen Liberalen hatte die Wahrnehmung des italienischen Risorgimento, vor allem im Vergleich zu den Einflüssen Frankreichs und Großbritanniens, nicht. Aber die Ereignisse jenseits der Alpen schufen eine Folie für die Konzeptionalisierung politischen Handelns im Namen nationaler und liberaler Prinzipien jenseits reiner Diskurse und Theorien. Sie waren insofern ein Stück erlebter *Realpolitik*, und sie zwangen deutsche Liberale zur genaueren Fassung dessen, was die je eigene »*Nationalkraft*« eigentlich auszeichne. In einem Artikel der *Wochenschrift des Nationalvereins* über das »*Bewußtsein der deutschen Nationalkraft*« vom Mai 1861 hieß es: »*Auf unsere politischen Verhältnisse können wir freilich noch nicht stolz sein, aber auf unsere ökonomische und wissenschaftliche Arbeit dürfen wir vor aller Welt hinweisen; und . . . dieselbe ehrliche, unverdrossene Arbeit wird uns zu dem Nationalstaate hinbringen. Darin liegt unsere Nationalkraft, unser Nationalstolz*«.[32]

---

32 Wochenschrift des Nationalvereins, Nr. 57, 1861. S. 467; vgl. *Portner*, Einigung (wie Anm. 4), S. 177.

Ernst Wolfgang Becker

Ein Haus voller Briefe für die deutsche Geschichte des 20. Jahrhunderts.
Zum Stand der Edition »Theodor Heuss. Stuttgarter Ausgabe«

»Das Haus der Briefe« – so heißt ein Kapitel, das Ernst Jünger 1949 aus seinem utopischen Roman »Heliopolis. Rückblick auf eine Stadt« ausgliederte
und 1951 als Separatdruck veröffentlichte. Darin blieb es ausgerechnet einem
geistigen Wegbereiter des totalitären Überwachungsstaates vorbehalten, in
der Nachkriegszeit dem Brief als Gedächtnisspeicher von Einzelschicksalen
und Kommunikationsnetzen ein Denkmal zu setzen. Jüngers »Haus der
Briefe« gleicht einem ungeheuren Archiv, in dem möglichst alle Schreiben
amtlicher oder privater Herkunft zentral gesammelt und mit Hilfe einer ausge-
klügelten Technik den Benutzern zugänglich gemacht werden. Dieser Aufwand rechtfertige sich, so legt Jünger dem Archivdirektor in den Mund, aus
der Verehrungswürdigkeit des Briefes, denn »er bildet gleich nach der Sprache das wichtigste Mittel des menschlichen Verkehrs. Der Brief ist ein Symbol des Schicksals überhaupt, ganz abgesehen von seiner Eigenschaft als
Urkunde.[. . .] Wenn wir nun darauf sinnen, bietet sich der Brief als bestes
Zeugnis an: Er ist Handschrift und Urkunde zugleich, ein Signet des Autors
und seiner Verhältnisse zur Welt. Briefe sind [. . .] als Spiegel brauchbar, auf
dem man die mannigfaltigen menschlichen Bildungen und Geflechte ablesen,
ja beschwören kann.«[1]
Mag diese emphatische Würdigung des Briefes als Spiegel, als authentisches
Zeugnis der Vergangenheit zwar aus erkenntnistheoretischen und quellenkri-
tischen Gründen fragwürdig sein, so eröffnet sie doch einen Zugang zu dem
Briefœuvre in der Edition »Theodor Heuss. Stuttgarter Ausgabe«, das im Mittelpunkt der folgenden Ausführungen steht.[2] Der Brief als »Signet« seines
Verfassers und seiner vielfältigen Beziehungen zur Welt – damit ist ein
wesentliches Merkmal der Korrespondenz von Theodor Heuss (1884-1963)

---

1   Ernst Jünger: Das Haus der Briefe. In: Ders.: Sämtliche Werke, Bd. 16: Erzählende Schriften II, Heliopolis. Stuttgart ²1998, S. 347-374, hier S. 350, 353.
2   Die Bearbeitung der Briefreihe besitzt zur Zeit Priorität gegenüber den anderen Gattungen
der Edition (Reden, Schriften, Gespräche) und befindet sich in Konzeption, Durchführung
und Finanzierung in einem fortgeschrittenen Stadium.

genannt. Heuss hatte, wie er 1955 gegenüber seiner Vertrauten Toni Stolper bekannte, »ein gewisses Talent für Freundschaft«.[3] Diese freundschaftlichen Kontakte verstand er meisterhaft zu pflegen, wie vor allem seine unzähligen Briefe dokumentieren. Und auch über diesen Freundeskreis hinaus unterhielt er ein dichtes Netz an Korrespondenzen mit zahlreichen Zeitgenossen, zu denen er in der Ausübung seiner mannigfaltigen Tätigkeiten Beziehungen pflegte.

So läßt sich die Biographie von Theodor Heuss tatsächlich mit einem »Haus der Briefe« vergleichen, mit weitverzweigten Türfluchten und einer unbekannten Anzahl von Zimmern, hinter denen sich noch unentdeckte Zeugnisse dieser bedeutenden Vita, seiner Mitlebenden sowie der wechselvollen Zeitläufte des 20. Jahrhunderts verbergen. Die Briefwechsel geben Auskunft über Verfasser und Adressat, ermöglichen die Rekonstruktion von politischen, sozialen und kulturellen Beziehungsgeflechten bzw. Einflußfaktoren und erschließen historische Wirklichkeit im Sinne einer Erfahrungs- und Wahrnehmungsgeschichte.[4] Wie auf einer Entdeckungsreise, begibt sich der Leser dieser Briefe auf die Spuren eines keineswegs linearen Lebensweges, auf dem Heuss unter den Bedingungen seiner Zeit vor immer wieder neuen grundlegenden Entscheidungen stand und sich gegen extreme Ideologien zu behaupten hatte. So werden in Heuss' Biographie und ihren verschiedenen Kontexten Brüche und Kontinuitäten, Zeitbedingtes und Unzeitgemäßes, Zukunftsweisendes und Anachronistisches deutlich.

Können Briefe einen dermaßen hohen Anspruch einlösen? Selbstverständlich müssen sie im Zusammenhang mit dem Gesamtaufbau der Edition gelesen werden, der im folgenden noch erläutert wird. An dieser Stelle nur einige Bemerkungen zur Heuss-Korrespondenz: Sie vermittelt ein hohes Maß an Privatheit des Verfassers, die sich gegenüber einem Empfänger öffnet und eine Gesprächssituation simuliert. An dem Kreis der Empfänger läßt sich eine außerordentliche Spannbreite im Sozialprofil und in den politischen Weltanschauungen ablesen. Die Korrespondenz gibt Einblick in bildungsbürgerliche und andere Existenzformen im 20. Jahrhundert. Sie läßt sich zudem von der Kindheit Ende des 19. Jahrhunderts bis hin zu den letzten Wochen vor dem Tod im Dezember 1963 verfolgen. Und schließlich ist es das hohe Maß an Kontinuität, das den manchmal Jahrzehnte währenden Briefwechsel von Heuss mit einigen seiner Zeitgenossen auszeichnet. Neben herausragenden

---

3   Theodor Heuss: Tagebuchbriefe 1955/1963. Eine Auswahl aus Briefen an Toni Stolper. Hrsg. und eingeleitet von Eberhard Pikart. Tübingen/Stuttgart 1970, S. 107.
4   Zum Ansatz einer Erfahrungsgeschichte vgl. Nikolaus Buschmann/Horst Carl: Zugänge zur Erfahrungsgeschichte des Krieges: Forschung, Theorie, Fragestellung. In: Dies. (Hrsg.): Die Erfahrung des Krieges. Erfahrungsgeschichtliche Perspektiven von der Französischen Revolution bis zum Zweiten Weltkrieg. Paderborn 2001, S. 11-26.

Einzelstücken nehmen gerade solche Briefserien den Charakter eines Tagebuches an, das Heuss, zum Bedauern der Nachwelt, nie geschrieben hat.

Um im Bild zu bleiben: Im »Haus der Briefe« bergen Schlaf- und Wohnzimmer die Familienkorrespondenz, vor allem den Briefwechsel von Theodor Heuss mit seiner Frau Elly Heuss-Knapp (1881-1952) und seinem Sohn Ernst Ludwig (1910-1967). Seine künftige Frau lernte Theodor Heuss 1905 im Hause Friedrich Naumanns kennen. Sofort entspann sich ein dichter und vertrauter Briefwechsel zwischen den bald wieder räumlich getrennten Brautleuten,[5] der sich auch nach der Hochzeit 1908 fortsetzte. Diese ungewöhnliche Lebensgemeinschaft zwischen zwei Partnern, die bei allen Gemeinsamkeiten beruflich eigenständige Wege gingen und sich deshalb regelmäßig auf dem Postwege austauschten, hat sich niedergeschlagen in einer reichen Korrespondenz bis zum Tode von Elly Heuss-Knapp 1952. Auch für die Zeit des Nationalsozialismus, in der Theodor Heuss beruflich kaltgestellt war und seine publizistischen und schriftstellerischen Arbeiten zu Hause verfaßte, ist der Schriftwechsel mit seiner Frau dicht, da diese als Werbefachfrau viel auf Reisen war und einen Großteil des Lebensunterhaltes bestritt. Die Briefe aus diesen dunklen Jahren sind ein Dokument für das Überleben im Alltag einer marginalisierten und gefährdeten Existenz. Eine mindestens ebenso große Bedeutung kommt der Korrespondenz zwischen Theodor Heuss und seinem Sohn zu, die schon 1912 einsetzt und aufgrund der vielen Trennungen bis zum Tode des Vaters geführt wird. Briefe voller Ironie und Anspielungen zum Zwecke der Tarnung stammen aus der NS-Zeit und geben Aufschluß über die prekäre Situation der Familie Heuss, als zum Beispiel der Sohn den Vater 1943 vor einer Rückkehr nach Berlin warnt und ihn so aus dem Fokus der Gestapo rückt.[6] Und in der Nachkriegszeit bleibt der Sohn naher Vertrauter seines Vaters.

Der Salon im »Haus der Briefe« ist reserviert für den engen Freundeskreis. Einige Angehörige aus diesem Umfeld begleiteten Heuss viele Jahrzehnte lang. Wenig bekannt ist heute der Heilbronner Bankier Friedrich Mück, den Heuss seit Jugendtagen als einen seiner nächsten Freunde schätzte.[7] Vor allem ihm gegenüber äußerte sich Heuss in allen persönlichen und politischen Angelegenheiten in einer großen Offenheit. Ebenfalls zum engsten Freundeskreis gehörte das Ehepaar Gustav und Toni Stolper. Den liberalen Wirtschaftspublizisten und die Journalistin lernte Heuss Ende des Ersten Weltkrie-

---

5 Publiziert in: Theodor Heuss/Elly Knapp: So bist Du mir Heimat geworden. Eine Liebesgeschichte in Briefen aus dem Anfang des Jahrhunderts. Hrsg. v. Hermann Rudolph. Stuttgart 1986.

6 Ernst Ludwig Heuss an Theodor Heuss, 27.9.1943. In: Familienarchiv Heuss, Basel; dazu auch Jürgen C. Heß: »Die Nazis haben gewußt, daß wir ihre Feinde gewesen und geblieben sind.« Theodor Heuss und der Widerstand gegen den Nationalsozialismus. In: Jahrbuch zur Liberalismus-Forschung (hinfort JzLF) 14 (2002), S. 143-195, hier S. 177-181.

7 Vgl. Heuss, Tagebuchbriefe (wie Anm. 3), S. 107.

ges kennen. Als Publizist, seit 1926 als Vorstandsmitglied und von 1930 bis 1932 als Reichstagsabgeordneter der linksliberalen Deutschen Demokratischen Partei stand Gustav Stolper Heuss auch politisch nahe. 1933 mußte er mit seiner Ehefrau in die USA emigrieren. Die Freundschaft überdauerte auch diese Zeit der Trennung. Nicht nur dies dokumentiert der Briefwechsel eindrucksvoll,[8] sondern er gibt auch Aufschlüsse über den Publizisten Heuss und den letztlich erfolglosen Überlebenskampf des Liberalismus in der Weimarer Republik, über ein Emigrantenschicksal und den »Neubeginn« nach 1945. Zu Toni Stolper entwickelte sich dann in den fünfziger Jahren ein enges Vertrauensverhältnis, das sich in einer sehr dichten und offenen Korrespondenz niederschlägt, die uns Einblicke gewährt in das Innenleben des Menschen und Bundespräsidenten Theodor Heuss, in sein Amtsverständnis und seine Amtspflichten, in seine Erfolge, Sorgen und Nöte sowie in das Getriebe der großen Politik auf der heimischen Bonner und der internationalen Bühne. Erstmalig steht der Edition das gesamte Briefmaterial zur Verfügung.

Im »Haus der Briefe« ist dem Salon gleich das Arbeitszimmer angeschlossen, um sich unmittelbar zwischen beiden Sphären bewegen zu können, denn Freundschaften und dienstliche Beziehungen gingen im Leben von Theodor Heuss oftmals ineinander über. Sie werfen Schlaglichter auf unterschiedliche Facetten dieser Biographie und des 20. Jahrhunderts, von denen hier nur wenige kurz anzusprechen sind. Die politische Dimension findet sich zentriert um den Briefwechsel mit dem überragenden und vertrauten Mentor von Heuss, Friedrich Naumann, der als Vertreter eines nationalen und sozialen Liberalismus einen fundamentalen Einfluß auf die weitere Entwicklung von Heuss ausübte. In dem sich um Naumann formierenden Kreis schloß Heuss zahlreiche weitere Freundschaften mit vorwiegend linksliberalen Politikern, so zum Beispiel mit der DDP-Politikerin und Publizistin Gertrud Bäumer, dem langjährigen Reichswehrminister Otto Geßler und mit württembergischen Politikern wie Peter Bruckmann und Reinhold Maier. Frei von ideologischen Scheuklappen unterhielt Heuss aber auch Kontakte zu Politikern anderer Couleur, sei es zu Gottfried Treviranus von der Deutschnationalen Volkspartei, zu Imperialisten wie Paul Rohrbach, zu katholischen Politikern wie Konrad Adenauer, zu Sozialdemokraten wie Wilhelm Keil und Carlo Schmid, vereinzelt selbst zu nationalsozialistischen Geschichtspolitikern wie Walter Frank. Als Reichstagsabgeordneter, württemberg-badischer »Kultminister«, Mitglied des Parlamentarischen Rates und schließlich Bundespräsident wirkte Heuss ohnehin als Kommunikator und unterhielt eine reiche politische Korrespondenz, die vor Parteigrenzen nicht haltmachte. Politisches

---

8   Vgl. vor allem das eindrückliche Beileidsschreiben von Theodor Heuss an Toni Stolper vom 30.12.1947. In: Stiftung Bundespräsident-Theodor-Heuss-Haus (hinfort SBTH), Nachlaß Theodor Heuss, N 1221, 489 (= Bundesarchiv Koblenz, hinfort BArch).

Alltagsgeschäft, Organisationsfragen, verdeckte und offene Entscheidungsprozesse und Funktionsmechanismen sowie Kontinuität und Wandel von politischen Praktiken, Haltungen und Weltanschauungen lassen sich an diesem dichten Briefwerk ablesen, das vor allem eines immer wieder bezeugt: die Persistenz einer demokratischen und liberalen Tradition über alle totalitären Verwerfungen des 20. Jahrhunderts hinweg, an welche die frühe Bundesrepublik partiell wieder anknüpfen konnte.

Ausgehend vom Naumann-Kreis, lassen sich auch weitere Dimensionen des Lebens von Theodor Heuss und seiner Auseinandersetzung mit unterschiedlichen Zeitströmungen über zum Teil langjährige Korrespondenzen erschließen. Als Redakteur fand er 1905 den beruflichen Einstieg. Aus dieser lebenslangen publizistischen Tätigkeit resultieren umfangreiche Briefwechsel mit Personen wie dem Heilbronner Redakteur Willy Dürr, dem Schriftsteller Alfons Paquet, dem Kunsthistoriker und späteren Diplomaten Wilhelm Hausenstein, mit Ludwig Thoma, mit dem Begründer der Stuttgarter Zeitung, Josef Eberle, oder mit dem »Reichspublizisten« der Konservativen Revolution, Wilhelm Stapel, dem Heuss Anfang 1945 einen interessanten Einblick in seinen Heidelberger Alltag gewährte.[9] Selbst schriftstellerisch aktiv, nahm Heuss am literarischen Leben Anteil und unterhielt Kontakte zu Hermann Hesse, Alfred Döblin, Carl Zuckmayer oder auch Ernst Jünger. Über seine Arbeit für den Deutschen Werkbund, an dessen Gründung 1907 wiederum Naumann beteiligt war, beschäftigte sich Heuss mit künstlerischen Fragen seiner Zeit und tauschte sich mit dem Kunstphilosophen Wolf Dohrn, dem Architekten Hans Poelzig, dessen Biographie er 1939 schrieb, oder auch mit dem Gründer der Münchner Neuen Sezession, Albert Weisgerber, und dem eigenwilligen Maler schwäbischer Innerlichkeit, Reinhold Nägele, aus. Sein Bemühen um parteiunabhängige historisch-politische Bildung schlägt sich nieder in der Korrespondenz, die im Umfeld seiner Tätigkeit für die ebenfalls von Naumann initiierte Deutsche Hochschule für Politik entstanden ist. In der Korrespondenz mit Ernst Jäckh, Geschäftsführer dieser Hochschule, Multifunktionär, Publizist und Patenonkel von Heuss' Sohn, laufen zahlreiche Stränge der Heuss-Biographie zusammen, auch wenn sich das Verhältnis zwischen beiden später stark abkühlen sollte. Darüber hinaus sind Briefwechsel mit weiteren Personengruppen zu vergegenwärtigen, so mit Industriellen wie Robert Bosch und Paul Reusch, mit Nationalökonomen wie Heuss' Schwiegervater Georg Friedrich Knapp oder seinem akademischen Lehrer und Naumann-Anhänger Lujo Brentano, mit Sozialwissenschaftlern wie Theodor W. Adorno, mit Historikern wie Wilhelm Mommsen, Friedrich Meinecke oder Walter Goetz, mit Naturwissenschaftlern wie Otto Hahn sowie immer wieder

---

9 Theodor Heuss an Wilhelm Stapel, 13.1.1945. In: SBTH, Nachlaß Theodor Heuss, N 1221, 98 (= BArch).

auch mit Personen jüdischer Herkunft, darunter neben dem Ehepaar Stolper der Präsident des Oberrats der Israelitischen Religionsgemeinschaft in Württemberg, Otto Hirsch, und der Heilbronner Kantonist Isy Krämer.

So öffnen sich mittlerweile im »Haus der Briefe« zahlreiche Türfluchten mit weiteren Räumen, in denen auch Korrespondenz mit »Randfiguren der Geschichte«[10] lagern, die den Blick freigeben auf weniger bekannte Aspekte der Biographie von Theodor Heuss, so in einem Brief an den jüdischen Schriftsteller Julius Bab über seine Verbindungen zum Widerstand gegen Hitler, oder in einem Schreiben an den liberalen Politiker Hans Reif über seine Überlegungen, in der unmittelbaren Nachkriegszeit der CDU beizutreten.[11] Darüber hinaus erschließt sich ein Kaleidoskop möglicher Lebenswege unter den wechselvollen Bedingungen des 20. Jahrhunderts.

Editionen im Kontext der Politiker-Gedenkstättenstiftungen

Die Edition »Theodor Heuss. Stuttgarter Ausgabe« gehört in den Kontext der Editionstätigkeit von Politiker-Gedenkstättenstiftungen. Die Bundesrepublik Deutschland unterhält fünf Gedenkstätten, die als selbständige, bundesunmittelbare Stiftungen des öffentlichen Rechts an herausragende politische Persönlichkeiten der jüngeren deutschen Geschichte erinnern. In der Reihenfolge ihrer Gründung sind es die »Stiftung Bundeskanzler-Adenauer-Haus« in Rhöndorf (1967/78), die »Stiftung Reichspräsident-Friedrich-Ebert-Gedenkstätte« in Heidelberg (1986), die »Stiftung Bundespräsident-Theodor-Heuss-Haus« in Stuttgart (1994), die »Bundeskanzler-Willy-Brandt-Stiftung« in Berlin (1994) sowie die »Otto-von-Bismarck-Stiftung« in Friedrichsruh bei Hamburg (1997). Im Rahmen einer staatlich initiierten Erinnerungspolitik sollen zumindest vier dieser Gedenkstättenstiftungen politische Traditionslinien anhand einzelner Persönlichkeiten aufzeigen, bewahren und fördern und in diesem vor allem affirmativen, kritische Distanz aber nicht ausschließenden Sinne einen Beitrag zur demokratischen und rechtsstaatlichen Werteordnung leisten.[12]

Neben der Einrichtung und dem Unterhalt von Gedenkstätten als auratischen Ort, an die sich die Erinnerung an die entsprechende Persönlichkeit knüpft, gehört zu den zentralen Aufgaben der Stiftungen die Herausgabe der schrift-

---

10 So auch der Untertitel der Sammlung biographischer Skizzen von Theodor Heuss: Schattenbeschwörungen. Randfiguren der Geschichte. Stuttgart/Tübingen 1947.
11 Theodor Heuss an Julius Bab, 25.3.1946. In: SBTH, Nachlaß Theodor Heuss, N 1221, 73 (= BArch); Theodor Heuss an Hans Reif, 27.11.1945. In: Archiv des Liberalismus, Nachlaß Hans Reif, N 19, 192.
12 Vgl. zur deutschen Gedenkstättenlandschaft: Thomas Hertfelder: Machen Männer noch Geschichte? Das Stuttgarter Theodor-Heuss-Haus im Kontext der deutschen Gedenkstättenlandschaft. Stuttgart 1998.

lichen Hinterlassenschaft ihrer Namenspatrone, um sie der Wissenschaft und einer breiteren Öffentlichkeit zugänglich zu machen.[13] Mittlerweile ist die Editionsarbeit neben dem Betrieb einer öffentlichen Erinnerungsstätte[14] bei fast allen Stiftungen zu einem der Kerngeschäfte avanciert und verschlingt beträchtliche personelle, zeitliche und finanzielle Ressourcen. Fast einschüchternd steht die Rhöndorfer Ausgabe der Werke von Konrad Adenauer als Monolith vor uns mit inzwischen 15 Bänden, davon allein 9 reine Briefbände, die seit Anfang der achtziger Jahre erscheinen und vor allem der enormen Produktivität des Bearbeiters Hans Peter Mensing zu verdanken sind. Seit 1998 betreibt die Bundeskanzler-Willy-Brandt-Stiftung zügig das ehrgeizige Unternehmen einer zehnbändigen Berliner Ausgabe, von der bereits sieben Bände erschienen sind – ein Gattungsmix, in dem Briefen ein großes Gewicht zukommen. In der »Neuen Friedrichsruher Ausgabe« präsentiert die Otto-von-Bismarck-Stiftung eine notwendig gewordene Neukonzeption der in den 1920er und 1930er Jahren entstandenen alten Bismarck-Ausgabe, die in etwa 30 Bänden zahlreiche noch ungedruckte Dokumente präsentieren wird. Die mit Abstand größte Abteilung »Schriften«, aus der bis 2005 schon zwei Bände erschienen sind, umfaßt vor allem Schreiben aus der Hand Bismarcks. Mangels eines überlieferten Nachlasses ist eine Edition solchen Zuschnitts zu Friedrich Ebert nicht zu erwarten. Die Reichspräsident-Friedrich-Ebert-Gedenkstätte wird aber mittelfristig eine quellenkritische Ausgabe von ca. 60 gesammelten Briefen und von Reden des ersten Reichspräsidenten herausgeben. Über eine zu geringe Überlieferung kann sich hingegen die Stiftung Bundespräsident-Theodor-Heuss-Haus nicht beklagen; sie betreibt seit 2004 mit Hochdruck die Bearbeitung einer Edition »Theodor Heuss. Stuttgarter Ausgabe«, die Briefe, Reden, Schriften und Gespräche umfaßt – ein Unternehmen von enormer Bedeutung für die Geschichte von Liberalismus und Demokratie im »Zeitalter der Extreme« (Hobsbawm).

Gründe für eine Theodor-Heuss-Edition

In Zeiten notorisch knapper öffentlicher Mittel geraten bekanntlich vor allem Großprojekte unter Legitimationsdruck, deren Wert sich nicht in unmittelbarer Anwendungsbezogenheit und ökonomischem Nutzen beziffern läßt.

---

13 Vgl. z. B. das Errichtungsgesetz der Stiftung Bundespräsident-Theodor-Heuss-Haus vom 27.5.1994 in: Thomas Hertfelder (Hrsg.): Heuss im Profil. Vorträge und Diskussionen zum Eröffnungsfestakt der Stiftung Bundespräsident-Theodor-Heuss-Haus am 29./30. November 1996. Stuttgart 1997, S. 86, § 2 (1), 2 und (2), 3.
14 Vgl. z. B. den Ausstellungskatalog: Theodor Heuss: Publizist – Politiker – Präsident. Begleitband zur ständigen Ausstellung im Theodor-Heuss-Haus. Im Auftrag der Stiftung Bundespräsident-Theodor-Heuss-Haus hrsg. v. Thomas Hertfelder und Christiane Ketterle, mit einem Vorwort von Lord Ralf Dahrendorf. Stuttgart 2003.

Warum also dem Buchmarkt noch einen weiteren Regalmeter Heuss hinzufügen? Erstens hat der Gesetzgeber der Stiftung schlichtweg den Auftrag gegeben,»das Andenken an das Wirken des ersten Bundespräsidenten der Bundesrepublik Deutschland, Theodor Heuss, für Freiheit und Einheit des deutschen Volkes, für Europa, für Verständigung und Versöhnung unter den Völkern zu wahren und einen Beitrag zum Verständnis der jüngeren Geschichte sowie der Entstehung der Bundesrepublik Deutschland zu leisten« sowie den Nachlaß »für die Interessen der Allgemeinheit in Wissenschaft, Bildung und Politik auszuwerten.« Unter anderem soll diesem Zweck die »Veröffentlichung von Archivbeständen« dienen.[15]

Hinter diesem gesetzlichen Auftrag steht zweitens die historische und politische Bedeutung von Theodor Heuss, die für eine Edition spricht. Als erstes Staatsoberhaupt der Bundesrepublik Deutschland hat Heuss das Amt des Bundespräsidenten durch sein stilsicheres und intellektuell anspruchsvolles Auftreten nachhaltig geprägt. Während der schwierigen Formationsphase der 1949 neubegründeten, noch ungesicherten Demokratie hat Heuss in dieser Funktion eine bemerkenswerte innen- und außenpolitische Sensibilität bewiesen. Weniger bekannt ist, daß Heuss darüber hinaus für eine liberale Tradition deutscher Demokratiegeschichte in den vier politischen Systemen des 20. Jahrhunderts steht, die er als Politiker, als außerordentlich produktiver Publizist, als engagierter Hochschullehrer und ehrenamtlicher Verbandsfunktionär mitgestaltet hat. Die politischen Erfahrungen, die Heuss und andere führende Politiker der frühen Bundesrepublik während der ersten Hälfte des 20. Jahrhunderts gesammelt hatten, bildeten in der posttotalitären Situation nach 1945 ein entscheidendes politisches Kapital, das nicht zuletzt der Wiedererrichtung einer demokratischen Republik auf deutschem Boden zu nachhaltigem Erfolg verholfen hat.

Dieses Wirken von Theodor Heuss hat sich niedergeschlagen in schriftlichen Zeugnissen mit hohem Anspruch, in denen sich ein dritter Grund für eine Publikation seiner Hinterlassenschaft findet. Aus den vielfältigen Aktivitäten des Demokraten Heuss ist ein umfangreicher Nachlaß überliefert, der ihn – für Deutschland durchaus ungewöhnlich – als einen politischen Homme de Lettre ausweist, für den die autonome intellektuelle Reflexion und die Bereitschaft zur Übernahme politischer Verantwortung keine Gegensätze waren. Die These vom un- oder antipolitischen deutschen Bildungsbürger findet in Heuss ein gewichtiges Gegenbeispiel.[16] Seine zahlreichen Reden, Briefe und Schriften zu einer Vielzahl zeitgeschichtlich relevanter Themen dokumentieren, wie

---

15 Errichtungsgesetz, § 2 (1) und § 2 (2), 3 (wie Anm. 13).
16 Vgl. Thomas Hertfelder: Das symbolische Kapital der Bildung: Theodor Heuss. In: Gangolf Hübinger/Thomas Hertfelder (Hrsg.): Kritik und Mandat. Intellektuelle in der deutschen Politik. Stuttgart 2000, S. 93-113.

souverän er über die politischen und kulturellen Instrumente des Bildungsbürgers verfügte. Insbesondere läßt sich, wie anfangs bereits skizziert, an seiner umfangreichen und weitverzweigten Korrespondenz zeigen, wie Heuss über das liberale und demokratische Lager hinaus als Kommunikator gewirkt und dazu beigetragen hat, daß ein von antitotalitären Überzeugungen getragenes Netz die Ära des »Dritten Reiches« überdauern konnte.

Die Theodor-Heuss-Edition legitimiert sich schließlich viertens ex negativo vor der Folie eines Defizits. Denn der Bedeutung von Heuss steht bis heute eine – vor allem im Vergleich zu Konrad Adenauer – lückenhafte und erst spät einsetzende ernsthafte Forschung gegenüber, primär vertreten durch die Arbeiten des Historikers Jürgen C. Heß und seit 1997 durch diejenigen der Mitarbeiter der Stiftung Bundespräsident-Theodor-Heuss-Haus.[17] Trotz einer Anzahl von Teilstudien harren einige zentrale biographische Themen noch der Aufarbeitung, zum Beispiel über den jungen Heuss im wilhelminischen Kaiserreich oder über die Medien- und Symbolpolitik des Bundespräsidenten und dessen Funktion als »Vaterfigur«, die den Bedürfnissen der deutschen Nachkriegsgesellschaft entgegenkam, oder über die auswärtige Repräsentation Deutschlands durch Heuss vor allem während seiner zweiten Amtszeit.[18] Vor allem gilt es, die Biographie von Heuss in den politik-, sozial-, mentalitäts- und kulturgeschichtlichen Kontext seiner Zeit einzubetten und daraus Fragestellungen zu entwickeln, auf die Heuss' Leben zahlreiche Schlaglichter wirft. Wie konnte sich zum Beispiel der Bildungsbürger Heuss gegenüber der Erosion des Bürgertums behaupten? Welchen Stellenwert hatte die von ihm verkörperte Symbiose von Politik und Kultur unter der zeittypischen Erscheinung des Intellektuellen? Wie ist Heuss zu verorten zwischen der Tradition eines deutschen Sonderwegsbewußtseins und der Herausbildung einer gemeinsamen westlichen Werteordnung? Von zentraler Bedeutung bleiben die Fragen, wie es zu einem dermaßen rapiden Niedergang des Liberalismus als Partei und Weltanschauung nach 1918 kommen konnte, wie Heuss, der noch im 19. Jahrhundert wurzelte, dieser Entwicklung begegnete, wie sein liberales Denken und Handeln in den unterschiedlichen Spielarten des Liberalismus im 20. Jahrhundert zu positionieren ist und an welche Traditionen er nach 1945 wieder anknüpfte. Die Beantwortung dieser Fragen ist überaus ertragreich für eine moderne Liberalismusforschung. Die anspruchsvollste Aufgabe besteht freilich darin, die verschiedenen Stränge im Leben von Heuss zu einem vielschichtigen Gesamtbild zusammenzuführen, denn bis

---

17 Vgl. die Forschungsbibliographie unter: http://www.stiftung-heuss-haus.de/html/bibliothek.html

18 Zu diesem letzten Thema forscht zur Zeit Frieder Günther, dessen Arbeit unter dem Titel »Heuss auf Reisen. Die auswärtige Repräsentation der Bundesrepublik durch den ersten Bundespräsidenten« voraussichtlich 2006 erscheinen wird.

heute liegt keine umfassende, quellengesättigte, theoriegeleitete und wissenschaftlichen Ansprüchen genügende Biographie vor.[19] Theodor Heuss müßte darin in seinen unterschiedlichen Lebenswelten historisiert werden, wobei Kontinuitäten und Brüche seines nichtlinearen Lebensweges deutlich zu konturieren wären. Künftiger Impulsgeber für derartige Aufgabenstellungen wird die Heuss-Edition werden, die ihn in den verschiedenen Kommunikationszusammenhängen zeigt.

Zum Aufbau

Die Edition folgt einem gattungsbezogenen Aufbau und gliedert sich in vier Reihen.
Reihe A: Briefe (8 Bände)
Reihe B: Reden (ca. 3 Bände)
Reihe C: Gespräche (ca. 2 Bände)
Reihe D: Schriften (ca. 7 Bände)
Für diesen klassischen Aufbau sprechen einige Gründe. Eine sachthematische Ordnung, zum Beispiel zu den Bereichen »Liberalismus«, »Außenpolitik« oder »Journalismus«, kann nicht befriedigen. Eine solche Vorentscheidung würde die Quellenauswahl zu sehr thematisch eingrenzen und die Interpretationsspielräume für den Leser einschränken. Zudem lassen sich zahlreiche Briefe von Theodor Heuss wegen der Vielfalt an angesprochenen Sachverhalten nicht ohne weiteres einem inhaltlich vorgegebenen Kanon unterordnen. Ein gattungsspezifischer Aufbau berücksichtigt außerdem den Umstand, daß Heuss als Bildungsbürger die von ihm gewählte Kommunikationsform bewußt als ein eigenes Genre wählte und ihnen seinen unverwechselbaren Stempel aufdrückte. Auf diese Weise wird die persönliche Ausprägung seiner schriftlichen Zeugnisse nachvollziehbar; die Texte können einer auch diachronen Stilanalyse unterzogen werden. Selbstverständlich werden sich in den einzelnen Bänden spezifische biographische und zeitgeschichtliche Themen konturieren, die für die jeweiligen Zeiträume von zentraler Bedeutung sind, denn innerhalb der einzelnen Gattungen sind die Bände chronologisch angeordnet. Und auch die Gattungsgrenzen werden durchlässig, wenn der Kommentar auf andere Gattungen zwecks inhaltlicher Erläuterung und Weiterführung verweist und aus ihnen gegebenenfalls zitiert.
Zunächst rücken mit der Reihe A die Briefe in den Fokus, mit deren Veröffentlichung die Edition beginnen soll. Der Briefschatz muß noch weitgehend

---

19 Vgl. hierzu die Skizze von Guido Müller, der zur Zeit an einer Biographie über Theodor Heuss arbeitet: Ders.: Theodor Heuss. Deutscher Bildungsbürger und ethischer Liberalismus. Probleme und Aufgaben einer Heuss-Biographie in der Spannung zwischen politisch-gesellschaftlichen Strukturen und selbstverantworteter Individualität (1884-1963). In: JzLF 15 (2003), S. 199-214.

geborgen werden, da er – von wenigen ausgewählten Briefwechseln abgesehen[20] – in den Archiven schlummert. Vor allem die Korrespondenz gibt einen herausragenden Einblick in die weniger bekannten Seiten der Biographie von Theodor Heuss. Gerade im schriftlichen Austausch mit seinen Familienangehörigen, Freunden, Bekannten oder auch Personen der Zeitgeschichte werden zahlreiche Aspekte angesprochen, die nicht der öffentlichen Rede oder der Publizistik anvertraut werden, für die Einschätzung der Person Heuss' und der demokratischen Bewegung des 20. Jahrhunderts aber von zentraler Bedeutung sind. Ohne Absicht auf öffentliche Wirkung in einem geschützten Raum niedergeschrieben, sind die Briefe in ihrem persönlichen Duktus und ihrer offenen Sprache auch heute noch inhaltlich und stilistisch ansprechend.

Die Briefreihe ist chronologisch aufgebaut und orientiert sich dabei an zeitgeschichtlichen Zäsuren, die oftmals auch mit historischen Brüchen koinzidieren. Die Titel der Bände sind noch Arbeitstitel:

Band 1: Der junge Theodor Heuss (bis 1918)

Band 2: Der Demokrat in der Weimarer Republik (1918-1933)

Band 3: Im politischen Abseits: Die Zeit des Nationalsozialismus (1933-1945)

Band 4: Die Wiederbegründung der Demokratie in Deutschland (1945-1949)

Band 5: Der Bundespräsident. 1. Amtszeit (1949-1954)

Band 6: Der Bundespräsident. 2. Amtszeit (1954-1959)

Band 7: Der Bundespräsident im Briefwechsel mit der Bevölkerung (1949-1959)

Band 8: Die letzten Jahre in Stuttgart (1959-1963)

Der erste Band wird voraussichtlich mit dem Umzug von Theodor Heuss nach Berlin im Januar 1918 enden, als er als Herausgeber der Zeitschrift »Deutsche Politik« und als Geschäftsführer des Deutschen Werkbundes dem Zentrum der politischen Entscheidungen näherrückte und das Ende des Wilhelminischen Kaiserreiches unmittelbar erlebte. Der zweite Band endet mit der Machtübernahme durch den Nationalsozialismus und dem damit einhergehenden Verlust aller Ämter für Heuss. Das Ende des dritten Bandes ist vorgegeben durch das Ende des Zweiten Weltkrieges, das Heuss schon im März 1945 in Heidelberg erfuhr. Die Einteilung der weiteren Bände orientiert sich am Beginn der 1. und 2. Amtszeit des Bundespräsidenten sowie an seinen letzten Jahren im Stuttgarter Alterswohnsitz.

An zweiter Stelle der Prioritätenskala in der Edition stehen die Reden von Theodor Heuss. Mit seiner Redebegabung verfügte er über ein zentrales Kom-

---

20 Neben den schon erwähnten »Tagebuchbriefen« (wie Anm. 3) und »Brautbriefen« (wie Anm. 5) vor allem: Theodor Heuss – Lulu von Strauß und Torney. Ein Briefwechsel. Düsseldorf/Köln 1965; Theodor Heuss: Lieber Dehler! Briefwechsel mit Thomas Dehler. Hrsg. und bearb. v. Friedrich Henning. München/Wien 1983; Heuss – Adenauer: Unserem Vaterland zugute. Der Briefwechsel 1948-1963. Bearb. v. Hans Peter Mensing. Berlin 1989.

munikationsinstrument, mit dem er es schon als junger Mann verstand, in die Öffentlichkeit hineinzuwirken. In der Weimarer Republik hielt er dann 995 Reden insbesondere zu Fragen der Tages- und Parteipolitik sowie der staatsbürgerlichen Bildung. Als Bundespräsident bemühte er sich, einen angemessenen Stil der Demokratie zu entwickeln, und setzte mit seinem rhetorischen Talent Maßstäbe für seine Nachfolger. Wichtige Reden liegen bereits veröffentlicht in Sammelbänden oder als Separatdrucke vor;[21] doch erst in seiner Vielfalt vermag das Redewerk einen differenzierten Einblick in das politische und kulturelle Ideengebäude von Heuss zu vermitteln.

Die Reihe C »Gespräche« wird einen Teil der Aufzeichnungen abdrucken, die anläßlich von Unterredungen Heuss' mit wichtigen Gesprächspartnern während seiner Amtszeit als Bundespräsident entstanden sind. Sie sind aufschlußreich hinsichtlich der Meinungsbildung und Stellung von Heuss im politischen Kräftespiel der frühen Bundesrepublik. Die Reihe D nimmt schließlich einiges aus dem umfangreichen Schrifttum von Heuss auf, darunter die zahlreichen Artikel, Rezensionen, Broschüren, biographischen Arbeiten und Monographien, die er als Publizist und Schriftsteller im Laufe seines Lebens veröffentlicht hat.[22] Dies erscheint um so notwendiger, da die ungenügende Editionspraxis und fragwürdige Publikationsstrategie des Rainer Wunderlich Verlages Hermann Leins, des Tübinger Hausverlags von Heuss nach 1945, durch ihre einseitige Selektion aus dem Heuss-Schrifttum in Sammelbänden und Monographien ein auf Entpolitisierung der Nachkriegsgesellschaft, Legitimierung des Liberalismus und Monumentalisierung des ersten Bundespräsidenten abzielendes Geschichtsbild vermitteln wollte.[23]

Zur Konzeption

»Eisbrecher oder Sarkophag?« – diese mögliche Alternative für historisch-kritische Ausgaben diskutierte 1990 der Literaturwissenschaftler Hans Zeller, um freilich eine Lanze für die Berechtigung solcher Editionen für die litera-

---

21 So in Theodor Heuss: Die großen Reden. Der Humanist. Tübingen 1965; Ders.: Die großen Reden. Der Staatsmann. Tübingen 1965. Alle Reden aus der Bundespräsidialzeit sind zudem im »Bulletin des Presse- und Informationsamtes der Bundesregierung« nachzulesen, wo sie freilich für den interessierten Nutzer nur schwer einsehbar sind.

22 Zu dem umfangreichen biographischen Werk vgl.: Ernst Wolfgang Becker: Biographie als Lebensform. Theodor Heuss als Biograph im Nationalsozialismus. In: Wolfgang Hardtwig/ Erhard Schütz (Hrsg.): Geschichte für Leser. Populäre Geschichtsschreibung in Deutschland im 20. Jahrhundert. Stuttgart 2005, S. 57-89.

23 Vgl. hierzu die pointierten Ausführungen von Angelika Schaser: Erinnerungskartell. Der Nationalsozialismus in den Darstellungen der Liberalen nach 1945. In: Dies. (Hrsg.): Erinnerungskartelle. Zur Konstruktion von Autobiographien nach 1945. Bochum 2003, S. 49-80, die m. E. aber ihre Aussagen nur ungenügend durch Quellen belegen kann und methodisch sowie in der Thesenbildung unausgewogen argumentiert.

turwissenschaftliche Grundlagenforschung zu brechen.[24] Dennoch geraten vor allem historisch-kritische Editionen, deren Herausgabe oftmals über Generationen währt, unter Legitimationsdruck. Manchmal nur noch benutzbar für einen kleinen Spezialistenkreis, verschließen sie ihren Gegenstand in einem enigmatischen textkritischen und genetischen Apparat und versenken ihn damit in einem »Ehrengrab«, wie Ulrich Ott einstmals provokativ in den Raum stellte.[25]

Eine historisch-kritische Edition zum Beispiel nach Art der Max Weber Gesamtausgabe kann für den Nachlaß von Theodor Heuss nicht das Ziel sein. Dieser Ausgabetypus würde zum einen dem Charakter des Heuss-Schrifttums nicht gerecht werden, da Variantenvergleiche oder genetische Rekonstruktionen anders als bei literarisch-poetischen Texten in der Regel wenig zur Entschlüsselung beitragen würden.[26] Zum anderen würde das Anlegen der strengen Meßlatte einer historisch-kritischen Ausgabe die Verbreitung einer solchen Edition sehr stark auf einen kleinen Kreis von Spezialisten einschränken – doch dies kann nicht die Aufgabe sein! Schon Heuss' Credo einer »Demokratie als Lebensform«, welche die Lebensfähigkeit einer Demokratie nicht nur an Institutionen bindet, sondern vor allem auch an eine entsprechende politische Kultur der Fairneß und Toleranz in der Gesellschaft, also gerade eines der ureigensten Anliegen von Theodor Heuss spricht dafür, die Edition einem breiten Leserkreis zugänglich zu machen. Und auch aus der Perspektive der Gegenwart heraus lädt das Schrifttum von Heuss zur Lektüre ein. Die Edition kann über die prekäre und gebrochene Demokratiegeschichte der ersten Hälfte des 20. Jahrhunderts aufklären und damit über das Selbstverständnis gegenwärtiger Politik und Gesellschaft. So erfüllt sie auch einen demokratischen Bildungsauftrag, indem sie Bedingungen und Möglichkeiten, Grenzen und Gefahren für eine demokratische Entwicklung aus dem Fokus einer Persönlichkeit anschaulich macht.

Geschichte über einen biographischen Zugang zu vermitteln – dies kann ein erfolgreiches Mittel einer personalisierenden Pädagogik sein, um geschichtliche Zusammenhänge zu illustrieren und Fragen aufzuwerfen, die heute noch zu einer reflektierten Auseinandersetzung einladen. Dieses Identifikationsangebot durch die Edition schließt bei einem anspruchsvollen Ansatz kritische Distanz nicht aus.

---

24 Hans Zeller: Historisch-kritische Ausgabe – Eisbrecher oder Sarkophag? In: Jahrbuch der Deutschen Schillergesellschaft 34 (1990), S. 424-428.
25 Ulrich Ott: Dichterwerkstatt oder Ehrengrab? Zum Problem der historisch-kritischen Ausgaben. Eine Diskussion. In: Jahrbuch der Deutschen Schillergesellschaft 33 (1989), S. 3-6.
26 Vgl. zu den Grundregeln historisch-kritischer Ausgaben vor allem literarischer Texte z. B.: Siegfried Scheibe: Zu einigen Grundprinzipien einer historisch-kritischen Ausgabe. In: Gunter Martens/Hans Zeller (Hrsg.): Texte und Varianten. Probleme ihrer Edition und Interpretation. München 1971, S. 1-44.

Konkret wendet sich die Edition zunächst einmal an einen noch immer großen Kreis von Heuss-Liebhabern, die zumeist einer älteren Generation angehören und aus dem südwestdeutschen Raum stammen. Doch bei diesem Adressatenkreis darf sie nicht stehenbleiben. Vielmehr muß sie auch Multiplikatoren im Bereich der historisch-politischen Bildung erreichen. Darüber hinaus lassen sich direkt Schüler und Studenten ansprechen, sei es zum Beispiel von dem unkonventionellen Habitus des jungen Heuss oder von den existenzbedrohenden Entscheidungszwängen, vor denen sich Heuss im März 1933 bei der Abstimmung zum »Ermächtigungsgesetz« gestellt sah.[27] Und schließlich soll die Edition selbstverständlich nicht den Anspruch aufgeben, Historikern und Politikwissenschaftlern als wichtiges Arbeitsinstrument zu dienen, um der defizitären Heuss-Forschung Anstöße zu geben.

Diesen vielfältigen Adressatenkreis im Blick, ist eine leserfreundliche, wissenschaftlichen Ansprüchen genügende Studienausgabe geplant, die mehreren Anforderungen gerecht werden muß. Leserfreundlich wird sie sein in der Gestaltung der Bände, den Illustrationen, der Aufteilung der Seiten, im Schriftbild und in der Wiedergabe der Dokumente sowie in den Anmerkungen. Auch für den Laien sollte der textkritische und kommentierende Apparat benutzbar sein. So kann es bei den Briefen nicht darum gehen, den Entstehungsprozeß eines jeden Schreibens zurückzuverfolgen und einen detaillierten Variantenvergleich mehrdimensional anzustellen. Bei Briefen wird – so weit sie recherchierbar ist – die Ausfertigung zum Abdruck kommen. Nur bei einzelnen ausgewählten Briefen kann der Entstehungsprozeß exemplarisch nachgezeichnet werden, um so Einblick in die Werkstatt des Briefschreibers zu geben.[28] Ansonsten finden Vorstufen nur Erwähnung, wenn sie von inhaltlicher Bedeutung für die Aussage des Schriftstückes sind. Vor allem ein inhaltlicher Kommentar soll auch dem Nichtspezialisten die Möglichkeit geben, durch Wort-, Personen- und Sacherläuterungen sowie durch Zitat- und Quellennachweise die Dokumente selbst samt ihren Anspielungen erst einmal zu verstehen und sie in den biographischen und zeitgeschichtlichen Kontext einzuordnen.

Wissenschaftlichen Ansprüchen genügt die Studienausgabe, wenn sie nach klar definierten einheitlichen Regeln den Text »herstellt« bzw. nachvollziehbar »richtigstellt«, zudem weitere Standards berücksichtigt wie Dokumentenüberschrift und -kopf sowie Textkritik betreibt hinsichtlich von Zusätzen

---

27 Vgl. Jürgen C. Heß: »Die deutsche Lage ist ungeheuer ernst geworden.« Theodor Heuss vor den Herausforderungen des Jahres 1933. In: JzLF 6 (1994), S. 65-136; Ernst Wolfgang Becker: Ermächtigung zum politischen Irrtum. Die Zustimmung zum Ermächtigungsgesetz von 1933 und die Erinnerungspolitik im ersten württemberg-badischen Untersuchungsausschuß der Nachkriegszeit. Stuttgart 2001.

28 Vgl. zum Prozeß des Schreibens von Reden: Ulrich Baumgärtner: Reden nach Hitler. Theodor Heuss – Die Auseinandersetzung mit dem Nationalsozialismus. Stuttgart 2001, vor allem S. 147-161.

(zum Beispiel Vermerke, Verfügungen, An- und Unterstreichungen) oder Korrekturen. Jede formale oder inhaltliche Veränderung, die von Theodor Heuss oder von dritter Hand vorgenommen wurde, muß rekonstruierbar bleiben. Der Hinweis auf weiterführende Quellen oder zentrale Literatur erleichtert die Beschäftigung mit einzelnen angesprochenen Aspekten. Eine fundierte Einleitung, Dokumenten- und Abkürzungsverzeichnisse, eine Zeittafel und Anhänge wie Personen- und Sachregister sowie ein Quellen- und Literaturverzeichnis machen die Einzelbände zu einem wichtigen Arbeitsinstrument für die Wissenschaft. Verbindliche Editionsrichtlinien garantieren bei allen Bänden die Einheitlichkeit dieses hohen Standards.

Einen zentralen Anspruch historisch-kritischer Ausgaben wird die Theodor-Heuss-Edition unter keinen Umständen einlösen können: die Veröffentlichung des gesamten Materials.[29] Dies ist zum einen aus quantitativen Gründen nicht möglich. Heuss hat – grob überschlagen – 50.000 Briefe geschrieben, einen Großteil davon in seinem Amt als Bundespräsident. Dazu hat er ca. 2.500 Reden gehalten, einige Tausend Aufsätze und Artikel sowie dutzende Bücher und Broschüren verfaßt. Dieser Umfang würde jegliches Maß dieser Edition in zeitlicher, finanzieller und personeller Hinsicht sprengen und einen Abschluß des Unternehmens in einem überschaubaren Rahmen unmöglich machen. Doch auch in qualitativer Hinsicht ist ein Anspruch auf Vollständigkeit nicht vertretbar. So finden sich zahlreiche technisch-formale und inhaltsarme Korrespondenzen unter dem Briefœuvre, insbesondere aus der Bundespräsidialzeit, aus der eine regelrechte Flut an Schreiben überliefert ist. Darüber hinaus kann bei einer so großen Überlieferung eine inhaltliche Redundanz nicht ausbleiben, die sich gar wörtlich bis hin zu einzelnen Formulierungen, ja ganzen Textpassagen erstreckt.

Aus diesen zwingenden Gründen ist eine Auswahledition vorgesehen. Diese wird sich auf Briefe beschränken, die aus der Feder von Theodor Heuss selbst stammen. Der Abdruck der Gegenkorrespondenz wäre vielleicht aus Sicht mancher Leser wünschenswert, doch ist dies wiederum aus Gründen der Materialmenge nicht zu leisten; außerdem würden damit die Urheberrechte der zahlreichen Korrespondenzpartner berührt. Da Briefe sich aber oftmals erst im Wechselspiel zwischen Verfasser und Adressat erschließen, wird es Aufgabe des Bearbeiters sein, die Gegenkorrespondenz im Kommentar zu berücksichtigen, um so Anlaß und Wirkung der Heuss-Schreiben zu rekonstruieren. Einzig der Band 7 der Briefreihe kann auf den Abdruck der Eingaben aus der Bevölkerung nicht verzichten, da gerade diese Schreiben den Reiz des Bandes ausmachen. Sie sind Ausdruck der inneren Verfaßtheit, der Sorgen und Nöte der Bevölkerung und derer Erwartungen an das Staatsober-

---

29 Vgl. Scheibe, Grundprinzipien (wie Anm. 26), S. 9.

haupt; die in der Regel knappen Antworten von Heuss bleiben ohne sie unverständlich. Aus dem Gesamtbestand der Briefe, der für jeden Band systematisch und – als regulative Idee – möglichst vollständig recherchiert wird, erfolgt die Auswahl der Heuss-Schreiben nach inhaltlichen Gesichtspunkten. Die Briefe sollen einen repräsentativen Querschnitt abdecken aus den biographischen und zeitgeschichtlichen Themen, die für den jeweiligen Lebensabschnitt relevant sind. Die Korrespondenz soll beispielsweise Einblicke vermitteln in die familiär-privaten Lebensumstände von Heuss, in seine vielfältigen beruflichen Aufgaben und sein Amtsverständnis vor allem als Bundespräsident, in sein liberal-demokratisches Weltbild und seinen Habitus als Bildungsbürger und Intellektueller sowie in seine Einschätzung der politischen und kulturellen Entwicklungen. Jeder Band wird voraussichtlich ein so breites Spektrum abdecken, daß nicht nur die Person Theodor Heuss als öffentliche Figur und als »Mensch«, sondern auch zahlreiche seiner Zeitgenossen und zentrale Aspekte seiner Gegenwart an Kontur gewinnen. Bei der Auswahl der Briefe muß auch der Rang der Adressaten berücksichtigt werden, um einen Eindruck über die große Spannweite an Korrespondenzpartnern zu gewinnen; ausschlaggebend kann dieses Kriterium aber nicht sein, da Heuss besonders aufschlußreiche Briefe oftmals an heute unbekannte Vertraute (zum Beispiel an den schon erwähnten Friedrich Mück) richtete.

Zur Überlieferungslage

Aus welchem Fundus kann der Bearbeiter bei seiner Auswahl schöpfen? Vier zentrale Überlieferungsstränge sind zunächst zu berücksichtigen. Der Nachlaß von Theodor Heuss gehört zu den umfangreichsten deutscher Politiker im 20. Jahrhundert. Heuss hatte den Hang, nahezu alle schriftlichen Dokumente aufzubewahren. Nach seinem Tode wurde auf Veranlassung seines Sohnes Ernst Ludwig Heuss der gesamte Nachlaß dem Theodor-Heuss-Archiv in Stuttgart übergeben, damit er dort geordnet, erschlossen und wissenschaftlich ausgewertet werden konnte. Nach der Auflösung des Archivs 1971 wurden der Nachlaß und damit auch die Korrespondenz – einem Wunsch von Theodor Heuss folgend – aufgeteilt: Den eher politischen Teil erhielt das Bundesarchiv in Koblenz, den vor allem schriftstellerischen und kulturpolitischen Teil das Deutsche Literaturarchiv in Marbach und die Schriftstücke familiären Charakters gingen in die Obhut der Schwiegertochter von Theodor Heuss, Frau Ursula Heuss-Wolff in Basel. Neben dem politischen, literarischen und familiären Nachlaßstrang sind die Akten aus dem Bundespräsidialamt der Amtszeit Heuss' von zentraler Bedeutung für die Zeit von 1949 bis 1959.

230

In der Stiftung Bundespräsident-Theodor-Heuss-Haus sind der literarische und politische Nachlaß sowie die Akten des Bundespräsidialamtes in mikroverfilmter Form zusammengeführt und stehen jedem interessierten Nutzer zur Verfügung. Ausschließlich zu Editionszwecken hat Frau Ursula Heuss-Wolff die Familienkorrespondenz, vor allem den überaus wichtigen Briefwechsel von Theodor Heuss mit seiner Frau Elly Heuss-Knapp und seinem Sohn Ernst Ludwig Heuss, zur Anfertigung von Sicherungskopien zur Verfügung gestellt.[30] Somit versammelt das Archiv der Stiftung die Zentralüberlieferungen für die Edition.

Als Materialgrundlage für die Herausgabe ausgewählter Briefe ist diese Überlieferung freilich zu lückenhaft. Zwar existieren für einen Großteil der überaus reichen Briefschaft fast durchgängig Tageskopien aus der Bundespräsidialzeit, doch für die Zeiträume vor 1949 und nach 1959 sind bei weitem nicht von allen maschinenschriftlichen Schreiben Durchschläge in den Nachlaßteilen überliefert, geschweige denn handschriftliche Briefe, die Heuss vor allem vor 1949 gerne verfaßte. Deshalb müssen umfassende Recherchen in den Nachlässen der zahlreichen Korrespondenzpartner vorgenommen werden, in denen die meisten Ausfertigungen der Heuss-Schreiben noch unentdeckt schlummern, so im Bundesarchiv in Koblenz, im Deutschen Literaturarchiv in Marbach, im Archiv des Liberalismus in Gummersbach und in dutzenden weiteren in- und ausländischen Archiven, Bibliotheken und wissenschaftlichen Einrichtungen anderer Träger wie zum Beispiel dem Leo-Baeck-Institut in New York. Aufgrund der zahlreichen Funktionen, die Heuss auch schon vor 1949 wahrnahm, muß außerdem Einsicht in diverse Sachakten genommen werden, sei es amtlicher Provenienz oder von zahlreichen Verbänden, Hochschulen, Parteien und Redaktionen.

Zur Projektorganisation und -finanzierung

Diese aufwendigen Recherchen wie auch die Durchführung des Gesamtprojekts der Briefedition bedürfen einer mehrstufigen Organisation. Erstens ist für die Bearbeitung jedes Einzelbandes eine effiziente Arbeitsorganisation unumgänglich. Eine Liste mit sämtlichen möglichen Korrespondenzpartnern für den jeweiligen Zeitraum sowie Angaben über die Herkunft der Nachlässe und den Bearbeitungsstand der Recherche sind ein sinnvolles Instrument, um in der Masse der Überlieferungen nicht die Übersicht zu verlieren. Von allen ermittelten Briefen von und an Heuss werden Kopien angefertigt. Die Heuss-Schreiben finden vollständig Aufnahme in einer Bestandsdatei, die Datum,

---

30 Für dieses freundliche Entgegenkommen und den Vertrauensbeweis sei Frau Heuss-Wolff herzlich gedankt.

Verfasser, Adressat, Kurzregest und Herkunftsnachweis enthält und vor allem auch eine erste Qualifizierung der Schriftstücke nach ihrer Editionswürdigkeit vornimmt. So bleibt die Auswahl der zu edierenden Briefe jederzeit für den Bearbeiter, aber auch für Dritte transparent. Zudem können diese Bestandsdateien als wertvolles Hilfsmittel der Heuss-Forschung dienen. Einzig für die Bundespräsidialzeit empfiehlt sich das Anlegen einer Liste mit allen Korrespondenzpartnern und einer Bestandsdatei nicht, da die schiere Masse der Überlieferung und auch der rein technische Charakter zahlreicher amtlicher Schreiben dieses Vorgehen ad absurdum führen würden.

Auf einer zweiten Ebene muß die Erstellung der einzelnen Bände, von denen zur Zeit sieben in Arbeit sind, abgestimmt werden. Als Koordinierungs- und Betreuungsstelle fungiert die Stiftung Bundespräsident-Theodor-Heuss-Haus mit dem Verfasser dieses Aufsatzes als federführenden Editionsleiter. Auf diese Weise können überflüssige Parallelrecherchen vermieden, Editionsrichtlinien erarbeitet sowie Probleme ausgetauscht, zusammengeführt und gemeinsam gelöst werden. So erfährt auch jeder Bearbeiter, daß er als »Einzelkämpfer« in ein größeres Gesamtunternehmen eingebunden ist. Auf einer dritten Ebene fungiert eine weitere Instanz, die der Qualitätssicherung dient. Aus dem wissenschaftlichen Beirat der Stiftung hat sich ein Editionsbeirat ausgewiesener Fachleute konstituiert, dem Prof. Dr. Wolfgang Hardtwig (Humboldt-Universität Berlin), Dr. Hans Peter Mensing (Stiftung Bundeskanzler-Adenauer-Haus Rhöndorf), Prof. Dr. Angelika Schaser (Universität Hamburg) und Prof. Dr. Andreas Wirsching (Universität Augsburg) angehören. In Zusammenarbeit mit dem Editionsleiter und dem Geschäftsführer der Stiftung nimmt dieses Gremium eine aktive und entscheidende Funktion bei der Formulierung und Überwachung der wissenschaftlichen Standards wahr.[31]

Für jeden Band ist eine Bearbeitungszeit von zwei Jahren vorgesehen, in denen der Bearbeiter sämtliche Recherchen vornimmt, die zu edierenden Briefe auswählt, die Dokumente abschreibt und kommentiert, die Anhänge wie Quellen- und Literaturverzeichnis, Personen- und Sachregister erstellt und eine Einleitung verfaßt. Als Auftaktband der Edition werden die Briefe 1945-1949 voraussichtlich Anfang 2007, anschließend die Briefbände für den Zeitraum vor 1945 erscheinen, bis 2010 schließlich auch die Bände aus der Bundespräsidialzeit vorliegen sollen. Schon während dieser Publikationsphase werden die konzeptionellen Vorbereitungen für die weiteren Reihen der Edition getroffen, zunächst für die Reden.

---

31 Die Angehörigen des Gremiums haben diese zeitaufwendigen Aufgaben ehrenamtlich neben ihren sonstigen beruflichen Verpflichtungen übernommen; ihnen gebührt deshalb der besondere Dank der Stiftung für ihren erheblichen Anteil bei der Entstehung der Edition.

Einige Bände der Edition können durch Mitarbeiter der Stiftung Bundespräsident-Theodor-Heuss-Haus oder honorarfrei durch Wissenschaftler im Ruhestand ediert werden.[32] Um ein zügiges Erscheinen der Briefreihe zu garantieren, bearbeiten darüber hinaus stiftungsexterne Honorarkräfte die Bände vor 1945. Die veranschlagten Gesamtkosten von ca. 500.000 Euro für die acht Briefbände können von der Stiftung nur zu einem knappen Drittel getragen werden. Die verbleibenden Gelder konnten bei Unternehmen und Stiftungen vorwiegend aus der württembergischen Region eingeworben werden.[33]

Ausblick: Das Verschwinden des Briefes?

1889 endet eine »Geschichte des deutschen Briefes« mit einem durchaus kulturpessimistischen Ton: »[...] denn seine Geschichte liegt hinter uns, und es scheint, als ob es mit einer weiteren Entwicklung überhaupt vorbei sei.«[34] Auch wenn vielleicht schon damals der Brief als Literaturgattung einer fernen Zeit anzugehören schien, so erfüllte sich diese Prognose nicht. Alle neuen Kommunikationstechniken wie Telegraph oder Telephon, die schon Ende des 19. Jahrhunderts ihren Siegeszug begannen, konnten den selbst verfaßten Brief nicht verdrängen, allenfalls Akzentverschiebungen bewirken. Von ganz anderer Tragweite ist hingegen eine unumkehrbare Entwicklung, die sich seit wenigen Jahren rasant abzeichnet, nämlich die Flut an E-Mails, die dem traditionellen Brief in kurzer Zeit den Garaus zu machen scheint. E-Mails können den Papierbrief jedoch nicht ersetzen. Inhaltlich, stilistisch und atmosphärisch stellen sie eine drastische Reduktion des persönlichen Briefes dar: »Ihr Zweck ist nicht persönliche Aussprache, sondern Mitteilung, nicht Nachprüfbarkeit, sondern Vorläufigkeit, nicht Haltbarkeit, sondern Schnelligkeit.«[35] Mit einem Mausklick sind sie zu vernichten, und selbst wenn sie sich archivieren ließen, so macht allein ihre schiere Masse sie unbenutzbar.

Was es bedeutet, wenn der Brief als kultureller Speicher von Vergangenheit nur noch ein marginalisiertes Dasein fristet, darüber kann hier nicht spekuliert werden. Diese Entwicklung wird sich auch nicht aufhalten lassen, zu groß ist

---

32 Für ihre Bereitschaft, die drei Briefbände aus der Bundespräsidialzeit honorarfrei zu bearbeiten, sei dem Darmstädter Historiker Prof. Dr. Martin Vogt und dem Leitenden Archivdirektor a. D. beim Bundesarchiv Dr. Wolfram Werner herzlich gedankt. Dadurch können die Kosten für die Briefreihe erheblich reduziert werden.

33 Das Projekt wird gefördert von der Robert Bosch Stiftung, der Landesstiftung Baden-Württemberg, der Würth-Gruppe, der DaimlerChrysler AG, der Wüstenrot Stiftung, der Dr. Ing. h.c. F. Porsche AG, der Landesbank Baden-Württemberg sowie von Lord Ralf Dahrendorf. Ihnen sei für die großzügige finanzielle Unterstützung herzlich gedankt.

34 Georg Steinhausen: Geschichte des deutschen Briefes. Zur Kulturgeschichte des deutschen Volkes. Dublin/Zürich ²1968 (1. Aufl. 1889), S. 410.

35 Detlev Schöttker: Der Brief im Umschlag. In: Süddeutsche Zeitung, 16.8.2004, S. 15.

ihr praktischer Nutzen und Gewinn. Doch angesichts des drohenden Verlustes von Briefen für das historische Gedächtnis kann es auch gerade als Herausforderung verstanden werden, möglichst viele Exemplare dieser Textgattung zu sammeln, zu bearbeiten und zu lesen. Geschichte als wahrgenommene, reflektierte, kommunizierte und gestaltete Wirklichkeit von einst scheint im Medium des Briefes auf einzigartige Weise wieder auf. Der heutige Leser setzt sich in ein eigentümliches Verhältnis von Nähe und Distanz zu der von Menschen erlebten Vergangenheit, zu Katastrophen und Verwerfungen, zu Traditionsbeständen und Identifikationsangeboten. Mag einiges am Habitus und Stil von Theodor Heuss heute auch fremd anmuten, sein humaner Blick auf die Welt, wie er in den Briefen als Teil der Gesamtedition zum Ausdruck kommt, vermag etwas an politischer Kultur zu vermitteln, die uns noch gegenwärtig zur Standortbestimmung dienen kann.

Forum

Thilo Ramm

Der Fehltritt der Frauenrechtlerin. Bemerkungen eines Juristen[1]

Ein in einem Nachlaß aufgetauchter Brief wird veröffentlicht und kommentiert, weil sein Inhalt Interesse weckt. Die Briefschreiberin ist die Frauenrechtlerin Marie- Elisabeth Lüders, die langjährige Reichstags- und spätere Bundestagsabgeordnete und Ehrenvorsitzende der Freien Demokratischen Partei. Die Briefempfängerin ist »Kathinka«, Katharina von Oheimb[2], damals ebenfalls Reichstagsabgeordnete, wenngleich der Deutschen Volkspartei und nicht wie M. E. Lüders der Deutschen Demokratischen Partei. Beide gelten als bedeutende Vertreterinnen der deutschen Frauenbewegung.

Aus dem Brief vom 26. 9. 1924 geht hervor, daß M. E. Lüders ein uneheliches Kind geboren hatte. Sie spricht in ihm von ihrer »einzigen Sorge um die Zukunft von Hans-Uwe« und fährt dann fort:

> »Bei meinem letzten Versuch im Dezember oder November Sch. zu finanzieller Mithilfe zu bewegen, leugnete er einfach Hs Existenz und sagte, daß er bereit sei, seine Verpflichtung im ›Prozeßweg‹ (!) feststellen zu lassen!! Vornehm, er weiß ja, daß dieser Grund für mich aus sozialen Gründen unmöglich ist, er sich also auf diese Weise um finanzielle Opfer drücken und auch schlau das Gesicht wahren kann. – Geizig und ordinär zum Erbrechen, und so was wird zweimal ausgerechnet Justizminister! Seitdem habe ich mit ihm nicht mehr darüber gesprochen und er weiß wohl auch nicht, daß H. U. schon lange bei mir ist, auch nicht, wie schwer

---

1   Zu Heide-Marie Lauterer: »Liebe Marquise von O.«. Von den gesellschaftlichen Problemen liberaler Parlamentarierinnen in der Weimarer Republik, in: Jahrbuch zur Liberalismus-Forschung 16. Jg. 2004, S. 273-283, Brieftext ebd. S. 281-283.
2   Vgl. über sie Ilse Reicke: »Aus der kleinen Katharina Franziska Paula Maria van Endert wurde die schöne, blutjunge Frau eines Ingenieurs. Sie verwandelte sich in die hochmögende Frau eines sehr reichen Generaldirektors, und aus dieser wurde die vielgenannte Frau Abgeordnete von Oheimb. Die letzte gesellschaftliche Inkarnation hieß: ›die berühmte Publizistin und Politikerin Frau von Kardorff‹«. Das Symbol ihrer eigenwilligen Persönlichkeit sei ihr Vorname Kathinka gewesen (so im Vorwort zu den von ihr nach deren Tod herausgegebenen Erinnerungen, die diese, fast erblindet, in Zusammenarbeit mit ihr 1957 – 1961 verfaßt hatte, vgl. Katharina Kardorff-Oheimb: Politik und Lebensbeichte. Hrsg. v. Ilse Reicke Tübingen o. J. [1965], S. 2).

krank ich wieder bin. Werde ich nicht ganz gesund wieder, so werde ich die Sache nochmals bei ihm aufrollen müssen, einfach aus Geldgründen«.

Die Interpretation des Briefes hat folgende Ergebnisse: Sch. steht für Eugen Schiffer, der in der Weimarer Republik für die Deutsche Demokratische Partei einmal Reichsfinanzminister und zweimal Reichsjustizminister gewesen war. Die Unterredung mit ihm, über die Lüders berichtet, lag etwa zehn Monate zurück. Frühere Kontakte hat es, dem Brief zufolge, zwar gegeben, doch wann sie stattfanden, ist unbekannt. Ihr Ergebnis war für Lüders jedenfalls negativ. Sonderbar ist jedoch, daß Schiffer im Dezember »H's Existenz einfach leugnete«, sie mußte ihm doch schon früher mitgeteilt worden sein. Sein offenbar definitiv gemeinter Verweis auf den Prozeßweg hieß nach der damaligen Rechtslage, d. h. nach dem Bürgerlichen Gesetzbuch von 1896, Erhebung der Unterhaltsklage vor dem Amtsgericht: Das Kind, das durch den vom Vormundschaftsgericht ausgewählten Vormund vertreten wurde, klagte gegen den, wie er im Volksmund genannt wurde, »Zahlvater« oder, so juristisch, den Erzeuger. Denn er und das uneheliche Kind galten, der berühmtberüchtigten Aussage des bürgerlichen Gesetzbuchs (§ 1589 Abs. 2 BGB) zufolge, nicht als miteinander verwandt[3]. Zugunsten des Kindes gab es eine Vermutung der Erzeugerschaft, wenn der in Anspruch genommene Mann der Kindesmutter in der Empfängniszeit beigewohnt hatte (§ 1717 Abs.1, S. 1) BGB). Hierüber konnte die Kindesmutter als Zeugin im Unterhaltsprozeß, der vor dem Amtsgericht stattfand und wie alle Prozesse um schuldrechtliche Ansprüche öffentlich war, vernommen werden, gegebenenfalls unter Eid. Der Mann konnte dann als Erzeuger ausgeschlossen werden, wenn auch andere Männer in der Empfängniszeit mit der Kindesmutter Geschlechtsverkehr gehabt hatten (§ 1717 Abs.1 S. 1 BGB). Erkannte er das Kind an, so verzichtete er auf diese »Einrede des Mehrverkehrs«.

Schiffer behielt sich also beide Argumentationen vor – ob zu recht oder unrecht, hätte nur der Unterhaltsprozeß klären können, und dieser fand nicht statt. War er nun aber »aus sozialen Gründen« unmöglich, wie Lüders schreibt? Diese Erklärung ist irreführend und unrichtig.

Einer Klage hätte bereits das Recht entgegengestanden, und zwar nicht deshalb weil die Kindesmutter nicht die gesetzliche Vertreterin ihres Kindes war. Lüders war nämlich in das Geburtenregister gar nicht als Mutter eingetragen und daher auch nicht vom Standesamt dem Vormundschaftsgericht benannt

---

3 Um die darauf basierenden vielfachen Attacken gegen das BGB zu entkräften und auf ihren Kern zurückzuführen: Dies war keine Feststellung der Wirklichkeit, kein Leugnen der »natürlichen« Vaterschaft, sondern drückte die juristische Entscheidung aus, daß die Regeln über das Verhältnis des ehelichen Kindes zum Ehemann der Kindesmutter nicht auf die Beziehungen des nichtehelichen Kindes zu dem auf den Beitrag zu seinem Unterhalt in Anspruch genommenen Mann anzuwenden seien. Es ging beim BGB nicht um die Statusfrage, sondern um einen schuldrechtlichen Anspruch. Vgl. dazu auch weiter unten um Text.

worden. Mutter war vielmehr nach der von Heide-Marie Lauterer ermittelten Geburtsurkunde eine Lina Salzmann – und diese hatte sicherlich niemals Intimbeziehungen zu Schiffer gehabt. Bei dieser Sachlage hätte das Beschreiten des Prozeßwegs erst einmal vorausgesetzt, daß die von Lüders begangene Personenstandsfälschung (§ 169 Strafgesetzbuch) aufgedeckt worden wäre. Erst dann hätte das Vormundschaftsgericht einen Vormund für Hans-Uwe bestimmt, der den Unterhaltsprozeß gegen Schiffer angestrengt hätte.

Die »sozialen Gründe« können danach also keine Rolle für die von Lüders geschilderte Unterredung mit Schiffer gehabt haben. Sie können nur auf das Vorfeld bezogen werden, auf den Zeitpunkt, an dem nach der Lebenserfahrung die Frau wußte, daß sie schwanger war, und vom mutmaßlichen Erzeuger die Entscheidung forderte, wie er sich zu ihr und zu dem Kind stellte, spätestens aber auf den Zeitpunkt nach der Geburt. Dazu würde es auch passen, daß Schiffer fragte, ob das Kind denn überhaupt existiere.

Was sind überhaupt »soziale Gründe«? Was wäre geschehen, wenn sich Lüders zu ihrem unehelichen Kind bekannt und als Zeugin im Unterhaltsprozeß Schiffer als Erzeuger benannt hätte? Wäre es dann, insbesondere wenn dieser die Einrede des Mehrverkehrs erhoben hätte, zu einem Skandal gekommen, der Fraktion und Partei geschadet hätte, vor allem wenn er an die Öffentlichkeit gelangt wäre? Wem hätte dieser mehr geschadet: dem ehemaligen Reichsminister »Exzellenz Schiffer« oder der fleißigen Abgeordneten, die als Frauenrechtlerin nach Gertrud Bäumer in der DDP für die Befriedigung der Interessen der bürgerlichen Wählerinnen zu sorgen hatte und durch die uneheliche Schwangerschaft in den Kreisen der bürgerlichen Wählerinnen unglaubwürdig werden konnte? Sicher ist nur eines: Hätte Schiffer die von Lüders begehrte finanzielle Hilfe gewährt, was in der bürgerlichen Gesellschaft Berlins bekannt geworden wäre, dann wäre der Skandal unvermeidbar gewesen – und dies in einer brisanten politischen Situation. Selbst die Eheschließung mit Lüders hätte wenig daran geändert. Bei dieser Interessenabwägung spielt jedenfalls der mögliche materielle Erfolg im Unterhaltsprozeß, die erstrittene Unterhaltsleistung, die geringste Rolle, wurde diese doch nach der Lebensstellung der Mutter bemessen und reichte ohnehin nur bis zur Vollendung des sechzehnten Lebensjahres (§ 1708 BGB).

Was die von der Briefschreiberin so ausführlich behandelte finanzielle Hilfe angeht, so war sie bei der Geburt angesichts der Inflation kaum von Interesse. Danach, ab 15. November 1923, war mit Einführung der Rentenmark eine neue Situation entstanden, und dies war der von Lüders angegebene Zeitpunkt der Unterredung mit Schiffer. Seitdem waren aber wiederum zehn Monate verstrichen, während denen Lüders nichts unternommen hatte. Sie erklärt dies mit ihrer erneuten Krankheit und bemerkt, sie müsse, wenn sie nicht gesund werde, dann nochmals die »Sache bei ihm aufrollen müssen« – was nicht für eine neue akute Notsituation spricht und im übrigen angesichts der brüsken und endgültigen Abweisung durch Schiffer eigentlich unverständlich ist.

Lüders hatte ihre Entscheidung schon getroffen, als sie ihr Kind der Lina Salzmann unterschob – weil diese ihr verpflichtet war oder von ihr Geld erhalten hatte? Und sie verwischte ein weiteres Mal die Spuren, indem sie Hans-Uwe als ihren Adoptivsohn ausgab. So beschreibt Ilse Reicke sie als »gelöste, glückliche Frau, lächelnd zusammen mit ihrem strahlenden kleinen Jungen, ihrem Adoptivsohn«[4]. Doch von einer Adoption schreibt Lüders »Kathinka« nicht – mit ihr hätte Hans-Uwe die Rechtsstellung eines ehelichen Kindes im Verhältnis zur M. E. Lüders erhalten und die Unterhaltsansprüche gegen den Erzeuger wären entfallen.

Mit der damaligen allgemeinen Situation der unehelichen Mutter, die sich infolge der Einführung einer Amtsvormundschaft des Jugendamtes durch das Jugendwohlfahrtsgesetz, drei Monate nach Hans-Uwes Geburt, faktisch verbesserte, hat dies alles nicht zu tun[5]. In den »besseren Kreise«, wurde der »Fehltritt« mit Folge, den die »höhere Tochter« begangen hatte, auf andere Weise vertuscht, ohne Schaden für den Ruf, indem das Kind weggegeben wurde[6]. Lüders variierte dieses Muster mit der Adoption des eigenen Kindes und entsprach damit den Ansichten ihres Kreises, den preußisch-protestantischen Frauenrechtlerinnen, die der unverheirateten Frau nur den Kinderwunsch zugestand, den sie über die Adoption befriedigen durfte[7]. Ihren Ver-

---

4   Ise Reicke: Die großen Frauen der Weimarer Republik. Erlebnisse im ›Berliner Frühling‹. Freiburg 1984, S. 59.

5   Insofern hat Lauterer (wie Anm. 1), S. 276 f bei ihrer Kommentierung eine falsche Spur gelegt

6   Vgl. hierzu und zur schichtspezifischen Aufgliederung der unehelichen Kinder Sybille Buske: Fräulein Mutter und ihr Bastard. Eine Geschichte der Unehelichkeit in Deutschland 1900-1970. Göttingen 2004, S. 42.

7   Die Freundin Agnes von Zahn-Harnack, seit 1919 verheiratet, gab 1926 die »Antwort auf eine ungefragte Frage« und unterschied dabei drei Hauptformen der »individuellen Verschuldungen, die aus der Beziehung zwischen Mann und Frau erwachsen können«. Zwei davon betreffen Verhältnisse, das eine der Ungleichheit, des mehr Nehmen- als Gebenwollens, das andere der Ausschaltung von Kindern und endlich der Sexualbeziehung als solche »um der körperlichen Entspannung willen«, die eine schwere Selbsttäuschung der Frau bedeute. Mit dieser individuellen Verschuldung müsse jeder selbst fertig werden. Anders sei es mit den sozialen Verschuldungen, die eine Frau auf sich nehme, wenn sie sich außerhalb der heute im allgemeinen geltenden sexuellen Gesetze stelle. Hier nennt sie die Vorbildfunktion und den Makel der unehelichen Geburt für das Kind. Selbst wenn die damit verbundenen Ungerechtigkeiten gemindert würden – was nur in beschränktem Umfang möglich sei, »weil ja eben unvereinbare Gegensätze sind, wenn man gleichzeitig die Familie und das uneheliche Kind schützen will« – so bliebe »für Frauenkreise, die mit starkem Verantwortungsgefühl für das Volksganze erfüllt sind, nur der heroische Weg des Verzichts übrig.« Den besten der unverheirateten Frauen empfiehlt Frau von Zahn-Harnack, ein fremdes Kind aufzuziehen und mit ihm in eine dauernde Lebensgemeinschaft einzutreten. In: Die Frau 1916, S. 347, aufgenommen in Agnes Zahn-Harnack: Schriften und Reden 1914 bis 1950, hrsg. von Marga Anders u. Ilse Reicke. Tübingen 1964, S. 45 f. Die Wiedergabe bei Lauterer (wie Anm. 1), S. 277 f. ist verkürzt. Von einer Schuld der unehelichen Mutter und dem Kulturgut der Ehe spricht Helene Lange: Die Frauenbewegung in ihren gegenwärtigen Problemen 3. Aufl. Leipzig 1924, S. 90.

treterinnen, die Lüders und, dies vielleicht noch mehr, ihrem Vater persönlich nahestanden, mochte es dabei genügen, wenn der äußere Anschein gewahrt wurde[8]. Warum aber sollte die Adoption tatsächlich vorgenommen werden? Sie hätte doch nur unnötigen Staub aufgewirbelt und die Personenstandsfälschung aufdecken können. Die Versicherung der angesehenen Frauenrechtlerin reichte in ihrem Lebenskreis durchaus und allem Anschein nach auch für die Aufnahme Hans-Uwes ins Salemer Internat aus.

Die soweit belegten Tatsachen dürften sich einfach erklären lassen.

Die von Heide-Marie Lauterer ermittelte Schülerliste in Salem von 1938[9] führte Lüders in der für den Vater bestimmten Rubrik als Mutter auf, wobei vor Mutter »Adoptiv« eingefügt worden ist, ohne daß ein Datum angegeben wurde. Diese Angabe mochte als Grundlage für die spätere Ausstellung der Geburtsurkunde dienen[10]. 1968 waren Lüders und wohl auch Lina Salzmann tot, so daß sich eidesstattliche Versicherungen über die Adoption erübrigten.

Es gibt weitere Merkwürdigkeiten im Brief. Die erste ist, daß Lüders Frau von Oheimb als »Liebe Marquise von O.« anredet, scheint sich zunächst sehr einfach zu erklären: Lüders kürzt, wie ständig auch sonst im Brief, ab und befördert die Briefempfängerin zur Marquise. Reicht diese Erklärung aber aus? Assoziationen zu Kleists bekannter Novelle liegen allzu nahe, um übergangen zu werden[11]: Ungewollte Schwangerschaft einer untadligen Frau, Unkenntnis des Kindesvaters, der sie als Bewußtlose geschwängert hatte, und dessen Suche in der Öffentlichkeit. Oder war vielleicht nur der Sexualakt ohne Liebesbeziehung gemeint? Dies alles wird nicht der Briefempfängerin gerecht, die in drei Ehen sechs Kinder geboren hatte und frisch geschieden war. War es daher nicht eher eine Aussage von Lüders über sich selbst?

Lüders knüpft in ihrem Brief weiterhin an eine frühere Mitteilung Frau von Oheimbs an, nicht gleichzeitig mit Herrn von Kardorff nach Berlin zurückzukommen, was dieser wohl erwarte, und erteilt ihr sodann den Rat:

---

8   Wie groß war der Kreis der wirklich Eingeweihten und welche Folgerungen wurden gezogen? Nach Buske (wie Anm. 6), S. 136 war Lüders 1920 eine Wortführerin in Sachen uneheliches Kind, gehörte aber nicht dem Ausschuß des Bundes der deutschen Frauenvereine an, der zum Entwurf von 1925 Stellung nahm, ebd. S. 135 Fn. 151. Buskes Interpretation, S. 134 von Lüders, die ihr Eintreten für die unehelichen Mütter aus der eigenen Situation deutet, basiert auf falschen Daten.

9   Er war vom 12. 9. 1933 bis 3. Mai 1938 Internatsschüler in Schloß Salem. Wie ist die Internatsunterbringung Hans-Uwes zu erklären? Politisch? Nach Salem besuchte Hans-Uwe dann für einen Monat ein Konstanzer Gymnasium, das er verließ, um einer schweren Schulstrafe zu entgehen. Hans-Uwe war evangelisch und Mitglied der Hitler-Jugend.

10 Dabei könnte der Verlust der Berliner standesamtlichen Unterlagen im Bombenkrieg eine Rolle gespielt haben. In ihrer Autobiographie – Marie-Elisabeth Lüders: Fürchte Dich nicht. Persönliches und Politisches aus mehr als 80 Jahren 1878 – 1962. Köln/Opladen 1963 berichtet Lüders von den Schwierigkeiten, entsprechende Nachweise beim Zuzug nach Berlin zu erbringen.

11 Sie handelt davon, daß eine bewußtlose Frau geschwängert worden war – von einem Offizier, der sie vor einer Vergewaltigung bewahrt hatte. Sie hatte danach den Erzeuger, und zwar mit Hilfe einer Zeitungsannonce, gesucht.

»Nur wenn wir mit der sichersten Miene von der Welt auf der Bühne bleiben, verliert unser Partner. Allerdings gehört auch noch dazu, daß wir ihm nicht ständig neue Teppiche unter die Füße legen und neue Stufen bauen. Solange Sie v. K. gesellschaftlich und menschlich anderen bemerkbar bevorzugen, gewinnen Sie das Spiel nicht. Und darauf rechnet er genau so, wie die Hoheit[12] es tut. Erst wenn diese Spekulation nicht mehr zutrifft, lassen auch ›andere‹ ihn die Situation fühlen, und erst dann haben Sie gewonnen.«

Lüders kommentiert ihre Bemerkung über Kardorffs »große politische Laufbahn« mit dessen Abqualifizierung als »viel zu faul und bequem«, so daß demnach der mehrfache Reichsminister Schiffer als das lohnendere Objekt erscheint. Sie gibt sich hier als die souveräne Frau, indem sie aus ihrer eigenen Erfahrung berichtet:

»Genau so erging es Sch., und er hat dabei ein wesentliches Stück seiner gesellschaftlichen Stellung und seiner politischen so gut wie ganz verloren, und erst da sind solche rücksichtslosen Egoisten verwundbar. Alles ›menschliche‹ läßt sie völlig kalt.«

Danach hatte sie also das taktische Spiel um den Mann bei Schiffer erfolgreich praktiziert. Aber dies stimmt doch nicht, denn sie war letzthin gescheitert: Schiffer wies sie nach ihrer Darstellung im Brief schroff zurück[13].
Um die Aussagen im Brief zu analysieren, ist dessen Dreiteilung zu berücksichtigen: Dem ersten Teil mit den Ratschlägen über den Umgang mit Bewerbern folgt der Mittelteil mit Erwägungen über die politische Situation und daraus abgeleiteten Warnungen. Er leitet unvermittelt zum Bericht über ihr elendes Leben von Ende 1921 bis Winter 1923 über, dem M. E. Lüders hinzufügt: »Daß ich das alles Sch. zu verdanken habe, steht außer Zweifel«. Es folgt dann als dritter Teil der bereits erwähnte Bericht über Schiffers Zurückweisung ihrer Bitte um finanzielle Unterstützung und deren Kommentierung.
Die Aussagen in den beiden einschlägigen Briefteilen, dem ersten und dem dritten, widersprechen also einander, und noch merkwürdiger ist, daß die Doktorin der Staatswissenschaften, die Frauenrechtlerin und Expertin des Kindschaftsrechts, Schiffers Verweis auf den Unterhaltsprozeß unkommentiert wiedergibt.
Lüders verliert kein Wort über die sexuelle Beziehung, auch nicht über die Einrede des Mehrverkehrs. Warum eigentlich nicht? War nach ihren vorange-

---

12 Von Lauterer nicht ermittelt.
13 War die Äußerung also nur ein Wunschtraum? Hatte sich Lüders mit dem Kleist-Zitat in eine Scheinwelt versetzt? Diese Annahme liegt insofern nahe, als einer freundlichen brieflichen Mitteilung Heide-Marie Lauterers zufolge eine Liebes- oder Sexualbeziehung zwischen Lüders und Schiffer jedenfalls nicht in ihrem politischen Umfeld bekannt war.

gangenen Bemerkungen über die freie Konkurrenz im Liebesleben die Ausschließlichkeit der Sexualbeziehung so selbstverständlich? Oder dienten diese allein dazu, die Adressatin, zu der keine besondere Herzlichkeit (kein Du, keine emotionale Beziehung), eher ein gewisses Konkurrenzverhältnis (die Exponentin der Frauenbewegung in einer anderen Partei) bestand, durch eine Solidarisierung als Frau im taktischen Umgang mit Männern für sich einzunehmen? Wie wahr sind die tatsächlichen Angaben von Lüders? Sie vermeidet nähere Angaben über die Art ihrer Beziehungen zu Schiffer, die offenbar nicht allgemein bekannt waren, und ersetzt sie durch den Verweis auf Kleists Novelle. Hat Lüders wirkliche Vorgänge zeitlich verschoben wiedergegeben oder sie sogar mit Kleists Hilfe vernebelt? Schiffers schroffe Zurückweisung läßt sich aus dem ersten Briefteil sogar erklären – als Antwort auf den Versuch, ihn öffentlich zu kompromittieren, oder als Reaktion auf die Verleitung zum Beischlaf mit Folgen als der letzte Akt ihrer weiblichen Strategie. Oder hat vielleicht das Spiel mit mehreren Bewerbern für Schiffer schon früher geendet und hat Lüders seine Vaterschaft nur gegenüber »Kathinka« erfunden? Sein Verweis auf den Prozeßweg kann alles bedeuten.

Eindeutig sind im Brief nur Schiffers charakterliche Herabsetzung: »geizig und ordinär« und »schlaue Wahrung des Gesichts« und die Klage von Lüders über ihr Leben von Ende 1921 bis jetzt als »eine ununterbrochene Kette von seelischen Qualen, körperlichen Entbehrungen und Überanstrengungen und wirtschaftlichen Sorgen«. Doch hat sie über die Ursache, nämlich über die »geradezu mörderische Behandlung der Nerven durch Schiffer«, nicht mit dem behandelnden Arzt im Sanatorium gesprochen. Und es fehlt jedes Wort darüber, daß sie in ihrer Liebe zu Schiffer getäuscht und enttäuscht worden sei – aber handelte es sich überhaupt nach ihrer Darstellung im ersten Briefteil um Liebe?

Die Analyse des Briefes endet mit der Frage nach seinem Zweck. Sie mag zunächst unberechtigt erscheinen, da der Brief den Anschein erweckt, Lüders habe ihr Herz ausgeschüttet, spontan und wirr, in bruchstückhaften Bekenntnissen, als sei die doch so anders geartete »Kathinka« diejenige, die sie zu verstehen vermöge. Oder war es die verschleierte Bitte um Hilfe? Zu alledem paßt es freilich nicht, daß, wie Heide-Marie Lauterer zu recht bemerkt, Lüders »mit Bedacht die Spuren der unehelichen Mutterschaft getilgt« habe[14].

Vielleicht war der Brief sogar nur Mittel zu einem politischen Zweck. In seinem Mittelteil könnte das Motiv für seine Abfassung enthalten sein: daß Lüders einen Keil zwischen »Kathinka« und Kardorff und auf jeden Fall zwischen dieser und Schiffer treiben wollte, um so dessen Beteiligung in einem

14 Lauter (wie Anm. 1), S. 280.

Kabinett des potentiellen Reichskanzlers von Kardorff[15] und vielleicht auch die Fusion der beiden bürgerlichen Parteien zu verhindern. Ihre eigene politische Position und damit auch ihre Existenzgrundlage wäre damit bedroht gewesen.

Genug der Mutmaßungen und Spekulationen, zu denen der Brief in reichem Maße Anlaß bietet! Wer ihn als Historiker de lege artis auslegt, sträubt sich jedenfalls dagegen, ihn unbesehen als Zeugnis für die Vaterschaft Eugen Schiffers zu übernehmen. Dazu fehlt ihm das klare Bekenntnis und dagegen sprechen die widersprüchlichen Aussagen im Brief.

Der Historiker sieht sich unversehens in die Rolle des Richters in einem damals nicht geführten Prozeß versetzt, und dieser Prozeß würde heute mit anderen tatsächlichen Mitteln und Erfolgschancen geführt. Die blutserologische und gentechnische Vaterschaftsfeststellung gewährt Sicherheit. Für ihn scheidet sie aus. Es bleibt immerhin aber noch der Ähnlichkeitsvergleich zwischen Hans-Uwe und Schiffer aufgrund von Bildern[16].

Der Brief im zeitgenössischen Kontext

Wird der Brief in den zeitgenössischen Kontext eingeordnet, so läßt sich immerhin der Handlungsrahmen der beteiligten Personen erkennen und hieraus weitere Schlüsse ziehen. Es gibt zwei Hauptquellen: die von Lüders als 85Jährige verfaßte Autobiographie[17] und Katharina von Kardorff-Oheimbs Erinnerungen »Politik und Lebensbeichte«, in denen sie M. E. Lüders allerdings nur erwähnt und nicht auf sie näher eingeht[18]. In Schiffers Autobiographie[19] kommt weder Lüders noch irgendeine Angehörige der Frauenbewegung vor. Seine letzte große Schrift über die Weimarer Republik »Sturm über Deutschland« (1932), sein juristisches und politisches Hauptwerk, enthält jedoch eine prinzipielle Stellungnahme zu Ehe und Sexualität:

15 Dessen bedurfte es freilich nicht, denn Kardorff fehlte die notwendige Tatkraft – er war, wie »Kathinka« Friedrich Ebert zitiert, »ein Mann, aber kein Kerl«, Kardorff-Oheimb, Lebensbeichte (wie Anm. 2), S. 95. Dennoch bleibt die damalige politische Konstellation: Ebert will die Deutschnationalen in die Regierung einbeziehen und Schiffer bezweckt mit seinem Austritt aus der DDP und der Gründung der Liberalen Vereinigung die Wiederherstellung der Nationalliberalen Partei oder zumindest die Gründung eines Bürgerblocks. Dem heutigen Historiker eröffnet sich der Blick für eine faszinierende Weichenstellung.
16 Vgl. in diesem Zusammenhang allerdings auch Ilse Reicke, Die großen Frauen der Weimarer Republik. Erlebnisse im »Berliner Frühling«. Freiburg 1984, S. 59, daß Lüders nicht ihre schönste Aufnahme, die der glücklichen Mutter mit ihrem Sohn, für das Erinnerungsbuch hergegeben habe. Interessant ist die von Lüders mitgeteilte antisemitische Beeinflussung in Salem, vgl. Lauterer (wie Anm. 1), S. 278, Fn. 16, die leider dieser Spur nicht nachgegangen ist. Sie berichtet auch nichts über Hans-Uwes weiteres Schicksal.
17 Vgl. wie Anm. 10.
18 Vgl. wie Anm. 2.
19 Eugen Schiffer: Ein Leben für den Liberalismus. Berlin 1951.

242

»Das Wesen der Ehe. Überhaupt des Verkehrs der Geschlechter, hat sich in der Vorstellung vieler Menschen grundsätzlich geändert. War früher die körperliche Hingabe der Frau die Krönung der seelischen Zuneigung und durch sie bis ins Ekstatische gesteigert und geadelt, so stellt sie sich jetzt für das heranwachsende Geschlecht oft nur als eine rein animalischer Funktion ohne besondere Bedeutung dar, die mit Geistigem und Sittlichem kaum mehr etwas zu tun hat . . . Die Seele wird desinteressiert, insofern der Geschlechtsvorgang selbst desillusioniert wird. Auf diese Weise wird der trotz alledem manchmal noch peinlich empfundene Widerspruch zwischen den idealen Gebotenheiten der Keuschheit und der Schamhaftigkeit und der moralischen Bindungen der Ehe auf der einen und dem Drang nach hemmungslosem Geschlechtsgenuß auf der anderen Seite sehr einfach dadurch behoben, daß jene Gebote und Bindungen als nicht mehr anerkannt wird, nicht mehr existiert.«[20]

Ist diese Aussage die eines Tartuffe oder eine Widerlegung von Lüders Brief[21]?
In diesem Zusammenhang mag noch Lüders Äußerung in ihrer Autobiographie über Eugen Schiffer angeführt werden, die sie ihrem Bericht über den 17. Juni 1953 anschließt

»Schiffer, der längere Jahre dem östlichen System als Justizminister diente, mit Hilde Benjamin und Dr. Melsheimer, war eine schwere Enttäuschung, besonders für die alten Freunde, die in der Zeit der Judenverfolgung alles getan hatten, um ihn vor dem Zugriff der Nazis zu bewahren. Als Mitglied unserer Fraktion im Reichstag hatte er zweifellos wesentliche Verdienste an der Ausarbeitung der Bestimmungen über den deutschen Minderheitenschutz in Oberschlesien gehabt. Ein so kluger Jurist und erfahrener Politiker wie Schiffer konnte sich überhaupt nicht eine Minute im Zweifel über das Regime sein, dem er diente. Aber vielleicht hat einer seiner früheren nächsten Freunde, der frühere Reichswehrminister Geßler, recht gehabt, als er später einmal zu mir sagte: ›Es war wohl sein unbezähmbares Verlangen nach gesellschaftlicher Geltung, die ihn verleiteten«[22].

20 Eugen Schiffer: Sturm über Deutschland. Berlin 1932, S. 16 f.
21 In seiner »Damenrede« auf dem Festbankett zu Schiffers 70. Geburtstag 1930 hat der Staatssekretär a. D. Zimmermann dessen 1919 verstorbene »Gattin wie als Mutter und Hausfrau« als vollkommene deutsche Frau« bezeichnet (Reden auf dem Festbankett zu Ehren Reichsministers a. D. Eugen Schiffer am 14.2.1930. Berlin o. J. (1930), S. 17). In seiner Dankrede sagt Schiffer, er sei gegen Vorwürfe, Anklagen, Bezichtigungen und Verdächtigungen vom Leder gezogen (S. 22). Vgl. auch S. 24 über die Dummheiten, die jeder, auch er, gemacht habe, »meistens noch zur rechten Zeit. Denn man darf sie auch nicht zu spät machen«. Er sei überhaupt nicht vollkommen tadelsfrei durchs Leben gegangen, erwähnt in diesem Zusammenhang dann den Alkohol und bekennt sich schuldig, weil er »hier und anderwärts gefehlt und gesündigt habe. Und dann sagt er allgemein: »Ich glaube und ich hoffe, daß nichts Menschliches mir fremd ist« – was er auf sein Bestreben bezieht, mit dem Leben des Volkes Fühlung zu halten (S. 25).
22 Lüders (wie Anm. 10), S. 175 *Fn.

Dies war recht wenig und zudem schief und unvollständig[23]. Weiterhin fehlt aber auch die durchgehende Erzählung des eigenen Lebens für die Weimarer Republik. Es ist nur bruchstückhaft in den »Daten zum Lebenslauf« enthalten und unterscheidet sich insoweit auffällig vom ersten Teil der Autobiographie, der ihr persönliches Schicksal im Kaiserreich behandelt, und vom dritten Teil mit ihrer politischen Erfolgsgeschichte in der Bonner Republik. Das Bild läßt sich daher vervollständigen. Die Beziehungen zwischen Schiffer und Lüders dürften in die Zeit des Ersten Weltkriegs zurückreichen. Schiffer war 1915 Leiter der Rechtsstelle beim Preußischen Kriegsministerium und arbeitete den Entwurf des »Vaterländischen Hilfsdienstgesetzes« aus. Richard Merton, Groeners Adjutant, berief Frau Lüders als Leiterin der Frauenarbeitszentrale in das Kriegsamt[24]. Nachdem sich die auf das Gesetz bezogenen Hoffnungen als illusorisch erwiesen hatten, waren die Frauen das wichtigste Arbeitskräfte-potential[25].

Im Mai 1918 trat M. E. Lüders eine Stelle als Leiterin der Niederrheinischen Frauenakademie für die Ausbildung sozialer Kreisfürsorgerinnen (Kreis Düsseldorf) an. Sie gab sie 1922 auf[26], blieb Reichstagsabgeordnete[27] und wurde im selben Jahr Präsidialmitglied des Deutschen Normenausschusses beim Verein Deutscher Ingenieure und Mitglied des Präsidiums des Finanz- und Verwaltungsausschusses des Reichskuratoriums für Wirtschaftlichkeit[28]. Wovon sie ihr Leben bestritt, ist nicht belegt[29]. Für 1923 ist die Gründung des Deutschen Akademikerinnenbundes und des Berliner Studentinnen-Tagesheimes vermerkt. Zum Ende der Inflationszeit starb fast neunzigjährig der Vater, der Wirkliche Geheime Oberregierungsrat Carl Christian Lüders, ohne daß genügend Geld vorhanden war, seine Beerdigung bezahlen zu können. Die

---

23 Zur tatsächlichen Unrichtigkeit ihrer fälschlich Berufung auf Geßler vgl. bereits Joachim Ramm: Eugen Schiffer und die Reform der deutschen Justiz. Neuwied 1987, S. 183. Über Schiffers Leben und Wirken vgl Dietrich Goldschmidts Beitrag in Halle, Rechtsgelehrte jüdischer Herkunft 1996, S. 69 ff. Den derzeitigen Forschungsstand zu Schiffer wird ein Sammelband behandeln, der beim Nomos Verlag Baden-Baden erscheinen soll.

24 Über ihre Tätigkeit während des Kriegs wird in Marie-Elisabeth Lüders: Das unbekannte Heer. Frauen kämpfen für Deutschland 1914 – 1918. Berlin 1936 berichtet, nicht aber in der Autobiographie und in den Lebensdaten, worauf Ute Gerhard: Unerhört. Die Geschichte der deutschen Frauenbewegung Reinbek bei Hamburg 1990, S. 302 zu Recht hinweist. Wenn sie allerdings beckmesserisch die von Frau Lüders vorgenommene Heroisierung (S. 302) kritisiert, so wird sie der damaligen Situation nicht gerecht. Lüders Sichtweise ist angesichts der nach 1933 vorgenommenen nationalsozialistischen Sanktionen gegen sie, die sich international exponiert hatte (dazu Lüders, (wie Anm. 10), S. 209), nicht so unverständlich und hat nicht einmal ihre mehrmonatige Gestapo-Inhaftierung verhindert.

25 So Gerald D. Feldmann: Armee, Industrie und Arbeiterschaft in Deutschland 1914 bis 1918. (1966) Bonn 1985, S. 285.

26 Nach Lüders (wie Anm. 10), S. 74 wegen ihrer politischen Arbeit.

27 Sie rangierte hinter Gertrud Bäumer und wurde mit Rücksicht auf die Wählerinnen der DDP und sicherlich auch wegen ihres Fleißes nominiert.

28 Vgl. Lüders (wie Anm. 10), S. 208 f.

29 Nach Reicke (wie Anm. 4), S. 58 ist sie von den Nationalsozialisten aus zahlreichen Vorstandsposten entfernt worden.

Mutter war schon am 9. 11. 1918 an Unterernährung gestorben. Offenbar hat M. E. Lüders zusammen mit ihrer Schwägerin in seinem Haus gelebt. Als Mitarbeiter des Vaters erwähnt sie Helene Lange und Gertrud Bäumer.

Schiffer trat als Reichsjustizminister wie die anderen Minister der DDP aus Protest gegen die vom Völkerbund vorgenommene Teilung Oberschlesiens (20. 10. 1921) zurück, beteiligte sich dann aber nicht mehr am 2. Kabinett Wirth. Doch übernahm er es gegen den Willen der Fraktion, bei den Verhandlungen über die Teilung in Genf die deutschen Interessen zu vertreten. Diese wurden am 16. 5. 1922 abgeschlossen, doch blieb er noch in Genf, um hier und Den Haag weitere Verhandlungen zu führen. Da Lüders, von der Partei veranlaßt, kurz vor Beendigung des Ruhrkampfs nach Genf reiste[30], könnte sie damals mit Eugen Schiffer zusammengetroffen sein. 1924 verließ Schiffer die DDP, scheiterte aber mit seinem Plan, durch Gründung einer Auffangvereinigung, der »Liberalen Vereinigung«, die bürgerlich-liberalen Parteien zu vereinigen. Als getaufter Jude überlebte er das »Dritte Reich« und wurde 1945 Leiter der Justizverwaltung der Sowjetischen Besatzungszone. Mitbegründer der Liberaldemokratischen Partei bewirkte er die Verpflichtung der Blockparteien auf den Rechtsstaat und suchte der Spaltung Deutschlands durch die Beteiligung von Gruppen an der politischen Willensbildung zu verhindern. Seine Machtstellung wurde durch die inzwischen etablierten Landesjustizminister und durch die Personalpolitik der Vertreter der Sozialistischen Einheitspartei, eben durch Hilde Benjamin und Melsheimer, unterminiert, so daß er 1948 zurücktrat.

Als Berliner Stadtverordneter und Vorstandsmitglied der Berliner Liberalen Partei waren Lüders diese letzteren Vorgänge zweifellos bekannt. Schiffers Autobiographie »Ein Leben für Deutschland« von 1951 hatte überdies keinen Zweifel an seiner sein ganzes Leben beherrschenden entschiedenen Ablehnung des Kommunismus gelassen. Ihre Äußerung über ihn war daher nichts anderes als die im »kalten Krieg« vorgenommene und mit ihm verknüpfte meisterhaft gekonnte, böswillige Verleumdung eines Toten.

In ihrer Autobiographie zeichnet Lüders auch das Bild »Kathinkas«. Sie beginnt mit der abwertenden Schilderung des »ebenso klugen wie faulen« Kardorffs, der »Kathinkus IV.« genannt worden sei[31]. Kathinka habe einen politischen Salon geführt, aber als Abgeordnete eigentlich nichts geleistet. »Sie hatte mit Recht viele gute Freunde, war überaus gutmütig und hilfsbereit und klatschte nicht, da sie der verkörperte Grundsatz war: leben und leben lassen.« Als Politikerin habe sie sich selbst überschätzt, habe zu Sensationen geneigt und später in einem Brief an die Witwe Friedrich Eberts Grüße ihres Sohnes, des nunmehrigen SED-Oberbürgermeisters von Berlin, ausgerichtet.

---

30 So Lüders (wie Anm. 10), S. 82. Der Aufruf der Reichsregierung zur Einstellung des Ruhrkampfs datiert vom 26. 9. 1923.
31 Vgl. ebd. S. 94. Nach Reicke (wie Anm. 4), S. 29 nannte ihn Josef Goebbels so.

Ihre Versuche, politisch wieder Fuß zu fassen, seien bei allen Parteien gescheitert.

Dieses Bild wurde »Kathinkas« Rolle während der Weimarer Republik nicht gerecht, ohne gerade falsch zu sein. Es blieb der Neid auf deren persönliches Glück und die Abwertung der politischen Konkurrentin – und erneut die Diffamierung wegen Ostkontakten[32]. V. Oheimb, die mit ihrem politischen Salon und mit Damendinners Gleichberechtigung als Selbstverständlichkeit praktizierte, war 1928 von der Reichsregierung ausgewählt worden, für ein offiziöses Geschichtswerk den programmatischem Beitrag »Die Frau im modernen Staat« zu verfassen[33], in dem sie die Gleichberechtigung der Frau auf deren Andersartigkeit, auf die Weiblichkeit gründete[34].

Weder über »Kathinka« noch über Lüders[35] und Schiffer gibt es Biographien. Der heutige Historiker ist auf Ilse Reickes Porträts angewiesen, die, gerade weil sie an der Abfassung von »Kathinkas« Memoiren beteiligt war, nicht deren politischer Bedeutung gerecht geworden ist. Zu Lüders schreibt sie:

> »Scharfschütze des Wortes«, »Unbarmherzige Sachlichkeit und heftiges Temperament«, Abschirmung ihrer persönlichen Dinge. »Ein Mensch von besonderer Klugheit und großer Tatkraft, von selbstverständlichem vaterländischen Pflichtbewußtsein und überpersönlichem Verantwortungsfühl, von feinstem Rechtsempfinden, furchtlos und treu. Und: eine große Preußin«[36].

Der neu entdeckte Brief wirft allerdings noch andere Schlaglichter auf die Persönlichkeit. Lüders hat »Kathinka« nicht verstanden, die von Kardorff [37]

---

32 »Kathinkas« Lebensbeichte war erst kurz vorher erschienen (wie Anm. 2), die Herausgeberin Ilse Reicke lebte noch (verst. 1989), so daß ihre Äußerungen kontrollierbar waren.

33 Zehn Jahre deutsche Geschichte 1918 – 1928. Berlin 1928, S. 525 ff. Schiffer war mit dem Beitrag »Die Rechtsentwicklung im neuen Deutschland« vertreten, S. 135 ff.

34 Ebd., S. 532. Dort äußert sie sich auch offen über den Geschlechtsakt, »daß auch dies in der Natur begründetem Erlebnis mit tiefem seelischen religiösen Empfinden verbunden sein muß« und über das neue sexuelle Sittengesetz, das von der Frau entwickelt werden müsse, über die doppelte Moral und über die polygame Veranlagung der Frau, die bei der Frau oft im selben Maße vorhanden ist wie beim Manne, welche aber nicht so stark entwickelt ist, weil sie glücklicher Weise durch die herrschenden, ungeschriebenen gesellschaftlichen Gesetze gehemmt wurde«.

35 Vgl. dazu allerdings Lauterer, S. 274 Fn.5 über eine unveröffentlichte Magisterarbeit über Frau von Kardorff-Oheimb und die Doris Kulls Düsseldorfer philosophische Dissertation über M.E. Lüders von 1988 (die 304 Blätter umfaßt und in 4 Mikrofiches vorliegt), deren »viele inhaltliche und formale Fehler« sie rügt.

36 Reicke (wie Anm. 4), S. 58 (dort auch dort die Schilderung ihrer agressiven Reaktion auf eine dumme Frage und die Bemerkung »sie konnte auch schimpfen wie ein Rohrspatz«) u. 59.

37 Vgl. hierzu Oheimb-Kardorff (wie Anm. 2), S. 164: »Ich liebte diesen Mann, liebte ihn bis zum Selbstmordversuch. Er war für mich faszinierend« und die von Lauterer (wie Anm. 1), S. 281 wiedergegebene briefliche Äußerung gegenüber einem Freund, die zwar für »Kathinkas« Offenherzigkeit zeugt, aus der aber nicht der Schluß gezogen werden darf, sie habe mit Kardorff sieben Jahre in »wilder Ehe« gelebt (ebd., S.275). Es ging stets um die Eheschließung (vgl. dazu Anm. 34). »Kathinka« war aus Liebe sowohl aus ihrer ersten als auch aus der dritten Ehe ausgebrochen, die 1923 geschieden worden war.

in Kenntnis all seiner Schwächen und der Schwierigkeiten liebte – sie meisterte es deshalb, den verwöhnten Junggesellen zu erobern[38]. Von Liebe zu Schiffer fehlt dagegen in Lüders' Brief jedes Wort. Ist dies nur mit einem durch die Zurückweisung zutiefst verletzten Stolz zu erklären? Wie war ihre Beziehung zu diesem, wenn es sie überhaupt gegeben hat? Und welche Beziehung hatte sie zu ihrem Sohn?

Die private Tragödie hat sicherlich tiefe Spuren bei M. E. Lüders hinterlassen. Sie ist sicherlich im Rahmen der Erschütterung der politischen und moralischen Ordnung des Kaiserreichs[39] durch Krieg und Umsturz zu sehen. Wer als Frau einen neuen Halt in der Familie suchte, sah sich der durch die Kriegsverluste verschärften Konkurrenz um den Mann ausgesetzt. Eine »höhere Tochter« wie Lüders, die ihr Leben unter den Gedanken des Dienstes für andere gestellt hatte, war der neuen Situation nicht gewachsen, anders als Kathinka, die auch eine Art »lustige Witwe« war. Vielleicht sah sie in dem achtzehn Jahre älteren Schiffer den Ersatz für den Vater, dessen Tod bevorstand? Nach der Heirat der Freundin von Zahn-Harnack mag sie nach neuer menschlicher Sicherheit gesucht haben. Das Scheitern dabei, die Mutterschaft und der Zwang, die selbstgeschaffene berufliche und politische Existenz zu erhalten und dafür in die Welt der Normen einzubrechen, die doch die ihrige war, zerstörten das bisherige Weltbild der Preußin – und sie tat dies selbst.

Lüders hat sich niemals zu ihrer unehelichen Mutterschaft offen bekannt, auch nicht in ihrer Autobiographie. Es fehlt dort das »j'accuse« gegen die sozialen Verhältnisse, wenn sie schon nicht »Kathinka« Begriff der »Lebensbeichte« oder den Jean – Jacques Rousseaus Begriff der »Bekenntnisse« verwenden wollte. Sie ist bis zu ihrem Ende die untadlige Frauenrechtlerin geblieben, und vielleicht war sie auch insoweit mit sich im Einklang als sie für ihren Sohn das Versprechen des Art. 121 der Weimarer Reichsverfassung von 1919 erfüllte.

> »Den unehelichen Kindern sind durch die Gesetzgebung die gleichen Bedingungen für ihre leibliche, seelische und gesellschaftliche Entwicklung zu schaffen wie den ehelichen Kindern«.

Allerdings klang diese Bestimmung, die auf Antrag der Deutschen Demokratischen Partei in die Verfassung aufgenommen worden war, großartiger als sie

---

38 So schildert Oheimb-Kardorff (wie Anm. 2), S. 165 den Abend, an dem sie Kardorff mitteilt, sie werde einen andern, der sich lang um ihre Hand bemühte, heiraten. Während ihrer Verlobungsfeier mit diesem bittet sie Kardorff telefonisch zu ihm zu kommen, und beide verloben sich und heiraten im April 1927. Die Achtzigjährige schreibt rückblickend: »Bin ich glücklich geworden? Ja und nein. Zeitweilig bin ich es gewiß und immer bin ich es in der politischen Zusammenarbeit mit ihm gewesen.«

39 Vgl. hierzu Robert Michels, Die Grenzen der Geschlechtsmoral. Prolegomena. Gedanken und Untersuchungen. München1910, 2. Aufl. 1911.

war und sein konnte – denn sie folgte der Gewährung des besonderen Schutzes der Verfassung für die Ehe als Grundlage des Familienlebens und der Erhaltung und der Vermehrung der Nation.

Die Harmonisierung beider Vorschriften war schon dem Verfassungsausschuß als problematisch erschienen, so daß er nur die »gerechte Neuregelung der rechtlichen und sozialen Stellung des nichtehelichen Kindes« empfahl[40]. Darauf lief dann auch der Regierungsentwurf von 1925 und die sich an ihn knüpfende Diskussion hinaus[41]. Sie schloß die Stellung der Kindesmutter gegenüber dem Kind ein, während die Regelung bei einem Mehrverkehr der Kindesmutter umstritten war. Was damals politisch scheiterte, wurde dann später in der Bonner Republik bei gleicher Verfassungslage (Art. 6 GG) Rechtswirklichkeit. Lüders hatte also mit ihren Verstößen gegen das frühere Gesetzesrecht nur den allfälligen, schon von der Weimarer Verfassung eingeforderten Reformen vorgegriffen. Weshalb sollte sie dann durch ein spätes Bekenntnis ihr durch Arbeit hart erworbenes Ansehen zerstören?

Was aber bleibt nun als Fazit? Der Brief – eine neue geschichtliche Quelle? Hätte der Brief vom Historiker beiseite gelegt und nicht zur Kenntnis genommen werden sollen? Gehören die Vorgänge »unterhalb der Gürtellinie« überhaupt in den Bereich der geschichtlichen Forschung? Oder sollen sie ungeachtet aller Schwierigkeiten, »festzustellen wie es wirklich gewesen ist«, einbezogen, und Treitschkes berühmter Satz »Männer machen die Geschichte« in »Menschen machen die Geschichte« umgewandelt werden? Dies heißt, auf das konkrete Geschehen angewandt, fragen, was die Veröffentlichung des Briefs, interpretationsoffen wie er nun einmal ist, zum Verständnis der damaligen Zeit beiträgt.

Die Würdigung der historischen Leistungen der Lüders und der Personen, über die sie urteilte, Schiffer und »Kathinka«, bleibt unberührt. Ihr denunziatorisches Urteil über diese könnte aber nun mit persönlichen Motiven vielleicht besser erklärt werden. Doch reichte dafür auch die politische Polarisierung der Deutschen in den beiden Teilstaaten und insbesondere die verbreitete »Rheinbundmentalität« der Westdeutschen aus. Lüders fehlte offenbar das Verständnis für den »national« denkenden Deutschen. Sie hatte für die Bundesrepublik optiert. Sie war zu deren Gallionsfigur geworden, als überzeugte

---

40 So im Einverständnis mit den drei Antragstellerinnen, vgl. des Aktenstück Nr. 391 der Verfassungsgebenden Deutschen Nationalversammlung, S. 544.
41 Vgl. zum Folgenden die synoptische Zusammenstellung Deutsches Archiv für Jugendwohlfahrt (Hrsg.): Die Probleme der gesetzlichen Regelung der Rechtsstellung des unehelichen Kindes. Führer zu dem vorliegenden Gesetzentwurf. Berlin 1929.

Gegnerin des Nationalsozialismus eine Vorzeigefrau, nicht nur in dieser Hinsicht auch für die Freie Demokratische Partei.

Die neuentdeckte Quelle und ihre Analyse geben sicherlich den Anlaß, die Geschichte der deutschen Frauenbewegung anders zu sehen. Nach ihrem heutigen Erfolg und in der Sicht des Grundgesetzes erscheint sie als Geschichte der Frauenrechtsbewegung. Doch erschöpft sie sich nicht im Kampf um die Gleichberechtigung der Frau, um ihre rechtliche und tatsächliche Gleichstellung mit dem Mann. Als Geschichte der Persönlichkeiten[42] gewinnt sie an Farbe: Ist nicht Lüders die »Martha« und »Kathinka« die »Maria Magdalena« der Frauenbewegung der Weimarer Republik, die gemäß der Bibel (Joh. 10, 38 ff) trotz unterschiedlicher Bemühungen und Temperamente beide gleichermassen zur Gruppe der »Erlösten« gehören? Beiden Frauen sollte der ihnen gebührende Platz eingeräumt werden, auch und gerade »Kathinka«. Sie hat die Gleichstellung der Frau mit deren Besonderheit, mit der Weiblichkeit begründet[43]. Und sie hat auch den Individualismus im Verhältnis von Mann und Frau überwunden und damit einen neuen Zugang zum allgemeinen Geschichtsverständnis eröffnet[44]. Mit ihrem Mann hat sie das Paar in der Politik gelebt – das Paar in der Demokratie, das den Paaren auf dem Thron, Friedrich Wilhelm III. und Luise, Friedrich III. und Vicky, nachgefolgt ist[45]. Es ist das in Liebe verbundene Paar, dem es letzthin gleichgültig ist, wie seine politische Leistung individuell zugeordnet wird[46]. Untrennbarer Teil dieser Liebe und offenbar sogar Basis derselben ist die Übereinstimmung in den politischen Grundüberzeugungen und im politischen Ziel. Zum Paar[47] gehört aber auch die Sicherheit der Beziehung. Zur sexuellen oder emotionellen Kontinui-

---

42 Ilse Reickes Büchlein (wie Anm. 4) bietet insofern einen wichtigen Anknüpfungspunkt.

43 Als politisch orientierte Frau paßt sie offensichtlich in den heutigen Kontext, wie die Anthologie von Gisela Brinker-Gabler (Hrsg.): Zur Psychologie der Frau. Frankfurt/M. 1978 zeigt.

44 Das Buch von Inge Stephan: Das Schicksal der begabten Frau im Schatten berühmter Männer. Stuttgart 1989 geht von der Ungleichheit und der Benachteiligung der Frau aus (»zwischen Selbstbehauptung und Selbstaufgabe«). Der Aspekt der Gleichheit fehlt, wie ihn etwa die Beziehung zwischen Sartre und Simone de Beauvoir oder wohl auch zwischen Max und Marianne Weber kennzeichnete. Natürlich gehört zur Gesamtbetrachtung auch die Stellung der Mätresse.

45 Es geht um die Herrschaftsausübung und um die äußere Wahrnehmung durch die Beherrschten: als Vorbildfunktion und als Gegenstand der Kritik.

46 Dazu gehört Stärke und ein Stück Gleichgültigkeit gegenüber dem Kollektivismus. Die beiden Kardorffs haben sich nicht ihrer Partei, der DVP, untergeordnet. Daß der Mann von Goebbels als Kathinkus IV. zu diffamieren gesucht wurde, vgl. oben Anm. 31), kennzeichnet die nationalsozialistische Männerwelt. Doch warum hat Lüders (wie Anm. 10), S. 96 diese Charakterisierung aufgegriffen? Aus Neid auf die erfolgreiche Konkurrentin?

47 Hätten eigentlich Schiffer und Lüders ein Paar werden können? Wie weit standen der erhebliche Altersunterschied, die politische Eigenwilligkeit und die Selbstgerechtigkeit der Lüders, die unterschiedliche soziale Position entgegen? Nicht übersehen werden sollte auch die verschiedene Beurteilung des Versailler Vertrags. Während M. E. Lüders für seine Annahme eintrat, lehnte ihn Schiffer entschieden ab.

tät oder menschlichen Verläßlichkeit bietet deshalb das Recht eine Bestandsgarantie[48].

Die Rolle des Rechts verlangt eine vertiefte Betrachtung. Gegenstand ist die Stellung der Familie in der Ordnung. Die Rechtsgeschichte ist gefragt. Die berühmte Antwort auf die Frage, was wir aus der Geschichte lernen können, und die ebenso bekannte Antwort – »nichts« – mögen auf sich beruhen bleiben. Den Juristen interessiert der Vergleich, wie der Einzelfall in einer früheren Rechtsordnung heute behandelt würde und welche Rolle die Veränderung der tatsächlichen Verhältnisse spielt.

Dabei ist die Unsicherheit in Kauf zu nehmen, ob Lüders ihr Kind wirklich adoptiert hatte. War dies der Fall, so hatte sie damit die volle elterliche Gewalt über ihren Sohn erlangt, allerdings um den Preis, daß dieser seinen Unterhaltsanspruch gegen den Erzeuger verlor. Und dieser Punkt, daß sie die alleinige finanzielle Bürde zu tragen hatte, bildete das zentrale Anliegen ihres Briefs an »Kathinka«.

Die Rechtsstellung der unehelichen Mutter und ihres Kindes hat sich in der Bonner Republik seit 1970 verbessert. Die seit der Weimarer Republik überfälligen Reformen sind durchgeführt worden. Dazu bedurfte es freilich der Drohung gegenüber dem parlamentarischen Gesetzgeber, daß sie die Justiz vornehmen werde – so wie sie 1953 die Gleichberechtigung der Frau durchgesetzt hatte. Zuvor aber war schon ein Punkt klar gewesen: Es gab keine Diskriminierung mehr wegen Unehelichkeit. Sie hatte der westdeutsche Bundeskanzler Konrad Adenauer zuletzt 1961 gegen den Führer der sozialdemokratischen Oppositionspartei einzusetzen versucht und war damit gescheitert. Inzwischen ist selbstverständlich, daß weder das Kind noch die Mutter ein Makel trifft – hieran besteht kein Zweifel seitdem die norwegische Kronprinzessin als uneheliche Mutter nicht nur von der königlichen Familie sondern auch vom Volk akzeptiert worden ist. Wer diesen Wandel in Deutschland zu erklären sucht, wird sicherlich auf die Bewußtseinsveränderung durch den Zweiten Weltkrieg und die Veränderungen in der Gesellschaftsordnung unter nationalsozialistischem und kommunistischem Vorzeichen stoßen. Er wird dann rückblickend im Falle Lüders den ideologischen Überhang aus der Kaiserzeit registrieren und sich konkret mit der Rolle der Frauenrechtlerin aus

---

48 Sie fehlte Ende 1924 der Beziehung zwischen »Kathinka« und Kardorff und wie weit war dies von Bedeutung, als, wie »Kathinka« in ihrer Oheimb-Kardorff (wie Anm. 2), S. 95 berichtet, Friedrich Ebert Kardorff als Reichskanzler haben wollte, bevor der Zentrumsführer Wilhelm Marx dann am 30. 11. 1923 eine bürgerliche Minderheitsregierung bildete. Er hätte die Sozialdemokraten einbeziehen können und Schiffer, dessen Protest gegen die Teilung Oberschlesiens in Genf (16. 5. 1922) noch in frischer Erinnerung war, hätte auf der Ministerliste stehen und für die nationale Verklammerung sorgen können. Zu diesen Spekulationen vgl. oben Anm. 13.

den »besseren Kreisen« befassen, denen eine Führerrolle zukam, nachdem 1918 den Frauen gerade das Wahlrecht aufgrund des politischen Zusammenbruchs in den Schoß gefallen war. Zu dieser Führungsrolle gehört auch die persönliche Untadligkeit.[49] Sicherlich haben dann verschiedene Umstände wie die nationalsozialistische Bevölkerungspolitik und die Diskriminierung wegen der rassischen Herkunft den Wertewandel gefördert. Er steht in engstem Zusammenhang mit dem Bedeutungsverlust der Familie und damit auch des Familienrechts. Doch ist an dieser Stelle nicht auf deren Rückwirkung auf die Unehelichkeit einzugehen.

Nachbemerkung

In einem nach Abschluß des Manuskripts mir bekannt gewordenen Brief von Marie Munk, der ersten in Deutschland ernannten und 1933 emigrierten Richterin, an M. E. Lüders (ADL N 85-36) vom 6. 7. 1964 heißt es: »Es betrübt mich, daß Sie Eugen Schiffer in Ihrer Anm. auf S. 175 (= in Lüders »Erinnerungen«, Th. R.) Motive unterschieben, die ihm sicherlich fern lagen. Er hatte in der Hoffnung auf eine Wiedervereinigung von Ost- und Westdeutschland sich bemüht, in dem völligen Wirr-Warr nach dem Kriege ein Justizwesen wieder aufzubauen. Er hat seine Tätigkeit niedergelegt, als er erkennen mußte, daß seine Bestrebungen von der Ostregierung untergraben wurden. Seine nächsten Mitarbeiter, Dr. Rosenthal-Pelldram, später im Hessischen Ministerium, und meine frühere Schülerin, Kammergerichtsrätin Dr. Irmela Ackermann, beide sehr aufrichtige und national gesinnte Persönlichkeiten, hätten nicht mit ihm gearbeitet und ihm nicht ihre Verehrung dargebracht, wenn er aus Geltungsbedürfnis das Amt und die Tätigkeit übernommen hätte. Nach den Berichten, die ich bekommen habe, hat er aus dem Nichts eine Justizbehörde aufgebaut. Daß seine Bestrebungen später von Hilde Benjamin und anderen wieder vernichtet wurden, wird ihm selbst sehr schmerzlich gewesen sein. Ich glaube, daß er sich schwer entschlossen hatte, mit den Russen zu arbeiten und daß er sich auch bewußt war, daß er von vielen seiner Freunde, denen er auch Dank schuldete, mißverstanden werden würde. Wer hätte es damals unternehmen wollen, das Justizwesen in Ostdeutschland wieder aufzubauen? Wer hätte die Fähigkeiten dazu besessen?« M. E. Lüders entgegnete am 26. 9. 1964 nur: »Über Schiffer wollen wir uns lieber nicht unterhalten, er

---

49 Ich erinnere mich noch daran, wie schwer sich Werner Blumenberg, der Biograph von Karl Marx, mit der Frage tat, ob er das von diesem mit der Haushälterin Helene Demuth erzeugte Kind verschweigen solle, vgl. Werner Blumenberg: Karl Marx in Selbstzeugnissen und Bilddokumenten. Reinbek bei Hamburg 1963. Ferdinand Lassalles Tod im Duell wegen einer Frau (1864) läßt sich ebenfalls auf die Rücksichtnahme zurückführen, die er der Arbeiterschaft zu schulden glaubte.

hatte keinen einzigen Freund in der Fraktion.« Vgl. dazu auch Hermann Wentker, Justiz in der SBZ/DDR 1945-1953, München 2001 und demnächst den in Anm. 23 angekündigten Sammelband.

Peter Menke-Glückert

Karl Hamann, die Liberalen und die Quellen. Anmerkungen und Überlegungen eines Zeitzeugen 1945 bis 1952

Nach Hans-Ulrich Wehler stellen Völker sich »äußerst widerwillig . . . Verbrechen ihrer Vergangenheit«.[1] Im Fall der Verbrechen des Nationalsozialismus hat die Zeitgeschichte nach 1945 eine einflussreiche Rolle auch in der öffentlichen Meinung gespielt. Ganz anders ist dies im Falle der Aufarbeitung der Verbrechen der SED-Diktatur – auch in Darstellung des liberalen Widerstandes in den Jahren 1945 bis 1952 gegen den zweiten »Zivilisationsbruch«, gegen die Sowjetisierung der DDR-Bevölkerung in der zweiten Hälfte des 20.Jahrhunderts – nach dem ersten Zivilisationsbruch eines deutschen Sonderweges gegen Verwestlichung der ersten Hälfte des 20.Jahrhunderts Die Historiker-Generation von 1945, so unter anderem Karl Dietrich Bracher, Martin Broszat, Gerhard Schulz, Wolfgang und Hans Mommsen oder Heinrich-August Winkler, hat sich dieser Problematik eines zweiten deutschen Sonderweges bisher nicht angenommen. Eine Historiker-Generation 1989 gleichen Bemühens mit schonunglos-ehrlicher Rückkehr zur Geschichte wie die Historiker-Generation von 1945 ist noch nicht zu erkennen.

Anlass für diesen vom Archiv des Liberalismus der Friedrich-Naumann-Stiftung erbetenen Zeitzeugenbericht ist der Beitrag von Ilko-Sascha Kowalczuk »Opfer der eigenen Politik? Zu den Hintergründen der Verurteilung von Minister Karl Hamann (LDPD)« im letzten Jahrbuch zur Liberalismus-Forschung und der Artikel »Täter und Opfer« in der Frankfurter Allgemeinen Zeitung vom 22. Dezember 2004.[2] Im FAZ-Artikel sind zahlreiche Dokumente aus

---

1   Hans-Ulrich Wehler: Historisches Denken am Ende des 20. Jahrhunderts. Göttingen 2004, S. 53 ff, vgl. E. H. Carr, What ist history. London (Tb) 1990, S. 160 ff. »History is a particular conception of what constitutes human rationality Every historian wether he knows it or not has such a conception . . .«

2   Der Verfasser richtete am 24.12.2004 folgenden Leserbrief an die FAZ, der von dieser am 5.1.2005 verkürzt unter der Überschrift »Faulige Quellen« abgedruckt wurde.
»Der Artikel Kowalczuk nimmt Stasi-Dokumente unkommentiert als wichtigste Quelle für Beurteilung einer bürgerlich-liberalen Politiker-Biographie in schwierigster Zeit des Kalten Krieges. Das vernichtete Gesamturteil über den LDP-Vorsitzenden und Külz-Nachfolger Dr. Karl Hamann als Prototyp des Blockflötenpolitikers, der in der SED-Dikatur als willfähriger Adlatus der Partei agierte«, macht das Diktatur-Opfer Hamann zum SED-Täter. Grotesk wird an der Zeitzeugen-Sicht und LDP-Mitglieder-Stimmung Anfang der 1950er Jahre vorbei argumentiert, wie ich sie zusammen mit vielen Hunderttausenden LDP-Mitgliedern und -wählern nach 1945 bis Anfang der 1950er Jahre selbst erlebt habe.

dem Hamann-Prozess im Faksimile wiedergegeben. Alle Abbildungen stammen aus den Unterlagen der Behörde der Bundesbeauftragten für die Unterlagen der Staatssicherheit der ehemaligen DDR (BStU). Kowalczuk ist wissenschaftlicher Mitarbeiter in der Abteilung Bildung und Forschung der BStU. Bezug genommen wird im weiteren auch auf den Artikel von Rainer Blasius »Die Unterlagen der Stasi« in der FAZ-Ausgabe vom 27.12.2004 und den Leserbrief Kowalczuks in der FAZ vom 8. Januar 2005.[3]

Wer sich in dieser Zeit in Ostdeutschland für LDP oder CDU entschied, verzichtete als bekennender Antikommunist auf den Königsweg sicherer Karriere mit Hilfe der SED, ja setzte sich Schikanen aus, vor allem als kleinbürgerlicher Mittelständler und Freiberufler mit Familienbindungen an nichtsozialistische demokratische Parteien der Weimarer Zeit. Es gab auch viele Arbeiter, FDGB-Betriebsräte, die Mitglieder der LDP waren. Es gab eine sehr erfolgreiche LDP-Jugendorganisation, einen LDP-Arbeitnehmer-Ausschuss. Sprecher dieser breiten DDR-skeptischen Parteibasis war Karl Hamann. Ihm traute man zu, mit einer starken LDP freie gesamtdeutsche Wahlen zu erreichen.

LDP-Vorsitzender Hamann trat tapfer ein für seine Überzeugungen und selbst erarbeiteten Einschätzungen etwa der DDR-Versorgungslage oder Situation an DDR-Hochschulen gegenüber sowjetischer Besatzungsmacht, SED-Politbüro und DDR-Ministerrat – ohne ein Blatt vor den Mund zu nehmen. Er verteidigte sich mit viel Geschick im Schauprozess selbst, ohne Anwalt, forderte lautstark Gerechtigkeit ein und spielte gerade nicht die ihm in der Stasi-Regie zugedachte Rolle. Selbst einem Stasi-Offizier wie Major Hempel nötigte das grossen Respekt ab.

Ähnlich wie viele andere bürgerlich-liberale Politiker in brauner wie roter Diktatur blieb Hamann immer seiner Überzeugung treu, Politik als Gemeinwohlaufgabe zu betreiben – und gerade nicht als schmutzig-korruptes Geschäft. Hamann war gerade nicht besatzungsmachthörig wie Kastner oder Loch. Seine Vision baldiger Wiedervereinigung, angestoßen durch eine starke LDP, ließ er sich ebenso wie die damalige liberal gesinnte Studentengeneration in Ost- wie Westdeutschland nicht nehmen. Seine Handelsminister-Tätigkeit nahm er in preußischer Amtstreue, mit hoher Gerechtigkeitssensibilität und Bürgerloyalität gewissenhaft wahr. Eine vielen Opportunisten damals in SBZ/DDR weltfremd erscheinende Ausnahme gegenüber anderen DDR-Ministerkollegen und Amtsträgern.

Nach Leopold von Ranke »ist jede Epoche unmittelbar zu Gott« und verlangt vom Historiker zu schildern, »wie es wirklich gewesen«. Für uns liberale Studenten war Hamann gerade nicht wie viele andere Angehörige einer von Sowjetkommunisten gesteuerten Klasse in Ostdeutschland – etwa Grotewohl, Selbmann, Gerlach, Kastner, Loch – sowjethöriges, korrumpiertes Werkzeug der sowjetischen Besatzungsmacht. Hamann war für uns liberale Studenten und LDP-Basis nicht kleineres Übel als LDP-Vorsitzender, sondern mutiger, rechtschaffen-solider Vertreter bürgerlich-liberaler Ideale – vor allem aber überzeugter Anhänger einer raschen Wiedervereinigung unter freiheitlich-rechtsstaatlichen Bedingungen, also freien gesamtdeutschen Wahlen. Ebenso wie Thomas Dehler, Gustav Heinemann, Karl-Ludwig Pfleiderer, Wolfgang Mischnick, Paul Sethe, Professor Noack, Wilhelm-Wolfgang Schütz es damals in Kritik an Adenauers einseitiger West-Strategie waren. Für liberale Studentengruppen in Ost wie West war Adenauer »rabenschwarzer Wegelagerer auf der Strasse zur Deutschen Einheit«.

DDR-Bürger wurden medienwirksam abgeschreckt durch von der Staatssicherheit inszenierte Schauprozesse – wie dem Hamann-Prozess –, um jede Kommunismus-Kritik im Keim zu ersticken. Haftbedingungen und Verhörmethoden waren barbarisch, Todesurteile wurden selbst an Oberschülern vollstreckt, Sippenhaft für Familienangehörige wie im Fall der Tochter Liv Hamann oder Zwangsadoptionen wie im Falle der Dertinger-Kinder gängige Praxis. »Horch und Guck« war aber darin typisch bürokratisch-deutsch, dass Hunderte von Kilometern Akten, Abhörprotokolle, detaillierte Berichte über Spitzel-INFO-Müll und Klatsch entstanden. 180 Kilometer dieser noch vorhandenen Akten verwaltet die Gauck-Birthler-Sonder-Behörde ausserhalb des ansonsten für Behördenakten zuständigen Bundesarchivs – mit 2.400 Mitarbeitern. Vor lauter Bäumen wird häufig der Wald – damalige Wirklichkeit der vor allem von DDR-Zwangs-Bürgern ersehnten Wiedervereinigung – nicht mehr gesehen.

254

Karl Hamann ist als Sündenbock für Versorgungsschwierigkeiten in der DDR, aber vor allem wegen seiner Westkontakte mit seinem Motiv rasche Wiedervereinigung, Befreiung Mitteldeutschlands aus Stalinismus und SED-Diktatur am 10. Dezember 1952 verhaftet worden. Der Haftbefehl vom darauf folgenden Tag bezeichnete ihn »als Agent(en) imperialistischer Geheimdienste«; angeklagt nach Artikel 6 der DDR-Verfassung wurde er in einem ersten Prozess zu lebenslangem Zuchthaus verurteilt. Daraus folgt, dass die Wiedervereinigungs-Aktivitäten Hamanns eine ganz entscheidende Rolle gespielt haben – ganz anders als Kowalczuk meint. Das ergibt sich auch aus Verhandlungsprotokollen und Prozessakten – auch des Kassationsverfahrens von 1991.

Die von Kowalczuk bemühte Hannah-Arendt-Denkfigur des »objektiven Gegners« aus Diktatur-Schauprozessen passt nicht auf Hamann, weil er gerade nicht fester Teil der stalinistischen DDR-Nomenklatura war wie Gerlach, Kastner, Loch. Auffallend ist doch, dass die nach Kowalczuk im Auftrag von DDR-Ministerpräsident Otto Grotewohl und SED-Politbüro geführten Westgespräche nur eben Hamann als Hoch- und Staatsverrat vorgeworfen werden, aber nicht Grotewohl und anderen DDR-Ministerkollegen. Die Vertauschung, Vermengung, Verunklarung von Opfer- und Täter-Rolle durch Kowalczuk – wie im Casus Hamann –, insinuiert ganz zu Unrecht, dass Karl Hamann Teil

Stasi-Akten sind gerade von Historikern mit grosser Skepsis zu behandeln. Sie sind grob unrechtsmässig dubios zustande gekommen, verlangen sorgsamste Gegenkontrolle durch Zeitzeugen, Erlebnisberichte, Erinnerungen Diktatur-Betroffener. Berichte von der Stasi beorderter Hamann-Mithäftlinge, also »agents provocateurs«, verharmlosend Zelleninformatoren – ZI – genannt, können als zeithistorische Quellen nicht ernsthaft zitiert werden. Hier sind Grenzen des guten Geschmacks überschritten. Mit den Anwälten des Kassationsverfahrens vor dem Berliner Landgericht 1991, Dr. Kröber/Leipzig und Hermann Marx/Bonn ist dagegen nicht gesprochen worden. Die Gerichtsakten von 1991 sind anders als Stasi-Quellen nicht historikertauglich. History paradox 2004.
Gerade Stasi-Akten müssen in weltpolitische Zusammenhänge sowjetrussischer Deutschlandpolitik gestellt werden. Die Stalin-Note vom 10.März 1952 gab plötzlich allen SED-Gegnern ungeahnte Chancen, sollte doch die SED-Diktatur für den Fall eines neutralen Gesamtdeutschland geopfert werden. Ist es nicht verständlich, dass Hamann für den Tag der baldigen Wiedervereinigung eine intakte nicht zerschlagene LDP erhalten wollte (was denn nur bei taktischen Teil-Zugeständnissen auch an die SED-Sicht möglich war)? Wie jeder methodenkundige Historiker weiß, können Akten das, was tatsächlich geschehen, völlig verfälschen wie schon die Konstantinische Schenkungsurkunde beweist – etwa um Stimmungen in der Öffentlichkeit zu erzeugen (wie im Falle der SED-Schauprozesse), auf Vorgesetzte soll beförderungsgeeigneter Eindruck gemacht, eigenes Fehlverhalten vertuscht, alte Rechnungen beglichen werden usw. Bizarr sind Mutmassungen, Manfred Gerlach und Hans Loch hätten sich gern mit den Lorbeeren der von Thomas Dehler erreichten Freilassung Hamanns am 12 Oktober 1956 geschmückt. Den Teufel hätten das die beiden SED-System-Bewunderer getan. Sie hätten sich ja selbst der Stasi ans Messer geliefert. Fragwürdig, durch keine Tatsachen gerechtfertigt, sind die aus Stasi-Schlüsselloch-Perspektive »erforschten« Indiskretionen wie angeblich ärmliche Verhältnisse der Hamann-Familie in München.
Nein – dieser Schnellschuss eines Hamann-Verrisses bleibt nicht das letzte Wort zu Hamann.
Peter Menke-Glückert
Mitglied Kuratorium Friedrich Naumann Stiftung Potsdam.

des SED-Diktatur-Systems gewesen wäre, dass bei ihm wie bei Slansky ein ideologisch-stalinistisch verinnerlichtes Schuldgefühl gegenüber den SED–Kommunisten vorlag. Damit werden die Persönlichkeit und das liberale Wertbild Hamanns vereinnahmt für eine bestimmte Geschichtskonzeption aus der Totalitarismusforschung, die für die Zeit 1945 bis 1952 in der SBZ/DDR mit Blick auf Karl Hamanns Charakterfestigkeit und Gradlinigkeit einfach nicht passt. »Verschwörungsorientierte Schnitzeljagden« (Bernd A. Rusinek) sind keine ernst zu nehmende historische Forschungsmethode.[4] Terror kennt sehr verschiedene Spielregeln und jeweils der Situation entsprechende Überlebensstrategien.

Auch nach Feststellung Kowalczuks waren Schauprozess, demütigende Untersuchungshaft, Stasi-Verhörmethoden für Hamann die wohl schwerste, bitterste Zeit seines Lebens. Dies Zerbrechen der Persönlichkeit durch die Stasi ist nachzulesen bei Rudi Beckert »Die erste und letzte Instanz«.[5] Beckert war Oberrichter am Obersten Gericht der DDR. Leider fehlt bisher – trotz vieler stoffreicher Detailveröffentlichungen – das Stasi-Pendant zu Eugen Kogons »SS-Staat«.

Die von Kowalczuk aus Stasi-Akten herausgefilterten Erkenntnisse zu Hamanns Persönlichkeit, Handlungsmotiven, Überzeugungen verfälschen das Hamann-Bild wie jeder aus der »DDR-Zuchthäusler-Brigade« des Verbandes Liberaler Akademiker – wie Dietrich Hübner, Hermann Marx, Wolfgang Möhring, Hans Rösler, Günter Kröber neben vielen anderen – bezeugen kann.[6] Berücksichtigt werden muss vor allem, dass die von Kowalczuk zitierten Geständnisse ganz überwiegend aus der Zeit der besonders brutal exekutierten ersten Vernehmungsphase bis Ende Januar 1953 stammen. Es waren unter Zwang unterschriebene, vom Vernehmer vorformulierte Texte. Psychoterror, Folter, ›user de contrainte‹ ist in rechtsstaatlichen Verfahren schwerster Verfahrensmangel, als Beweismittel in einem Rechtsstaat jedenfalls ganz untauglich.

3   Anm. der Herausgeber: Weitere Dokumente zu dieser Debatte sind im Internet unter www.archiv.fnst.org zu finden.
4   Hannah Arendt, Elemente und Ursprünge totaler Herrschaft. Zürich,1986 S35f Hannah Arendt spricht vom sowjetrussischen Polizeiterror, der bewirke, dass »niemand je frei von Furcht sein kann, für sie ist entscheidend, dass sie objektiv, auch vom Standpunkt des Verfolgers, vollkommen unschuldig sind und das, was ihnen geschieht, ganz unabhängig von dem ›was sie gedacht, getan oder gelassen haben mögen..« Die Stasi-Bürokratie arbeitete anders als der willkürlich-irrationale stalinistische Terror – nach rational-ideologischen parteilichen Glaubensätzen aufgrund von Spitzelbeweisen. Hamann war nie ein virtuell-objektiver Staatsfeind, sondern ein mit handfesten Beweisen für DDR-feindliche Westkontakte konkret fassbarer Staatsfeind Siehe hierzu auch Friedhelm Boll (Hrsg.), Verfolgung und Lebensgeschichte. Berlin 1997.
5   Rudi Beckert, »Die erste und letzte Instanz«. Goldbach-Glashütten 1995.
6   Siehe hierzu Kurzbiographien nur der Thüringer liberalen DDR-Zuchthäusler in: Jürgen Louis: Die Liberal-Demokratische Partei in Thüringen 1945 – 1952. Weimar 1996, S. 277 ff.

Nach einer Vernehmungspause hat offensichtlich Hamann zu eigenem Selbstbewusstsein zurückgefunden und tapfer dem Staatsanwalt widersprochen, die ihm vorgehaltenen Geständnisse entsprächen nicht der Wahrheit. Auf den Vermerk Major Hempels vom 1. Oktober 1953 sei hingewiesen.[7]

Im Hamann-Urteil vom 24. Mai 1954 heisst es:»Sein Ziel war, alle reaktionären, an der Erneuerung einer kapitalistischen und ausbeuterischen Gesellschaft in ganz Deutschland interessierten Kräfte zusammenzufassen, um auf dieser Basis eine gesamtdeutsche bürgerliche Republik unter Führung der LDP zu schaffen, die die fortschrittlichen Errungenschaften in der Deutschen Demokratischen Republik rückgängig machen sollte . . .« Im Klartext heisst das doch: Hamann war für die Wiedervereinigung über eine starke LDP. Absurd sind für jeden, der Karl Hamann näher kannte, die von Kowalczuk zitierten Berichte eines Stasi-Zelleninformanten, Hamann sei entschiedener Vertreter des Sozialismus, der das SED-System bewundere. Was in Stasi-Zuchthaus-Tortur warum wem gesagt wird, wäre einer eigenen Untersuchung wert. Wichtiger ist: das Stasi-Ziel, einen DDR-Staatsfeind wie Hamann mit allen Mitteln zu zermürben, in seiner Selbstachtung zu zerstören, ist der Stasi nicht gelungen. Hamann hat die ihm in der Stasi-Regie zugedachte Rolle nicht übernommen. Hamann erhielt eine lebenslängliche Freiheitsstrafe, die in dem am 17. Juni 1954 neu wiederaufgenommenen Verfahren auf zehn Jahre verkürzt wurde.

Durch das Gnadengesuch Thomas Dehlers beim DDR-Generalstaatsanwalt im Herbst 1956 wurden Hamann und seine Tochter Liv am 12.Oktober 1956 aus dem Zuchthaus entlassen. Hamann ging nach München und starb 1973 – ungebrochen in seinem Freiheitsoptimismus und wie immer voller Pläne für das Gelingen der Wiedervereinigung. Am 19. August 1991 kassierte das Berliner Landgericht das Hamann-Urteil von 1954 als »Willkürentscheidung . . . zur Ausschaltung politischer Gegner des SED-Regimes«.

Das geschäftsführende Vorstandsmitglied der Friedrich Naumann-Stiftung, Rolf Berndt, hat zum 100. Geburtstag Karl Hamanns am 14. März 2003 eine Rede gehalten,[8] die die gänzlich unterschiedliche West- und Ost-Sicht des Urteils über den liberalen Parteivorsitzenden Hamann wiedergibt. Die mitten im Kalten Krieg geäusserten Westkommentare »gründeten sich darauf, dass in dieser Zeit die Zustimmung der Liberal-Demokraten zur Errichtung der DDR im Oktober 1949, zur Wahl auf der Basis der Einheitsliste im Sommer 1950 und zur Mitarbeit beim Aufbau des Sozialismus 1952 fielen«. Als Parteivorsitzender und DDR-Minister hat Hamann diesen Kurs verteidigen müssen. Was er wirklich dachte, haben wir liberalen Studenten von damals sehr

---

7 Vgl. Karl-Hamann-Stiftung (Hrsg): Zum Leben und Wirken Karl Hamann. Potsdam. o. J.,
   S. 81 f.
8 Siehe oben Anm. 3.

oft von ihm erfahren – aber aus verständlichen Gründen darüber mit niemandem gesprochen, um ihn und auch uns nicht zu gefährden. Hinzu kamen der Schock einer barbarischen SMAD- und Hilde-Benjamin-Justiz mit Säuberungen, Verhaftungen, Workuta-Straflager, Todesurteilen. DDR-Alltag war Dauer-Bespitzelung, Denunziation, ständige Einschüchterung und Angst. Nur einige wenige Beispiele liberalen Widerstandes aus vielen anderen: Am 23. Juli 1948 wurde der LDP-Fraktionsvorsitzende des Thüringer Landtages Hermann Becker mitten aus einer Landtagssitzung heraus von der NKWD verhaftet, ohne ordentliches Gerichtsurteil durch Verwaltungsanordnung des Ministeriums für Innere Angelegenheiten der Sowjetunion zu 25 Jahren Zwangsarbeit verurteilt, von denen er mehr als vier Jahre in Workuta überlebte. Nach sieben Jahren Straflager kam Becker im Oktober 1955 frei. Am 11. November 1948 wurden Wolfgang Natonek, Vorsitzender des Leipziger Studentenrates und der Liberalen Hochschulgruppe und 22 weitere Mitglieder des ASTA von sowjetrussischer Militärpolizei verhaftet und alle zu langjährigen Zuchthausstrafen verurteilt. Weitere Verhaftungen und Verurteilungen folgten in den liberalen Hochschulgruppen Jena, Dresden, Halle, Rostock. Am 18. Oktober 1949 wurde Arno Esch – Mitglied des geschäftsführenden LDP-Vorstandes, Hochschulreferent im LDP-Landesvorstand Mecklenburg und Vorsitzender der Liberalen Hochschulgruppe Rostock von sowjetrussischer Militärpolizei verhaftet und nach zwei Schauprozessen mit fünf Weggefährten am 24. Juli 1951 in Moskau erschossen. Im März 1950 wurden die LDP-Mitglieder der Jugendgruppe »F« – Symbol für Freiheit – Siegfried Flack, Walter Hayne, Nico Ostermann, Joachim Näther und viele andere LDP-Mitglieder –fast ausnahmslos Gymnasiasten – in einer gemeinsamen Aktion von Stasi, Kriminalpolizeit und sowjetischen Militärbehörden verhaftet. Durch ein sowjetrussisches Militärtribunal wurden Flack, Hayne, Ostermann und Näther zum Tode verurteilt wegen Spionage und Gefährdung der Sowjetunion. Näther und Ostermann wurden am 12. Dezember 1950 in Moskau erschossen, Flack drei Tage später, Hayne am 28. April 1951. [9]

Alle diese vielen Hundert Verhaftungen, Zuchthausstrafen, vollstreckten Todesurteile gegen Liberale führten zur Flucht zahlreicher LDP-Funktionäre und liberaler Studenten in den Westen. Das Rückgrat der LDP war 1952 gebrochen. Die SED konnte den bürgerlichen Mittelstand und die »bürgerliche Festung Wissenschaft« schleifen und dem Sowjetsystem anpassen. [10]

Das Kuratorium der Friedrich-Naumann-Stiftung hat alle diese Vorgänge

---

9   Enrico Heizer, ». . . einige greifen der Geschichte in die Speichen und brechen sich dabei die Pfoten ab«. Eine Widerstandsgruppe in Altenburg/Thüringen. Mag-Arbeit (MS) Universität Halle 2004.
10 Vgl. dazu u. a. Marianne u. Egon Müller: . . . stürmt die bürgerliche Festung Wissenschaft. Berlin 1953, Peter Menke-Glückert: Aspekte von Hochschulverfassung und Hochschulwirklichkeit in der DDR. In: KZfSS Sonderheft 8, Köln 1964, S. 208-240 u. Brigitte Kaff (Hrsg.): Jugendpolitik in der sowjetisch-besetzten Zone. Freiburg 2003, S. 153 ff u. 266 ff.

zum Anlass genommen, einstimmig zu beschliessen, im September 2005 eine Veranstaltung der Stiftung zum Thema »Handlungsbedingungen für bürgerliche Politik in einem totalitären System« durchzuführen. Die jahrzehntelange »stiefmütterliche Behandlung des liberalen Widerstandes in der SBZ/DDR 1948 bis 1952« (Jürgen Louis) soll ein Ende haben.

Es geht der Friedrich-Naumann-Stiftung – stellvertretend für die gesamte liberale Familie einschliesslich der Karl-Hamann-Stiftung – um sehr grundsätzliche Fragen der Liberalismusforschung, ja, um eine Rückkehr der Geschichte in ihrer so wichtigen Wegweiser-Aufgabe in der heutigen Zeit des Werteverlustes, der event history und immer grösser werdenden Orientierungslosigkeit. Ebenso geht es um den Satzungsauftrag der Stiftung »durch ... Führung eines öffentlichen Archivs Grundlagen für politisches Handeln zu erarbeiten« – gerade auch was sachliches Aufarbeiten unterschiedlicher Sichtweisen zu Opfer- oder Täterrollen von LDP-Mitgliedern und -funktionären 1946 bis 1952 anbelangt.

Verschwörertheorien sind eben kein objektiv-methodisches Aufarbeiten der Zeitgeschichte. Kowalczuk behauptet in seinem FAZ-Leserbrief vom 8. Januar 2005 – gleichsam in historischer Deutungsmacht des BStU-Behörden-Insiders –, dass die gegenwärtige Debatte um die Zukunft der Gauck-Birthler-Behörde »fast ausschliesslich von im Westen sozialisierten Journalisten, Politikern und Wissenschaftlern losgetreten wurde und geführt wird, – vielleicht sogar mit dem Ziel, endlich die weithin im Westen unverstandene und nicht angenommene Revolution von 1989 aus dem öffentlichen Raum zu verbannen«. Solche Unterstellungen verkennen den dubiosen Charakter der auf grob unrechtmässige Weise zustande gekommenen Stasi-Akten. Allesamt höchst obskure Quellen, die nicht nur ständig gegen die Menschenrechte und selbst gegen die DDR-Verfassung verstiessen, sondern auch ein teutonisches Übermass an Spitzelbürokratie offenbaren. Auch ist es einfach unrichtig, einen Ost-West-Gegensatz zu konstruieren, was die Anerkennung der Bedeutung der Freiheitsrevolution von 1989 gerade im Westen anbelangt.

Als authentischer Beleg für West- wie Ost-Zweifel an der Einzigartigkeit des historischen Werts von Stasi-Akten hier nur ein Zitat – von vielen – des in der DDR sozialisierten Bürgers Friedrich Schorlemmer, Friedenspreisträger des Börsenvereins des Deutschen Buchhandels: »Zugleich musste das bespitzelte Volk, das sich der verhassten Stasi-Zentralen entledigt hatte, erleben, wie es die Stasi nun erneut angehängt bekam. Von Jahr zu Jahr ... wurde dem Nachlaß des Staatssicherheitsdienstes mehr ein nachträglicher und wahrhaftiger Wahrheitsgehalt zugemessen, wo doch jeder wissen musste, dass die Akten angelegt worden waren, um Menschen zu diskreditieren, zu diskriminieren, zu zersetzen.«[11]

---

11   Friedrich Schorlemmer: Absturz in die Freiheit. Berlin 2002, S. 30

Die nur mit grosser Methodenkenntnis der Totalitarismus-Forschung – gleichsam mit der Feuerzange, wenn überhaupt – zu nutzenden höchst fragwürdigen Stasi-Quellen sollten nach Auffassung etlicher Historiker in Ost wie West 2006 oder spätestens 2010 in das Bundesarchiv überführt werden. Bildungs- und Forschungssaufgaben könnten auf die Stiftung zur Aufarbeitung der SED-Diktatur übertragen werden. Nach Auffassung nicht nur der FDP-Fraktion im Sächsischen Landtag schon Anfang der 1990er Jahre sollten die mehr als 180 Kilometer Mielke-Akten, gepflegt von 2400 Mitarbeitern, überhaupt nicht mehr als Behördenunterlagen oder Journalisten zugängliche Materialien benutzt werden, weil elementare Persönlichkeitsrechte schon bei Zustandekommen dieser Akten verletzt wurden. Das Nevermann-Konzept für die Gedenkstätten der SED-Diktatur gibt hierfür Anregungen. Kowalczuk stimmt mit Rainer Blasius zwar überein, dass die BStU als politische Einrichtung »befristet existieren wird« – aber er wehrt sich vehement dagegen, irgendeinen Termin dafür zu nennen, voller Misstrauen gegen ausgebildete Archivare und die über viele Jahrzehnte bewiesene Professionalität und Erfahrung des Bundesarchivs im Umgang mit Behördenakten.

Es sind im Jahr 2005 vor allem zwei Daten, die zur Rückkehr zur Geschichte und zum Medieninteresse an historischen Themen führen: einmal vorhersehbar der 60. Jahrestag des Ende des Zweiten Weltkrieges, zum anderen das Ende des 26jährigen Pontifikats von Papst Johannes Paul II. und damit die bis in den öffentlichen Todeskampf des Papstes erfolgte Rückbesinnung auf die Mysterien des Glaubens und das zweitausendjährige Christentum als Grundlage europäischer Wertekultur.

Rückkehr zur Geschichte 2005 – auch mit weltweiter Renaissance christlich-abendländischer Wertekultur ist – wichtig für die Liberalismusforschung, vor allem aus zwei Gründen: Weil es um den Durchhaltewillen beim Eintreten für den Grundwert Freiheit und um die Bedeutung der Religionsfreiheit als Grundlage der freien Meinungsäußerung geht.

Unbestritten ist die Geschichtsmächtigkeit eines langen Atems und Durchhaltewillens bei Grundüberzeugungen – und zwar eben nicht nur religiöser Bekenntnisse, sondern vor allem des liberalen Wertekanons von Bürger- und Marktfreiheit, Menschenrechten, mitmenschlicher Verantwortung. Wir liberalen Studenten in der Sowjetischen Besatzungszone und DDR haben mit Arno Esch und Wolfgang Natonek diesen Kulturliberalismus, diesen unbändigen Freiheitsoptimismus als Gegenbild zum Kommunismus 1945 bis 1952 neu entdeckt, weiterentwickelt, in vielen Vorträgen, Veranstaltungen konträr zum FDJ-Uniformismus missioniert. Für uns gehörte zur Freiheit »Wovon« immer auch die Freiheit »Wozu« als aufgeklärte, umsetzbare liberale Idee der Verbesserung der Zustände in Kommune, Nachbarschaft, Nation und auch weltweit. Für Arno Esch war sein Vaterland die Freiheit. So radikal, so grundsätzlich ist Freiheit nie wieder durchdekliniert worden. Schon gar nicht in den

-damals für uns liberale Studenten -restaurativ-bleiernen Adenauer-Jahren der formierten bundesdeutschen Gesellschaft West.

Für Flach, Genscher, Baum, Mischnick und uns in die Bundesrepublik über-gesiedelte liberale Studenten der SBZ/DDR war ein solcher Freiheitsoptimis-mus Entwicklungshilfe der Ost-LDP für die West-FDP. Kanonisiert wurde dieser Kultur- und Sozial-Liberalismus der Ost-LDP-Jugend- und Hochschul-gruppen durch Flach und Maihofer im Freiburger Programm der Liberalen von 1971. Dazu gehörte – wie schon in den Diskussionen der liberalen Stu-dentengruppen unter Patronat des LDP-Vorsitzenden Karl Hamann in SBZ/DDR – *die* breite Öffnung aller Bevölkerungsschichten für liberale Grund-werte, hohe Sensibilisierung für Menschenrechte einschliesslich sozialer Grund- und Mindestrechte.

Vor allem die von den Medien jetzt arg gebeutelten Liberalen brauchen neue Formen und Konzepte bürgernaher, bürgerlebendiger Vermittlung ihrer Frei-heits-Grundwerte. Nur so werden sie auch im dritten Jahrtausend überleben, präsent in den Köpfen der Menschen bleiben. Nötig ist also Rückkehr zu den liberalen Quellen, back to the roots. In Erinnerung und Ermunterung an Kron-zeugen, Querdenker, unerschrockene Kämpfer für die Freiheit. So wie dies für uns liberale Studenten in der sowjetisch besetzten Zone und späteren DDR 1946 bis 1952 Karl Hamann war. Karl Hamann hatte unter uns Studenten in Leipzig, Halle, Jena, Rostock, Dresden die gleiche Bedeutung einer liberalen Ikone wie Thomas Dehler für liberale Studenten in Göttingen, Bonn, Mün-chen, Heidelberg, Köln, Hamburg, Westberlin. Nach ihm ist daher eine der liberalen Landesstiftungen in Brandenburg zu recht benannt.

Beide, Dehler wie Hamann, waren und sind bis heute in der liberalen Familie nicht unumstritten. An das Zerwürfnis zwischen Theodor Heuss und Thomas Dehler sei ebenso erinnert wie an die noch immer nachgedruckten, Kalter-Krieg-getönten Kommentare unter anderem damals auch aus dem FDP-Ost-büro in Ablehnung der von Hamann bei Westkontakten unterstützten Wieder-vereinigungskonzepte der sowjetrussischen Regierung Anfang der 1950er Jahre.

Beide, Dehler wie Hamann, traten wie auch viele andere in den 1950er Jahren kompromisslos für Sofort-Wiedervereinigung ein – mit Kritik an der Politik Konrad Adenauers und eben auch ohne West- und NATO-Einbindung. Weg-gefährten waren der spätere Bundespräsident Gustav Heinemann, damals Vorsitzender der Gesamtdeutschen Volkspartei ebenso wie Professor Ulrich Noack/Würzburg, Karl-Hermann Pfleiderer, Paul Sethe, Wilhelm-Wolfgang Schütz mit der »Aktion Unteilbares Deutschland« und vor allem liberale Hochschulgruppen in Ost wie West. Für uns liberale Studenten war Adenauer damals der »kohlrabenschwarze Wegelagerer auf dem Weg zur Deutschen Einheit«.

So jedenfalls damals der Zeitgeist in Verlautbarungen der liberalen Ost- wie Weststudenten. Hier bei Adenauer wohl abgewogenes westorientiertes Diplomatenkalkül, dort bei den jungen Liberalen Ernstnehmen der Präambel des Grundgesetzes. Das Konzept »rasche Wiedervereinigung« fand 1952 Zuspruch und Chance einer sofortigen Realisierung in der berühmten Stalin-Note vom 10. März 1952.[12] Es ging in dieser Note um das Versprechen freier gesamtdeutscher Wahlen, Abzug der sowjetrussischen und aller anderen Besatzungstruppen ein Jahr nach Inkrafttreten des Friedensvertrages mit Deutschland – immer allerdings mit der Verpflichtung, »keinerlei Militärbündnisse einzugehen, die sich gegen einen Staat richten, der im Krieg gegen Deutschland teilgenommen hat«. Deutschland sollte also neutral und NATO-frei bleiben. Liberale Studenten wollten die Sowjetunion beim Wort nehmen, wollten breit über die Stalin-Note diskutieren, wollten dadurch erreichen, dass die Wiedervereinigung nicht nur rasch, sondern auch überhaupt kommt, denn die totale und barbarisch-repressive kommunistische Machtergreifung hatte in der DDR mit Einheitslisten und der Zerschlagung der bürgerlichen Freiheitsstrukturen, dem kommunistischen Umbau auch der Schulen und Hochschulen immer mehr groteske klassenkämpferisch-stalinistische Züge angenommen.

Liberale Studenten beriefen sich in ihrer »Wiedervereinigung-Jetzt«-Argumentation in Übereinstimmung mit Thomas Dehler und Karl Hamann auf Urteile des Bundesverfassungsgerichts, wonach im Anschluss an die Beratungen des Grundgesetzes im Parlamentarischen Rat völkerrechtlich von der Fortexistenz des Deutschen Reiches auszugehen sei. Allerdings besitze unter Okkupation durch die Besatzungsmächte das Reich als Gesamtstaat mangels Organisation, mangels organisierter gesamtstaatlicher Organe und Institutionen zwar Rechtsfähigkeit, aber keine Handlungsfähigkeit. In meiner mündlichen Prüfung zur Ersten Juristischen Staatsprüfung vor dem Prüfungsausschuss des OLG Dresden 1950 habe ich unwidersprochen vom Leipziger Verwaltungsrechtler Jacobi und der Prüfungskommission diese Thesen des westdeutschen Bundesverfassungsgerichts – in vielen späteren Urteilen immer wieder bestätigt – vertreten, also auch den Übergangscharakter der DDR betont mit der These Bundesrepublik und DDR seien vorübergehende bald erledigte völkerrechtliche Provisorien.

Es war dies feste Überzeugung noch 1950 bis 1952 bei Karl Hamann und uns liberalen Studenten jedenfalls, mit einer starken Liberaldemokratischen Partei Ost und Wiedervereinigungs-Aktivisten im Westen sehr rasch die kommunistische SED-Diktatur beseitigen zu können. Auch im Zusammenwirken mit hohen sowjetischen Besatzungsoffizieren und Kontakten zu Westalliierten an

---

12 Paul Sethe, Zwischen Bonn und Moskau. Frankfurt/M. 1956 gibt die damalige Grundstimmung wieder. Heute 2005 sehe ich das anders: Die vorausschauende feste Westbindung Adenauers führte zur Wiedervereinigung.

der SED vorbei. Nur aus dem damaligen Zeitgeist heraus und der großen Sorge, Adenauer werde, wie er es schon beim Saarland beabsichtigte, auch ganz DDR-Mitteldeutschland »verschuften«, ist neben Anti-Kommunismus eine solche Wiedervereinigung-Jetzt-Hoffnung unter uns liberalen Studenten von damals zu verstehen.

Unbestritten ist heute in der Historikerzunft, dass Stasi-Akten zu grossen, teils nur geplanten Schauprozessen wie dem Slansky-, Dertinger- oder Hamann-Prozess in Abwägung mit den jetzt auch zur Verfügung stehenden Akten zur sowjetrussischen Deutschlandpolitik gelesen werden müssen. Die Stalin-Note vom 10. März 1952 gab allen Kommunismus- und SED-Gegnern ungeahnte Chancen zur sofortigen Wiedervereinigung. Stalin war für den Preis eines neutralen, NATO-freien Gesamtdeutschlands bereit, die SED-Diktatur zu opfern, freie Wahlen zu erlauben. Waren nicht die gegenüber uns Studenten von Hamann oft erwähnten realistischen Optionen für diesen Deal mit der sowjetischen Militäradministration und Diplomatie damals durchaus realistisch? Ist es nicht aus Hamanns Sicht verständlich, durch taktische Zugeständnisse an die SED eine starke, nicht zerschlagene LDP retten zu können? Retten zu wollen eine wiedervereinigungs-entschlossene LDP?

Karl Hamann habe ich als Student in Leipzig in den LDP-Parteischulen Behrensdorf und Radebeul, in seiner Berliner Wohnung, auf LDP-Veranstaltungen erlebt. Immer sehr diskussionsfreudig, sehr ehrlich-bestimmt, altfränkisch-solid, immer voller Optimismus die Wiedervereinigung rasch zu erreichen. Schonungslos offen, sehr kritisch zur DDR-Regierung, voller Entrüstung über SED-Verlogenheit, kommunistische Lügen haben wir Studenten mit ihm diskutiert. Oft nahm er uns in seinem Dienstwagen mit, setzte uns auf unseren Wunsch in Westberlin ab. Wir vertrauten ihm und er uns. Zu niemand anderem hatten wir soviel Vertrauen. Kein Vergleich mit Kastner, Loch oder Gerlach, die auftraten als DDR-staatstragend, opportunistisch-undurchschaubar und integrierter Teil des kommunistischen Machtapparates. Für uns liberale Studenten waren sie – anders als Hamann – willfährige Spießgesellen der SED.

Völlig absurd daher die Mutmaßungen Kowalczuks, Manfred Gerlach und Hans Loch hätten sich nur zu gern auch mit den Lorbeeren der von Thomas Dehler allein erreichten Freilassung Hamanns aus unglaublich demütigender Zuchthaus-Drangsal geschmückt. Den Teufel hätten die beiden SED-System-Bewunderer getan. Sie hätten sich ja selbst der Stasi ans Messer geliefert.

Rückkehr zur Geschichte heisst, das von der Parteien Gunst und Hass verwirrte Bild liberaler Persönlichkeiten so darzustellen »wie es wirklich gewesen«, also gerade nicht eine Aktenquelle – schon gar nicht fragwürdige Stasi-Berichte – ohne Gegenkontrolle durch Zeitzeugen, Erlebnisberichte, Erinnerungen Diktatur-Betroffener oder in rechtsstaatlichen Gerichts-Verfahren nach 1989 erhobene Tatsachenfeststellungen. Diese Quellen hat Kowalczuk nicht als Gegenbild genutzt, nicht intensiv befragt, um den wirklichen Zeitgeist zu erfassen – und eben nicht die Stasi-Wirklichkeit als dokumentierte Scheinwirklichkeit. Jeder diktaturerfahrene DDR-Bürger sprach in mehreren Sprachen – einer gegenüber Behörden, einer anderen gegenüber Familien und Freunden, wieder einer anderen im beruflichen Alltag oder zur Sicherung der Karriere.

Jeder Historiker weiss, wie sehr Akten lügen können – von der Fälschung der Konstantinischen Schenkung über die Protokolle der Weisen von Zion bis zu dem für den STERN beschämenden Medien-Event der gefälschten Hitler-Tagebücher. Nicht immer dauert die Aufdeckung von Fälschungen so lange wie im Falle der genannten Papsturkunde, viel schneller ging es etwa bei aus Stasi-Fälscherwerkstätten stammenden wie der zur angeblichen KZ-Baumitwirkung Bundespräsident Lübkes.

Berichte von durch die Stasi bestellten Hamann-Mithäftlingen, also »agents provocateurs«, verharmlosend Zelleninformatoren genannt, können jedenfalls nicht ernsthaft als seriöse zeithistorische Quellen herangezogen werden. Mit den Anwälten des Hamann-Kassationsverfahrens Dr. Günter Kröber/Leipzig und Hermann Marx/Bonn hat Kowalczuk nie gesprochen. Die Gerichtsakten waren offensichtlich keine gleich seriöse Quelle wie Stasi-Berichte. Dies ist »Geschichte paradox«. Geschichtsschreibung aus der »Horch-und-Guck-Perspektive«, ohne Beachtung der in Artikel 1 des Grundgesetzes geschützten Menschenwürde und müsste nicht nur für die Gremien der Karl-Hamann-Stiftung oder die in keiner Weise an der Hamann-Erforschung Kowalczuks beteiligte Familie Hamann, sondern auch für die Friedrich-Naumann-Stiftung befremdlich sein.

Die Rückkehr zur Geschichte würde Historikern die politische Deutungsmacht zurückgeben, die im Historiker-Streit über Einmaligkeit des Holocaust und im Streit um einseitig-nationale Geschichtsbücher in den letzten Jahrzehnten verloren gegangen ist. Niemand nahm in den letzten Jahren, anders als im 19. Jahrhundert, die Geschichtsschreibung als Stichwortgeber für die Politik, als Orientierungsposten in der Gesellschaft mehr ernst. Sozialwissenschaften als eine Art »bürgerlicher Marxismus«, Demoskopie als Augenblicks-Stimmungsbarometer, Fernseh-Talk-Runden als Ersatzparlamente traten an die Stelle der Historie. Die Chance besteht gerade für die liberale Familie von kurzfristigem Event-Management und Politainment sich abzuheben durch eine neue Ordnung der Freiheit in Darstellung gelebter freiheitlicher Wertbilder und Ideen. Genau das kann am Casus Hamann gezeigt werden.

Karl Hamann war Quereinsteiger, Ideenpolitiker – nicht Angehöriger bürgerlich-liberaler Elite aus der Weimarer Zeit; seine berufliche Entwicklung als Landwirt war nicht auf ›Politik als Beruf‹ ursprünglich ausgerichtet. Er hat

Machtspiele und Intrigen der Parteipolitik nie gemocht, oft gar nicht durchschaut. Aber er brachte Überzeugungen, Visionen, Praxiskonzepte in die Tagespolitik ein wie seinen landwirtschaftlich-genossenschaftlich geschärften Blick für Existenzsicherung einheimischer Landwirte und Neusiedler ebenso wie Notwendigkeiten der Ernährungs- und Lebensgütergrundversorgung. Er zeigte immer Fairness im Umgang mit Bürgerproblemen, Studentensorgen, Alltagsschwierigkeiten. Er hatte Organisationstalent ebenso wie Glaubwürdigkeit. Damit beeindruckte er auch hohe Repräsentanten der sowjetischen Besatzungsmacht wie Semjonow, Sokolowskij, Major Drabkin und Kollegen in anderen DDR-Blockparteien.

Von Grund auf neu aufbauen wollte Hamann Deutschland nach Nazidiktatur und Krieg. Die für ihn zuerst vorgesehene Rolle als DDR-Aufbauminister hätte ihm – nach eigener Aussage – Gelegenheit gegeben, seine Ideen besser und grundsätzlicher umzusetzen als im Himmelfahrtskommando Handel und Versorgung, was für ihn übrig blieb, nachdem Dieckmann Volkskammerpräsident und Kastner stellvertretender Ministerpräsident geworden waren. Er war sich immer sehr bewusst, das die sowjetisch besetzte Zone mit Besatzungsmacht und oktroyiertem Sowjetkommunismus für das mittelständisch-industrielle Thüringen und Sachsen Gift war und bald beendet werden musste durch Wiedervereinigung mit dem Westen Deutschlands.

Mitnichten war Karl Hamann Prototyp des Blockflötenpolitikers, »der in der SED-Diktatur als willfähriger Adlatus der Partei agierte«. Das zeigt schon die Tatsache, dass Hamann der einzige Vorsitzende einer Blockpartei war, dem der Prozess gemacht wurde. Weder Grotewohl, Nuschke oder Goldenbaum, noch Bolz und schon gar nicht Ulbricht oder Honecker wurden für zum Teil schwerstes Versagen und Falschberichterstattung gegenüber der sowjetischen Besatzungsmacht zur Rechenschaft gezogen – etwa in Fehleinschätzung der Sicherheitslage in der DDR im Juni 1953 und Falschmeldungen über Grundstimmung in Bevölkerung und Arbeiterschaft.

Für uns LDP-Studenten der Zeit 1946 bis 1952 ist daher der Versuch Kowalczuk Hamann als Denunzianten von LDP-Parteifreunden zu entlarven nicht überzeugend.[13] Zeitgleich hatte Otto Nuschke Zaisser informiert und Hamann musste damit rechnen bei Verschweigen der ihm zugetragenen Informationen selbst zur Rechenschaft gezogen zu werden. Ganz abgesehen von der Sorge, dass ohne solch taktisches Eingehen auf die ohnehin der Stasi längst bekannte Tatsache von massiven Protesten von CDU- und LDP-Mitgliedern, damals noch intakte Organisationsstrukturen zerschlagen werden könnten. Kowalczuk schreibt selbst »Existenzsicherung der Partei um jeden Preis« sei Leitmotiv von Hamann's Handeln gewesen.

---

13   Jahrbuch zur Liberalismusforschung 2004, S. 226

Wie auch Kowalczuk einräumt, war Hamann an der Parteibasis beliebt – und gerade nicht das »kleinere Übel«, sondern der wirklich von zwei Hunderttausend LDP-Mitgliedern und vielen Hunderttausenden Wählern gewollte, gradlinig-konsequent für rasche Wiedervereinigung eintretende LDP-Vorsitzende. Wer sich in SBZ und früher DDR für LDP oder CDU entschied, verzichtete bewusst als bekennender Antikommunist auf den Königsweg sicherer Karriere mithilfe der SED. Als DDR-Protestant setzte er sich und seine Kinder Schikanen, Studien- und Berufsverboten aus. Besonderer Hass galt kleinbürgerlichen Mittelständlern und Freiberuflern, Angehörigen der bürgerlichen Klasse mit oft vorhandenen Bindungen an demokratische Parteien in Westdeutschland in Fortführung von Traditionen und Parteiloyalitäten aus der Weimarer Zeit.

Für deutsche Kommunisten und viele Politruk-Offiziere der sowjetischen Besatzungsmacht waren es vor allem die Liberalen in der DDR, die als unbelehrbar, störrisch gegenüber DIAMAT-Belehrungen über den wissenschaftlichen Sozialismus, tapfer-antikommunistisch, antimarxistisch sich verhielten. Es gab in der LDP viele Mitglieder aus Arbeiterkreisen, LDP-Betriebsräte, LDP-Vorsitzende kommunaler Jugendausschüsse. Der geschäftsführende LDP-Vorsitzende des Landesverbandes Sachsen, mein Vater Geheimrat Menke-Glückert, war gleichzeitig Vorsitzender des Kulturbundes zur Demokratischen Erneuerung Deutschlands in Sachsen und setzte sich in Kampfabstimmungen gegen kommunistische Kandidaten in der Dresdner Tonhalle durch. Es gab LDP-Vorsitzende von Studentenräten wie Wolfgang Natonek an der Leipziger Universität oder Bernhard Reichenbach an der Universität Jena, starke LDP-Jugendorganisationen in Konfrontation zur FDJ und LDP-Arbeitnehmerausschüsse. Sprecher dieser DDR-skeptischen Parteibasis war damals Karl Hamann und kein anderer. Die CDU wurde von sowjetischen Hochschuloffizieren eher als eine Spielart des Sozialismus angesehen, leichter vom neuen SED-Sozialismus stalinistischer Prägung zu überzeugen als die Liberalen in der DDR. Sie galten für sowjetrussische Hochschuloffiziere für noch gefährlicher als ehemalige Hitler-Anhänger.

Legendär sind die Diskussionen in allen Sälen der Leipziger Zoo-Gaststätten 1947 mit DIAMAT-Professor Major Patent und einer Equipe von Sowjetmarxisten. Es waren liberale Studenten, die Marx-Zitate mit anderen Zitaten aus der Korrespondentenzeit von Karl Marx für die Neue Rheinische Zeitung in New York widerlegten, DIAMAT als wissenschaftliche Glaubenslehre ohne methodisch-wissenschaftliche Grundlagen kennzeichneten und lange Verhöre durch sowjetrussische Hochschuloffiziere provozierten. Hamann hat sich bei uns Studenten bedankt »für das Zeigen der liberalen Flagge«.

In Teilen der Liberalismusforschung ist ganz unbestritten – etwa bei Gerhard Papke oder Jürgen Louis –, dass sich 1945 bis 1952 die »eigentliche Perspektive der LDP auf die Wiedervereinigung Deutschlands richtete« und dass diese »Brückenfunktion der Liberalen« eines der Hauptmotive war für den Beitritt zur LDP und das Engagement für diese in Kommunalparlamenten, Blockausschüssen, FDGB und anderen gesellschaftlichen Organisationen.

Wie keine andere Partei – in Ost- wie in Westdeutschland – bemühten sich all‹ die Jahrzehnte des Ringens um die Wiedervereinigung bis 1989 die LDP-Liberalen darum, auch mit Wissen der sowjetrussischen und amerikanischen Besatzungsmacht Gespräche zu führen zur Vorbereitung einer raschen Wiederannäherung und zum Suchen nach Bundesgenossen in anderen demokratischen Parteien. Der LDP-Ministerpräsident Hübener von Sachsen-Anhalt war es, der bei der sowjetrussischen Besatzungsmacht das gesamtdeutsche Ministerpräsidenten-Treffen 1947 in München durchsetzte durch Ankündigung seiner Demission, wenn ihm die Reise nach München verwehrt werde. In diesen Zusammenhang gehören auch die Gespräche, die Karl Hamanns persönlicher Referent im DDR-Handelsministerium Hanns Heyne mit SPD-Politikern im Mai 1952 führte. Ziel waren Treffen mit Erich Ollenhauer und Herbert Wehner. Schon zuvor, im Jahre 1951, waren Heyne und Hamann zu Gesprächen mit FDP-Politikern nach Westdeutschland gefahren.

Diese Tradition ständiger Direktkontakte zwischen FDP und LDP ist dann unter anderem von Wolfgang Mischnick und Wolfgang Döring in den 1960er bis 1980er Jahren fortgesetzt worden. Hamann war Architekt eines Netzwerkes von Politikern aus Ost und West zur systematischen Vorbereitung der Wiedervereinigung. Genau das verband ihn auch mit Thomas Dehler. Für uns liberale Studenten war er Hoffnungsanker, berechenbarer Gesprächspartner, der in unglaublich schwieriger und turbulenter Zeit angesichts sowjetrussischer und SED-Diktatur sich nicht scheute, Verantwortung zu übernehmen. Dabei verfolgte er eine hochriskante Strategie der Sofort-Wiedervereinigung durch taktische Anpassung an bestehende Machtverhältnisse, um für die Liberaldemokraten »zu retten, was zu retten war«. Offener Widerstand war sinnlos gegenüber einer übermächtigen und brutal reagierenden Besatzungsmacht. Nach seinen Worten konnte keine andere Partei so kompromisslos und so ehrlich den gesamtdeutschen Willen der DDR-Bürger nach Westen hin vertreten, wie die Liberal-Demokratische Partei.

Nach Friedrich Schiller ist Weltgeschichte auch das Weltgericht. Es gibt, wie 1989 beweist, Geniestreiche der Geschichte, auf die alle Deutschland-Experten im Westen nicht vorbereitet waren. Sie wurden auf dem falschen Fuß erwischt. Am 10. November 1989 – einen Tag nach Öffnung der Mauer – sagte der Regierende Bürgermeister von Berlin Walter Momper »Gestern war nicht der Tag der Wiedervereinigung, sondern der Tag des Wiedersehens in unserer Stadt.«[14] Diskutiert wurden nach dem Fall der Mauer Korrekturen

---

14 Jens Hacker, Deutsche Irrtümer Berlin 1992, S. 213 ff.

innerhalb des DDR-Systems, Konföderationspläne – aber die ganze weltpolitische Bedeutung der ersten erfolgreichen Freiheitsrevolution in der deutschen Geschichte lange nicht erkannt. Dass die vom westdeutschen Wohlstand ausgesperrten DDR-Deutschen sich Freiheit, Menschenrechte, Wiedervereinigung in friedlicher Freiheitsrevolution 1989 aus eigener Kraft erkämpft haben, hat Hamanns Wiedervereinigungsanstrengungen posthum gerechtfertigt.

Der Casus Hamann sollte auf jeden Fall Anlass sein, das weitere Schicksal der Gauck-Birthler-Behörde zu diskutieren, um in einem festgelegten Zeitplan die Stasi-Aktenbestände in das Bundesarchiv zu überführen. Vor allem aber muss entsprechend dem Wortlaut des § 32 StUG auch bei Forschungsarbeiten sichergestellt sein, dass personenbezogene Daten nur bei Zustimmung der Betroffenen verwendet werden, was hinsichtlich Liv Hamann durch Kowalcuk nicht geschehen ist.[15]

---

15 Gesetz über die Unterlagen des Staatssicherheitsdienstes der ehemaligen Deutschen Demokratischen Republik (Stasi-Unterlagen-Gesetz – StUG) Vom 20. Dezember 1991

§ 32 Verwendung von Unterlagen für die Aufarbeitung der Tätigkeit des Staatssicherheitsdienstes
1) Für die Forschung zum Zwecke der politischen und historischen Aufarbeitung der Tätigkeit des Staatssicherheitsdienstes sowie für Zwecke der politischen Bildung stellt der Bundesbeauftragte folgende Unterlagen zur Verfügung:
1. Unterlagen, die keine personenbezogenen Informationen enthalten,
2. Duplikate von Unterlagen, in denen die personenbezogenen Informationen anonymisiert worden sind, es sei denn, die Informationen sind offenkundig,
3. Unterlagen mit personenbezogenen Informationen über
Mitarbeiter des Staatssicherheitsdienstes, soweit es sich nicht um Tätigkeiten für den Staatssicherheitsdienst vor Vollendung des 18. Lebensjahres gehandelt hat, oder
Begünstigte des Staatssicherheitsdienstes,
4. Unterlagen mit personenbezogenen Informationen über Personen der Zeitgeschichte, Inhaber politischer Funktionen oder Amtsträger, soweit es sich um Informationen handelt, die ihre zeitgeschichtliche Rolle, Funktions- oder Amtsausübung betreffen,
5. Unterlagen mit anderen personenbezogenen Informationen, wenn die schriftlichen Einwilligungen der betreffenden Personen vorgelegt werden; die Einwilligungen müssen den Antragsteller, das Vorhaben und die durchführenden Personen bezeichnen.
Unterlagen mit personenbezogenen Informationen nach Satz 1 Nr. 3 und 4 dürfen nur zur Verfügung gestellt werden, soweit durch deren Verwendung keine überwiegenden schutzwürdigen Interessen der dort genannten Personen beeinträchtigt werden. Bei der Abwägung ist insbesondere zu berücksichtigen, ob die Informationserhebung erkennbar auf einer Menschenrechtsverletzung beruht.
(2) Unterlagen, die sich nach § 37 Abs. 1 Nr. 3 Buchstabe b bis d in besonderer Verwahrung befinden, dürfen nur mit Einwilligung des Bundesministers des Innern verwendet werden.
(3) Personenbezogene Informationen dürfen nur veröffentlicht werden, wenn
1. diese offenkundig sind,
2. es sich um Informationen handelt über
Mitarbeiter des Staatssicherheitsdienstes, soweit diese nicht Tätigkeiten für den Staatssicherheitsdienst vor Vollendung des 18. Lebensjahres betreffen, oder
Begünstigte des Staatssicherheitsdienstes,
3. es sich um Informationen handelt über Personen der Zeitgeschichte, Inhaber politischer Funktionen oder Amtsträger, soweit diese ihre zeitgeschichtliche Rolle, Funktions- oder Amtsausübung betreffen oder
4. die Personen, über die personenbezogene Informationen veröffentlicht werden sollen, eingewilligt haben.

Durch die Veröffentlichung der in Satz 1 Nr. 2 und 3 genannten personenbezogenen Informationen dürfen keine überwiegenden schutzwürdigen Interessen der genannten Personen beeinträchtigt werden. Bei der Abwägung ist insbesondere zu berücksichtigen, ob die Informationserhebung erkennbar auf einer Menschenrechtsverletzung beruht.

(4) Die Absätze 1 und 3 gelten sinngemäß auch für Zwecke der politischen und historischen Aufarbeitung der nationalsozialistischen Vergangenheit.

32a

(1) Sollen Unterlagen nach § 32 Abs. 1 Satz 1 Nr. 4 zur Verfügung gestellt werden, sind die hiervon betroffenen Personen zuvor rechtzeitig darüber und über den Inhalt der Information zu benachrichtigen, damit Einwände gegen ein Zugänglichmachen solcher Unterlagen vorgebracht werden können. Der Bundesbeauftragte berücksichtigt diese Einwände bei der nach § 32 Abs. 1 vorzunehmenden Interessenabwägung. Soweit kein Einvernehmen erzielt wird, dürfen Unterlagen erst zwei Wochen nach Mitteilung des Ergebnisses der Abwägung zugänglich gemacht werden.

(2) Eine Benachrichtigung kann entfallen, wenn die Beeinträchtigung schutzwürdiger Interessen der betreffenden Person nicht zu befürchten ist, die Benachrichtigung nicht möglich ist oder diese nur mit unverhältnismäßigem Aufwand möglich wäre.

Hans Helmut Rösler

Karl Hamann. Meine persönliche Meinung zu seinem Wirken in der LDP

Zu meiner Person: Ich bin nach der Verhaftung einer Reihe junger LDP-Mitglieder in der Nacht zum 1. Mai 1946 durch die Besatzungsmacht, am 2. Mai 1946 in Eisenberg /Thüringen in die LDP eingetreten und war bis zu meiner eigenen Verhaftung am 7. September 1948 Vorstandsmitglied der Kreisuntergruppe Eisenberg im Kreisverband Jena/Stadtroda, ehrenamtlicher Jugendreferent der Kreisuntergruppe und Mitglied des Kreisjugendbeirats der Partei unter Leitung von Jedamus. Von 1948 bis 1957 war ich in sowjetischer, bzw. deutscher Haft in Bautzen und Torgau.

Ich kannte Hamann nicht persönlich, ich sah ihn nur auf Parteitagungen. Für uns jüngere Mitglieder war er kein Vorbild oder »Hoffnungsträger«, wie man heute sagen würde. Im Gegensatz zu liberalen Politikern wie der von den Sowjets verhaftete Fraktionsvorsitzende im thüringischen Landtag Hermann Becker, aber auch Politikern wie Moog oder Gärtner, war er für uns ein Erfüllungsgehilfe der Politik der SED und der Besatzungsmacht. Er zählte wie Kastner in Sachsen zu den LDP-Politikern, die wir ablehnten.

Als wir in der Haft von seiner Verhaftung erfuhren, änderte sich die Meinung der in der Haft befindlichen aktiven jungen LDP-Mitgliedern nicht. Wir kannten die Methoden der Sowjets und der SED, denen auch Anhänger des Regimes zum Opfer fielen.

Im März 1957, durch Bemühungen von Thomas Dehler und Hans-Dietrich Genscher zu meinen Eltern in München aus der Haft entlassen, traf ich Hamann auf einer Veranstaltung, ich glaube, es war eine Versammlung ehemaliger Häftlinge der VOS (Vereinigung der Opfer des Stalinismus). Ich sprach mit ihm persönlich, aber sicher nicht über Politik in der LDP und DDR: Er war zu diesem Zeitpunkt für mich ein Opfer des DDR-Regimes, so wie ehemalige Bewacher aus den Reihen der Volkspolizei, die uns in Bautzen oder anderswo bewacht hatten und später selbst verhaftet wurden und nun in München unter uns saßen.

Ich finde die Veröffentlichungen über Karl Hamann sehr objektiv. Bewertet kann nur die Wirkung seines Verhaltens werden, seine persönlichen Motive kennen wir kaum. Wollte er das Beste für die Menschen, war er Opportunist, glaubte er die sozialistische Utopie, wollte er nur das Schlimmste verhindern? Es gab leider eine Reihe bürgerlicher Politiker, auch in der LDP, die dem Ansehen der Liberalen geschadet haben.

Rezensionen

Dietrich Spitta: Die Staatsidee Wilhelm von Humboldts

Berlin: Duncker & Humblot 2004 (Schriften zur Rechtsgeschichte, Heft 114), 330 S.

Auf die Frage, wer denn der wichtigste liberale Denker in Deutschland gewesen sei, werden wohl nicht wenige Befragte den Namen Wilhelm von Humboldt nennen. Während über die Bildungsphilosophie Humboldt reichlich und grundlegend geforscht und veröffentlicht wurde, blieb seine Staatsphilosophie immer ein wenig ein Stiefkind der Forschung. Perzipiert wird Humboldt im Allgemeinen sowohl als der radikale Minimalstaatler der Schrift »Ideen zu einem Versuch, die Grenzen der Wirksamkeit des Staates zu bestimmen« (1792) als auch als der Schöpfer des staatlichen Bildungssystems in Preußen.

Was steckt hinter dieser widersprüchlichen Perzeption? Spiegelt sie Humboldts Denken tatsächlich wieder? Steht der Staatsdenker beziehungslos neben dem Staatspolitiker?

Es ist erstaunlich, dass die Staatsphilosophie Humboldts im Lichte dieser Fragen nur selten diskutiert wird. Hier mögen etatistische Mythen des wilhelminischen Zeitalters noch eine ungewohnt vitale Nachwirkung zeigen, in denen das staatsskeptische Theoriewerk als bloße jugendliche Verirrung abgetan und den »preußischen Staatsgedanken« hochgehalten wurde.

Umso verdienstvoller ist die vorliegende Arbeit »Die Staatsidee Wilhelm von Humboldts« des Rechtswissenschaftlers Dietrich Spitta, die sich erstmals umfassend mit dem Humboldtschen Staatsdenken in seiner Gesamtheit aus einem theorieorientierten Blickwinkel auseinandersetzt. Was dabei herauskommt, ist vor allem ein weitaus differenzierteres Bild von Humboldts Jugendwerk über die Grenzen der staatlichen Wirksamkeit, das im Mittelpunkt des Buches steht. Es erscheint zwar weiterhin als ein radikal liberales Buch, aber nicht als Ausdruck einer vereinfachenden Ideologie.

Spitta stellt das Buch zunächst in den biographischen, aber auch geisteshistorischen Kontext. Das Verhältnis seiner Staatstheorie etwa zu der von Kant wird eingehend untersucht. Von Kant unterscheide ihn, dass dieser den Staat aus der a priori gültigen Vernunft ableite, während er ihn anthropologisch entwickle. Diese Erkenntnis bietet vielleicht den Schlüssel zu Spittas Deutung des Humboldtschen Werkes. Humboldts Staatsdenken ist – um es vereinfachend auszudrücken – nicht »statisch«, sondern dynamisch und prozessorientiert, weil es sich an der anthropologischen Entwicklung von Menschen ausrichtet. Menschliche Bildung, und damit ist individuelle menschliche Bildung gemeint, lässt sich nur im Zustand der Freiheit realisieren. Umgekehrt lässt sich der Zustand menschlicher Freiheit nur durch menschliche Bildung erreichen. An eine vollkommene Realisierung des Ideals von Freiheit und Bildung glaubte Humboldt nicht, sondern strebte die Annäherung an das Ideal an. Der Staat könne durch schrittweise, doch konsequente Freiheitsgewährung sein Ziel anstreben. Das Argument, man dürfe den Mangel an Reife als Begründung zur Freiheitsbeschränkung gelten lassen, verwirft Humboldt, denn die Reife zur Freiheit käme erst durch die Erfahrung von Freiheit.

Dazu gehöre vor allem auch, dass der Bereich der Bildung nicht verstaatlicht werden dürfe. Aber war Humboldts Reorganisation des Bildungswesens in Preußen im Jahre 1809 nicht gerade das Gegenteil dessen, was er staatsphilosophisch 1792 gefordert hatte? Spitta weißt anhand von Dokumenten klar und explizit nach, dass Humboldt auch 1809 ein verstaatlichtes Bildungssystem prinzipiell für schlecht hielt. So schreibt er im gleichen Jahr an den vorgesetzten Minister: »Der . . . Grundsatz, dass der Staat sich um das Schulwesen gar nicht einzeln bekümmern muss, ist an sich, einer konsequenten Theorie der Staatswissenschaft nach, gewiss der einzig wahre und richtige.« Man vergisst bei Humboldts Wirken als praktischer Bildungsreformer leicht, dass er das entsprechende Amt nur widerwillig annahm und sich bei den Reformen an Vorgaben zu halten hatte, die ein bereits (schlecht organisiertes) staatliches System betrafen. Tatsächlich war Humboldt stets bemüht, so zeigt Spitta auf, innerhalb des Bildungssystems die Autonomie der Bildungseinrichtungen zu stärken und die akademische Freiheit zu garantieren.

Das Verhältnis von Theorie und Praxis, zwischen radikalem Entwurf und – manchmal recht leidvollem – reformerischem Kompromiss, war schon von Anfang an eines der Leitthemen in Humboldts Werk gewesen. Spittas gründliche Arbeit zeigt, dass Humboldt auch über die politischen Wirrnisse seiner Zeit nie die Perspektive verlor. Und diese war die Freiheit und die Würde des Einzelnen in einem Staat, der diese auch konsequent achtete.

Berlin/Potsdam   *Detmar Doering*

Matthias Wolfes: Öffentlichkeit und Bürgergesellschaft. Friedrich Schleiermachers politische Wirksamkeit

Berlin / New York: Walter de Gruyter, 2004 (Arbeiten zur Kirchengeschichte, Bd. 85/1 u. 2), Teil I, XX + 541 S.; Teil II, VIII + 640 S.

Seit etwa einer Generation erlebt die deutschsprachige evangelische Theologie eine Schleiermacher-Renaissance. Die rasch wachsende kritische Gesamtausgabe hat in den vergangenen Jahren eine Vielzahl von meist theologie- und philosophiegeschichtlichen Interpretationen einzelner Aspekte des Schleiermacherschen Werks angeregt. Die wohl auf lange Zeit maßgebliche Biographie des Theologen, Philosophen und Kirchenmannes, die Kurt Nowak kurz vor seinem frühen Tod vorgelegt hat, bündelt viele Forschungsergebnisse und erschließt den facettenreichen Schleiermacher gerade auch für den nicht einschlägig theologisch informierten Leser vor dem zeithistorischen Hintergrund (Kurt Nowak: Schleiermacher. Leben, Werk und Wirkung, Göttingen 2001). Nowak hat maßgeblich dazu beigetragen, daß auch der ›politische Schleiermacher‹ wieder ins Blickfeld der Forschung gerückt ist. Ihn zeigt die gediegene, überwiegend linear-biographisch konzipierte Studie des Verf. nun aus größtmöglicher Nähe und unter der doppelten Fragestellung: Was verbindet als essentielles Anliegen Schleiermachers zahlreiche und in den unterschiedlichsten Zusammenhängen gemachte Äußerungen über Politik sowie sein praktisches politisches Engagement – mit einem zeitlichen Schwerpunkt in den Jahren zwischen 1806 und 1815 –, und wie hängt dieses Kernanliegen mit der zentralen, auch in den theologischen Werken vorauszusetzenden Theoriebildung des Systemdenkers zusammen? Das Ergebnis ist ein akribischer ereignisgeschichtlicher Kommentar in erster Linie zu der bereits vorliegenden bedeutenden Edition der Schleiermacherschen Vorlesungen über Staatslehre bzw. Politik (Friedrich Daniel Ernst Schleiermacher, Vorlesungen über die Lehre vom Staat. Hg. von Walter Jaeschke (KGA II/8), Berlin / New York 1998) sowie zu der jüngst durch den Verf. besorgten Dokumentation der publizistischen Wirksamkeit Schleiermachers in einer entscheidenden Phase der Befreiungskriege (in: Friedrich Daniel Ernst Schleiermacher, Kleine Schriften 1786-1833. Hg. von Matthias Wolfes u. Michael Pietsch (KGA I/ 14), Berlin / New York 2003, 395-500), daneben zu einer beeindruckenden Quellenbasis aus dem übrigen Werk, die neben den einschlägigen Akademieabhandlungen Druckschriften, Predigten und Briefe – darunter wichtige unedierte Texte – einschließt. Neben der Rekonstruktion der Ereignisse (unter

Ausblendung von Schleiermachers kirchenpolitischem Wirken, soweit es nicht in direktem Zusammenhang mit den politischen Optionen steht; hierzu sonst: Albrecht Geck, Schleiermacher als Kirchenpolitiker (Unio und Confessio, Bd.20), Bielefeld 1997) liefert der Verf. Interpretationen, deren gemeinsames Anliegen ist, Schleiermacher als Theoretiker einer »liberalen, verfassungsrechtlich verankerten Gesellschaft politisch verantwortlich handelnder Staatsbürger« (Teilbd.I, 16) herauszustellen. Die titelgebenden Begriffe der ›Öffentlichkeit‹ und der ›Bürgergesellschaft‹ – letztere ist allerdings Schleiermachers eigenem Sprachgebrauch folgend als ›bürgerlicher Zustand‹ eines von ›Obrigkeit‹ und ›Untertanen‹ gemeinsam verantworteten (National)-›Staats‹ zu denken – bilden dabei für den pragmatisch-optimistischen Schleiermacher einerseits Voraussetzungen für die Entwicklung eines derartigen Ideals. Andererseits sind für ihn beide Größen in ihrer historischen Gegebenheit bereits als konkreter Ausdruck eines Wandels hin zu konstitutionellen Strukturen zu betrachten (Teilbd.II, 393.403).

Der Verf. gibt zunächst einen ausführlichen Überblick über den Tenor der frühen politischen Äußerungen (Zweiter Teil, Teilbd.I, 75-206), die zwar noch stärker dem Pflichtdenken verhaftet sind, doch von Beginn an eine aktive Partizipation des Bürgers an einem als von innen heraus in friedlicher Entwicklung reformierbar gedachten Staat voraussetzen. Philosophisch gefaßt: Das Individuum soll immer zugleich Mittel und Zweck für die Gesellschaft sein. Diese Grundfigur einer konsequenten Verschränkung und bleibenden Bezogenheit von Individualität und Sozialität legt auch eine unmittelbare Nähe des politischen Denkens Schleiermachers zu seiner theologischen und ethischen Systembildung nahe. Gegen die noch teilweise fortwirkende ältere Forschung, die ein nationalprotestantisches Schleiermacherbild konstruierte, stellt der Verf. zutreffend die Prägung Schleiermachers durch das Freiheitsideal der Französischen Revolution heraus – ein Ideal, dem er in Deutschland freilich eine Verwirklichung auf dem Weg der Reform zutraute. Der Leser lernt einen preußentreuen Frühromantiker ohne Illusionen über Preußens Vergangenheit und Gegenwart kennen, der eine deutsche Nationwerdung notfalls unter dem wissenschaftlichen und religiösen Druck der französischen Besatzungsmacht erhofft, den aber sein Sinn für das Eigenrecht und für die gegenseitige Wechselwirkung der unterschiedlichen Lebenssphären davor bewahrte, zu diesem Ziel eine totalisierende Staatstheorie anzubieten. Ebensowenig erliegt der von der Universalität des Christentums her argumentierende Theologe der Versuchung eines Arndtschen Frühnationalismus (hierzu auch beinahe apologetisch Teilbd.I, 234-236). – Eingehend und stellenweise spannend schildert der Verf. die ersten Berliner Jahre Schleiermachers (Dritter Teil, Teilbd.I, 207-322), in denen Schleiermacher engen Kontakt zur preußischen Reformpartei hatte und diese auch in konspirativen Missionen unterstützte, Kultusbeamter und Mitbegründer der Universität war. Nach einer

Rückschau auf die Anfänge von Schleiermachers eigentlichem philosophischen Staatsdenken und ihre ideengeschichtlichen Kontexte zeigt der Verf. anhand der frühen Ethikschrift, wie der Staatsbegriff im ethischen System situiert ist: Als eine der beiden Funktionen der menschlichen Vernunft, welche die Natur zum »Organ der Vernunft« bilden, entfaltet sich die gemeinschaftlich-organisierende Funktion im Lebensbereich des Staats mit den sittlichen Betätigungsformen Arbeit, Arbeitsteilung und Tausch. (Komplementär zum Staat steht die individuell organisierende freie Geselligkeit mit Privateigentum und Privatsphäre. Die beiden Funktionen, in welchen die Vernunft gestalterisch die Natur im Handeln als ihr Organ gebraucht, umfassen in der gemeinschaftlichen Form Wissen und Wissenschaft, in der individuellen Form das Gefühl mit seinen Ausdrucksformen Religion und Kunst.) Aus den spärlichen Hinterlassenschaften rekonstruiert der Verf. Themen der ersten Staatslehre-Vorlesung Schleiermachers 1808/09. – Auf dem Höhepunkt seiner aktiven politischen Wirksamkeit im Jahr 1813 (Vierter Teil, Teilbd.I, 322-373) konnte der Theologe in der Begeisterung für den Befreiungskampf kurzfristig »reinste Übereinstimmung« zwischen dem Willen des zaudernden Friedrich Wilhelm III. und »seiner Völker Wunsch« verspüren. In seiner Tätigkeit als Herausgeber und maßgeblicher Autor des in Berlin erscheinenden ›Preußischen Correspondenten‹, eines vom liberalen Verleger Reimer begründeten und der Reformpartei nahestehenden Periodikums, von Juli bis September 1813 sah Schleiermacher allerdings seinen Patriotismus durch die Gängelung der staatlichen Zensur auf harte Proben gestellt (Fünfter Teil, Teilbd.I, 375-541; ein insgesamt besonders faktengesättigtes Kapitel, das mitsamt der Dokumentenedition zum ›Preußischen Correspondenten‹ und zur Zensurpraxis in Teilbd.II, 419-511, den Unfang einer Monographie erreicht). Das von Niebuhr, seinem Vorgänger in der Redaktion, übernommene Ziel, in der Bevölkerung mithilfe regierungsnaher Information den militärischen und politischen Widerstand zu stärken, wurde von Hardenbergs Regierung als Umsturzhetze beargwöhnt. Während des am 5. Juni geschlossenen Waffenstillstands zwischen Preußen, Rußland und Frankreich drängte Schleiermacher auf Stärkung der militärischen Handlungsfähigkeit. Ein kritischer Artikel im Sinne der Kriegspartei über den in Prag vorgesehenen Friedenskongreß, »eine der wichtigsten politischen Stellungnahmen Schleiermachers überhaupt« (Teilbd.I, 452), kostete den lässigen Zensor sein Amt und brachte Schleiermacher an den Rand der Dienstentlassung und Ausweisung wegen Hochverrats. – Erst recht die rasch nach der wiedergewonnenen Freiheit einsetzenden restaurativen Tendenzen enttäuschten ihn, er verlor politischen Einfluß und Gunst des Hofes. Allenfalls in den ersten Schritten zu einer kirchlichen Repräsentativverfassung sah er Hoffnung auf eine allmähliche Konstitutionalisierung des öffentlichen Lebens. Seine Vorlesungen über Ethik und über die philosophische Lehre vom Staat als »Physiologie des Staates« sowie die Akademieabhandlungen boten ihm Gelegenheit, viele Fragen der Zeit in grundsätzlicher und oft – so wird mit Jaeschke zu folgern sein – eher gegenwartsenthobener Weise auf hohem Niveau zu erörtern (Sechster Teil, Teilbd.II, 1-131). Eine Einzeichnung von Schleiermachers theoretischer Politikkonzeption in das zeitgenössische Staatsdenken steht nach wie vor aus – sie wäre umso wichtiger, da von mehreren Seiten provokante Kritik an der angeblich mangelnden Modernität von Schleiermachers Staatstheorie vorgebracht worden ist (Teilbd.II, 46; auch 297f.). Dabei besitzt sie vielfältige Berührungspunkte mit den verschiedenen liberalen Tendenzen der Zeit: Schleiermacher schätzt zwar das ältere analytische Schema der Gewaltenteilung, aber im Interesse einer organischen Darstellung der Tätigkeiten im Staat entwickelt er am Beispiel der Legislation ein Modell politischer Willensbildung im zirkulären Prozeß zwischen ›Monarch‹ und ›Volk‹ und gelangt so zu einer »Zweigewaltentheorie« (Teilbd.II, 45). Zum frühkonstitutionellen Dualismus bestand in der parlamentarischen Praxis seiner Zeit in Deutschland zunächst noch keine Alternative (und Schleiermacher gelangt in der Theorie sogar zu Spitzensätzen im Sinne des parlamentarischen Prinzips wie: »Die Regierung besteht aus dem Volk«; vgl. Teilbd.II, 51.114). Er gibt eine pragmatische Rechtfertigung des monarchischen Prinzips (Garantie gegen Interessenkonflikte bei der Machtausübung; hierzu Teilbd.II, 52f.) und fordert immer wieder allgemeine Repräsentation. Auch das Plädoyer für eine defensive Verteidigungsplanung wegen der Existenzsicherungspflicht des Staates weist in diese Richtung (Teilbd.II, 67-69). Anhand seiner Stellungnahmen in Bildungsfragen rückt Schleiermacher in die Nähe des zeitgenössischen bürokratischen Liberalismus mit dessen Tendenz zu ›Verwaltung vor Verfassung‹, d.h. mit dem Ziel, das Volk an der behördlichen Verwaltung zu beteiligen (Teilbd.II, 57-61). (Später spricht der Verf. knapp Differenzen zwischen Schleiermacher und zeitgenössischen liberalen Konzeptionen an: seinen Unwillen zu Differenzierung der politischen Teilhabe anhand sozialer Kriterien sowie seinen Verweis auf die vorpolitischen normativen Grundlagen des Gemeinwesens: Teilbd.II, 322f., auch 406; inwieweit Schleiermachers Idee vom Staat als produktiver »Verbindung [von Regierung und Regierten] zur Rechtspflege« vom eher auf Konfliktregelung abstellenden Modell einiger liberaler Theoretiker abweicht, bleibt näher zu prüfen.) – Der anschließenden akribischen Beschreibung von Schleiermachers demütigenden Erfahrungen mit der preußischen Administration während der Demagogenverfolgung bis zur ›Rehabilitierung‹ 1831 (Siebenter Teil, Teilbd.II, 133-270) folgt ein Resumée des Spätstadiums der Staatstheorie (Achter Teil, Teilbd.II, 271-323). Der Verf. hebt den konstanten Appell Schleiermachers zur bürgerlichen Mitverantwortung in Politik und Gesellschaft hervor, gerade als Konsequenz christlichen Daseinsverständnisses, was auch Konsequenzen für das Bild der Kirche als offener, pluralitätsfähiger Gemeinschaftsform hat. Eine eingehende

Würdigung der politischen Thematik in Schleiermachers christlicher Ethik ergibt, daß für den Christen die Zielbestimmung seines ethischen Handelns – die Verbreitung des Reiches Gottes – faktisch normierend wirkt, ohne dadurch in Widerspruch zu den Zielen der bürgerlichen Gesellschaft zu geraten. – Die abschließende Studie zum Verhältnis Schleiermachers zum Judentum (Neunter Teil, Teilbd.II, 325-390) erkennt Schleiermachers Leistung für eine politische Lösung der Emanzipationsfrage an. Der Verf. kritisiert allerdings von einem theologischen Standpunkt aus Schleiermachers Beharren auf dem Wesensunterschied von christlicher und jüdischer Religion als fatal und unhaltbar. Den Historiker leitet hier teilweise ein eher aktuelles, religionspolitisch korrektes Problembewußtsein.

Die sorgfältig redigierten Bände werden eine unentbehrliche Informationsquelle weit über die Schleiermacherforschung hinaus sein.

München   *Johannes Wischmeyer*

Anna Gianna Manca/ Luigi Lacchè (Hrsg.): Parlamento e Costituzione nei sistemi costituzionali europei ottocenteschi – Parlament und Verfassung in den konstitutionellen Verfassungssystemen Europas

Bologna: Il Mulino/ Berlin: Duncker & Humblot 2003 (Jahrbuch des italienisch-deutschen historischen Instituts in Trient, Beiträge 13), 467 S.

In dem vorliegenden Band über die konstitutionellen Verfassungssysteme des 19. Jahrhunderts sind die Beiträge eines internationalen Symposiums gesammelt, welches am italienisch-deutschen historischen Institut in Trient Ende des Jahres 2000 stattfand. Dieser wiederum ist Teil eines Gesamtprojektes des Trienter Instituts, das den Konstitutionalismus im Europa des 19. Jahrhunderts aus verschiedenen Perspektiven und anhand unterschiedlichster Fallbeispiele thematisiert und dessen bisherige Ergebnisse hier bereits an anderer Stelle besprochen wurden.[16] Die Herausgeber haben sich ihrem komparativen Ansatz gemäß zum Ziel gesetzt, die Rolle des Parlaments vor allem unter drei Gesichtspunkten zu bestimmen: Erstens bezüglich der Umsetzung der Verfassung, zweitens hinsichtlich der Bewahrung ihres »Geistes« und drittens aus einer diachronen Perspektive anhand der Entwicklung der Verfassungstexte. Dabei stellen sie die Hypothese auf, dass der Typus der sogenannten konstitutionellen, programmatischen Verfassungen – obwohl er sich häufig auf die Formulierung allgemeiner Prinzipien beschränkte – von Anfang an eine normative Kraft entwickelte und somit zumindest in materieller Hinsicht den modernen Verfassungen des 20. Jahrhunderts näher steht als bisher angenommen.

Für die Liberalismusforschung ist diese Herangehensweise in doppelter Hinsicht relevant, denn zum einen lässt sich an den schriftlich fixierten Verfassungskodizes ablesen, inwieweit eine liberale Programmatik darin Eingang gefunden hat, zum anderen kann durch den Blick auf die jeweiligen Legislativen der Einfluss der Akteure des politischen Liberalismus auf die jeweiligen Konstitutionalisierungsprozesse verortet werden. Untersucht werden die Verfassungssysteme von Belgien, von ausgewählten Staaten des deutschen Bundes, außerdem von Frankreich, Großbritannien, Italien und Spanien. Naturgemäß weichen die verschiedenen konstitutionellen Ordnungen in ihrer Ausformung erheblich voneinander ab, wobei sich gewissermaßen zwei Subtypen

16   Vgl. Jahrbuch zur Liberalismus-Forschung, 14/2002, S. 325-326.

beschreiben lassen: Einerseits handelte es sich bei den Verfassungen wie zum Beispiel des savoyischen *Statuto albertino* – das wird in den Beiträgen von Roberto Martucci, Paolo Colombo und Francesco Soddu deutlich – um konstitutionelle Kompromisse, die ein weitgehend traditionales Ordnungsgefüge konservierten. Andererseits stellten Konstitutionen – wie die französische Verfassung von 1830 – bereits einen modernen Prototyp dar und gaben gleichsam ein emanzipatorisches Versprechen für die Zukunft.

Wie ist der vorliegende Sammelband zu beurteilen? Zu seinen Vorzügen gehört sicherlich die Vielzahl der Fallbeispiele, die einen Überblick wenn schon nicht auf ganz Europa, so doch wenigstens auf Westeuropa geben. Allerdings sind die meisten Beiträge der traditionellen Rechtsgeschichte zuzuordnen, die im wesentlichen auf einer klassischen Institutionenanalyse beruht und die gerade nichts zu tun hat mit einer innovativeren sozialwissenschaftlich-anthropologisch orientierten Institutionenlehre. Entsprechend trocken ist der Stoff, zumal die Frage nach den gesellschaftlichen Trägergruppen dieser Bewegungen gewollt weitgehend ausgeklammert bleibt. Für die Experten der Rechtsgeschichte mag die Lektüre sehr gewinnbringend sein, ansonsten wird der Nichtromanist, der hierfür viersprachig sein muss, diesen Band kaum am Stück lesen können.

Ein grundlegendes Defizit ist insbesondere, dass die thematisch sehr heterogenen Beiträge zwar in einem Einleitungskapitel vorgestellt werden, eine die Ergebnisse bündelnde systematisierende Schlussbetrachtung jedoch unterbleibt. Denn die Bezüge zwischen dem cisleithanischen Vereinsgesetz von 1867, um ein Beispiel zu nennen, und der verfassungsgeschichtlichen Entwicklung in Spanien von 1810 bis 1931 liegen nicht unbedingt auf der Hand.

Dresden   *Patrick Ostermann*

Hambach-Gesellschaft für historische Forschung und politische Bildung (Hrsg.): Jahrbuch 11 der Hambach-Gesellschaft

Heidelberg u.a.: Regionalkultur, 2004, 246 S.

Es ist hier der 11. Band eines Jahrbuches zu besprechen, das laut dem Vorwort zu Band 1 »für alle Beiträge zur Verfügung steht, die sich mit dem Gesamtspektrum der Freiheitsbewegungen der Vormärzzeit befassen. Darüber hinaus soll das Jahrbuch auch offen sein für alle Abhandlungen, die sich generell mit Freiheitsbewegungen und demokratischer Tradition beschäftigen, ohne zeitliche und nationale Begrenzung.« (S. 7).

Der vorliegende Band enthält fünf Beiträge im Umfang von 20 bis 64 Seiten. Zu Beginn ist ein Beitrag von Thomas Neubert: »Von der Schulbank ins Gefängnis. Vergeblicher Versuch einer Kriminalisierung der Jungen Gemeinde 1951« abgedruckt, der aus einem persönlichen Erlebnisbericht des Autors von 18 Seiten und einem Dokumentenanhang von 42 Seiten besteht. Schon von der Anlage her kann man diesen Beitrag nicht mit Publikationen anderer Autoren vergleichen, wie z.B. mit denjenigen von Karl Wilhelm Fricke, die trotz persönlicher Betroffenheit »sine ira et studio« verfasst wurden. Sehr aufschlussreich ist der Dokumentenanhang. Es ist erschreckend, wie Klassenkameraden auch noch nach 1990 beteuern, von alldem nichts gemerkt oder gewusst zu haben. Es ist allerdings zu fragen, ob ein erneuter, unveränderter Abdruck dieses Aufsatzes von 1993 notwendig ist.

Anschließend folgt ein 32seitiger Aufsatz »Der Weg zur modernen Partei. Die badischen Liberalen während der ›Neuen Ära‹ 1860-1866.«. Wie Ulrich Tjaden, ein profunder Kenner der Geschichte des Liberalismus in Baden, zurecht herausarbeitet, bahnte sich in dieser Zeit der Konflikt zwischen dem liberalen und katholischen Lager an. Der bedeutende Schritt hin zu einem parlamentarischen Regierungssystem im März 1860 führte nicht nur zu einer außenpolitischen Stagnation, sondern brüskierte auch die mehrheitlich katholische Landbevölkerung. Die Formierung der antiliberalen Opposition führte bei den Kreiskammerwahlen 1865 zu großen Erfolgen. Die erfolgsverwöhnten badischen Liberalen sahen sich plötzlich einer starken parlamentarischen Opposition gegenüber.

Es folgt eine überarbeitete Magisterarbeit von Simone Wächter: »Wahlkämpfe und Wahlerfolge der NSDAP unter besonderer Berücksichtigung der Stadt Mannheim und Heidelberg«. Als erstes fällt ein Fehler vieler solcher Arbeiten ins Auge: Die Ausführungen auf 53 Seien werden mit 435 Anmerkungen belegt. Mangels aussagekräftiger Archivalien (wurde an Nachlässe gedacht?) stützt sich die Arbeit hauptsächlich auf die Auswertung von zeitgenössischen Zeitungen. Es kommt hinzu, dass der Weg der NSDAP in den beiden Städten für die Jahre 1930 bis 1935 schon ausführlich untersucht wurde. Das Fazit bleibt etwas blass. Dass die monierte »langweilige Gleichförmigkeit« in den Wahlkämpfen zwar »wenig innovativ« (S. 153), aber gerade deshalb sehr effektiv sein konnte, wird leider nicht genügend beachtet.

Ebenfalls auf dem ersten Teil einer Magisterarbeit basiert der Beitrag von Katrin Wurch: »Zwischen Bürokratie und Politik. Hamburgs schulischer Umgang mit Gastarbeiterkindern zwischen 1960 und 1972«. Die Autorin weist die ambivalente Haltung der Hamburger Behörden gegenüber Gastarbeitern und ihren Familienangehörigen seit den 1960er Jahren nach. Erst die »Grundsätze zur Eingliederung ausländischer Arbeitnehmer« von 1970 und die positive Akzeptanz der Beschäftigung von Ausländern aus wirtschaftlichen Gründen führte zu einem Integrationskurs. Der 2. Teil der Arbeit über die Tätigkeit der Hamburger Schulbehörden soll im nächsten Jahrbuch erscheinen. Bei dieser Thematik macht sich die 30jährige Sperrfrist für Archivalien negativ bemerkbar, eine Weiterführung über 1972 hinaus wäre sehr reizvoll.

Den Abschluss des Bandes bildet eine Beitrag des Generalstaatsanwalts des Landes Brandenburg, Erardo Christofo Rautenbach: »Schwarz-Rot-Gold. Das Symbol für die nationale Identität der Deutschen.«. Es ist die überarbeitete Fassung eines Vortrags von 2002, der auch schon publiziert wurde. Ausgehend vom Erstarken des Rechtsradikalismus warnt der Sozialdemokrat davor, die Symbole der Republik gering zu schätzen oder gar verächtlich zu machen. Danach folgt ein historischer Abriss über Herkunft und Verwendung der Farben bis 1990. Leider wurde die Vortragsform beibehalten, ein paar Literaturangaben am Schluss können den Nachweis der Angaben und der zahlreiche Zitate nicht ersetzen.

Es bleibt beim Rezensenten ein zwiespältiger Eindruck zurück. Für den Leserkreis dieses Jahrbuches ist der Beitrag von Ulrich Tjaden sicher von Interesse. Alle Beiträge haben zwar etwas mit Freiheit im weitesten Sinne zu tun. Aber wenn schon der thematische Bogen so weit gespannt wird, stellt sich die Frage, warum zwei der fünf Beiträge ein zweites Mal veröffentlicht werden. Wenn man dazu bedenkt, dass im ersten Jahrgang von den zehn Autoren acht akademische Titel von Doktor bis Professor trugen, ist die Frage zu stellen, welches Profil möchten Redaktion und Herausgeber, die anfangs ein wissenschaftliches Publikationsorgan planten, dem Jahrbuch jetzt geben? Ein akademisch-pulizistischer »Gemischtwarenladen« zum Thema Freiheit sollte nicht das Ziel sein. Das Jahrbuch ist aber leider auf dem besten Wege dahin.

Radebeul   *Lutz Sartor*

Hambach-Gesellschaft für historische Forschung und politische Bildung (Hrsg.): Jahrbuch 12 der Hambach-Gesellschaft

Neustadt an der Weinstraße 2004.

Das dem Jahre 2004 entwachsenen Jahrbuch der Hambach-Gesellschaft für historische Forschung und politische Bildung enthält mit den Arbeiten Erich Schneiders zu August Bebels politischen Gesinnungsfreunden in der Pfalz, Mark Willocks Studie zum Bremer Liberalismus im Kaiserreich und dem zweiten Teil der Magisterarbeit Katrin Wurchs zu Hamburgs Umgang mit Gastarbeiterkindern in der 1960er und frühen 1970er Jahren lediglich drei historiographische Aufsätze. Das ist etwas schade, zumal etwa der Aufsatz Erich Schneiders in diesem Falle durchaus etwas mehr Raum gebraucht hätte, um seine größtenteils auf einer Pressesichtung basierenden Ausführungen mit einer Bewertung und Einordnung des Skizzierten abzuschließen. Und zumal die Herausgeber gleichwohl Platz für eine Skizze Hans Clausers zu der Ruhe-stätte der 1849 bei Rastatt Erschossenen fanden, die bereits in einer Festgabe für Wolfgang Michalka zu lesen war, für das ausführliche, aber ungebändigte Wortlaut-Protokoll einer Podiumsdiskussion zum fünfzigsten Jahrestages des missglückten Volksaufstandes von 1953 (Diskutanten waren Rudolf Morsey, Joachim Fiedler, Siegbert Schefke und Wolfgang Templin) und für eine Rei-seschilderung Hans Fenskes, der mit einer Studienreise der Fridtjof-Nansen-Akademie für politische Bildung im Weiterbildungszentrum Ingelheim im Herbst 2003 in den Iran reiste; auf Buchbesprechungen und Debatten glaubte man gänzlich verzichten zu können. So interessant daher auch die vorliegen-den Beiträge im Einzelnen sein mögen, so unbefriedigend ist der Gesamtein-druck, den diese Ausgabe hinterlässt. Dass die Hambach-Gesellschaft, ihrem Namen verpflichtet, sowohl die historische Forschung wie die politische Bil-dung pflegen wollte, ist ehrenwert, in der vorliegenden Form aber noch nicht überzeugend. Aus Sicht der Liberalismus-Forschung scheint einzig Mark Willocks Aufsatz zu der, nicht zuletzt dank einer engagierten örtlichen Presse, Behauptung des Bremer Liberalismus in den Jahren 1867 bis 1918 interessant zu sein. Zwar ließen sich auch hier sicherlich bei einer eingehenderen Unter-suchung mehr unpublizierte Archivstücke auffinden und Thesen untermau-ern. Willock aber gelang auch so eine kompakte Darstellung, die den Blick für die großen Linien, etwa den Vergleich der Bremer Behauptung mit dem Be-deutungsverlust des deutschen Liberalismus des Kaiserreiches, behielt. Der Einfluss des Liberalismus in Bremen habe dank des Engagenemts ihrer führenden Kräfte in Vereinen wie dem Arbeiterbildungsverein Vorwärts oder dem Gewerbe- und Industrieverein in »weite Kreise der Bevölkerung« getragen werden können, schreibt er. Dass die Bremer dabei bis zu der an ähnliche antisozialistische, nationalliberale Gründungen in Sachsen, Thüringen und Emden erinnernden Gründung des Reichsvereines im Mai 1877 auf eine dauerhafte eigene Organisation verzichteten, lag Willock zufolge »sicherlich an der Vormachtstellung des Liberalismus in der Hansestadt, die eine feste Organisation fast überflüssig erscheinen ließ.« (S. 38f.). Ausgerichtet freilich war auch die Arbeit der Bremer Nationalliberalen vornehmlich auf eine Eindämmung der an Popularität gewinnenden Sozialdemokratie. Sie betrachtete indes zunehmend gerade Angestellte und Beamte als ihr Klientel und vermochte es so schon in den 1860ern, entgegen der vermeintlichen Mängel der liberalen Politik des Kaiserreiches ingesamt gesprochen, sich rege publizistisch mit der »sozialen Frage« auseinanderzusetzen, eine »aufgeschlossene Arbeiterpolitik« (S. 46) zu betreiben und etwa über den vornehmlich von liberalen Mitgliedern geprägten Bürgerlichen Volksverein oder den Ortsverein der Gesellschaft für Soziale Reform auch das kulturelle Leben vor dem Kriege mitzuprägen. Der Einfluss von Arbeitnehmern in der Führung des Reichsvereines sei allerdings gering geblieben und ein volkstümlicheres Verhalten etwa im Wahlkampf 1907 deutlich angemerkt worden. Dennoch habe sich der Bremer Liberalismus bis 1912 trotz seiner inneren Zersplitterung in verschiedene Flügel behaupten können und sei Anfang des Jahrhunderts durch sein programmatisches Bekenntnis zu Freihandel und Nationalstaat eher gestärkt als geschwächt worden (S. 54). Das Klischee eines »ineffektiven und überholten Honoratiorenregiments«, das dem deutschen Liberalismus gerne angeheftet wird, scheint zumindest auf den Bremer Liberalismus des Kaiserreiches nicht zuzutreffen (S. 37).

Bonn   *Matthias Hannemann*

Lauren M. E. Goodlad: Victorian Literature and the Victorian State. Character and Governance in a Liberal Society

Baltimore and London: Johns Hopkins University Press 2003, 298 S.

Miles Taylor: Ernest Jones, Chartism, and the Romance of Politics 1819-1869

Oxford: Oxford University Press 2003, 277 S., 10 Abb.

Das Wechselverhältnis von Literatur und Liberalismus im Großbritannien des 19. Jahrhunderts beleuchten zwei Studien auf Wegen, die unterschiedlicher kaum sein könnten. In ihrer literatur- und geschichtswissenschaftliche Ansätze vereinigenden Studie argumentiert Lauren Goodlad, daß die liberalen Denker und die Schriftsteller im viktorianischen England sich keineswegs mit einer laissez-faire-Doktrin zufriedengaben, die Interventionen in das wirtschaftliche und soziale Leben ablehnte. Vielmehr suchten sie nach Antworten auf die Frage, wie auf staatlicher und lokaler Ebene angemessen auf die sozialen Verschiebungen in der industriellen Gesellschaft reagiert werden könne. Selbsthilfe, Philanthropie, freiwillige Sozialarbeit und kommunale Regelungsmechanismen sind die Aspekte viktorianischen Lebens, die im Zentrum ihrer Studie stehen. Mit den Begriffen »pastorship« und »governmentality« entwickelt sie die theoretischen Kategorien, um die Suche der Viktorianer nach einer moralisch und sozial angemessenen Regelung gesellschaftlicher Fragen zu beschreiben. Zeitlich setzt Goodlad an mit den Bestrebungen Edwin Chadwicks, utilitaristische Ansätze der Sozial- und Armengesetzgebung zu entwickeln. Im Laufe des Jahrhunderts fächerten sich diese Überlegungen aus in verschiedene Richtungen: in die Organisation freiwilliger Sozialarbeit durch die 1869 gegründete Charity Organisation Society (COS), aber auch in die stärker bürokratischen und staatszentrierten Lösungsansätze der Fabier um Beatrice und Sidney Webb.

Goodlad gibt der Darstellung historischer Sachverhalte breiten Raum, um die von ihr ausgewählten Vertreter der viktorianischen Literatur (vor allem Anthony Trollope, H. G. Wells und immer wieder Charles Dickens) zu präsentieren als Teil dieses »anderen Liberalismus«, dessen Wurzeln sie im civic republicanism, im liberalen Evangelicalism und in der postrevolutionären

Romantik des frühen 19. Jahrhunderts verortet. Als zentral erweist sich insbesondere die Kategorie »character«, erschien doch die Charakterbildung des Einzelnen als Ansatzpunkt für die Schaffung eines verantwortlichen Handelns im privaten und öffentlichen Raum. Im Zusammenhang der Debatten um die Reformierung der Armengesetzgebung gilt ihr insbesondere Charles Dickens als Beispiel für eine Sicht, die den Charakter des Einzelnen zwar als vorgegeben ansah, die aber energisch dafür plädierte, dem »Guten« im Menschen die erforderlichen Entfaltungsmöglichkeiten zu geben. Allerdings sieht sie Dickens im Umfeld der Diskussionen um eine »sanitary reform« in eine darstellerische Sackgasse laufen: Seine Freude an der Karikatur läßt ihn spitzzüngig die karitativ arbeitenden Ladies verspotten, deren philanthropische Arbeit ihm doch eigentlich als unverzichtbar für die Behebung sozialer Mißstände erscheint. Damit delegitimiert Dickens gerade das nicht-staatszentrierte Modell von »pastorship«, das ihm am Herzen liegt.

Dies ist nicht der einzige Widerspruch im viktorianischen Diskurs. Dieser sah sich vor allem hin- und hergerissen zwischen dem Ziel einer sozialen Absicherung möglichst vieler Menschen und der Gewährleistung von deren individueller Freiheit. Um die Wende zum 20. Jahrhundert sollten schließlich die Webbs ein bürokratisiertes wohlfahrtsstaatliches Modell favorisieren, dem die COS die dezentrale Organisationsform der freiwilligen karitativen Arbeit entgegensetzte. Mit diesen »dueling pastors« und ihren »dueling worldviews« sind die viktorianischen Sozialdenker in einen Widerspruch verwickelt, der Streitpunkte und Aporien der gegenwärtigen Sozialstaatsdiskussion vorwegnimmt. Dies ist die eine Säule der Aktualität, auf der Goodlads Studie ruht – die Relevanz der historischen Debatten in der heutigen Situation. Die zweite Säule ist methodologischer Natur: Die Zentralbegriffe der Analyse, »pastorship« und »governmentality«, sind den späten Arbeiten Michel Foucaults entlehnt. Die Autorin beschränkt sich nicht darauf, aus den Ansätzen des Franzosen den interpretationsleitenden Rahmen ihrer Studie zu gewinnen, sondern sie ist darüber hinaus bestrebt, die strukturelle Übereinstimmung Foucaultscher Konzepte mit den Perspektiven viktorianischer Denker, insbesondere John Stuart Mills, aufzuweisen. Dies gerät angesichts der unterschiedlichen Entstehungsbedingungen der entsprechenden Theorien zu einem äußerst abstrakten Unternehmen. Dieses schafft einen konzentrierten theoretischen Rahmen für die Untersuchung, doch läßt sich fragen, ob nicht ihre Analysebausteine auch in andere Zusammenhänge gestellt werden könnten. Spielt nicht beispielsweise die Kategorie »character« auch für Liberale, die stärker in einer laissez-faire-Tradition stehen, eine wesentliche Rolle? Ist nicht vielleicht die deutliche Gegenüberstellung von zwei Spielarten des Liberalismus eher Ergebnis des Bedürfnisses nach klaren theoretischen Abgrenzungen, während in der historischen Wirklichkeit die unterschiedlichen Diskurse ineinanderlaufen konnten? Allerdings ändern solche Fragen nichts an der Leistung Goodlads, die darin besteht, den Anteil fiktionaler Literatur an den zentralen gesellschaftspolitischen Debatten des viktorianischen England herausgearbeitet und kohärent interpretiert zu haben.

Geschrieben ist das Buch in einer äußerst dichten, häufig abstrahierenden Sprache, so wenn beispielsweise die Rede ist von einer »distinctive vision of national pastorship yoked to the authority of modern science, including a discernibly postindividualist philosophy of the state and a notion of collective moral purpose embedded in evolutionary design« (S. 195). Von Goodlads theoriegeleiteter Herangehensweise an die Sozialdiskurse im viktorianischen Liberalismus unterscheidet sich Miles Taylors biographischer Zugang sprachlich und strukturell grundlegend. Taylor präsentiert eine liberale Lebensgeschichte, die ausgefallener kaum hätte sein können. Gegenstand seiner Darstellung ist Ernest Jones (1819-1869), heute vor allem bekannt als Korrespondent von Karl Marx und führender Vertreter des Chartismus in seiner Spätphase, also eines »popular liberalism«, dessen Verhältnis zum parlamentarischen Liberalismus sich erst in den postchartistischen Jahrzehnten klärte. Jones war wesentlich an diesen Entwicklungen beteiligt, teils bewußt, teils eher als Getriebener.

Jones selbst verstand sich zunächst einmal weniger als politischer Agitator denn als Dichter. Aufgewachsen in Deutschland, wohin sein Vater als Mitglied des hannoverischen Königshaushalts abgestellt war, und erzogen auf einer Ritter-Akademie bei Lüneburg, war Jones durch die romantische Dichtung seiner beiden Bezugsländer, Deutschland und England, geprägt. Nach seiner Übersiedlung nach England im Alter von fast 20 Jahren strebte er neben einer Ausbildung zum Anwalt eine literarische Karriere an, die jedoch nicht so recht von der Stelle kam. Erst als er sich in den letzten Jahren des Chartismus mit patriotischen, volksverbundenen Versen hervortat, erlangte er weite Bekanntheit als »the people's poet«. Seine Beteiligung an chartistischen Versammlungen brachte ihn jedoch bald ins Gefängnis.

Taylor betreibt alles andere als Hagiographie. Sein »Held« hat durchaus unangenehme Züge. Taylor erwähnt mehrfach einen (allerdings von ihm nicht systematisch analysierten) Antisemitismus, vor allem aber ein ausgeprägtes Geltungsbedürfnis seines Protagonisten, das die Motive für Jones Engagement in der Spätphase der chartistischen Bewegung fast schon fragwürdig erscheinen läßt – erst der Chartismus verschaffte dem erfolglosen Dichter die heißersehnte öffentliche Anerkennung. Als wichtigstes literarisches Sprachrohr der Arbeiterbewegung opferte Jones allerdings gerade in den 1850er Jahren viel Zeit und Geld, um die dahinsiechende Volksbewegung am Leben zu erhalten. Als mehrere Versuche, eigene Zeitungen am Markt zu behaupten, scheiterten, nahm Jones in den 1860er Jahren dankbar die Gelegenheit wahr, durch seine Rückkehr in die Anwaltstätigkeit einen sozialen Aufstieg zu erreichen. Der Politik blieb er treu, allerdings gliederte er sich stärker als zuvor dem liberalen Mainstream an. Diese Entwicklung kulminierte in dem Versuch kurz vor seinem Tod, als offizieller Liberaler Kandidat für Manchester ins Parlament einzuziehen. Bei dieser Gelegenheit offenbarte sich die Kluft, die zwischen einem ehemaligen Chartisten und der Liberal Party weiterhin bestand und die ein energisches Werben um die Akzeptanz durch seinen Wahlkreis erforderlich machte.

Trotz des chronologischen Vorgehens bietet Taylor wesentlich mehr als die erste umfassende Biographie dieses populären Agitators aus dem linken Spektrum des viktorianischen Liberalismus (den letzten umfangreicheren biographischen Essay zu Jones verfaßte John Saville vor einem halben Jahrhundert). Der Clou der Untersuchung liegt darin, das Leben gleichsam als Dichtung zu untersuchen. Jones selbst hat seine Biographie in eigenen Schriften mit den Mitteln seiner romantisierenden, melodramatischen Lyrik konstruiert, indem er sich präsentiert als geborenen Aristokraten, der seine Chancen auf ein »gutes Leben« aufgab, um unter großen Opfern, darunter dem zweijährigen Gefängnisaufenthalt, für die Rechte des Volkes zu kämpfen. Diese eigene Lebenskonstruktion Jones' stellt Taylor auf den Prüfstand und kommt zu einem wesentlich nüchterneren Befund: Jones schmachtete keineswegs im Kerker, sondern genoß eine relativ gute, großzügige Behandlung; nach dem Scheitern der Zeitungsprojekte als »poor man's editor« hatte Jones keine Skrupel, als Anwalt die rasche Rückkehr in die »besseren Kreise« zu betreiben.

Taylor geht es jedoch nicht um die verspätete Aufdeckung politischer Heuchelei. Vielmehr präsentiert er die Selbstdarstellung seines Protagonisten als Ausdruck einer bestimmten literarischen Tradition in der populären Kultur, die der Agitator nutzte, um seine Position zu bestimmen und zu legitimieren. So wie Jones in melodramatischen Dichtungen verschlungene und oft in die Katastrophe mündende Lebensläufe schildert, so inszeniert er sein Leben immer neu in den Wendungen des Melodramas – vom politischen Martyrium im Gefängnis über den opferwilligen Editor bis hin zum Volksanwalt. Jones gestaltete gleichsam für sich selbst eine Biographie nach literarischen Maßstäben, in der er sein Leben ausdeutete, nach außen präsentierte und sich in die Volkskultur integrierte. Durch die Aufdeckung dieser Vorgehensweise gelingt es Taylor, tief in die Funktions- und Legitimationsmechanismen der sogenannten »gentleman radicals« innerhalb des »popular liberalism« einzudringen. Ernest Jones ist nicht einfach ein Dichter, der eine gewisse Rolle für den Unterschichtenliberalismus im viktorianischen England spielte; Taylor enthüllt vielmehr den grundlegenden »literarischen« Zug im Weltbild des »popular radicalism«, den Jones lediglich in der Konstruktion seiner eigenen Biographie verkörpert. So entsteht eine elegante, analytisch auf hohem Niveau argumentierende Studie, die doch weitgehend ohne theoriegeleitete Fachsimpelei auskommt.

Unterschiedlicher als die Bücher Goodlads und Taylors kann somit die Untersuchung der Wechselbeziehungen von Literatur und Liberalismus kaum ausfallen. Beide haben kaum Berührungspunkte – konzentriert sich Goodlad auf große Autoren, befaßt sich Taylor mit einer als Dichter weitgehend unbekannten Persönlichkeit; arbeitet Goodlad mit dem Arsenal poststrukturalistischer Literatur- und Staatstheorie, reichen Taylor die geschickt eingesetzten Mittel klassischer Geschichtsschreibung. Ein Gesamtbild des Verhältnisses von Literatur und Liberalismus entsteht daher auch aus der parallelen Lektüre der beiden Werke noch nicht, obwohl ein auch unter »radicals« populärer Schriftsteller wie Charles Dickens potentiell eine Brücke zwischen beiden Welten darstellen könnte. Beide Bücher zusammen bilden aber ein überzeugendes Plädoyer für die verstärkte Berücksichtigung der literarischen Dimension in der Geschichte des viktorianischen Liberalismus.

Darmstadt   *Detlev Mares*

Simone Lässig: Jüdische Wege ins Bürgertum. Kulturelles Kapital und sozialer Aufstieg im 19. Jahrhundert

Göttingen: Vandenhoeck & Ruprecht, 2004 (Bürgertum Neue Folge. Studien zur Zivilgesellschaft, Bd. 1), 784 S.

Diese Studie zum Verbürgerlichungsprozeß der deutschen Juden im 19. Jahrhundert ist von bestechender Qualität: anspruchsvoll im theoretischen Ansatz, präzise in ihrer Konzeption, klar in der Durchführung, dabei äußerst ideenreich und somit eine Fundgrube für die weiterführende Forschung nicht nur zum Judentum, sondern zum Verhältnis von Bürgerlichkeit, bürgerlicher Gesellschaft und sozialökonomischen Bedingungen. Bei einer Habilitationsschrift von eher abschreckendem Umfang ist solches der Erwähnung wert, zumal der Rezensent am Ende keine der fast 800 Seiten missen möchte.

Die Autorin unternimmt in ihrer Studie einen Erklärungsversuch für den im internationalen Vergleich phänomenalen sozialen und wirtschaftlichen Aufstieg der Juden in Deutschland – auf den ersten Blick eine faszinierende Erfolgsgeschichte. Lässig beschreibt diesen Weg als den einer kulturellen und gesellschaftlichen Modernisierung des Judentums durch Verbürgerlichung, womit die Geschichte der Juden im 19. Jahrhundert in anderen als den traditionellen Paradigmen von Assimilation oder Akkulturation in Deutschland begreifbar wird. Doch trotz Aufstiegs und Modernität haften diesem Erfolg zugleich eine Ambivalenz und Zwiespältigkeit an, denn die Verbürgerlichung ist vor allem auch eine innerhalb der jüdischen Lebenswelt. Damit blieb zwar einerseits die jüdische Eigenständigkeit gewahrt, andererseits setzte sich aber innerhalb der deutschen Gesellschaft das Merkmal der Differenz der jüdischen Minderheit fort bzw. wurde noch bekräftigt – eine Exklusion mit Folgen im Fortgang der deutschen Geschichte.

Lässig mißtraut dem Erklärungsmuster eines primären wirtschaftlichen Erfolgs der Juden und daraus abgeleiteter partieller sozialer und kultureller Integration und Verbürgerlichung. Vielmehr leitete sich Bürgerlichkeit in der Emanzipationszeit und im Vormärz nicht nur aus Besitz ab, sondern beruhte auf einem spezifischen Wertehorizont und einem entsprechendem Habitus, was seitens der Juden zur Grundlage des über zwei Generationen erfolgten rasanten sozialökonomischen Erfolgs wurde. Gegenüber anderen Nationen war der Anpassungsdruck in den deutschen Ländern höher, war Emanzipation doch gleichsam konditioniert als Lohn für zu erbringende Leistungen. In der ersten Hälfte des 19. Jahrhunderts erwarben Juden, so der Ansatz Lässigs, ein spezifisches kulturelles Kapital, das auch kleinen Existenzen die sozioökonomische Verbürgerlichung erleichterte. Der kulturelle Verbürgerlichungsprozeß stand mit dem sozialen und wirtschaftlichen Aufstiegsprozeß in Wechselwirkung, ja ging ihm teilweise voraus. In diesem Sinne wurde er zu einem der Hauptwege der Juden ins Bürgertum. Möglich war dies, weil das erworbene »kulturelle Kapital« – also Ressourcen wie beispielsweise Bildung, Sprache, Verhaltensweisen, Lebensstil – mit Kompetenzen marktorientierter bürgerlicher Vergesellschaftung einherging und das soziale Kapital ergänzen oder als Tauschwert fungieren konnte. Mit ihrem Ansatz, das »Kapital«-Konzept Bourdieus fruchtbar zu machen, leistet Lässig zugleich einen Beitrag zur Fortbildung der Theorie, indem sie das eher statische, zur Beschreibung unterschiedlicher Vergemeinschaftungsmechanismen und sozialer Distinktion dienende Konzept dynamisiert und auf eine Periode mittelfristigen historischen Wandels überträgt.

In drei Abschnitten werden die Formen und Instanzen analysiert, mittels derer die Ausprägung und Verankerung bürgerlicher Lebensstilkonzepte in der jüdischen Minderheit vonstatten ging: Zunächst resümiert Lässig – angesichts der bisherigen Forschungsergebnisse zurecht knapp – den Weg vom »Juden zum Staatsbürger«, also die rechtlich-politische Verbürgerlichung mit dem seitens des Staates intendierten Erziehungsmodell der bürgerlichen »Veredelung«. Anschließend – und dies ist der zentrale Teil des Werkes – wird die kulturell-religiöse Verbürgerlichung in drei wichtigen Facetten begreifbar gemacht: Zum einen ist dies der Aufstieg durch Bildung, wobei insbesondere die Reformschulen im Zentrum der Untersuchung stehen. Deren Bildungsziele und -methoden werden ebenso beschrieben wie die Schülerzahlen und die Reichweite dieser Bildungsansätze im Alltag der jüdischen Gemeinden bis hin zum »Bildungshunger« (S. 227) als Grundlage von Lebensstil und kollektiver Praxis. Der Horizont jüdischen Lebens wurde zunehmend überformt durch den bürgerlich bestimmten »Wertehimmel«.

Zum zweiten gewinnt die »Erfindung einer bürgerlichen Religion« entscheidende Bedeutung für den Prozeß der spezifischen jüdischen Verbürgerlichung. Reformen im Judentum, die Modernisierung des Gottesdienstes, die Einführung der deutschen Predigt, die sich wie ein »Plädoyer für die Aneignung dezidiert bürgerliche[r] Arbeitsethik« (S. 305) liest – sie erscheinen, so die Autorin, als ein Versuch, »jüdische Religiosität und Bürgerlichkeit als kompatible Elemente zu begreifen und auf dieser Basis den Wandel von einer national-religiösen Identität zu einer bürgerlichen Konfessionalität ohne tiefe Traditionsbrüche zu realisieren« (S. 272). Damit war Religion – und dies gewährt künftig auch interessante Vergleiche zur evangelischen und katholischen Entwicklung – von einem Hemmschuh der Modernisierung zu einem »wichtigen Vehikel der Verbürgerlichung geworden, zu einem Medium, das Weltbilder produzierte und vermittelte, die nicht nur kulturelle, sondern auch soziale und ökonomische Relevanz erlangen konnten« (S. 441).

Als drittes wird die Etablierung einer deutsch-jüdischen Öffentlichkeit mit ihren Publikationsorganen, Gesprächszirkeln und Lesehallen genannt. Überhaupt bedeutete dieses jüdische Netzwerk und Vereinswesen keinen »Rückzug in die Subkultur«, sondern ein Medium, das eine »zusätzliche Vergewisserung, eine Bekräftigung und auch eine Stabilisierung der eigenen Bürgerlichkeit ermöglichte« (S. 551). Die Juden adaptierten nicht einfach die Vorgaben des Staates; sie ordneten sich nicht passiv einem bürgerlichen Wertehimmel unter, sondern sie »hefteten vielmehr auch selbst einige bürgerliche Sterne an dieses Firmament« (441).

Im letzten Kapitel wird knapp die sozial-ökonomische Verbürgerlichung resümiert und anhand einiger weniger, aber sehr eindrücklicher Biographien auf die soziale und berufliche Mobilität im städtischen Judentum eingegangen.

Die Methodenreflektion der Studie wie auch ihre umfangreiche Quellenbasis – Memoiren, Briefe, Tagebücher, staatliche und kommunale Quellen, Predigten, Publizistik – sind beeindruckend. Hinzu kommen die statistischen Befunde, mit denen in zahlreichen Tabellen zu Schule, Periodika, Rezeptionsverhalten usw. die Repräsentativität der sonst eher qualitativ ausgewerteten Quellenbefunde belegt werden soll. Die hier vorgenommene Verzahnung von Makrohistorie und Mikrostudien ist im einzelnen ungemein anregend und in den Fallstudien etwa zu den jüdischen Gemeinden in Dessau und Dresden überzeugend. Insgesamt jedoch bleiben dies wenige Ausschnitte aus der jüdischen Lebenswelt. So werden beispielsweise die ländlichen Bereiche fast vollständig ausgespart; ebenso können die jüdischen Zuwanderer der Kaiserreichszeit in diesem Ansatz keine umfassende Berücksichtigung finden. Es muß wohl die künftige Forschung zeigen, ob Lässigs These repräsentativ ist für die gesamte jüdische Lebenswelt in Deutschland, ob sich hier von einem spezifischen deutschen »Weg zur Modernisierung des Judentums durch Verbürgerlichung« (S. 671f.) sprechen läßt. Blickt man auf Frankreich, England oder die Niederlande, so wird deutlich, daß dieser deutsche jüdische Entwicklungsprozeß nicht im Sinne eines übertragbaren Modells fungierte – sowohl die soziale Situation der Juden als auch der Grad der Verbürgerlichung waren in diesen Staaten sehr viel anders. Insofern läßt sich wohl von einem deutschen Sonderweg sprechen, der auf den spezifischen Charakter konditionaler Emanzipation am Anfang des 19. Jahrhunderts und den dadurch erfolgten Anpassungsdruck zurückgeht.

Blickt man auf diese – im Ergebnis vieldeutige – Erfolgsgeschichte der Modernisierung durch Verbürgerlichung, so fällt auf, daß die jüdische Minderheit mit ihren Zielen und Mittlerinstanzen der Modernisierung im Grunde den Vorstellungen liberaler Bürgerlichkeit in höchstem Maße entsprochen hat. Während für die politisch liberalen Bürger seit Mitte des 19. Jahrhunderts, verstärkt in der Reichsgründungszeit, die Vorstellung einer bürgerlichen Gesellschaft selbständiger, »mittlerer« Existenzen, zunehmend mit der Wirklichkeit in Konflikt geriet – und in kritischer Wertung – zur liberalen Ideologie wurde, traf dieses Idealbild für die Juden in hohem Maße zu, dank eines in zwei Generationen erworbenen und »handelbaren« kulturellen Kapitals.

Daran läßt sich die Überlegung knüpfen, ob die Autorin mit ihrem vom Historikerverband preisgekrönten Werk nicht nur eine Modernisierungsgeschichte der Juden in Deutschland geschrieben hat, sondern zugleich auf Bedingungen der Möglichkeit liberaler Bürgerlichkeit aufmerksam macht, auf Phänomene wie die Geschlossenheit der Sozialisationsinstanzen oder die Bedeutung kultureller Vergesellschaftungskriterien. Damit ist dieses Buch – über die Geschichte der Juden in Deutschland hinaus – auch für den mit dem problematischen Zusammenhang von bürgerlicher Vergesellschaftung und liberaler Sozialethik befaßten Leser eine vielfältiger Gewinn.

Berlin   *Wolther von Kieseritzky*

Eckhart Pilick: »Mein Kopf ist voller Hass und Rache!«. Unbekannte Briefe aus dem Jahr 1848 von Adelbert von Bornstedt aus dem Zuchthaus Bruchsal

Rohrbach/Pfalz: Peter Guhl 2004, 104 S.

Adelbert von Bornstedt (1807?-1851) gehört zu den deutschen Demokraten der 1848er Revolution, die nicht wie Friedrich Hecker, Georg Herwegh oder Gustav von Struve auch außerhalb der Fachwelt einen hohen Bekanntheitsgrad besitzen. Dennoch spielte er insbesondere als Autor, Verleger und im Zusammenhang mit der Deutschen Demokratischen Legion eine wichtige, wenn auch umstrittene Rolle. Beim badisch-pfälzischen Aufstand 1849 trat er nochmals in Erscheinung.

Dem Herausgeber dieser Schrift sind aus privater Quelle Schreiben von Bornstedt aus dem Jahr 1848 zugänglich gemacht worden. Nach einigen einleitenden Ausführungen kommt der Herausgeber auf S. 44 zum eigentlichen Gegenstand der Publikation, den Briefen. Die Schreiben vom Dezember 1848 (nicht näher datiert), vom 04.12.1848 und 09.12.1848 werden abgebildet und sorgfältig transkribiert. Weiterhin wird noch ohne nähere Begründung ein Verzeichnis von Bornstedt vom 30.12.1849 über Gegenstände und Gelder, die er »zum Besten der Volkssache« verteilt habe, abgedruckt. Dieses Schriftstück befindet sich im Staatsarchiv Freiburg.

Die drei Briefe aus der Einzelhaft im Zuchthaus Bruchsal sind an seinen Mitgefangenen Max Cohnheim aus Wiesloch gerichtet und seien, so der Herausgeber, »ergiebige Quellen und Dokumente eines Journalisten und Zeitzeugen, eines aktiven Kämpfers für Demokratie im Vormärz und in der Revolution von 1848/49.« (S. 44).

Die Transkription besticht durch einen umfangreichen, inhaltsreichen Anmerkungsapparat, in dem vornehmlich die vielen erwähnten Namen mit insgesamt über 50 Kurzbiographien erläutert werden. Sie werden durch ein Personenregister erschlossen.

Nun zum Inhalt der Briefe: Der Titel der Publikation ist treffend gewählt. Von der Außenwelt und damit auch von Informationen nicht vollkommen, aber doch weitgehend abgeschnitten, lässt von Bornstedt, der insgesamt seit dem 27.04.1848 in Haft war, seiner Wut und Enttäuschung freien Lauf. Er lässt an kaum einem seiner Mitkämpfer und Bekannten ein gutes Haar, Schmähungen und Beleidigungen sind kaum zu zählen. Es ist ein Ausdruck des aufgewühlten Gemütszustands des Schreibers, aber unter einer »ergiebigen Quelle« versteht der Rezensent etwas anderes.

Wie schon angedeutet, enthält das Buch eine Reihe anderer Informationen über von Bornstedt. So wird anhand eines eigenhändigen Schriftstückes die Schreibweise des Vornamens Adelbert festgestellt. Leider geht der Autor nicht auf die Frage des Geburtsjahres ein. Er schreibt 1807, aber auch 1808 und 1809 sind in der Literatur zu finden.

In einem Punkt lässt allerdings der Autor seiner Phantasie freien Lauf. Aus den Angaben »etwas blasses, aber volles Gesicht, blaue Augen, lange braune Haare und Bart« (S. 40) sich von einem Kriminalbeamten ein »Phantombild« (S. 43) erstellen zu lassen, ist, gelinde gesagt, vom Autor und dem Beamten reine Spekulation.

Auch ausführlichste Betrachtungen über zehn Seiten, ob und gegebenenfalls ab wann von Bornstedt geisteskrank war, führen angesichts der wenigen Quellen zu keinem klaren Ergebnis. Er starb am 21.09.1851 in der Heil- und Pflegeanstalt Illenau bei Achern, in der er sich seit Juni 1849 befand.

Die Ausführungen über ein sehr dunkles Kapitel in von Bornstedts Biografie, sind aufgrund der Quellenkenntnis des Autors sehr aufschlussreich. Er, preußischer Adeliger und Ex-Leutnant der preußischen Armee, arbeitete nämlich seit 1837 als Spitzel für die preußische Polizei. Pilick kann nachweisen, dass von Bornstedt allerdings seit 1845/46 zu einem Gegner der preußischen Politik wurde. Die Behauptung von Pilick, dass die Spitzeltätigkeit von Bornstedts sich auf »Material, das schon in der Zeitung stand« (S. 17) beschränkte und er wohl keine persönlichen Denunziationen begangen hat, kann der Autor hingegen nicht belegen.

Zusammenfassend entsteht der Eindruck, dass der seiner Hauptperson zugeneigte Autor versucht, sowohl die aufgefundenen Briefe zu publizieren als auch Bausteine zu einer Biografie über von Bornstedt zu liefern. Diese bleibt ein Desiderat der Forschung, wozu die publizierten Briefe allerdings nur wenig betragen werden.

Radebeul   *Lutz Sartor*

Marion Freund: »Mag der Thron in Flammen glühn!« Schriftstellerinnen und die Revolution von 1848/49

Königstein/ Ts.: Ulrike Helmer Verlag, 2004, 641 S.

»Und nun laßt uns einmal fragen, wie viel Männer giebt es denn, welche, wenn sie durchdrungen sind von dem Gedanken, für die Freiheit zu leben und zu sterben, diese eben für *alles* Volk und *alle* Menschen erkämpfen wollen? Sie antworten gar leicht zu Tausenden mit *Ja*! Aber sie denken bei all' ihren endlichen Bestrebungen nur an *eine* Hälfte des Menschengeschlechts – nur an die *Männer*. Wo sie das Volk meinen, da zählen die Frauen nicht mit. Aber die Freiheit ist untheilbar! Also freie Männer dürfen keine Sklaven neben sich dulden – also auch keine Sklavinnen.« Mit diesen wenigen, aber unmißverständlichen Worten in ihrem Leitartikel »Die Freiheit ist untheilbar« bringt die Literatin Louise Otto gleich in der ersten Ausgabe der von ihr herausgegebenen »Frauen-Zeitung« vom 21. April 1849 ihre scharfe Kritik an dem einseitigen Freiheitsstreben ihrer Zeitgenossen zum Ausdruck und entlarvt dabei das Freiheitsverständnis von Männern als Widerspruch zu den damals propagierten demokratischen Idealen und Werten der Menschen- und Bürgerrechte. Da viele männliche Vorkämpfer der deutschen Revolution von 1848/49 – unabhängig von ihrer Zugehörigkeit zu einer der revolutionstragenden politischen Bewegungen der Liberalen, Demokraten, Republikaner oder Sozialisten – nur die Durchsetzung der eigenen Machtinteressen vor Augen hatten und in dem Einsatz für Freiheit und Einheit, Demokratie und Nation den Herrschaftscharakter der bestehenden Geschlechterordnung unangetastet ließen, würde sich an den Lebensverhältnissen von Frauen wenig ändern, wenn sich jene nicht selbst helfen, in eigenen Zusammenschlüssen organisieren und ihre Forderungen öffentlich kund tun würden. Den »Kampf um die Zielsetzungen der demokratischen Freiheitsbewegung mit dem Kampf um weibliche Rechte zu verbinden« – so lautete in der Folge das politische Programm von Otto in der Achtundvierzigerrevolution, das sie in ihrem Blatt als einem »Organ der Interessenvertretung für Frauen« von 1849 bis 1852 vertrat (S. 147-148).
Doch Louise Otto, die spätere langjährige Vorsitzende des »Allgemeinen deutschen Frauenvereins« von 1865, war nicht die einzige Publizistin, die im Verlauf der Revolution erkennen mußte, daß Frauen trotz ihres vielfältigen Engagements bei Volksversammlungen und Vereinsgründungen, bei politischen Demonstrationen ebenso wie beim Barrikadenbau und bewaffneten Widerstand gegen die Reaktion von den Freiheits- und Gleichheitspostulaten der Männer ausgeschlossen waren und somit selbst während dieser Umbruchzeit

an zwei Fronten kämpfen mußten: gegen eine reaktionäre Obrigkeit und gegen eine patriarchalische Gesellschaft. Wie jetzt die Freiburger Germanistin Marion Freund in ihrer 2004 erschienenen literaturhistorischen Studie über »Schriftstellerinnen und die Revolution von 1848/49«, der Druckfassung ihrer Dissertation, am Beispiel des Lebens und Wirkens von zehn ausgewählten Autorinnen eindrucksvoll darlegen kann, gab es in Deutschland eine ganze Reihe von heutzutage mehr oder weniger bekannten Schriftstellerinnen und Journalistinnen, die in den Zeitläuften zwischen Restauration und Revolution sukzessive in den Bereich der Presse, des öffentlichen Lebens und auf den literarischen Markt vordrangen, sich »als Vertreterinnen einer progressiven Generation kritisch mit aktuellen Problemen ihrer Zeit auseinandersetzten und über Literatur als Medium der Parteinahme, Propaganda und Agitation eine tendenziöse Beeinflussung der Gesellschaft anstrebten« (S. 15). Die meisten Autorinnen – darunter neben Otto die Redakteurinnen Mathilde Franziska Anneke, Louise Aston und Louise Dittmar, ferner die Freiheitskämpferinnen Emma Herwegh und Amalie Struve, die Leiterin des Mainzer Frauenvereins »Humania« Kathinka Zitz sowie schließlich die Romanschriftstellerinnen Fanny Lewald, Marie Norden und Claire von Glümer – hatten sich schon im Vormärz angesichts der politischen und sozialen Umbrüche im Deutschen Bund mit gesellschaftskritischen und frauenemanzipatorischen Schriften zu Wort gemeldet. Bei Ausbruch der 1848er Revolution traten sie dann als Sympathisantinnen, Fürsprecherinnen oder Akteurinnen der demokratischen Freiheits- und nationalen Einheitsbewegung schreibend wie handelnd für deren Ziele ein, verbanden diese aber zusätzlich mit den Forderungen einer autonomen politisch-weiblichen Emanzipationsbewegung und engagierten sich fortan für eine neue Staats- und Gesellschaftsordnung und die Veränderung der Geschlechterverhältnisse.

Um nun den Prozeß des Vordringens von Frauen in die Öffentlichkeit Schritt für Schritt nachzuvollziehen, die individuelle Emanzipation der genannten Autorinnen, mithin ihre Verstrickung in die vormärzliche Oppositions- wie auch ihr Hineinwachsen in die breite Revolutionsbewegung in vollem Umfang aufzuzeigen und um die Inhalte und Formen ihres revolutionären Engagements, genauer ihren Eingriff in den politischen Partizipations-, Kommunikations- und Meinungsbildungsprozeß besser erfassen zu können, werden die von ihnen genutzten Genres der Presse, Erlebnisdokumentation und Belletristik einer Einzel- und vergleichenden Analyse unterzogen. Unter Einbeziehung des biographischen Werdeganges der Verfasserinnen und des Zeitgeschehens behandelt die Literaturwissenschaftlerin in drei verschiedenen Kapiteln der Studie zunächst eingehend den politischen Journalismus der Zeitungsmacherinnen in seiner Funktion als Teil der demokratischen Gegenöffentlichkeit, erörtert darauf in detaillierter Weise die dokumentarisch und autobiographisch geprägten Zeitzeugnisse der Vereinspräsidentinnen, Parteipolitikerinnen und Teilnehmerinnen an den bewaffneten revolutionären Aufständen und setzt sich zu guter Letzt ausführlich mit der von den weiblichen Romanciers verfaßten Erzählliteratur auseinander, in der die Geschichte der Revolution von 1848/49 fiktional verarbeitet wurde. Zu den untersuchten Presseorganen, Erinnerungen, Streitschriften und Prosawerken gehören dabei sowohl von der Forschung bislang vernachlässigte und heute fast vergessene als auch berühmte und neuaufgelegte Arbeiten wie Louise Astons wöchentlich erschienenes Journal »Der Freischärler« von 1848, Louise Dittmars im Jahre 1849 herausgegebene radikale Monatsschrift »Soziale Reform«, Mathilde Franziska Annekes 1853 publizierten »Memoiren einer Frau aus dem badisch-pfälzischen Feldzuge«, Emma Herweghs erstmals 1849 veröffentlichte und anläßlich des Revolutionsjubiläums 1998 wiederausgegebene »Geschichte der deutschen demokratischen Legion aus Paris« sowie die von Marie Norden und Claire von Glümer 1850/51 herausgebrachten Romane »Dresdens Maitage. Ein Zeitbild« und »Fata Morgana«.

Zwar fehlt Marion Freunds Studie bedauerlicherweise ein Personenregister, das einen schnelleren Zugriff auf die zahlreichen, von ihr im Umfeld der Schriftstellerinnen und Revolutionsereignisse behandelten und nicht immer geläufigen historischen Persönlichkeiten ermöglicht hätte, was aber der Konzeption der Verlagsreihe geschuldet sein mag. Desgleichen läßt sich über die Anzahl und Auswahl der thematisierten Autorinnen und untersuchten Werke trefflich streiten – man hätte diese Gruppe von Literatinnen sicherlich auch noch um wichtige politische Denkerinnen, Publizistinnen und Pädagoginnen wie Malwida von Meysenbug, Jenny Marx, Emilie Wüstenfeld oder Johanna Kinkel ergänzen können. Diesen kleineren Einwänden zum Trotz kann man nach der Lektüre des Buches als Fazit aber nur festhalten, daß diese auf einer breiten Quellengrundlage und einem umfangreichen Literaturfundus stehende, gut geschriebene und über weite Strecken sogar richtig spannend zu lesende Abhandlung unter geschlechter-, medien- und literaturgeschichtlichen Gesichtspunkten eine wesentliche Lücke in der Revolutions- wie auch der Demokratie- und Liberalismusforschung schließen kann: Zum ersten vermehrt sie über die vom Vormärz bis zum Nachmärz reichenden Biographien zentraler Autorinnen dieser Epoche und über die Analysen ihrer Schlüsselwerke unsere Kenntnisse über die handelnden weiblichen Akteure der Revolution, über ihre Zielsetzungen und Forderungen, über ihre weltanschauliche Verortung und die von ihnen mitgetragenen politischen Bewegungen. Zum zweiten begreift sie das publizistisch-literarische Engagement dieser Schriftstellerinnen als vorläufigen Höhepunkt eines Entwicklungsprozesses, »der in der Restaurations- respektive Vormärzzeit vorbereitet, (. . .) akzentuiert und beschleunigt wurde«, dessen Werte sich »auch nach dem Niedergang der Revolution (. . .) in ihrer historischen Relevanz tradierten und über ein Jahrzehnt später in der sich neu formierenden deutschen Frauenbewegung ihren

Widerhall fanden« (S. 18 u. 24). Und zum dritten gibt Freunds Studie vor dem Hintergrund der Entstehungsgeschichte der politischen Öffentlichkeit in Deutschland Mitte des 19. Jahrhunderts Aufschluß über die von Frauen verwendeten literarischen Gattungen, über die sie ihre politischen Vorstellungen transportierten, in das revolutionäre Geschehen eingriffen und das öffentliche Meinungsbild mitbestimmten, vor allem aber zur Herausbildung einer spezifisch weiblichen Öffentlichkeit beitrugen.

Dortmund/ Bochum   *Birgit Bublies-Godau*

Christian Jansen (Bearb.): Nach der Revolution 1848/49: Verfolgung, Realpolitik, Nationsbildung. Politische Briefe deutscher Liberaler und Demokraten 1849-1861

Düsseldorf: Droste Verlag, 2004, 813 S., 4 Abb.

»Die Prinzipienreiterei, dieses Nehmen des Volkes, wie es sein soll, aber nicht wie es ist, hat unserer Partei einen üblen Streich gespielt, und wenn nichts Außerordentliches geschieht, wird sie ihn nicht gleich wieder verwinden.« Dieser Satz, geschrieben von Hermann Schulze (Delitzsch) am 7. Juli 1849 in einem Brief an Ferdinand Ludewig, ist ein Leitmotiv dieser Edition.

Ein zweites Leitmotiv findet sich am Schluß des Briefes: »Nun, unsere Saaten gehören der Zukunft. Geht's so fort, so werden wir die Ernte nicht erleben. Eins aber haben wir vor unseren Gegnern voraus. Während sie nur die gemeinsten materiellen Interessen vertreten, fühlen wir uns, getragen von einer großen geschichtlichen Idee, zu jedem Opfer und Kampfe bereit . . .«. Beide Sätze drücken in nuce Scheitern und Erfolg der Akteure der Revolution von 1848 aus. Sie finden sich im vierten von insgesamt 419 Briefen, die Christian Jansen zusammengestellt und bearbeitet hat und sie markieren den Spannungsbogen einer »Umbruchperiode . . . mit potentiell offenem Ausgang« – so Jansen in seiner Einleitung (S. XII), womit er diese Phase nicht von ihrem Ende, der Reichsgründung her, betrachtet, sondern von ihrem Anfang, der Revolution und der sie tragenden Ideen.

Die vorliegende Edition erfüllt ein Forschungsdesiderat und stützt die Ergebnisse der jüngeren Liberalismusforschung, die zunehmend den Anteil der 48er an der Reichsgründung hervorgehoben hat. Jansen hat sich dem Problem der Kontinuitäten zwischen 1848 und 1871 bereits in seiner Habilitationsschrift gewidmet, deren Fokus auf der bürgerlichen Linken lag. Für die vorliegende Quelledition wertete er bisher kaum benutzte Archivbestände systematisch aus und konnte dadurch das Spektrum erweitern: Die Briefschreiber – bis auf wenige Ausnahmen nur Männer – repräsentieren die gesamte bürgerliche Opposition der Nachrevolutionszeit: von den »Gothaern« bis »zum Umfeld des Bundes der Kommunisten« (S. XII), und zwar sowohl die »Altachtundvierziger« als auch die jüngere, mehr real- und machtpolitisch orientierte Generation. Jansen publiziert die Briefe in der Regel ungekürzt, also nicht auf ihren unmittelbaren politischen Gehalt reduziert, so daß der Lesende tiefe Einblicke in die persönlichen und beruflichen Verhältnisse der Briefschreiber erhält. Neben der Erörterung der ›großen Politik‹ sind das Elend des Gefängnislebens, die Mühen des Exils, die Schwierigkeiten des Publizierens in Zeiten der Zensur und finanzielle Fragen ebenso Thema wie Heirat, Geburt und

Tod. Aber auch für die Wissenschaftsgeschichte (hier sind vor allem die Briefe von Theodor Mommsen zu nennen) und die Publizistik enthält die Edition interessante Materialien.

Jansen hat eine wichtige Quelle nicht nur für die Liberalismus- und Parteienforschung, sondern auch für die Bürgertumsforschung des 19. Jahrhunderts erschlossen. Die Briefe dienen, und das macht die Lektüre anschaulich deutlich, der bürgerlichen Opposition zum einen als Medium der (selbstkritischen) Auseinandersetzung mit der Revolution von 1848 und der Formulierung neuer, an die politischen Realitäten angepassten Positionen. Zum anderen ist das Briefeschreiben vor allem bei den Inhaftierten und Emigranten – darauf weist Jansen in seiner Einleitung hin – eine »Therapie gegen politische Verzweiflung und Depression« (XXII).

Jansen gliedert seine Edition in drei Teile. Der erste Teil umfasst unter der Überschrift: »Von der Revolution zur Reaktion« die Jahre 1849 bis 1851. Die ausgewählten 130 Briefe veranschaulichen den Übergangscharakter dieser unmittelbar nachrevolutionären Periode, sie schwanken zwischen Resignation (z.B. Georg Gottfried Gervinus an Hermann Baumgarten im März 1851, S. 191 f.) oder auch Verzweiflung über die politische Lage einerseits (z.B. Theodor Mommsen an Wilhelm Henzen im Juni 1858, S. 121 f.) und andererseits dem Optimismus, daß das Anliegen der Revolution nicht verloren oder gar, daß eine neue Revolution möglich sei (so Heinrich Simon an Jakob Venedey im September 1851, S. 230 f.).

Durch viele Briefe aus dieser Zeit ziehen sich die existentielle Not der im Kerker Inhaftierten (z.B. Wilhelm an Philippine Levysohn im September 1949, S. 36 f.) sowie die Schwierigkeiten eines Lebens im Exil. Hier waren es nicht nur die Erfahrung der Fremdheit und der finanzielle Druck, sondern auch der Streit unter den Emigranten, die viele Briefschreiber mit Verbitterung schreiben lassen (so z.B. Friedrich Wilhelm Löwe an Theodor Ludwig Reh im Oktober 1849, S. 42 f., aber auch Johannes Scherr an Carl Mayer im April 1850, S. 101 f.).

Der Ton der Brief ändert sich im zweiten Teil, dem Jansen die Überschrift gibt: »Das Ende der Revolutionsnaherwartung ›Realpolitische Neuorientierung‹ und der Wiederbeginn deutschlandpolitischer Debatten infolge des Krimkrieges«. Machtpolitische und nationale Fragen treten zunehmend in den Fokus der zwischen 1851 und 1857 geschriebenen Briefe. Krimkrieg, die Politik Napoleons III. und die italienische Einigungsbewegung bringen die Verhältnisse in Europa in Bewegung und sind z.T. Gegenstand heftiger Auseinandersetzungen unter den Briefschreibern. Die politischen Entwicklungen im Ausland werden in Beziehung zur eigenen politischen Situation gesetzt, wenn man auch nicht so weit gehen muß wie Jansen, der meint, daß sich daraus die Attraktivität eines ›deutschen Sonderweges‹ ergeben habe (S. XXII). Wie sehr aber die Einheit Deutschlands als Voraussetzung für seine konstitutionelle Verfassung angesehen wurde, drückt Hermann Becker – »der rote Becker« – aus seiner Festungshaft im November 1856 an Emil Joseph Kattner so aus: »Wir Deutschen haben eben das besondere Unglück, daß wir zuerst den Staatsboden gewinnen müssen, ehe wir von der Staatsform reden können. Ich bin so entschieden der Ueberzeugung, daß Deutschland ein einheitlicher Staat werden müsse, daß ich die Einheit auch um den starresten Absolutismus zu Dank annehme« (S. 405).

Der dritte und mit 181 Briefen umfangreichste Teil der Edition ist der »Reorganisation der Nationalbewegung« zwischen 1857 und 1861 gewidmet. Hier wird deutlich, wie auch weite Teile der Linken sich zunehmend der kleindeutsch-konstitutionellen Konzeption anschließen und die Entwicklung zur Gründung des Nationalvereins mittragen, wenn auch über Inhalte und Organisation der zu gründenden Partei im Detail gestritten wird. Die Einigung Deutschlands und seine Liberalisierung »durch einen Verein (. . .) ohne Revolution«: so drückt Fedor Streit in einem Brief an Julius Holder im September 1859 das Anliegen der Mehrheit aus (S. 595) und Gottfried Kinkel schreibt im Mai 1861 an Arnold Ruge: »Ich glaube an keine revolutionäre Spannung in Deutschland, und deshalb bin ich in den Verein getreten, der zunächst das Eine zuwege bringt, daß die hiesigen Deutschen sich endlich einmal sammeln und um nationale Politik überhaupt kümmern« (S. 749).

Wenn man die Briefe, wie es die Rezensentin getan hat, in der chronologischen Reihenfolge liest, ergeben sich z. T. erschütternden Einblicke in Lebensläufe. Zu verfolgen ist weiterhin, wie sich aus Depression über die verlorene Revolution, Freiheitspathos und nationaler Begeisterung allmählich politische Standpunkte herausdifferenzieren, die den Beginn der »Neuen Ära« als Zäsur in der Tat in Frage stellen (S. XVII). Beides macht die Lektüre spannend.

Wie bei den Editionen der Kommission für Geschichte des Parlamentarismus und der politischen Parteien üblich, ist auch die vorliegende sorgfältig kommentiert und um Kurzbiographien der Briefschreiber und ein Personen- und Sachregister ergänzt. Bei der Rolle, die die Publizistik im behandelten Zeitraum spielt, ist das Register der Zeitungen und Zeitschriften besonders hilfreich. Dem Bearbeiter ist zu danken für eine eindrucksvolle Dokumentation, aus der man eine Fülle von Einzelheiten über Leben und Denken des deutschen Bürgertums zwischen 1849 und 1861 erfährt.

Bonn/Gummersbach   *Monika Faßbender*

Ansgar Reiß: Radikalismus und Exil. Gustav Struve und die Demokratie in Deutschland und Amerika

Stuttgart: Franz Steiner Verlag, 2004 (Transatlantische Historische Studien. Veröff. des DHI Washington, DC, Bd. 15), 501 S.

Wer war Gustav Struve, wie stand er zu der Demokratie in Deutschland und Nordamerika Mitte des 19. Jahrhunderts, welche Stellung konnte er in deren jeweiligen Entwicklung einnehmen bzw. welche Rollen schrieb er sich bei seinem vormärzlichen demokratischen Engagement im deutschen Südwesten und seiner politischen Betätigung im demokratischen Amerika selbst zu, und schließlich worin liegt überhaupt die historische Signifikanz seiner Figur? Ausgehend von diesen Fragestellungen mit dem thematischen Schwerpunkt der ›Demokratie‹ versucht jetzt der Regensburger Historiker Ansgar Reiß in seiner 2004 erschienenen intellektuellen und politischen Biographie Gustav Struves über »Radikalismus und Exil«, das wechselvolle Leben und Wirken des bekannten deutschen Oppositionellen und Forty-Eighters systematisch zu erfassen und nachzuvollziehen, die intellektuelle Figur Struves in ihrer Einheit und ihren verschiedenen Facetten zu porträtieren und das für den Politiker und Autor Struve wichtige Verhältnis von politischen Ideen und politischer Praxis genau auszuloten. Dabei konzentriert sich Reiß in seiner Studie, einer Fassung seiner Dissertation, auf die öffentliche Figur Struves, das heißt »auf den Zeitraum von 1845, als er in die Öffentlichkeit trat, bis 1863, dem Jahr seiner Rückkehr aus den Vereinigten Staaten nach Europa« (S. 29-30) und behandelt in dem Zusammenhang den prominenten Radikalen im Großherzogtum Baden im Vormärz und den ›roten Republikaner‹ in der deutschen Revolution von 1848/49 ebenso eingehend wie den Aktivisten des 1857 in New York gegründeten »Allgemeinen Arbeiter-Bundes«, den Wahlkampfhelfer Abraham Lincolns im Präsidentschaftswahlkampf von 1860 oder den freiwilligen Teilnehmer am amerikanischen Bürgerkrieg 1861/62. Doch auch der polemisch denkende und handelnde Eiferer, der überzeugte und zeit seines Lebens bekennende Vegetarier, der leidenschaftliche Verfechter der wissenschaftlichen Lehre der Phrenologie und der um historisch-politische Selbstvergewisserung bemühte Verfasser einer umfangreichen neunbändigen »Weltgeschichte« kommen in Reiß' Darstellung nicht zu kurz und vervollständigen so erstmals in der Geschichtsschreibung das Bild von der ungemein vielschichtigen, aber auch in sich gebrochenen und für Zeitgenossen wie für heutige Betrachter mitunter nur schwer verständlichen extremen Persönlichkeit Struves.

Den einzelnen Elementen dieser Persönlichkeit, dieses »umfassenderen Konstrukts (. . .) als das sich die Figur Struves selbst darstellt«, wie dem sich in der Figur widerspiegelnden »Kontrast zweier Kulturen des politischen Denkens und der politischen Praxis« (S. 11 u. 454-455) auf die Spur zu kommen und gleichzeitig Gustav Struves Lebensgeschichte diesseits und jenseits des Atlantischen Ozeans zu erzählen – als die Geschichte einer gescheiterten Assimilation auf der im engeren Sinne biographischen Ebene und als Gradmesser für den Abstand der politischen Kulturen in Deutschland bzw. Europa und den Vereinigten Staaten von Amerika auf der für diese Lebensbeschreibung ausgewählten Ebene der »intellectual history« –, so lautet das Ziel dieser modernen wissenschaftlichen Biographie. Konzipiert als Fallstudie mit thematisch abgestimmter Fragestellung ordnet der bayerische Historiker seine Struve-Biographie einer aktuellen Tendenz in der Geschichtswissenschaft zu, wonach Einzel- und Spezialstudien und gerade auch Biographien wieder mehr an Bedeutung beigemessen wird. Seitdem sich das Erkenntnisinteresse der historischen Forschung nicht mehr nur ausschließlich auf die Repräsentativität als vielmehr auf die Signifikanz bestimmter Zusammenhänge richtet, steht die Konzentration auf den Einzelfall erneut im Fokus der wissenschaftlichen Aufmerksamkeit und gewinnt gegenüber rein struktur- und sozialgeschichtlich orientierten Forschungserträgen zunehmend an Attraktivität. Vorzugsweise über die Untersuchung eines eigentümlichen Phänomens oder Typs und die damit verbundene Hervorhebung von einigen wenigen Gesichtspunkten kann, so die einhellige Forschungsmeinung, die Signifikanz bestimmter Ereignisse, Sachverhalte oder Persönlichkeiten besonders gut ermittelt und beschrieben werden, und erst recht geschieht dies auf dem Wege einer detaillierten Individualbiographie, allein schon wegen ihres Quellenwertes.

Mit Blick auf die Persönlichkeit und Figur Gustav Struves, seiner Beziehung zum deutschen Radikalismus vom Vormärz bis zur Neuen Ära sowie im Hinblick auf seine »Amerikawahrnehmung«, Exilsituation in den USA und »seine Konfrontation mit der neuen Welt« bezieht Reiß diese neueren Forschungsansätze in seine Biographie über einen ideen- bzw. politikgeschichtlichen und einen kulturgeschichtlichen Zugriff in der Weise mit ein, daß Struve in den zwei Teilen der Arbeit »einerseits in seiner Politik in Vormärz und Revolution, andererseits in seinem Verhalten im amerikanischen Exil untersucht« wird und dabei vor allem die Frage nach seinen Konzepten und Handlungsmustern und deren Wirksamkeit in den europäischen Staaten und der so ganz anders funktionierenden amerikanischen Demokratie im Vordergrund steht. Darüber hinaus wird Struve als »Vertreter einer ›mittleren‹ intellektuellen Ebene« und als Wissenschaftler und Publizist vorgestellt, der zwar kein großer Theoretiker gewesen ist, dessen Unbefangenheit, »mit der (er) sich (. . .) aus verschiedenen intellektuellen Töpfen bediente«, ihn jedoch für eine »intellectual history« überaus interessant macht. So erlaubt etwa das Wirken und Auftreten des Autors Struve nicht nur Rückschlüsse auf seine eigenen Vorstellungen von ›Amerika‹ und von ›Demokratie‹ im Vormärz und damit auf Elemente seiner persönlichen radikalen Weltanschauung, sondern durch seine zahllosen Buchveröffentlichungen, Journalprojekte, Zeitungsartikel, programmatischen Aufrufe usw. kann der Autor auch Einsichten in die allgemeine Entwicklung des deutschen Radikalismus seit der Julirevolution 1830 vermitteln, die sogar die Verschiebungen im radikalen Diskurs während und nach der 1848er Revolution begreiflich machen. Zudem lassen sich selbst die letztlich mißlungenen Versuche Struves, in Amerika politisch und publizistisch Fuß zu fassen und in die Rolle des extremistischen Intellektuellen hineinzuschlüpfen, der in den USA für die 1850er Jahre in der Politik wie in gesellschaftlichen Reformbewegungen von hoher Bedeutung war, »als Versuch eines ›Autors‹ beschreiben, einen bestimmten politischen Raum zu rekonstruieren« und für sich zu erschließen (S. 15-17).

Auch wenn an dieser Stelle nicht auf alle Details und Ergebnisse der biographischen Studie von Ansgar Reiß, die insgesamt einen ungeheuer instruktiven und, aufgrund der Benutzung umfänglicher Quellenmaterialien aus deutschen, niederländischen, polnischen und US-amerikanischen Archiven sowie aufgrund der Auswertung zeitgenössischer Publikationen und der einschlägigen Sekundärliteratur beiderseits des Atlantiks, einen wirklich herausragenden Beitrag zur internationalen historischen Erforschung der radikalen deutschen Demokratie im 19. Jahrhundert leistet, eingegangen werden kann, soll im folgenden als Fazit dieser Besprechung noch auf einige wichtige Eindrücke und Erkenntnisse aus dieser Arbeit hingewiesen werden: So werden erfreulicherweise zum ersten trotz des relativ kurzen Untersuchungszeitraums von 1845 bis 1863 die zentralen Lebensbahnen, -abschnitte und -stationen in der Biographie Gustav Struves komplett nachgezeichnet, alle bedeutenden Merkmale seiner mannigfaltigen Figur aufgezeigt und dabei zugleich langgehegte Irrtümer wie seine angeblich livländische Herkunft zugunsten seiner tatsächlich in München erfolgten Geburt endlich aufgeklärt und – für Demokratie- und Liberalismusforscher besonders ertragreich – frühere Fehleinschätzungen der Historiographie im Hinblick auf das Verhältnis der zwei unterschiedlichen politischen Ideenkreise und Bewegungen des Liberalismus und Radikalismus am Beispiel seines politischen Werdeganges umfassend korrigiert. Bedauerlicherweise verzichtet der Biograph hingegen zum zweiten auf eine ausführlichere Auseinandersetzung mit Struves Ehefrau Amalie, ihrem Anteil an seiner theoretischen wie praktischen Arbeit und ihrer Teilhabe an der Revolution von 1848/49 und damit auf die eigentlich wünschenswerte Würdigung einer weiblichen Akteurin des deutschen Radikalismus – und das, obwohl der Historiker einräumen muß, daß »ohne ihre Arbeitsleistung (. . .) der Umfang seiner Aktivitäten kaum nachvollziehbar« sei (S. 35). Ein wenig unverständlich, vielleicht auch überraschend angesichts der Bedeutung Gustav Struves für die Herausbildung und frühe Stabilisierung des (süd-west-)deutschen Radikalismus erscheint der Rezensentin dann zum dritten Reiß' über weite Strecken der Darstellung distanzierte, oft sogar ablehnende Haltung gegenüber dem Protagonisten seiner Biographie, die sich in Aussagen über Struves »querulantische(s) Naturell« genauso niederschlägt wie in einzelnen Bewertungen seiner Person, wenn er etwa »nicht nur als unfähiger, sondern (. . .) als keineswegs konsequenter Putschist« bezeichnet wird, dessen Figur »schon bei Zeitgenossen Unwillen (hervorrief) und (. . .) auch in der heutigen Zeit je nach Betrachtungsweise bisweilen unlieb oder lachhaft erscheinen« mag (S. 32, 147 u. 455). Ob Reiß nun mit derartigen Charakterisierungen Gustav Struve, einem der – wenn auch mythisch verklärten – Anführer der Radikalen im Vormärz und in der badischen Revolution von 1848/49 tatsächlich gerecht werden kann, oder ob er hier den von ihm ansonsten beklagten polemischen, mitunter diffamierenden Urteilen der Zeitgenossen und späterer Historiker vielleicht selbst erlegen ist; ob im Gegensatz dazu Struves historische Signifikanz, aber auch seine Tragik als Vertreter einer bestimmten Vorstellung und Form von Demokratie in den unterschiedlichen politischen Kulturen Deutschlands und der Vereinigten Staaten von Amerika nicht noch deutlicher hätte herauspräpariert werden müssen – darüber werden wohl erst künftige Forschungen entscheiden.

Dortmund/ Bochum   *Birgit Bublies-Godau*

Peter Köpf: Die Mommsens. Von 1848 bis heute – die Geschichte einer Familie ist die Geschichte der Deutschen.

Hamburg u.a.: Europa Verlag, 2004, 405 S., 26 Abb.

Nach Biographien über Kurt Biedenkopf, Edmund Stoiber und »Die Burdas« hat der in Berlin lebende Journalist Peter Köpf nun eine Geschichte über »Die Mommsens« vorgelegt. Wenn auch der Bekanntheitsgrad dieser Familie hinter dem des bayerischen Ministerpräsidenten liegen dürfte, so können doch genügend Leser etwas mit dem Familiennamen verbinden. Fast jeder hat vom Literaturnobelpreis Theodor Mommsens gehört, und viele haben die Historiker Hans oder Wolfgang Mommsen einmal in einer Fernsehdiskussion gesehen. Eine Geschichte des Mommsen-Clans ist mithin ein klug gewähltes Thema, zumal wenn damit der im Untertitel formulierte Anspruch einhergeht, gleich eine ganze Geschichte der Deutschen zu bieten. Das kommt unserer gegenwärtig geschichtsbewußten Öffentlichkeit entgegen, die sich ihre Vergangenheit gern am Beispiel persönlicher Schicksale nahebringen läßt. Kommt dann noch das »Dritte Reich« wie gewohnt düster vor, steigt das Interesse noch einmal mehr.

Von Ernst Wolf Mommsen als »enge[m] Vertraute[n] von Adolf Hitlers Rüstungsminister Albert Speer« ist darum schon im Klappentext die Rede, und auch davon, daß dieser Mommsen später als Staatssekretär unter Helmut Schmidt diente. Aber nicht »be- oder verurteilen« will Peter Köpf, heißt es an dieser Stelle geflissentlich weiter, sondern die »Menschen in ihrem Widerspruch« selbst zu Worte kommen lassen. Das geschieht auf der Grundlage zahlreicher Quellen, es wurden Nachlässe und Archivalien eingesehen, Schriften herangezogen und zuletzt auch etliche Gespräche mit Mitgliedern der Familie geführt. Aus all dem wird dann tatsächlich viel zitiert. Geschickt arrangiert, scheinen die Quellen gleichsam wie von selbst die Geschichte dieser Familie zu erzählen. Erst bei näherem Zusehen wird die Perspektive deutlich, die Köpf beim Blick auf sein Thema einnimmt. Ihm geht es keineswegs um eine Gesamtgeschichte, sondern allein um den »Sündenfall« der Familie, um das Verhalten der Mommsens, vor allem des Marburger Neuhistorikers Wilhelm Mommsen im Nationalsozialismus. Da mag es eine Rolle spielen, daß es sich eben um den Vater von Hans und Wolfgang Mommsen handelt. Die Passagen über den berühmten Ahnherr, den Liberalen in Revolution und Kaiserreich Theodor Mommsen, geben lediglich die Kulisse ab, vor der das politische Versagen nach 1933 noch einmal erdrückender wirken soll.

Köpf baut seine Geschichte um die 1948 in der »Wandlung« veröffentlichte Testamentsklausel Theodor Mommsens auf, worin bekanntlich harsche Kritik an der deutschen Nation geübt wurde. Über diese Publikation kam es in der Familie zu heftigem Streit, weil sie gegen den ausdrücklichen Willen des Althistorikers und zu einem Zeitpunkt erfolgt war, als die Selbstkritik der Deutschen in Selbsthaß umzukippen drohte. Köpf betrachtet in 17 Kapiteln die Reaktionen der beteiligten Familienmitglieder auf diese Veröffentlichung und schildert hiervon ausgehend die Lebenswege seiner Protagonisten. Das Schicksal Wilhelm Mommsens steht dabei prominent im Mittelpunkt. Immer wieder wird der Leser mit dem Marburger Neuhistoriker konfrontiert, der 1919 Mitglied der DDP, 1930 der Deutschen Staatspartei wurde und 1932 öffentlich für die Wiederwahl Hindenburgs zum Reichspräsidenten eintrat. Für Köpf hatte Wilhelm Mommsen allerdings schon 1928 »Verrat am Liberalismus« begangen, als er Alfred Weber die Unterschrift unter einen Aufruf zur Bildung einer gesamtliberalen Partei verweigerte. Wie aussichtsreich ein solcher Plan war, wird nicht diskutiert, auch nicht die Gründe seiner Ablehnung durch Mommsen. Um so klarer erscheint dem Autor der weitere Weg des Historikers vorgezeichnet: »1930 trat Wilhelm in die Staatspartei ein, zehn Jahre später in die NSDAP« (S. 112). Die dazwischen liegenden Querelen mit den neuen Machthabern, Mommsens Versuche, seine demokratische Vergangenheit zu bagatellisieren, wie die Zeugnisse seiner Anpassungsbereitschaft stellt Köpf ausgiebig vor. Ebenso werden Entnazifizierung, Entlassung und die vergeblichen Bemühungen um Wiedereinstellung ausgebreitet. Wie das geschieht, unter Darlegung auch von vertraulichen Details der Familiengeschichte, kommt einer öffentlichen Bloßstellung nahe, die auf den Leser vor allem beschämend wirkt.

Der schon in früheren Politiker-Biographien von Köpf gepflegte Stil prägt auch diese Studie. Wo nicht direkt aus Dokumenten, hier meist aus Briefen der Familie zitiert wird, versteckt sich der Autor hinter rhetorischen Wendungen. Das gibt Objektivität vor, sorgt aber vor allem dafür, daß Köpf selbst an kaum einer Stelle greifbar ist. Er beschränkt sich vermeintlich auf die Rolle des objektiven Berichterstatters, der den Leser bei seinem investigativen Gang durch die Familiengeschichte an die Hand nimmt. Er konfrontiert ihn permanent mit seinen Fragen und Zweifeln und macht ihn auf diese Weise geschickt zum Komplizen seiner »Recherche«. Zur Perfektion wird diese Vorgehensweise gesteigert, wenn er Passagen aus den Interviews mit Hans Mommsen einfügt: »Aber warum durfte sein Vater im nationalsozialistischen Deutschland bis zum Schluß lehren und warum wurde er 1945 aus der Universität verbannt? Hans Mommsen wuchtet sich nun auf die Beine, die Augen weit aufgerissen, die rechte Hand schwebt drohend über seinem grauen Haupt, und er brüllt: ›Weil er links war!‹« (S. 14). Mal gibt sich Köpf nachsichtig, mal naiv in der Formulierung seiner Fragen und gelegentlich sogar generös, wenn er Verständnis dafür heuchelt, daß Hans Mommsen, auf das Schicksal seines Vater angesprochen, nach wie vor die demokratische Tradition seiner Familie betont: »[D]ann streitet er ab. Warnt. Droht. Wütet. Das ist menschlich. Vielleicht findet er noch zur Wahrheit« (S. 378). Hoffentlich finden die Mommsens noch einen Biographen. Mehr ist über diese vertane Chance nicht zu sagen.

Gießen   *Anne Chr. Nagel*

Florian Buch: Große Politik im Neuen Reich Gesellschaft und Außenpolitik in Deutschland 1867 – 1882

Kassel: Kassel university press, 2004, 735 S.

In der wissenschaftlichen Literatur über das deutsche Kaiserreich nach 1871 dominiert das Bild, die Angehörigen der bürgerlichen Gesellschaft seien fast alle ». . . ergriffene Zuschauer oder jubelnde Bewunderer von Bismarcks virtuosem Spiel mit den ›fünf Kugeln‹ der europäischen Staatenwelt« gewesen (S. 13). In seiner Monografie, die auf einer Bielefelder Dissertation beruht, erklärt Buch diese Sicht für »in hohem Maße korrekturbedürftig« (S. 13). Seine Ausgangsthese lautet: die Außenpolitik Bismarcks sei zwar »in der Tat von weiten Teilen der Öffentlichkeit als angemessen und erfolgreich wahrgenommen« worden, habe aber »keineswegs außerhalb jeder Diskussion« gestanden (S. 13). Von liberaler Seite habe man vielmehr nach 1871 »keine auftrumpfende, sondern eine machtpolitisch weitgehend abstinente Außenpolitik« befürwortet (S. 13).

Die außenpolitischen Vorstellungen der Liberalen[1] stehen denn auch im Mittelpunkt von Buchs Untersuchung. Der Autor betont, dass zwischen Fortschrittspartei und Nationalliberalen die Gemeinsamkeiten überwogen und man deshalb den zeitgenössischen Topos der liberalen »Gesamtpartei« ernst nehmen solle (S. 74). In den Kapiteln C und D seines Buches analysiert er das politische Kräftefeld in der »liberalen Ära« und die Haltung der Liberalen zu den Kriegen von 1866 und 1870/71.

Das Kapitel E (mit mehr als 300 Seiten das bei weitem umfangreichste) ist überschrieben: »Grenzüberwindendes Denken und bürgerliche Gesellschaft«. In den 60er und 70er Jahren des 19. Jahrhunderts veränderten sich die Rahmenbedingungen der internationalen Beziehungen entscheidend. Buch bringt diese Veränderungen auf die folgende Formel: »International waren es vor allem zwei Modi, die zur Überschreitung von Innen- und Außengrenzen dienten: der ungehinderte Austausch von Waren, Personen und Dienstleistungen sowie das Rechtsprinzip erschienen als Motoren von Vernetzung, Integration und Homogenisierung« (S. 249).

Auch nach 1871, so zeigt der Autor, hielten in Deutschland viele Liberale noch eine »Versöhnung von Internationalismus und Nationalismus« für mög-

---

1   Siehe dazu auch Florian Buch, »Rechtsstaat im Innern und Völkerrechtsstaat nach Außen.« Das Rechtsprinzip als liberale Alternative zur ›Machtpolitik‹ im Deutschland der Reichsgründungszeit, in: Jahrbuch zur Liberalismus-Forschung, 14. Jg., 2002, S. 71 – 104.

lich (S. 257). Die neuen Mittel der Kommunikation und der Freihandel, so meinte man, würden allmählich bewirken, dass die Nationalstaaten ihre Bedeutung verlören. Viele Liberale akzeptierten den Krieg nicht mehr als Mittel der internationalen Politik (S. 274). Im Protektionismus, wie er seit der Mitte der 1870er Jahre von Großindustriellen und Großagrariern gefordert wurde, sahen sie eine Gefahr für den inneren und äußeren Frieden.

Dem außenpolitischen Denkstil der Liberalen widersprachen »Virtuosen und Verfechter ›großer Politik‹«. Buch verweist insbesondere auf den Rechtsphilosophen Adolf Lasson. Dieser negierte die Existenz eines Völkerrechts und behauptete, für die Beziehungen zwischen Staaten gelte lediglich das »Recht des Stärkeren« (S. 333). Der Schweizer Historiker Adolf Gasser hat diese Auffassungen, die Lasson in seiner Schrift »Das Culturideal und der Krieg« (1868) entwickelte, als »Drachensaat von Königgrätz« bezeichnet.[2]

Im Abschnitt »Kämpfe an den Grenzen des Arkanums« stellt Buch die Kritik dar, welche die Liberalen an der Geheimniskrämerei der Diplomaten und Militärs übten. Galt den Liberalen die Geheimdiplomatie als »Teil einer mißbilligten Herrschaftstechnik« (S. 339), so verfolgten sie gegenüber dem Militär das Ziel, dessen »politischen und sozialen Sonderstatus« aufzuheben (S. 344).

Das abschließende Kapitel F gilt dem Ende jenes Zeitabschnitts, der den Zeitgenossen als »liberale Ära« erschienen war. Hier kehrt der Autor von einer systematischen zu einer chronologischen Darstellung zurück. Er erklärt, dass es sich beim Ende der »liberalen Ära« »nicht vorrangig um einen Akzeptanzverlust liberaler Grundwerte« gehandelt habe (S. 575).

Als Beleg für seine These verweist er auf die Reichstagswahlen von 1881, die für Bismarcks Regierung sehr ungünstig ausfielen (S. 575, 638 f.). Auch meint Buch zu Recht, dass mit der konservativen Wende von 1878/79 in Deutschland keine weitreichende Reaktionsperiode, sondern eine Zeit der Stagnation begonnen habe.

Buch sucht in diesem Kapitel zu erklären, weshalb die deutschen Liberalen ihre außen- und innenpolitischen Ziele nicht erreichen konnten. Zunächst bemerkt er im Anschluss an Reinhart Koselleck, die Erfolge der Liberalen bei der Herstellung der nationalen Einheit sowie einer einheitlichen Rechts- und Wirtschaftsordnung hätten einen Verlust »von Stoßkraft durch Zielerreichung« bewirkt (S. 645). Als entscheidenden Grund für das Scheitern der liberalen Reformpolitik sieht der Autor jedoch die Tatsache an, dass sich »die Beharrungskraft des Ancien Régime als zu groß« erwiesen habe (S. 658). Er benennt hier das »militärische Establishment«, vor allem aber die »historische Ausnahmegestalt« Bismarcks (S. 658).

2   Adolf Gasser, Preußischer Militärgeist und Kriegsentfesselung 1914. Drei Studien zum Ausbruch des Ersten Weltkrieges, Basel/Frankfurt a. M. 1985, S. 44.

Kritisch sei angemerkt: Buchs Darstellung ufert mitunter zu sehr aus (wobei die als Dissertation vorgelegte Fassung noch ausführlicher war!). Manche seiner Formulierungen wirken etwas angestrengt. So ist etwa auf S. 64 zu lesen: »Gerade mit der Vereinnahmung der Vorstellung von geradezu permanentem Fortschritt, der Optimierung und Perfektionierung gesellschaftlicher Zustände zeigte im Gegensatz hierzu das liberale Denken seine Verbindung mit der inklusionistischen, den Radius des erschlossenen Raumes umspannenden Horizontmetapher und seine wenigstens implicite Gegnerschaft zur raumabschließenden Metapher der Grenze.« Dass im Literaturverzeichnis eines Buches zur deutschen Geschichte der Jahre 1867 bis 1882 die großen Bismarck-Biographien von Erich Eyck und Ernst Engelberg fehlen, ist schon erstaunlich. Zu bedauern ist das Fehlen eines Personenregisters.

Abschließend ist jedoch zu betonen: Der Autor hat ein profundes Werk vorgelegt und den Nachweis geführt, dass die deutschen Liberalen auch in den 70er Jahren des 19. Jahrhunderts und sogar noch zu Beginn der 80er Jahre eine umfassende Alternativkonzeption zur Politik Bismarcks besaßen, die auf eine friedfertige kooperative Außenpolitik und im Innern auf die konsequente Durchsetzung des Rechtsstaats gerichtet war.

Apolda   *Gerd Fesser*

Bernd Haunfelder: Die liberalen Abgeordneten des Deutschen Reichstags 1871-1918. Ein biographisches Handbuch

Münster: Aschendorff Verlag 2004, 511 S., zahlr. Abb.

In diesem Handbuch nimmt der Liberalismus des Kaiserreichs konkrete Gestalt an. 979 Reichstagsabgeordnete hat Bernd Haunfelder aufgelistet, die zwischen 1871 und 1918 liberales Interesse parlamentarisch vertraten. Der gemeinsamen Geschichte ist es geschuldet, daß Nationalliberale und Linksliberale hier zusammengefaßt werden. Eine Trennung in zwei Bände, heißt es in der Einleitung, wäre künstlich erschienen und hätte überdies zu Überschneidungen geführt, da Fraktionswechsel zwischen den liberalen Gruppierungen im Reichstag keine Seltenheit waren. Es werden neben den biographischen Daten die beruflichen und politischen Lebenswege der Abgeordneten aufgeführt, soweit sie sich anhand des überlieferten Materials rekonstruieren ließen. Auf die individuelle Biographie gesehen, wird der zeitliche Rahmen erheblich über den Berichtszeitraum 1871-1918 ausgedehnt. Er reicht von den Befreiungskriegen 1813/14, an denen der 1793 geborene Friedrich Harkort teilnahm, bis in die buchstäblich letzten Tage des »Dritten Reichs« hinein. Beim Kampf um Berlin kamen drei liberale Parlamentarier des Deutschen Reichstags, darunter Heinz Potthoff, ums Leben.

So interessant wie die epochenübergreifende Dimension dieses Kompendiums ist die parteipolitische. Der jüngste Liberale in diesem sample, der 1881 geborene Hans Sivkowich, erhielt bei der letzten Reichstagswahl 1912 ein Mandat für die Fortschrittliche Volkspartei. Schon im Kaiserreich wegen »fortschrittlicher politischer Betätigung« 1918 zeitweilig in den Ruhestand versetzt, wurde der Theologe nach 1933 von der Gestapo überwacht. Er starb 1968 in Berlin. Parteipolitisch von links nach rechts hingegen führte der Weg des 1879 geborenen Liberalen Otto Keinath. 1912 für den linken Flügel der Nationalliberalen in den Reichstag gewählt, saß er von 1920 bis 1924 zunächst für die DDP, danach für die DVP im Reichstag. Am 1. Mai 1933 trat er, wie Haunfeld in der Einleitung hervorhebt, als wohl einziger liberaler Parlamentarier des Kaiserreichs der NSDAP bei. Er spielte im Nationalsozialismus aber dann keine hervorragende Rolle mehr. So wie diese Beispiele lassen sich viele interessante Lebensläufe in den fast tausend biographischen Notizen verfolgen, die mal bemerkenswert konsequent, mal brüchig und wechselhaft verliefen. Parteipolitisch prägend wie die großen Namen Bamberger, Richter oder Lasker wirkten freilich die wenigsten. Aber gerade das macht diese Sammlung so sympathisch, weil die sonst stets namenlos bleibenden parlamentarischen Verfechter liberaler Ideen auch einmal faßbar werden. Wo es nichts besonders Bemerkenswertes über die politische Wirksamkeit eines Abgeordneten zu berichten gibt, sind die Angaben von sozialer Herkunft, Beruf und verwandschaftliche Verbindung immer noch Parameter, die ein am Liberalismus interessierter Historiker spannend finden kann. Nicht zu überschätzen ist aber natürlich die Arbeitserleichterung, die sich für jeden Liberalismusforscher beim Griff nach diesem Handbuch ergibt.

Haunfeld, der nach der Herausgabe einer vergleichbaren biographischen Sammlung für die Reichstagsfraktion des Zentrums 1871-1933 über große Erfahrung verfügt, hat erneut ein sorgfältig redigiertes Werk vorgelegt. Neben den biographischen Artikeln enthält das Kompendium zahlreiche Photographien, die unter anderem aus den privaten Photoalben zweier liberaler Parlamentarier Jakob Stadlerberger und Adolf Bernhard Cronemeyer stammen. Es war wohl üblich, daß am Ende einer Session unter den Abgeordneten Photographien, zumeist eigenhändig unterschrieben, ausgetauscht wurden, die dann den Weg in die privaten Sammlungen fanden. So kommt es, daß hier im Anhang nicht nur Liberale im Portrait zu sehen sind, sondern auch August Bebel und der Zentrumsabgeordnete Hermann Frh. von Reichlin-Meldegg. Im Dokumentenanhang befinden sich zur weiteren Veranschaulichung u.a. das Faksimile einer handschriftlichen Fassung der Geschäftsordnung der deutsch-freisinnigen Reichstagsfraktion von 1884, ebenfalls aus dem Besitz Cronemeyers, sowie ein Wahlaufruf aus Schleswig-Holstein aus dem Jahre 1903. Insgesamt handelt es sich um ein so nützliches wie ansprechend gestaltetes Werk, das die Erforschung des Liberalismus zukünftig sehr erleichtern wird.

Gießen   *Anne Chr. Nagel*

Kathrin Mayer: Mythos und Monument. Die Sprache der Denkmäler im Gründungsmythos des italienischen Nationalstaates 1870-1915

Köln: SH-Verlag GmbH, 2004 (Italien in der Moderne Bd. 11), 384 S.

Die Relevanz des Ästhetischen als Mittel der Inszenierung von Macht ist der Gegenstand dieser Monographie (S. 12). Der Bereich des Symbolischen wird im ersten Teil aus der Perspektive politikwissenschaftlicher Forschung hergeleitet. Kathrin Mayer entlehnt dabei ihr umfangreiches theoretisches Rüstzeug aus dem Werk ihres Doktorvaters Herfried Münkler. Symbolische Politik versteht die Autorin, dem Berliner Sozialwissenschaftler folgend, als integralen Bestandteil politischen Handelns, das auf strategisch-instrumenteller Rationalität basiert. Symbole werden begriffen sowohl »als Ressourcen der Selbstinszenierung des Machthabers als auch Medien der Selbstkonstitution einer Gemeinschaft« (S. 17). Gleichzeitig geht die Autorin davon aus, dass die Akteure – ob nun Ministerpräsident oder Denkmalskommissionen – an ihre mythenpolitischen Konstruktionen glauben. Somit, so die Hypothese, tritt eine Manipulationsabsicht in den Hintergrund. In Italien waren diese Konstruktionen der Rom- und der Risorgimento-Mythos. Beide Mythen fungierten als Wahrnehmungsfilter. Die Politik trat, das wird in der Risorgimento-Rhetorik deutlich, das Erbe der Religion an, deren Semantik man sich bediente. Dieses Nationalisierungsprojekt war dabei ein komplexer Prozess, der sich auf vielen verschiedenen Gebieten manifestierte, vor allem in der Literatur, der Historiographie, in der Schule und im Heer.

Das Personal des Gründungsmythos wiederum, das in einem Zeichensystem verbindlich gemacht wird, darin ist Mayer Recht zu geben ist sehr beschränkt: Es besteht aus vier Akteuren und zwar aus Vitttorio Emanuele, dem Gründungskönig, Garibaldi, dem Freiheitskämpfer, Mazzini, dem Ideologen, und Cavour in der Bismarck-Rolle. Die vier großen römischen Denkmäler, die ihnen gewidmet sind, werden – nebst Exkursen zu den Monumenten der liberalen Parlamentarier Quintino Sella und Marco Minghetti sowie der Könige Carlo Alberto und Umberto I – von Mayer im zweiten Teil untersucht. Das Stammpersonal der vier Risorgimento-Helden wurde, so erfährt man, an die jeweilige politische Konstellation angepasst, wobei der narrative Kern widerspruchsfrei erhalten bleiben musste, also nicht einfach umerzählt werden konnte. Wohl aber ergab sich eine Verschiebung der Interpretation beim Übergang der rechtsliberalen *Destra storica* zu den Linksliberalen wie Mayer nachweist. War zuvor der König die zentrale Figur, so wird nun dem Volk eine größere Rolle zugeschrieben, symbolisiert durch die Garibaldi-Verehrung, die nun für die Versöhnung von republikanischer und monarchischer Risorgimento-Tradition steht. Das 1911 eingeweihte *Vittoriano* auf dem Kapitolshügel sollte hingegen die Nation durch den König personifizieren (S. 93). Weder die kolossalen Ausmaße noch der explizite Bezug auf die klassisch-christliche Bildsprache, die zur marmornen Hymne an das Vaterland verklärt wurde, konnten dabei hier wie dort das Hauptproblem aller Denkmäler des liberalen Italiens lösen: Ihre Bildsprache vermochte es nicht, sich – außerhalb der bürgerlichen Schichten – mit dem kollektiven Alltagsgedächtnis zu verbinden.

Dieser Befund zeigt sich auch bei den Inszenierungen der Nationaldenkmäler, die im dritten Teil beschrieben werden. Wichtigster Initiator ihres Baus war Ministerpräsident Francesco Crispi. Insbesondere während seiner zweiten Amtszeit war die symbolische Denkmalpolitik auch eine Reaktion auf die schwere ökonomische und politische Krise, die nicht zuletzt in einem bewaffneten Aufstand in Sizilien gipfelte. Dies wurde von Crispi als Angriff auf die nationale Einheit interpretiert. So vermischen sich in seiner Denkmalpolitik exemplarisch ideologische Überzeugungen mit dem politischen Interesse, durch eine selektive Auswahl und Deutung der Geschichte einen Nationalmythos zu konstruieren, der möglichst viele Gruppen in die institutionelle Ordnung des Einheitsstaates zu integrieren vermochte. Diese manipulative Umdeutung, die beispielsweise im Fall Mazzinis zu einer Verdrängung des demokratischen Gehalts seiner Nationalismustheorie führte, erwies sich jedoch in ihrer Wirkung als ambivalent: So wurde Mazzini einerseits unter Faschisten, ebenso wie Christdemokraten zum unpolitischen Vordenker der Nation, andererseits wurde aber das Mazzini-Denkmal durch das republikanische Milieu auch immer als uneingelöstes Versprechen auf Demokratie wahrgenommen und fungierte somit als Gegenmythos.

In der vorliegenden Monographie von Kathrin Mayer wird die liberale Denkmalskultur Italiens lückenlos und gelegentlich überdetailliert beschrieben, aber es scheint, dass das komplexe theoretische sozialwissenschaftliche Instrumentarium den geringen Ertrag (Nuancenverschiebung in der Deutung des Risorgimento vom Rechts- zum Linksliberalismus, fehlende Verankerung in den unterbürgerlichen Schichten) nicht rechtfertigt. Auch erscheint der gewählte synchrone Vergleich zu den Monumenten von Herrschern und Parlamentariern weniger ergiebig zu sein, als es ein alternativer diachroner gewesen wäre. Denn was den liberalen Deutungsversuchen versagt blieb, die Konstruktion eines die Gesellschaft durchdringenden Mythos, das gelang den Faschisten, indem sie beispielsweise das *Vittoriano* durch das *Grab des unbekannten Soldaten* zu einem »Denkmal der nationalen Sammlung«, wie Nipperdey diesen Typ nannte, erweiterten. Diese spannenden Umdeutungsprozesse tippt die Verfasserin nur an, untersucht sie aber nicht vertieft. Ansonst ist lediglich das unauffindbare Abbildungsverzeichnis zu monieren. Dessen ungeachtet ist diese profunde Studie durchaus zu empfehlen.

Dresden *Patrick Ostermann*

Bärbel Meurer (Hrsg.): Marianne Weber. Beiträge zu Werk und Person.

Tübingen: Mohr-Siebeck Verlag 2004, 281 S., 18 Abbildungen.

Marianne Weber wurde lange Zeit als die »Frau an seiner Seite« wahrgenommen, woran sie nicht unschuldig war, widmete sie sich nach seinem Tod doch vor allem der Aufgabe, das Andenken von Max zu pflegen. Ihr eigenes Werk geriet dabei in Vergessenheit; dabei war sie zu Lebzeiten zeitweise berühmter als ihr Mann. Erst in den letzten Jahren fand ihr Werk wissenschaftliches Interesse und das ist vor allem das Verdienst des Marianne-Weber-Instituts mit Sitz in Oerlinghausen bei Bielefeld, ihrem Geburtsort.

Anstoß für den vorliegenden Band gab eine Tagung, die das Institut im September 1998 veranstaltete. Bärbel Meurer, die Herausgeberin, betont in der Einleitung, daß man ein Bild von Marianne Weber auf dem neuesten Forschungsstand geben wolle. Dieser Anspruch wird erfüllt und zwar, und das macht dieses Buch besonders lesenswert, indem Leben und Werk Marianne Webers aus unterschiedlichen Perspektiven betrachtet und in Beziehung zum Wissenschafts- und Gesellschaftsleben der Zeit gesetzt wird.

Marianne Weber erhielt die für Mädchen großbürgerlicher Kreise typische Erziehung, die nicht auf eine berufliche Tätigkeit ausgerichtet war. In Berlin lernte sie im Haus von Verwandten Max Weber kennen, den sie 1893 heiratete. Schon bald nach ihrer Eheschließung schlüpfte sie aus der traditionellen Rolle der »Professorengattin« und wandte sich Wissenschaft und Frauenbewegung zu. Hierin wurde sie von ihrem Mann unterstützt, der sich schon vor der Eheschließung auf ein »Gleichheitskonzept im Geschlechterverhältnis« (S. 3) festgelegt hatte: Christa Krüger widmet dem Weberschen ›Konzept der Partnerehe‹ einen eigenen Beitrag, und führt aus, daß die Beziehung der beiden Eheleute geprägt gewesen sei von ›rationaler Lebensführung und Verantwortungsbewußtsein‹, sie zitiert Mariannes Ausdruck der »Arbeitskameradschaft« (S. 59). Die privaten Implikationen (Liebesverhältnisse Max Webers zu Else Jaffé und Mina Tobler) sind ebenso weitgehend bekannt, wie der großzügige Umgang Mariannes damit, die mit beiden Frauen auch nach dem Tod von Max Weber befreundet blieb. Interessanter als dies ist der Aspekt, wie sich dieses ungewöhnliche Paar gegenseitig wissenschaftlich angeregt hat. Marianne, die kein Abitur hatte und auch keine wissenschaftliche Karriere anstrebte, legte 1900 eine Schrift über »Fichtes Sozialismus und sein Verhältnis zur Marxschen Doktrin« vor, zu der Max das Vorwort geschrieben hatte. Sieben Jahre später erschien eine Rechts- und Kulturgeschichte der Frau unter dem Titel »Ehefrau und Mutter in der Rechtsentwicklung«. Mit diesem Buch begründete sie ihren Ruf als Wissenschaftlerin. 1922 erhielt sie die Ehrendoktorwürde der Juristischen Fakultät der Universität Heidelberg, außerdem war sie Ehrenmitglied der Deutschen Gesellschaft für Soziologie. Ihr populärstes Buch war »Die Frauen und die Liebe«, das 1935 erschien.

Der Frage, inwiefern Max Anreger und Förderer dieser Entwicklung war, wird in verschiedenen Beiträgen des Bandes nachgegangen, wobei die Verfasser zum Teil zu unterschiedlichen Ergebnissen kommen. Stephan Buchholz stellt in seinem Beitrag die schwierige Rezeption von Marianne Webers »Ehefrau und Mutter in der Rechtsentwicklung« vor und geht dabei auch auf die Passagen des Werkes ein, die von Max beeinflußt sind. Interessant an Buchholz Beitrag ist der Befund, daß das Werk Marianne Webers in der Soziologie im Moment stark rezipiert wird. Einen anderen Ansatz verfolgt Klaus Lichtblau, der dasselbe Werk unter dem Aspekt betrachtet, welche Bedeutung es für Max gehabt habe. Vor allem am Begriff der »Hausgemeinschaft« macht er die Unterschiede in beider Auffassung deutlich. Noch radikaler geht Bärbel Meurer in ihrem Beitrag davon aus, daß Marianne auch Max wissenschaftlich angeregt habe; so sei Max durch die Berichte seiner Frau über ihre Vorlesungen bei Rickert sowie durch ihre Fichte-Schrift zu seiner Wissenschaftstheorie inspiriert worden.

Marianne Weber verknüpfte ihr wissenschaftliches Tun von vorneherein mit der Frauenbewegung, hier sollte das angeeignete Wissen praktisch werden. Die Frauenbewegung war für Marianne – so Theresa Wobbe – das Medium, um Vorstellungen und Strategien über das Verhältnis der Geschlechter zu entwickeln. Wobbe führt das auf den Einfluß von Rickert zurück, nach dem sich in den Kulturwissenschaften die Erkenntnis in der Konstruktion ihres Gegenstandes nach Wertgesichtspunkten richte. Daran habe Marianne angeknüpft, indem sie postulierte, daß Frauen einen neuen Standpunkt der Betrachtung wählen können (S. 176). Sie untersuchte die Rollendifferenzierung der Frau als ›neue Frau‹, beschrieb die Pluralität weiblicher Lebenskonzepte außerhalb der Ehe und fragte bereits danach, welche Implikationen sich für die Reproduktion einer Gesellschaft aus der Dekonstitutionalisierung von Ehe und Familie ergeben (S. 194).

In Heidelberg gründete Marianne Weber den Verein »Frauenstudium und Frauenbildung«, der nicht nur Vortragsreihen über Frauenfragen, sondern auch über Philosophie, Recht und Nationalökonomie anbot, wobei der Schwerpunkt auf der Reform des Ehe- und Familienrechts lag. Wie Ingrid Gilcher-Holtey in ihrem Beitrag über die Diskussion »moderner Weiblichkeit« im Heidelberg der Jahrhundertwende herausstellt, realisierte der Heidelberger Kreis die Gleichheit von Männer und Frauen im Bildungsbereich und partiell auch in Erotik und Sexualität (S. 58) – sie zeigt aber auch die Grenzen der bürgerlichen Frauenbewegung beispielsweise bei der Diskussion um Versicherung oder geregelte Freizeit für Dienstmädchen auf. Praktisch wurden die Diskussionen des Kreises 1901 in der Einrichtung einer Rechtsschutzstelle, deren erste Leiterin Camilla Jellinek war.

Wie sehr Privates, Politisches und Wissenschaftliches ineinander übergingen, wird in mehreren Beiträgen dieses Bandes deutlich, z.B. in dem Beitrag von Heide-Marie Lauterer über Marie Baum, in dem von Margit Göttert über die Freundschaft zwischen Marianne Weber und Gertrud Bäumer oder in dem von Klaus Kempter über Camilla Jellinek. Neben der Frauenbewegung verband Marianne Weber mit Baum und Bäumer das Engagement in der DDP: Weber gehörte 1919 zu den Gründungsmitgliedern in Baden und war dort auch Mitglied in der Verfassunggebenden Versammlung, während Baum für die DDP in die Nationalversammlung gewählt wurde.

Dem Band ist eine breite Rezeption nicht nur in der Max- und Marianne-Weber-Forschung zu wünschen. Neben den vielen Erkenntnissen zur bürgerlichen Frauenbewegung und zur Wissenschaftsgeschichte macht er ein liberales Milieu lebendig, auf das man heute nur noch erstaunt und neidisch blicken kann.

Bonn/Gummersbach   *Monika Faßbender*

Reinhold Weber: Bürgerpartei und Bauernbund in Württemberg. Konservative Parteien im Kaiserreich und in Weimar (1895-1933).

Düsseldorf: Droste 2004 (Beiträge zur Geschichte des Parlamentarismus und der politischen Parteien Bd. 141), 605 S., 29 Tab., 13 Schaub., 1 CD-Rom

Es ist schon reichlich ambitioniert, was sich diese Tübinger Dissertation vorgenommen hat: Am Beispiel zweier regional begrenzter Phänomene sollen zahlreiche Fragen und Thesen zur deutschen Parteiengeschichte im ersten Drittel des vorigen Jahrhundert überprüft werden. Bemerkenswert ist zum einen der konsequent durchgehaltene strukturgeschichtliche Ansatz und zum andere die bewusste Überbrückung der historischen »Wasserscheide« Erster Weltkrieg. Herausgekommen ist eine Art Geschichte der (bürgerlichen und bäuerlichen) politischen Kultur Württembergs zwischen 1890 und 1933, die weit über den eigentlichen Untersuchungsgegenstand regionaler Konservativismus hinausgeht.

Dessen beide Unterorganisationen werden auf zehn Ebenen analysiert, wobei sich der Autor vornehmlich gesellschaftswissenschaftlicher Methoden und Metaphern bedient: Entstehung, Organisation, Mitgliederstruktur, innerparteiliche Willensbildung und Kommunikation, Vorfeldorganisationen und Bündnispartner, Parteieliten, Wahlkampf, Programme, Wahl- und Politikstrategien sowie schließlich Wählerschaft. Dies alles wird in zahlreichen Tabellen und Schaubildern sowie einem tabellarischen Anhang veranschaulicht und obendrein durch eine CD-Rom mit Details zu einzelnen Wahlen noch ergänzt. Da es unmöglich ist, an dieser Stellen die vielen interessanten Facetten der Studie auch nur ansatzweise wiederzugeben, sollen vor allem die in Bezug auf die Liberalismus-Forschung wichtigsten Erkenntnisse kurz referiert werden. Auffallend ist an der württembergischen Parteientwicklung die lange Dominanz von Liberal-Konservativen und Linksliberalen. Erst ab 1895 beginnt sich das Parteienspektrum aufzufächern, aber auch dann in eigentümlicher Weise: Die Konservativen bilden einen – schwachen – städtischen (Deutschkonservative) und einen starken ländlichen Arm (Bauernbund) aus. Auslösendes Moment sind wie häufig die Caprivischen Handelsverträge bei den Bauern und Unzufriedenheit pietistischer Kreise in den Städten mit der gouvernementalen Linie. Während die »Deutschkonservativen« eher ein Randphänomen blieben, gelingt es dem Bauernbund, in dem sich anders als in seinen anderweitigen Pendants vor allem mittelständische Bauern versammeln, die

Deutsche Partei auf dem Lande weitgehend zurückzudrängen; sein Hauptgegner ist zunächst die Volkspartei. Während für den Bauernbund mit dem Weltkrieg sich wenig ändert, außer dass der Hauptkonkurrent nun im Zentrum gesehen wird, ändert sich sein städtischer Gesinnungspartner grundlegend durch die Auflösung der Deutsche Partei: Sie spaltet sich zwischen DDP und Bürgerpartei auf, in der sich viele Nationalliberale, darunter der neue Vorsitzende und spätere Regierungschef Bazille, mit den Konservativen zusammenschließen. Die erst später entstandene württembergische DVP hatte somit wenig politischen Spielraum. Die neue Bürgerpartei, in der Weber eher eine nationalliberale als eine konservative Nachfolgeorganisation sieht (vgl. S. 518), erhielt dadurch zwar einen erheblichen Modernisierungsschub, blieb aber weiterhin in ihrer milieubildenden und organisatorischen Kraft weit hinter dem Bauernbund zurück, stieg aber dennoch bis Mitte der 1920er-Jahre zu einer landespolitisch führenden Partei auf. Zwischen 1924 und 1933 stellte sie zuerst mit dem Zentrum und dann erweitert um die Liberalen die Regierung. Allerdings gingen die Ansätze zu einem »Tory-Konservativismus« (S. 428) resp. »demokratischen Konservativismus« (S. 523) durch die Übernahme des Hugenberg-Kurses, woran die Partei organisatorisch und wählermäßig zerbrach, schon Ende der 20er Jahre wieder verloren.

Davon unterschied sich das Schicksal der »ländliche(n), protestantische(n) Milieupartei« Bauernbund sehr: Zunächst gelang es ihm, verschiedene bäuerliche Erwerbszweige, darunter auch die bis dahin volksparteilich orientierten »Weingärtner« in seinen Reihen zu vereinen, indem man eine gemeinsame Land-Stadt-Frontstellung proklamierte. Nach 1918 konnten teilweise auch die Konfessionsgrenzen überwunden, resp. mit dem Zentrum eine Kooperation gefunden werden. Konfessionelle und berufsständische Wurzeln ließen den Bauernbund sich tief in der bäuerlichen Lebenswelt verankern und eine kluge Führung machte aus ihm »in mehrfacher Hinsicht eine ›moderne‹ und dynamische Kraft«. (S. 358)

Darin sieht der Autor auch eine der Hauptursachen für den gebremsten oder verzögerten Aufstieg der NSDAP. Diese war anders als in Norddeutschland noch 1930 ein städtisches Phänomen, auf dem Land wirkte der Bauernbund als »regionaler Puffer«, der von der NSDAP erst bei den Wahlen von 1932 zum Teil überwunden werden konnte. Aber auch danach noch leistete die Basis Widerstand gegen einen Anschluß an die NSDAP, absehbar auch an der landwirtschaftlichen Selbstverwaltung: »Die schrittweise Gleichschaltung der landwirtschaftlichen Organe war nicht von unten vorbereitet, sondern per Dekret erzwungen.« (S. 252) Insgesamt war die politische Kultur Württembergs wegen der mittelständischen Struktur, der relativen Stärke der (Links-) Liberalen und der Mäßigung der Konservativen weniger anfällig für extremistisches Gedankengut, weit weniger als das ähnlich strukturierte Baden, so Reinhold Weber in seinem Fazit (S. 497 ff).

Für diejenigen, die nicht landeskundliche Spezialisten sind, wird aufgrund dieser auf hohem Niveau und kenntnisreich argumentierenden Studie vieles verständlicher; manche schon ins Allgemeingut übergegangene Hypothese wie die Karl Rohes vom »nationalen Lager« aus Konservativen und Liberalen hält vor der spezifischen württembergischen Entwicklung nicht stand. Dazu ein Detail am Rande: Naumanns viel beachteter Wahlsieg von Heilbronn fand ja gerade in einer Stichwahl gegen einen Bauernbund-Kandidaten statt, der scharf gegen den »Berliner Tiergarten Freisinn« wetterte. (Vgl. S. 353) Da jedoch der Wahlkampf von 1907 ganz im Zeichen des Bülow-Blocks stand, hätte es eine solche liberal-konservative Kampfkandidatur gar nicht geben dürfen; nur in Württemberg hielt sich kaum jemand an die Vorgaben aus Berlin, landespolitische Konstellationen siegten über reichspolitische Notwendigkeiten. Gerade in dieser Verbindung von landesgeschichtlicher und nationaler Perspektive liegt neben dem weiten diachronen Horizont – hinsichtlich der Bedeutung des Weltkrieges überwiegen für den Autor in Bezug auf seinen Gegenstand die Veränderungen gegenüber den Kontinuitäten (vgl. S. 522 f) – einer der großen Vorzüge von Webers Arbeit. Angesichts ihrer großen Verdienste kann man über einige wenige kleinere Versehen getrost schweigen.

Bonn/Gummersbach   *Jürgen Frölich*

Ernst Troeltsch: Protestantisches Christentum und Kirche in der Neuzeit (1906/1909/1922)

Herausgegeben von Volker Drehsen in Zusammenarbeit mit Christian Albrecht. Berlin/New York: Walter de Gruyter 2004 (Ernst Troeltsch: Kritische Gesamtausgabe Bd. 7), XVII u. 648 S.

Der mittlerweile fünfte Band der Kritischen Gesamtausgabe bietet mit der monumentalen Abhandlung »Protestantisches Christentum und Kirche in der Neuzeit« (1906 / 1909) eine der wichtigsten Arbeiten Troeltschs. Sie stellt die umfassendste Frucht seines großen Theorieprogrammes zur kritischen Rekonstruktion der Geschichte des Protestantismus dar und bildet zugleich den Auftakt einer Reihe prominenter Schriften, in denen Troeltsch seine These von der im protestantischen Christentum gegründeten Legitimität der Neuzeit entfaltet hat. Im Überblick über vierhundert Jahre Kirchen- und Theologiegeschichte werden die an Intensität zwar sehr unterschiedlichen, in der Grundstruktur aber jederzeit evidenten Wechselwirkungen zwischen der Geschichte des Protestantismus und der Entstehung und Etablierung der modernen Kultur und Lebenswelt offengelegt.

Troeltschs Studie erschien 1906 innerhalb des von Paul Hinneberg herausgegebenen vielbändigen enzyklopädischen Großwerkes »Kultur der Gegenwart«. Erstmals schildern Volker Drehsen und Christian Albrecht im Rahmen ihres Editorischen Berichtes anhand weitgehend bisher unbekannten Materials die Entstehungsumstände und den wissenschaftsgeschichtlichen Hintergrund dieses gewaltigen, vom Preußischen Kultusministerium (Friedrich Althoff und Friedrich Schmitt-Ott) angeregten Projektes. Hinneberg (1862-1934), ein Historiker, der jahrzehntelang die »Deutsche Literaturzeitung« herausgab, war von der Idee geleitet, alle Bereiche der Wissenschaft und Kultur in umfassenden Abhandlungen zu präsentieren. Als Autoren wollte er die besten Gelehrten seiner Zeit gewinnen. Troeltsch war ursprünglich nur für einen einführenden Beitrag unter dem Titel »Die moderne wissenschaftliche Theologie in Methode und Aufgabe« vorgesehen. Daß er auch mit dem Themenfeld Neuzeitliche Kirchengeschichte beauftragt wurde, ging auf einen Wunsch Adolf Harnacks zurück. Ihm schien der Heidelberger Kollege gerade der Richtige zu sein, um »die mannigfachen Berührungen der neuen Kirchen- und Dogmengeschichte mit der Philosophie [. . .] in ihrer ganzen Tragweite herauszubringen« (vgl. 65).

Damit bezeichnete Harnack den Kern und das primäre Interesse jener Ausarbeitung, die Troeltsch dann lieferte. 1909 erschien die Abhandlung in stark erweiterter und überarbeiteter zweiter Auflage. Einen 1922 veranstalteten dritten Abdruck hat Troeltsch gegenüber der Zweitfassung lediglich um einige Nachträge ergänzt. Dieser letzte Druck liegt der Edition in KGA zugrunde; sämtliche inhaltlichen und formalen Abweichungen werden teils im Text, teils im textkritischen Apparat nachgewiesen. Dabei läßt sich nun im Detail nachvollziehen, in welchem Maße Troeltsch bei der Überarbeitung von 1909 über eine stilistische Revision hinaus eine Vielzahl von Gedanken geschärft und die Darstellung materiell bereichert hat. In der Einleitung der Bandherausgeber werden Troeltschs Protestantismus-Deutung und der werkgeschichtliche Ort der Studie beschrieben. Der umfangreiche Editorische Bericht gibt über die entstehungsgeschichtlichen Umstände Auskunft. Zudem bietet der Band einen knappen Sachapparat, eine Sammlung von Biogrammen, Literaturverzeichnisse, ein Personenregister, ein ausgezeichnetes, gewiß mit hohem Arbeitsaufwand erstelltes Sachregister und eine Seitenkonkordanz.

Troeltschs Abhandlung ist nichts für den eiligen Rezipienten, den Viel- und Schnelleser. Sie will in Ruhe studiert werden, und ihre Lektüre bereitet Mühe. Dazu trägt auch der sperrige, eigenwillig essayistische Stil bei. Auf jeder Seite begegnet Troeltschs Neigung zu großflächigen, integrativen Sachverhaltszeichnungen und Begriffsprägungen. Wer aber zu sorgfältiger Lesearbeit bereit ist, dem bietet sich hier nicht allein ein wahrhaft brillantes Lehr- und Lernbuch, sondern auch ein ausgezeichnetes Beispiel für die Wissenschaftsliteratur des wilhelminischen Gelehrtentums.

Von erheblicher analytischer Kraft ist die von Troeltsch konzipierte und – wie auch die Einleitung der Herausgeber noch einmal eingehend schildert – seither kontrovers diskutierte Unterscheidung zwischen einem vormodernen, an lutherisch-orthodoxe Glaubensvorstellungen gebundenen »Altprotestantismus« und jener Gestalt neuprotestantischer Theologie und Kulturbildung, die zu einem wesentlichen Antriebsmotor der modernen Entwicklung geworden ist. Kirche und Theologie stecken nicht mehr den Rahmen der Christentumsgeschichte ab. Troeltsch betreibt die historische Rekonstruktion des Protestantismus selbst als eine Form von Kulturgeschichtsschreibung. Sein entwicklungstheoretischer Ansatz ist darauf ausgerichtet, die »moderne Welt« aus der Einsicht in ihre Genese zu verstehen.

Der Einschnitt, der die gesamte Schilderung strukturiert, erfolgt zum Ende des 17. und Beginn des 18. Jahrhunderts. Hier wird eine über mehr als eintausend Jahre ausgebildete Kulturform abgelöst, wobei das Aufklärungszeitalter gewissermaßen die Inkubationsphase der modernen Zivilisation war, während Reformation und Orthodoxie noch weitgehend der vormodernen Periode angehören. Für den Theologen erscheinen aus dieser Perspektive auch die prägenden Phänomene von Desakralisierung und Entkirchlichung nicht als Ausdruck eines Kulturverfalls; sie erhalten vielmehr ihren Sinn innerhalb einer

Umschichtung sämtlicher kulturellen Verhältnisse und führen zu neuen subjektiven und objektiven Formen der Selbst- und Weltdeutung. Mit dem Umbruch ist daher in erster Linie ein epochaler Freiheitsgewinn verbunden: Der Staat wird aus der Herrschaft der Kirche ebenso befreit wie der einzelne Mensch aus der geistigen Fesselung, die im kirchlichen Sakramentalismus gegeben ist. An die Stelle des Sündenbewußtseins tritt der Fortschrittsglaube, wie überhaupt der religiöse Einfluß stark hinter ein neues Zweckmäßigkeitsdenken zurücktritt. Es kommt zur Erkenntnis der »Selbstzwecke in den Kulturgütern« und damit zur Einleitung einer Kulturentwicklung aus »allgemein menschlichen Ideen«. Als entscheidend stellt Troeltsch den Umstand heraus, daß das »neue Weltbild« in einer veränderten Auffassung vom Christentum verankert gewesen sei. Erst die »neuen religiösen Gefühle« hätten zu einem neuen Begriff der Persönlichkeit geführt, der mit der »alten prädestinatianischen Erlösungsidee« unvereinbar war (315). Im Mittelpunkt stehen jetzt Motive wie Selbstbehauptung, Schätzung des Individuellen, Unabgeschlossenheit und Entwicklungskraft. Erst auf dieser Grundlage wurde der Weg frei für die moderne Wissenschaft, für Befreiung und Verselbständigung des politischen und sozialen Lebens, aber auch für Atheismus und Religionskritik, religiöse Reform und freie Spekulation.

In Troeltschs kulturprotestantisch-nachidealistischer Geschichtsauffassung spiegeln sich das Freiheitspathos und die geradezu missionarische Entschlossenheit des wilhelminischen Liberalismus. Modernität wird mit Optimismus und praktischer Religiosität übersetzt. Der neuzeitliche Protestantismus, als dessen institutionellen Ort bekanntlich schon Hegel nicht mehr die Kirchen, sondern Schule und Bildung ausgemacht hat, erscheint bei Troeltsch als diejenige Weltsicht und Deutungsmacht, die die Gegenwart überhaupt erst zu sich selbst bringt. In der kompromißlosen Klarheit, mit der er die Dramatik herausstellt, die in jenem Epochenbruch für das Welt- und Selbstverständnis lag, besteht die unvergleichliche Stärke von Troeltschs Werk.

Berlin   *Matthias Wolfes*

Detlef Lehnert/Christoph Müller (Hrsg.): Vom Unterta-
nenverband zur Bürgergenossenschaft. Symposion zum
75. Todestag von Hugo Preuß am 9. Oktober 2000

Baden-Baden: Nomos Verlagsgesellschaft, 2003, 280 S.

Viel ist im Erinnerungsjahr an das Ende der NS-Schreckensherrschaft über
Deutschland und weite Teile Europas vom »Zivilisationsbruch« in der deutschen Geschichte die Rede, von der untilgbaren Schande, die ein (bis dahin)
durchweg respektiertes, wenngleich nur bisweilen geschätztes Kulturvolk in
der Mitte des europäischen Kontinents auf sich geladen habe. Zu selten wird
dabei dem ungeheuerlichen, von keiner Gesellschaft spurlos zu verkraftenden
Verlust an intellektueller Potenz und visionärer Gestaltungskraft für eine
»bessere Zukunft« gedacht, den Deutschland, das deutsche Volk, die deutsche
Gesellschaft sich durch nationalistische und rassistische Verblendung selber
zugefügt hat. Es scheint moralisch verständlich und gerechtfertigt, daß über
Jahrzehnte hinweg vornehmlich oder gar ausschließlich das anderen zuge-
fügte Leid und Unrecht im Mittelpunkt des Gedenkens gestanden hat. Wenn
nun auch – endlich – die Trauerarbeit über das Leid begonnen hat, das die
Kreatoren des Unrechts über das eigene Volk gebracht haben, so sollte dabei
stets auch der fatalen Tatsache gedacht werden, daß Deutschland sich zahl-
loser Zukunftsoptionen resp. der sie tragenden und gestaltenden Menschen
beraubt hat. Welchen Erfolg auch immer man den Gründervätern der neuen,
bis heute stabilen Demokratie in Deutschland nach 1945 von Herzen gerne
zubilligen mag: Es bleibt wohl auf Dauer ein Faktum, daß unendlich viele
gangbare Wege auf immer unpassierbar gemacht, fruchtbare Ideen auf immer
verschüttet worden sind.
Und wenn es nur das Verdienst wäre, damit begonnen zu haben, einen der in
Vergessenheit geratenen Wege deutscher Geschichte – und gerade deutscher
Liberalismusgeschichte – wieder in Erinnerung zu rufen: Der Berliner Grün-
derkreis der im November 2000 gegründeten »Hugo-Preuß-Gesellschaft
e.V.« um Christoph Müller und Detlef Lehnert (sie fungieren daher für den
hier anzuzeigenden Band auch als Herausgeber »im Auftrag« der Gesellschaft) hätte sich bereits so große Meriten erworben, indem er sich müht,
unser Wissen vom Facetten- und Optionenreichtum deutscher Geistes- und
Politikgeschichte deutlich zu erweitern. Daß die Gesellschaft – über die Publikation von Tagungsbänden wie dem vorliegenden hinaus – weitgehend aus
eigener Kraft auch an einer (wohl fünfbändigen) wissenschaftlichen Edition
der Schriften ihres Namenspatrons arbeitet, deren erster, politischen Schriften

aus dem Zeitraum bis 1918 gewidmeter Band noch in diesem Jahr erscheinen soll, sei nur ergänzend vermerkt.

Wem ist der – erfreulicherweise – von Friedrich-Naumann- wie Friedrich-Ebert-Stiftung geförderte, mit einem Geleitwort des Bundestagspräsidenten versehene, zehn Beiträge auf hohem wissenschaftlichen Niveau umfassende Band gewidmet? So werden allzu viele bei der Nennung des Namens von Hugo Preuß fragen. Der 1860 in eine wohlhabende Berliner Kaufmannsfamilie hineingeborene »deutsche Staatsbürger jüdischen Glaubens«, der sich nach rechtswissenschaftlichem Studium in Heidelberg und Berlin im Jahre 1889 bei Otto Gierke mit einer vielbeachteten Arbeit zu »Gemeinde, Staat und Reich als Gebietskörperschaften. Versuch einer deutschen Staatskonstruktion auf Grundlage der Genossenschaftstheorie« habilitiert hatte, ist im öffentlichen Bewußtsein in Deutschland wenn überhaupt dann allenfalls als »Vater der Weimarer Reichsverfassung« greifbar. Als Außenseiter im akademischen Leben des Wilhelminischen Deutschlands (als Jude blieb ihm die angestrebte akademische Laufbahn trotz anerkannt hoher fachlicher Qualifikation verschlossen), als linksliberaler, stets aus einer Minderheitsposition heraus argumentierender Kritiker des Bismarckreiches und der von diesem geschaffenen, weithin überlebten politischen Strukturen ging Preuß – dank seines Erbes ökonomisch unabhängig – seinen Weg des wissenschaftlichen, publizistischen und politischen Einsatzes für grundlegende rechtliche und politische Reformen in Deutschland unbeirrt weiter, auch wenn ihm dies immer wieder Anfeindungen, persönliche Enttäuschungen und gezielte Zurücksetzungen eintragen sollte.

Es mag als (weiterer) Beleg für den häufig konstatierbaren Zynismus des historischen Prozesses gewertet werden, daß man den ständigen Mahner und Warner Preuß, der praktisch von Beginn seiner Publikationstätigkeit an auf den gravierenden Reformbedarf von Staat und Gesellschaft in Deutschland hingewiesen und Gegenmodelle entwickelt hatte, letztlich meinte für das Scheitern der ersten deutschen Demokratie mit habhaft machen zu müssen. So ist der Liberale Hugo Preuß, dessen politische Gegner die Chuzpe besaßen, ihm am offenen Grabe die Schmähung nachzurufen, er sei »im politischen Leben des deutschen und des preußischen Volkes eine höchst unerfreuliche Erscheinung« gewesen (so die konservative »Kreuz-Zeitung« noch am Todestage Preuß'), als ein politischer »loser« in ein notorisch lädiertes Geschichtsbewußtsein eingegangen, das nach Erfolgsgeschichten giert, nicht um der Prinzipien und Visionen, sondern des Erfolges willen.

Der Sammelband rückt den nahezu völlig in Vergessenheit geratenen Staatsrechtler Preuß eindeutig in den Mittelpunkt des Interesses. Lediglich Lothar Albertin befaßt sich – weitgehend Bekanntes repetierend, gelegentlich vertiefend – mit dem in den Begriff des »liberalen Revisionismus« eingebetteten politischen Wirken Preuß' im Rahmen des organisierten politischen Linksliberalismus resp. im Umfeld Theodor Barths, dessen Erkenntnisfortschritt vom »Manchesterliberalen« zum sozialliberalen »Revisionisten« Preuß im Grunde mitvollzog. Mit der gleichen und erfreulichen Klarheit, mit der die Albertin die politische Heimat Preuß' im Liberalismus der Zeit – und sei es auch in der Preuß aufs beste vertrauten Rolle als Außenseiter – charakterisiert, weist Hans Mommsen die ebenso notorische wie simplifizierende Interpretation zurück, die der Weimarer Verfassung – und somit deren »Vater« Preuß – ein primäres Verschulden am Scheitern der Weimarer Demokratie unterstellt, dabei – ob intentional oder nicht – häufig genug nur die »Systemfeinde«, spez. die der politischen Rechten, exkulpiert.

Fünf Beiträge (Schefold, Malowitz, Lehnert, Schönberger, Llanque) sind dem Versuch gewidmet, Preuß' staatstheoretisches Oeuvre in den fachwissenschaftlichen Diskurs von Kaiserreich und Weimarer Republik einzuordnen und in seiner Spezifik zu erfassen. Referenzrahmen ist dabei stets Preuß' Fundamentalkritik an der die rechtswissenschaftliche Welt des ausgehenden 19. Jahrhunderts in Deutschland dominierenden Schule des Gerber-Labandschen Rechtspositivismus, die nach Preuß' Auffassung lediglich eine Affirmation des bestehenden politischen und rechtlichen »status quo« darstellte, so wie ihn die Bismarcksche Reichsverfassung vorgegeben hatte. Hieran schloß Preuß eine ebenfalls grundlegende Kritik des klassischen Souveränitätsdogmas und des konservativ-nationalliberalen Staatsverständnisses an.

Karsten Malowitz zeigt, inwieweit Preuß mit seiner »organischen Staatsauffassung« an die Gierkesche Genossenschaftslehre anschloß, und wie er diese grundlegend und mit neuer Zielsetzung erweiterte. Preuß' erklärtes Ziel sei es gewesen, »durch eine Fortentwicklung der Grundlagen des Verfassungs- und Staatsrechts die politische Transformation des Kaiserreichs zu einem auf dem Prinzip der Selbstverwaltung aufbauenden demokratischen Rechtsstaat voranzutreiben« (S. 126). Diese Transformation ist für Preuß Voraussetzung für die Zukunftsfähigkeit des deutschen Staates, dem – entgegen allen nationalistisch und/oder antisemitisch getönten Unterstellungen – das besondere Interesse des deutschen Patrioten Preuß gilt. Als Ansatzpunkt für die Gewinnung von Zukunftsfähigkeit gilt Preuß – inhaltlich wie strategisch – die preußische Kommunalreform des frühen 19. Jahrhunderts (»Stein-Hardenbergsche Neuorientierung«). Die Gemeinde als Basis körperschaftlicher Selbstverwaltung wird zum Ausgangspunkt eines »innerlichen Erziehungsprozesses«, der die Bürger zur politischen Mündigkeit in einem demokratischen Volksstaat führe. Scharf verwahrt sich Preuß gegen den notorischen Vorwurf »sklavischer Nachahmung der westlichen Demokratien«. Der Innovator Preuß handelt vielmehr »aus der Einsicht in die politischen Funktionsbedingungen und Bestandsvoraussetzungen moderner Staatlichkeit in einer Gesellschaft mit einem technisch hochentwickelten und international durch Recht und Geschäftsverkehr verflochtenen Wirtschaftsleben« (S. 141f.). Sehr einfühlsam illustriert Malowitz, wie Preuß' zunächst freundschaftliches Verhältnis zu Otto von Gierke (dieser verwendete sich mehrfach, doch vergeblich für die akademische Karriere Preuß') im Laufe der Jahre nahezu zwangsläufig Schaden nehmen mußte: Hier der arrivierte Wissenschaftler, der seinen (potentiell systemkonträren) wissenschaftlichen Ansatz »streamlined«, so seinen Frieden mit der – ihn durch Ehrungen umgarnenden – politischen Ordnung macht, dort der »lonely wolf« Preuß, der den angedachten Reformweg ungeachtet aller kleinlichen Anfeindungen konsequent weiterverfolgt.

Dian Schefolds Beitrag ist dem Nachweis gewidmet, inwiefern Preuß an das – stark durch das englische »Self-Government« geprägte – Denken des Selbstverwaltungstheoretikers Rudolf von Gneist angeknüpft hat. Trotz der eher traditionellen Grundlegung seines Theorieansatzes kommunaler Selbstverwaltung geht Preuß aufgrund der Ablehnung des traditionellen Souveränitätsbegriffs rasch über Gneist hinaus. Er leugnet nicht nur – mit Gneist – den qualitativen Unterschied von staatlicher und kommunaler Verwaltung, sondern postuliert – gegen Gneist – auch die Eigenständigkeit der kommunalen Ebene, die somit zum Ausgangspunkt für Reformüberlegungen auf Staats- und Reichsebene, aber auch für die globale Ordnung wird. Preuß wird zum »Überwinder der von Gneist so leidenschaftlich verfochtenen obrigkeitsstaatlichen Grundlage der Selbstverwaltung« (S. 118). Durchaus Preuß-kritisch kontrastiert Christoph Schönberger Preuß' Verständnis »genossenschaftlicher Bürgerdemokratie« mit dem Denken des Jellinek-Nachfolgers Richard Thoma. Mit Ernst Fraenkel sieht Schönberger Preuß als einen Mann des 19. Jahrhunderts, der allzu einseitig in der Negativerfahrung der Bismarck-Ära verhaftet geblieben sei. »So sympathisch Preuß' demokratisches Genossenschaftssystem anmuten kann, es blieb doch sehr durch seine Entstehung aus der Opposition zur bürokratisch-militärischen preußischen Monarchie geprägt.« (S. 187). Detlef Lehnert schließlich versucht die Preußsche Verfassungskonzeption systematisch zwischen denjenigen Hans Kelsens und Max Webers zu verorten, während Marcus Llanque Preuß' Politikverständnis mit dem von Carl Schmitt und Hermann Heller kontrastiert: hier der Kampf gegen die Dominanz staatlicher Legitimität, dort das Bemühen, den »Niedergang der Staatlichkeit« aufzuhalten, zuletzt – bei Heller – der Einsatz für eine Neuformulierung der Staatlichkeit unter Rückgriff auf Gierkes Ausgangsbegriff der »Einheit in der Vielheit«.

Lediglich der Vorsitzende der Hugo-Preuß-Gesellschaft, Christoph Müller, geht in seinem Schlußbeitrag auf den kommunalpolitischen Theoretiker und Praktiker Preuß ein, der ja seiner Heimatstadt Jahrzehnte als Stadtverordneter resp. als (unbesoldeter) Stadtrat mit Zuständigkeit u.a. für das Verkehrswesen der rasch expandierenden Metropole gedient hat. Müller interessiert dabei vor allem, wie die zeitweilig unter dem – den Kreisen der sogenannten »Kathedersozialisten« entstammenden – Stich- wie Reizwort »Munizipalsozialismus«

figurierende Gemeindewirtschaft zu einem praktischen Kooperationsfeld reformbereiter Liberaler und »revisionistischer« Sozialdemokraten geworden ist. Es sind gerade die – jeglichem Katheder- oder Staatssozialismus ursprünglich scharf ablehnend gegenüberstehenden – liberalen Reformer im deutschen Linksliberalismus, die die sozialreformerische Gestaltung der Kommunalpolitik aktiv und pragmatisch in Angriff nehmen – häufig zur Überraschung und Verblüffung einer Sozialdemokratie, die mehrheitlich noch weit vom Entschluß entfernt ist, den pragmatischen Reformweg konsequent mitzugehen. Dies sei stets in Erinnerung gebracht, wenn (wie in diesem Sammelband sehr häufig) von der »Annäherung« – gerade auch der von Hugo Preuß – an die Sozialdemokratie die Rede ist: Es bedurfte eines gravierenden und schmerzhaften Diskussions- und Reformprozesses *innerhalb der Sozialdemokratie*, bis die Kooperation mit einem sozialen Liberalismus möglich wurde, den man (als Negativbeispiel par excellence mag die Perzeption der sozialliberalen Gewerkschaftsbewegung gelten) allzu lange lediglich als mäßig getarnte »bürgerliche Interessenorganisation«, nicht aber als probaten Kooperationspartner zu perzipieren in der Lage war.

Nach den kenntnisreichen und argumentatorisch dichten Beiträgen des Auftaktsymposions darf man auf die weitere Arbeit am Preußschen Oeuvre zurecht gespannt sein. Wenn dem nächsten Band – über das Namensregister hinaus – dann auch noch eine kurze Vorstellung der Referenten beigefügt wird, bleibt nahezu kein Wunsch offen. Die Liberalismusforschung jedenfalls ist durch die intendierte Preuß-Renaissance deutlich bereichert. Und all denen, die vor lauter »Zwangsläufigkeiten« der deutschen Geschichte die Alternativen zu ignorieren geneigt sind, ist – in bester Absicht – ein weiterer »Stein des Anstoßes« in den Weg geräumt.

Zagreb   *Hans-Georg Fleck*

Klaus Eisele/Joachim Scholtyseck (Hrsg.): Offenburg 1919-1949. Zwischen Demokratie und Diktatur

Konstanz: UVK Verlagsgesellschaft 2004, 507 S., zahlr. Abb., 1 CD-Rom

Stadtgeschichten über die Zeit des Nationalsozialismus haben häufig Enthüllungscharakter, geht es doch oft darum, die Verstrickung prominenter und weniger prominenter Bürger in das düsterste Kapitel deutscher Geschichte zu erhellen. Insofern war das Karlsruher Autorenteam um den Bonner Ordinarius Joachim Scholtyseck gut beraten, die Ära des »Dritten Reiches« in seine Vorgeschichte und die unmittelbaren Nachwirkungen einzubetten, zumal es sich aus liberaler Sicht um ein mit einer großartigen Tradition behafteten Untersuchungsgegenstand handelt. Jenes berühmte Treffen südwestdeutscher Liberaldemokraten in Offenburg im September 1847 spielt natürlich im vorliegenden Werk keine Rolle, es hatte aber insofern Fortwirkungen, als Offenburg sowohl in Weimar als auch beim politischen Wiederbeginn nach 1945 für Liberale ein gutes Pflaster war: Die DDP konnte hier ebenso zeitweise die Sozialdemokraten vom zweiten Platz verdrängen und noch 1924 weit über 20 % erzielen, wie dies den Liberalen 1947/49 gelang. (Vgl. S. 213 u. 488)
Die spannende Frage ist nun, ob diese starke liberale Strömung die Einwohnerschaft in irgendeiner Weise gegen die nationalsozialistischen Verlockungen immunisierte. Um es vorweg zu nehmen, Scholtyseck selbst kommt zu einem ernüchternden Fazit, wenn er konstatiert, dass auch dies den Weg in den NS-Staat »nicht (hat) aufhalten können«. Vielmehr sei »das öffentliche Leben Offenburgs in dieser Zeit wenig mehr als eine Miniatur dessen, was sich auf Landes- und Reichsebene vollzog,« gewesen. (S. 303 f., vgl. S. 88)
Wie es dazu kam, wird auf verschiedenen Ebenen untersucht und dargestellt, wobei die jeweiligen thematischen Felder für die Weimarer und die NS-Zeit nicht ganz kongruent sind: Beiden Zeitabschnitten sind zwei gehaltvoll-abwägende Überblicksartikel von Scholtyseck vorangestellt, denen sich zwei Untersuchungen zur wirtschaftlichen Entwicklung von Dorothee Hermanni und Frank Gausmann anschließen. Während Katja Schreckes Beitrag zur »Städtischen Kultur« 1918 bis 1933 noch ein gewisses Äquivalent in dem Aufsatz über die »Religiösen Gemeinschaften nach 1933« (F. Gausmann/ Manfred Mayer), fehlen solche für die Beiträge von Klaus Eisele, der die lokalen Wahlergebnisse in der Weimarer Zeit analysiert, und – was schon etwas erstaunlicher ist – von Ludger Syré, der sich mit der Sozial- und Alltagsgeschichte des nationalsozialistischen Offenburg befasst. Epochenüber-

greifend ist dagegen Michael Kisseners Darstellung der Staatsmacht, d.h. von Polizei- und Gerichtswesen angelegt. Den Schluss bildet ein Ausblick von Angela Borgstedt auf die unmittelbaren Nachkriegsjahre. Festzuhalten bleibt, dass eigentlich kein wichtiger stadtgeschichtlicher Aspekt ausgeblendet wird und auch die Schattenseiten deutlich aufgezeigt werden. Vermissen tut man nur Einblicke in das Alltagsleben zur Weimarer Zeit und Aussagen darüber, inwiefern sich dies von der Folgezeit unterschied; dieses Manko mag daran liegen, dass allgemein in der Lokalgeschichte der Interessenschwerpunkt mehr auf der NS- als der Weimarer Zeit gelegen hat, was auch in der Einleitung hervorgehoben wird.

Es fällt schwer, einzelne Aspekte aus diesem vorzüglichen Sammelwerk hervorzuheben. Aus Sicht der Liberalismus-Forschung sind folgende Befunde vielleicht die interessantesten: Das gute Abschneiden der DDP noch Mitte der zwanziger Jahre korrespondierte keineswegs mit einer besonders gut gehenden Wirtschaft; vielmehr war Offenburg durch die neue »Grenzland«-Situation und die französische Besetzung wirtschaftlich stärker und länger in Mitleidenschaft gezogen worden als andere Teile des Reiches. Trotz der Besetzung gehörte Offenburg aber nicht zu den frühen Hochburgen der NSDAP, gleichwohl lässt sich ein Zusammenhang zwischen hohen liberalem Wähleranteil in der frühen und NSDAP-Erfolgen in der späten Weimarer Republik feststellen. Allerdings gelangen Klaus Eiseles Analyse zufolge den Nationalsozialisten auch Einbrüche in Zentrums- und SPD-Hochburgen.

Widersetzlichkeit gegen den nationalsozialistischen Machtanspruch gab es vor allem von Seiten des Justizapparates, wo der Sohn von Georg Anschütz wirkte und von wo aus auch nach 1945 versucht wurde, nationalsozialistischen Verbrechen vor und nach 1933 zu ahnden, wenn auch mit ambivalenten Ergebnissen. Echten Widerstand hat es von bürgerlicher kaum und von katholischer oder sozialdemokratischer Seite in wenig wirksamer Weise gegeben, was natürlich eine immer rücksichtslosere Verfolgung von echter und vermeintlicher Nichtanpassung nicht verhinderte. Immerhin votierten fast 10 % der Offenburger beim Referendum zum Anschluss Österreichs mit Nein. Dies könnte mit daran gelegen haben, dass Offenburg zunächst nicht wirtschaftlich vom neuen Regime profitierte; 1935 betrug die Erwerbslosenquote noch etwa 20 %, was sich erst mit der Remilitarisierung und dem Bau des Westwalles ändern sollte. Der unternehmerische Aufstieg der später dominierende Familie vollzog sich in dieser Zeit übrigens eher unauffällig: Zwar beteiligte sich Franz Burda auch an den Arisierungen und wurde sein Unternehmen ausgezeichnet, aber er war zugleich praktizierender Katholik und einigte sich später außergerichtlich mit den ehemaligen jüdischen Besitzern.

Das Ende der NS-Herrschaft wurde weniger als Befreiung, sondern mit gemischten Gefühlen angesehen. Diese schlugen, nachdem die Amerikaner die Region französischen Truppen überlassen hatten, ins Negative um: »(D)as

Prestige der französischen Besatzungsmacht (war) kaum größer als das der Sowjets.« (S. 464). Gerade Frauen machten 1945 ähnliche Erfahrungen wie ihre Leidensgenossinnen im russischen Machtbereich. Und wiederum wirkte sich die geographische Nähe zu Frankreich negativ auf die Wirtschafts- und Versorgungslage auf, was aber abermals kein Hindernis für das gute Abschneiden des organisierten Liberalismus darstellte. Mit diesem tröstlichen Befund kann die Vorstellung eines Werkes schließen, das hoffentlich der lokalgeschichtlichen Forschung bahnbrechende Impulse gibt. Nur die dankenswerter Weise beigefügte CD-Rom warf beim Anschauen technische Probleme auf, die sich mit einigen Tricks aber – wenn auch auf unkomfortable Art – überwinden ließen, so dass wenigstens ein kurzer Blick auf die großartige Dokumenten- und Datensammlung dort gemacht werden konnte.

Bonn/Gummersbach   *Jürgen Frölich*

Il Partito liberale nell'Italia repubblicana. Guida alle fonti archivistiche per la storia del Pli. Atti dei Congressi e Consigli nazionali, Statuti del Pli, 1922-1992

Hrsg. u. eingel. v. Giovanni Orsina m. e. Vorw. v. Valerio Zanone
Soveria Mannelli: Rubbettino, 2004, 74 S.

Der *Partito liberale italiana (Pli)*, die Partei des Philosophen Benedetto Croce und Bewahrerin der italienischen Verfassungstradition seit dem 19. Jahrhundert, fand im Zuge des Untergangs der Ersten Republik im Korruptionssumpf des Craxis-Regimes vor über einer Dekade ein unrühmliches Ende. Jetzt hat die Luigi-Einaudi-Stiftung mit finanzieller Hilfe des italienischen Kulturministeriums quasi ein archivalisches Nachlassverzeichnis der Vorstandssitzungen, Parteitage und Programmentwicklung auf DVD-ROM herausgegeben. Damit erkennt die Zweite Republik den immensen Einfluss der liberalen Strömung auf den laizistischen Teil der politischen Kultur des Landes an, welcher die wenig ansehnlichen Wahlergebnisse des Pli, die nie die 3% überstiegen, stets bei weitem übertraf. Der Index des schmalen Librettos wird durch einen konzisen Nachruf des römischen Historikers Giovanni Orsina vervollständigt, der noch einmal den fast tragisch zu nennenden Niedergang des politischen Liberalismus in Italien vor Augen führt: Die italienische Geschichtsschreibung, so Orsina, schwankt in ihrer Beurteilung der Rolle des Pli zwischen einem negativen und einem extrem negativen Verdikt. Dieses Urteil hält er jedoch insofern für unberechtigt, als von dem Pli keinesfalls die Rede sein kann, vielmehr war die Partei – der FDP in der Adenauer-Ära nicht unähnlich – in zwei Lager, ein moderates und ein progressives, gespalten. Die Moderaten redeten einer Wiederanknüpfung an die durch den Faschismus beendete liberale Ära das Wort und plädierten daher 1946 für die Beibehaltung der Monarchie. Obwohl laizistisch eingestellt, schätzten sie die katholische Kirche als Garant für Ordnung und Stabilität sowie als antikommunistisches Bollwerk. Antifaschismus blieb für die Moderaten immer ein defensiver, nach der Befreiung im Jahre 1945 obsolet gewordener Begriff. Im Gegensatz dazu fühlten sich die Progressiven dem Resistenza-Mythos verpflichtet, waren deshalb republikanisch, antifaschistisch und sozialreformerisch orientiert, wobei letzteres sogar staatliche Eingriffe in die Wirtschaft miteinschloss. Aus ihrer Perspektive behinderte ferner die Kirche die Modernisierung des Staates.

Die die Partei seit den 1950-er Jahren dominierenden Moderaten führten unter Giovanni Malagodi einen Oppositionskurs (unterbrochen von einer nur kurzen Regierungsbeteiligung). 1955 mussten sie die Abspaltung der Radikalen hinnehmen, die unter ihrem charismatischen Führer Pannella über Bürgerbegehren und Volksentscheide – am erfolgreichsten war dabei die Einführung des Ehescheidungsgesetzes von 1970 – einen außerparlamentarischen, entschieden linksliberalen Emanzipationskurs verwirklichten. Erst 1976 kamen mit der Ernennung von Valerio Zanone zum Parteisekretär die Progressiven zum Zuge, die den rigiden Oppositionskurs beendeten. Die Partei trat 1981 einer Fünferkoalition zunächst unter Führung der Christdemokraten, dann der Sozialisten bei. Es ist eine Ironie der Geschichte, dass die seitens des Pli geäußerten Vorschläge zur Erneuerung der politischen Institutionen Italiens und die Forderung nach einer neuen Moral im öffentlichen Raum auch aufgrund ihrer politischen Schwäche kein Gehör fanden. Stattdessen konnten sich Craxis Sozialisten den Anschein der Reformpartei geben, bevor die sozialistische Partei Anfang der 1990-er Jahre zu Recht als Zentrum von Korruption und Machtmissbrauch der politischen Klasse Italiens entlarvt wurde und sich daraufhin auflöste. In diesen Sog geriet, so Orsina, auch die liberale Koalitionspartei. In diesem Zusammenhang ist allerdings zu ergänzen, dass der Pli durch die Korruptionsaffären des Parteisekretärs Renato Altissimo, dem Nachfolger Zanones, sowie des liberalen Gesundheitsministers Francesco De Lorenzo zumindest partiell Teil des deformierten politischen Systems geworden war.

Grosso modo lässt sich jedoch dem Urteil Orsinas folgen, der für das Scheitern des Pli strukturelle Gründe anführt: Die in der Hoffnung, allmählich die Wählerbasis zu erweitern, ergriffene Oppositionsstrategie der Moderaten schlug in gleicher Weise fehl wie die progressive Option der Regierungsbeteiligung. Der Pli fand weder eine geeignete und stringente programmatische Position im politischen Raum, noch gewann er jemals gestalterische politische Kraft. Ein dynamischer Oppositionskurs gegen die Regierung und gegen das politische System als Ausweg aus diesem Dilemma, wie ihn die Radikalen vor allen Dingen in den 1970-er und 80-er Jahren führten, unterblieb, weil, so Orsina, die Partei dazu aufgrund ihrer Tradition, Kultur und nicht zuletzt aufgrund ihres politischen Personals nicht in der Lage war.

So kam es nach der Auflösung des Pli zu keinem Aufbau einer liberalen Nachfolgepartei mehr, die liberalen Akteure schlossen sich den neuformierten Lagern an. Dies gilt im übrigen, so lässt sich hinzufügen, auch für den Verfasser des Vorwortes des hier rezensierten Bandes Valerio Zanone, der 1994 dem Wahlkartell der Linkskatholiken *Patto per l'Italia* beitrat.

Dresden   *Patrick Ostermann*

Walter Scheel (im Gespräch mit Jürgen Engert): Erinnerungen und Einsichten. Mit einem Beitrag von Arnulf Baring und zwei Reden von Walter Scheel

Stuttgart/Leipzig: Hohenheim Verlag 2004, 303 Seiten, zahlreiche Fotos

Nun hat auch Walter Scheel seine Erinnerungen vorgelegt und er hat es in Form eines Gespräches mit dem Fernsehjournalisten Jürgen Engert getan. Drei Gründe mögen ihn zu dieser Form verleitet haben: Den ersten nennt er selber, als er davon spricht, daß man als Politiker schon das literarische Talent eines Winston Churchill haben müsse, um Erinnerungen zu schreiben. Der zweite Grund ist die eher lockere Form des Gesprächs, die es ermöglicht, in Rede und Gegenrede Einschätzungen über Menschen und Situationen zu »verpacken«, ohne allzu grundsätzlich werden zu müssen. Und als drittes gibt ein Gespräch die Möglichkeit, immer wieder auch aktuelle Bezüge herstellen zu können. Die Nachteile eines solchen Vorgehens liegen auf der Hand: Es gibt – wie in jedem Gespräch, das sich nicht an einen strengen Leitfaden hält – Redundanzen, auch Sprünge, und manchmal hätte man sich gewünscht, der Interviewer hätte genauer nachgefragt – trotzdem liest man das Buch mit Gewinn.

Scheel bekennt sich gleich zu Anfang als Liberaler »an und für sich und sozusagen von Geburt« und er zeichnet ein liebevolles Porträt der Menschen seiner Bergischen Heimat und seiner Eltern, die für ihn ein Vorbild an Selbständigkeit, Ehrlichkeit, Gradlinigkeit und Unabhängigkeit gewesen sind. Der Krieg bedeutete für ihn – wie für viele seiner Generation – auch Abenteuer und Aufstieg; als er zuende war, stand es für Scheel außer Frage, daß er sich politisch engagiert: »Aufbruch! Neu! Nicht mehr reglementiert werden! Freiheit!« (S. 37) begründet er diesen Schritt. Zu den Liberalen kommt er aufgrund persönlicher Kontakte, weil ihm die CDU zu katholisch war und weil die FDP eine Partei der Jungen war, die Politik »unideologisch« betrieb.

Scheel hat, und das wird in diesem Gespräch an vielen Stellen deutlich, ein pragmatisches Verhältnis zum Liberalismus. Theorien interessieren ihn nicht, was ihn interessiert, ist das Gestalten, die Macht. Engert versucht an mehreren Stellen ohne Erfolg, Scheel auf eine Liberalismusrichtung oder einen Liberalismusbegriff festzulegen. An einer Stelle antwortet Scheel hierauf mit dem Satz: »Liberal heißt offen sein für die Wirklichkeit, mit der ich umgehen muß, wenn ich sie verändern will« (S. 116). Offenheit für Veränderung ist für ihn das Lebenselement jeder Demokratie und in der Abneigung gegen erstarrte

Verhältnisse dürfte Scheels Engagement bei den Machtwechseln in der Geschichte der Bundesrepublik begründet gewesen sein. Er war aktiv beteiligt am Sturz der Regierung Arnold in 1956 und die Einsicht, daß die Zeit reif für Veränderung sei, machten ihn zum wichtigsten Protagonisten beim Machtwechsel zur sozialliberalen Koalition. Selbst fünfunddreißig Jahre später spricht Scheel mit Emphase von dieser Zeit (»Eine aufregende Zeit. ›Wahnsinn‹ würde man heute sagen.« (S. 130)) und er präsentiert stolz vor allem die außenpolitische Bilanz, aber auch seinen persönlichen Erfolg z.B. bei Diskussionen in Universitäten. Bei der Wende 1982 stand er zwar nicht mehr im Rampenlicht, aber er unterstützte die Position von Genscher und Lambsdorff, weil er wieder einmal die Zeit für eine neue Politik und damit für eine neue Koalition gekommen sah.

Scheel verhehlt nicht seine Bewunderung für Willy Brandt, den er für eine charismatische Figur hält, und er stellt ihn Konrad Adenauer an die Seite: Beide haben ihn mehr beeindruckt als beispielsweise Heuss, und Scheel spricht auch über sich selbst, wenn er die Eigenschaften, die eine politische Persönlichkeit haben muß, aufzählt: zu wissen, was man will, wenn die Zeit dafür da ist, Menschenkenntnis und die Fähigkeit, Vertrauen zu erwerben, was für ihn nicht gleich bedeutend ist mit Popularität.

Arnulf Baring hat 1981 ein einfühlsames Porträt Scheels geschrieben, das in dem vorliegenden Band wieder abgedruckt ist. Für Baring verkörpert Scheel die bundesdeutsche Erfolgsgeschichte: materieller Wohlstand, eine gewisse Weltläufigkeit, verbindliches, gut gelauntes Auftreten. Dahinter verbirgt sich Disziplin, ein eiserner Willen und eine große Unabhängigkeit; bezeichnend hierfür das Scheel in den Mund gelegte Zitat: »Meine Richtung heißt Scheel« (S. 276). Die Unabhängigkeit, die Scheel ausstrahlte und ausstrahlt, ist auf jeder Seite des Buches zu spüren, gerade auch da, wo er Stellung zu aktuellen Fragen nimmt. So ist er beispielsweise dezidiert gegen die Direktwahl des Bundespräsidenten, kritisiert den Unilateralismus der USA, bekennt sich als überzeugter Europäer und kritisiert in diesem Zusammenhang die ständige Suche nach dem Konsens, die Europa daran hindere, eine eigenständige politische Macht zu werden. Und er scheut auch nicht vor direkter Kritik an der gegenwärtigen FDP-Führung zurück, wenn er sagt, daß es nicht ihre Aufgabe sei, irgendwelche Ideen über die Medien zu verbreiten, wie er überhaupt der Auffassung ist, daß Politik zum »Polit-Theater« (S. 202) verkommen sei.

Scheels »Erinnerungen und Einsichten« sind ein lesenswertes Buch, das ein Stück Geschichte der Bundesrepublik und der FDP lebendig macht. Scheel beeindruckt durch seine Nachdenklichkeit, seinen mit Realitätssinn gepaarten Optimismus, seinen Witz, seine Menschenkenntnis, durch die al fresco gehaltenen Urteile über Zeitgenossen.

Im Anhang abgedruckt sind die beiden Reden, die Marksteine in der politischen Karriere Walter Scheels bezeichnen, und zwar seine Rede zum Mißtrauensvotum am 27. April 1972 und seine Antrittsrede als Bundespräsident am 1. Juli 1974. Bei der Auswahl der Fotos hätte man sich mehr Sorgfalt gewünscht; ein Teil der Fotos ist bereits mehrfach veröffentlicht worden.

Gummersbach/Bonn   *Monika Faßbender*

Sylvia Heinemann (Hrsg.): Liselotte Funcke – Briefe aus fünf Jahrzehnten. An Menschen ihrer Zeit.

Hagen: ardenkuverlag 2004, 310 S., zahlr. Abbildungen

Über Liselotte Funcke wurde einmal folgendes geschrieben: »Es gibt Politiker, die in erster Linie Programme schreiben, und es gibt Politiker, die sie vor allem leben. Liselotte Funcke gehört zu den letzteren. Die Grundwerte des politischen Liberalismus: Individualität, Freiheit, Toleranz und Humanität waren für sie niemals nur Worte; sie hat sie in ihren Beiträgen zur F.D.P.-Politik lebendig gemacht und sie orientiert ihre eigene Haltung daran.«[1] Das vorliegende Buch folgt förmlich dieser Charakterisierung, in dem es unterschiedliche Facetten der »Alltags- und Lebenswirklichkeit«, des Handelns und des politischen Umfeldes dieser markanten liberalen Politikerin veranschaulicht und dem interessierten Leser näher zu bringen sucht.

Statt einer »klassischen« biographischen Studie wählt die Herausgeberin die Dokumentation mittels einer Publikation von 169 ausgewählten Briefen, die aus der insgesamt über 25.000 Briefen umfassenden Korrespondenzsammlung der Protagonistin stammen. Die Form und die daraus resultierende historische Relevanz der Edition rechtfertigt die Historikerin mit dem Argument, dass eine vergleichbare vollständige und geordnete Quellensammlung anderer prominenter politischer Akteurinnen, aus der man derart schöpfen könne, nicht existiere. Darüber hinaus konstatiert sie, dass Quelleneditionen, die das politische Handeln einer Frau über einen entsprechend langen Zeitraum deutscher Politik beschreiben, generell ein Desiderat der Zeitgeschichtsschreibung darstellen (S. 10). Anliegen und Anspruch der Herausgeberin liegen daher auch – neben der persönlichen Würdigung Liselotte Funckes als eine der »Frauen der ersten Stunde«, »die Geschichte machten« (S. 9) – in der exemplarischen Demonstration von Politisierungsprozessen von Frauen, ihrer politischen Partizipation und Motivation sowie ihrer Bedeutung und Einflussnahme. Gleichzeitig betrachtet sie diese Edition als Materialbasis für eine bisher vernachlässigte historische Quellengattung: »der in Schule und Studium oft vermisste[n] politische[n] Texte von Frauen« (S. 11). Unterstützung fand Heinemann dabei durch Liselotte Funcke selbst, die neben der Korrespondenz auch eine Vielzahl bisher uneröffentlichter Fotos zur Verfügung stellte.

---

1 Edda Frank Zoeldi: »Ich kämpfe gern für die, die angegriffen werden«: Liselotte Funcke. In: Frei sein, um andere frei zu machen. Hrsg. v. Liselotte Funcke. Frauen in der Politik: Die Liberalen. Herford 1984, S. 212.

Einer eingehenden kurzbiographischen Dartellung folgt die kommentierte Briefedition. Die Briefe wurden dabei in Anlehnung an die politischen Stationen und entsprechend der thematischen Schwerpunkte Liselotte Funckes zusammengestellt und eingeteilt. Bildungs-, wirtschafts- und steuerpolitische Themen stehen dabei ebenso im Mittelpunkt wie die mit großem Engagement vertretene Ausländerpolitik der ehemaligen Bundesbeauftragten. Mit großem Einsatz widmete sich Funcke stets auch bildungs- und frauenspezifischen Themen wie der Umsetzung des verfassungsrechtlich zugestandenen Rechts der Chancengleichheit sowie der Gleichberechtigung der Frau in Beruf und Familie, die sie auch publizistisch einforderte. Aber auch sozial-, kultur- und gesellschaftspolitisch relevante Belange wie die NS-Vergangenheitsbewältigung der jungen Bundesrepublik, die daraus resultierende historische Verantwortung, die Integration von Behinderten und die Frage nach der Rolle der Kirche im Staat fanden in ihrer politischen Arbeit Berücksichtigung.

Die Zusammenstellung der gewählten Themen bietet damit nicht nur ein Kaleidoskop der verschiedenen Interessen- und Arbeitsgebiete der Politikerin, sondern auch einen Querschnitt bundesrepublikanischer Politik und markanter (gesellschafts-)politischer Kontroversen: etwa am Beispiel der Diskussion um den § 218, die Ost- bzw. Deutschlandpolitik oder die Studentenbewegung der 60er Jahre. Die von der Herausgeberin den einzelnen Themenkomplexen vorangestellten Kommentare sowie die in den einzelnen Kapiteln vorgenommene chronologische Ordnung der Briefe ermöglichen darüber hinaus nicht nur eine Einordnung der Briefe in den politischen Gesamtzusammenhang, sondern auch die Feststellung von Kontinuitäten und Veränderungen einzelner Themenbereiche, die bis heute ihre Wirkung zeigen. Auf diese Weise wird die Bedeutung der vielseitigen politischen Persönlichkeit Funckes sowie ihre fachliche Kompetenz in allen ihren innegehabten Funktionen: als Landtags- und Bundestagsabgeordnete, als Wirtschaftsministerin, Vorsitzende des Finanzausschuss des Bundestages, als Ausländerbeauftragte der Bundesregierung, Vizepräsidentin des Deutschen Bundestages wie auch als engagierte Protestantin und insbesondere als Vertreterin und Verfechterin der Interessenpolitik von Frauen herausgestellt und gewürdigt.

Funckes in ihren (meist Antwort-)Briefen zum Ausdruck kommende Offenheit und Toleranz, aber auch ihre Konflikt- und positive Kritikfähigkeit sowie ihr persönliches Eingehen auf ihren jeweiligen Briefpartner, das sich im dezidierten Interesse an den Belangen und Fragen jedes einzelnen Adressaten manifestiert, demonstriert ein nachhaltiges persönliches Engagement und Politikverständnis, das heute nur allzu oft vermisst wird. Einer Generation angehörend, die sich nach Kriegsende ganz bewusst in den Dienst des demokratischen Neuaufbaus stellte, steht Liselotte Funcke für diejenigen Frauen, die ihre individuellen Handlungsspielräume – allzu oft auch entgegen vielerlei

Widerstände – zu nutzen wussten, um gestaltend und verändernd in die Politik einzugreifen. Persönlichkeit, Tatkraft, Leidenschaft und Mitmenschlichkeit charakterisieren diese Politikerin, der mit dieser Edition ganz sicher eine angemessen Würdigung widerfährt.

Ob jedoch der Anspruch der Herausgeberin gerechtfertigt ist, die hier publizierte Korrespondenz alllgemein der Gattung »politischer Texte« von Frauen zuordnen zu können, bleibt dahingestellt. Die oft sehr persönlich gehaltenen Briefe lassen den Anlass und Hintergrund des Schriftwechsels oft nur erahnen; viele Adressaten bleiben trotz des hilfreichen und informativen kurzbiographischen Anhangs über die markantesten Persönlichkeiten unbekannt, die tiefere Bedeutung einiger ausgewählter Briefe unklar. Zu hoffen ist, dass diese Edition jedenfalls nicht nur dem ohnehin interessierten Leser, der – wie die Herausgeberin selbst andeutet (S. 10) – aus persönlichem Erleben mit den historischen politischen Hintergründen vertraut ist, eine anregende Lektüre bietet, sondern auch der jüngeren Generation – insbesondere jungen Frauen –, für die die politische Biographie Liselotte Funckes einen Ansporn zur eigenen politischen Aktivität bieten kann.

Berlin   *Christiane Scheidemann*

Wolfgang Schollwer: »Gesamtdeutschland ist uns Verpflichtung«. Aufzeichnungen aus dem FDP-Ostbüro 1951-1957

Herausgegeben von Jürgen Frölich. Bremen: Edition Temmen 2004 (Biografische Quellen hrsg. v. der BStU Bd. 2), 298 S.

Wolfgang Schollwer ist als Autor mehrerer Tagebücher zur deutsch-deutschen Nachkriegsgeschichte dem interessierten Leser kein Unbekannter. Im »Potsdamer Tagebuch« beschreibt er die Situation der Liberaldemokraten in der Sowjetischen Besatzungszone/DDR bis zu seiner Flucht 1951. In den Bänden »Opposition gegen Adenauer« und »FDP im Wandel« schildert er die Zeit zwischen 1957 und 1966; die Jahre, in denen sich die Liberalen Westdeutschlands vom Zugbügelhalter der Unionsparteien zu einer auch koalitionspolitisch eigenständigen Partei wandelten. Was bisher fehlte waren die Startjahre Schollwers im Westen und bei der FDP, die Zeit zwischen 1951 und 1957, in denen er im Bonner Ostbüro der Partei arbeitete. Angestrebte Veröffentlichungen, etwa im Rahmen der Schriftenreihe des Instituts für Zeitgeschichte, schlugen fehl. So ist es dem Bundesbeauftragten für die Unterlagen des Staatssicherheitsdienstes der ehemaligen DDR zu danken, daß die Aufzeichnungen jetzt endlich als Band 2 einer Biografischen Quellensammlung veröffentlicht wurden.

Wer Details aus der illegalen Arbeit der FDP erwartet, wer von Agenten, Saboteuren oder Passfälschern hören will, von gefälschten Lebensmittelmarken, Kopfbögen der LDPD oder auch geheimen deutsch-deutschen Gesprächen, der wird enttäuscht. Es ist das Buch eines Sachkenners, eines oft merkwürdig distanziert schreibenden Zeitzeugen, der an seiner eigenen Partei zu verzweifeln scheint und sich vor allem zu Parteiinterna äußert. Nicht nur zur der Ostpolitik, zu den Problemen mit dem Parteivorsitzenden Thomas Dehler oder der mangelnden Zustimmung der eigenen Partei an der eigenen Ostarbeit. Nein, es überrascht, daß Wolfgang Schollwers Hauptaugenmerk im ersten Drittel des Buches der starken nazistischen Unterwanderung seiner eigenen Partei gilt.

Der aus einem bürgerlich-nationalen Elternhaus stammende Wolfgang Schollwer, geboren 1922, hatte seine Lektion im 2. Weltkrieg gelernt, zahlreiche Parteifreunde in Hessen, Niedersachen, vor allem aber in Nordrhein-Westfalen jedoch nicht. So ist Schollwer Ende Juli 1952 fassungslos über das Deutsche Programm der NRW-FDP, das eine Besinnung auf alte Werte wie das Soldatentum forderte. Dieser Aufruf zur nationalen Sammlung nannte die

»Wiedergutmachung des Unrechts, das Nationalsozialismus, Siegerwillkür und Entnazifizierung schufen« (S. 55) in einem Satz; der Massenmord an 6 Millionen Juden auf gleicher Stufe mit dem Berufsverbot für belastete Beamte. Er schildert die Versuche, mit manipulierten Mitgliederzahlen Parteitagsmehrheiten zu erschwindeln, um »die FDP endgültig auf einen Rechtskurs zu trimmen.« (S. 63) Schollwer kann dies nicht nachvollziehen, tritt aber aus der Partei auch nicht aus sondern übt still Kritik – in seinem Tagebuch. Hier bezeichnet er den Anhang des NRW-Landesvorsitzenden Friedrich Middelhauve schlicht als Neofaschisten.

Deutlich wird, daß die später an den Tag gelegte Ahnungslosigkeit weiter Kreise der FDP-Führung über die Unterwanderungsbemühungen schlicht die Tatsache verdrängte, daß schon Monate vor der Naumann-Affäre in vielen Kreis- und Landesverbänden offen über die politische Vergangenheit der Hauptmatadore gesprochen wurde. Die Wiederwahl Middelhauves 1953, wenige Wochen nach der Verhaftung der führenden Mitwirkenden des sogenannten Gauleiterkreises um Werner Naumann, kommentiert Schollwer mit einem seltenen Gefühlsausbruch: »Man muß sich allmählich schämen, Mitglied dieser Partei zu sein, zumindest aber dieses Landesverbandes.« (S. 76)

Das Thema rechtsextremer Unterwanderung der FDP verliert sich im Laufe der Zeit und im Laufe des Tagebuchs. Andere Themen rücken in den Vordergrund, so die parteiinternen Probleme und die schwierige Lage des Ostbüros. Die war vor allem bestimmt von Finanzproblemen und der mangelnden Akzeptanz innerhalb der eigenen Partei. Das Desinteresse im Westen an den Zuständen im Osten lässt sich vielleicht am besten durch eine kleine Anekdote erläutern, die Schollwer von seinem ersten Tag in Bonn, dem 6. April 1951, preisgibt: Er verbrachte die Nacht im Bahnhofswartesaal. »Ein durchreisender Bundesbürger (...) leistete mir anfangs noch Gesellschaft. Ich berichtete ihm über das Leben in der Zone. Dabei schlief er ein.« (S. 18) Nicht viel anders reagierte die FDP-Spitze – jedenfalls wenn es um politische Gegenentwürfe, um politische Widerstandsarbeit ging. Für Schollwer stand fest, daß Kommunisten, erst recht deutsche Kommunisten, kein Verhandlungspartner sein können. Für seine Partei galt dies nicht.

Dabei sind natürlich auch grobe Fehleinschätzungen nicht ausgeschlossen: Am 15. April 1952 geht er davon aus, der Zeitpunkt sei gekommen, sich ernsthaft mit einer Reorganisation der LDPD nach einer – bald erwarteten – Wiedervereinigung zu beschäftigen. Dem Trugschluß, die immensen wirtschaftlichen Probleme der DDR 1952/53 führten automatisch zu einer Wiedervereinigung, saßen damals viele auf, auch Schollwers Kollegen vom Ostbüro der SPD machten alle Anstrengungen, ihre Partei wieder zu beleben.

Wenig später beginnt die »Große Zeit« des FDP-Ostbüros. Hier kann endlich Propaganda gemacht werden; zahlreiche Kontakte in die DDR werden aufgebaut. Schollwer scheut sich auch nicht zu sagen, woher das Geld kam: vom amerikanischen Geheimdienst. Andere Ostbüros haben diesen Finanzierungsweg immer abgestritten.

Nach nur einem Jahr bricht alles zusammen; Mitarbeiter werden in die DDR entführt, obwohl auch Schollwer klar sein muß, daß dies der Anfang vom Ende ist, sind seine Eintragungen seltsam abgeklärt. So als schreibe er mit jahrelangem Abstand über das, was damals nicht zu ändern war. Auch die Verhaftungen in der DDR werden bei ihm kaum zu menschlichen Schicksalen, es bleiben Zahlen. Nur selten blitzt Ärger durch, etwa wenn es um die permanente Schlechterstellung der Ostbüro-Mitarbeiter im Vergleich zu den anderen Beschäftigten des Bundesvorstandes geht. Oder wenn er erläutert, auf welchen Schleichwegen die Partei sich ihres Ostbüros entledigt. Nämlich während Ostbürochef Naase sich auf Einladung der US-Regierung in Amerika befand.

Bei der Lektüre des Buches fragt man sich beständig: Warum bleibt Wolfgang Schollwer an seinem Arbeitsplatz, warum bleibt er in der FDP? Die erste Frage kann dadurch beantwortet werden, daß er sich zwar beispielsweise ins Verteidigungsministerium bewarb, dort aber nicht genommen wurde. Auf die zweite kann zumindest in diesem Band seiner Tagebucheintragungen keine Antwort gefunden werden. Ihm ist der eigene Landesverband zu rechtsgewirkt, die eigene Partei zu zerstritten und sie steht vor allem nicht hinter seiner Tätigkeit bei der Bundespartei. Aber wo hätte er eine politische Heimat finden können? Bei den rechtslastigen Kleinparteien wie Deutscher Partei und BHE bestimmt nicht, die CDU mochte er ebenfalls nicht, und die »sozialistische« SPD lehnte er aus Überzeugung ab. Für einen politischen Menschen war eine FDP, in der es auch einen süddeutschen Landesjustizminister Bucher gab, der entschlossen die Nazi-Vergangenheit aufarbeiten wollte, das geringere Übel. Und, wenn man den schon vor Jahren erschienenen Nachfolgeband über die Jahre 1957 bis 1961 liest, sieht man auch, daß Schollwer sich zunehmend mit der eigenen Partei anfreundet. Einer Partei, die langsam ihre rechten Flügelleute verliert und mehr als zwei Jahrzehnte lang zur alleinigen dritten Kraft in der Bundesrepublik wird.

Das Buch bietet einen guten Einblick in die Frühzeit der Bundesrepublik; die sehr peniblen und ausführlichen Querverweise machen Lust auf ein weiteres Graben in der Zeitgeschichte.

Bocholt   *Wolfgang Buschfort*

Jürgen Dittberner: »Sind die Parteien noch zu retten?« Die deutschen Parteien: Entwicklungen, Defizite und Reformmodelle.

Berlin: Logos, 2004, 284 S.

Jürgen Dittberner hat eine Einführung in das deutsche Parteiensystem vorgelegt, die auf die Frage zugespitzt ist, ob sich die deutschen Parteien reformieren müssen, und wie ihnen das möglich sein könnte. Vorangestellt sind Skizzen der wichtigsten politischen Parteien von links bis rechts sowie historische, staatsrechtliche und parteisoziologische Darstellungen zu bekannten Phänomenen und Problemen von Michels' »Ehernem Gesetz des Oligarchie« bis hin zum Spannungsverhältnis zwischen Freiem Mandat und Fraktionszwang.

Der Reiz des Buches liegt in dem für deutsche Verhältnisse ungewöhnlichen Werdegang des Autors, der die Politik als Wissenschaftler theoretisch erforschte und u.a. als Mitglied des Berliner Abgeordnetenhauses und Staatssekretär auch praktisch betrieb. Dittberner enttäuscht die hieraus erwachsenden Erwartungen des Lesers nicht: Den wissenschaftlichen Diskurs fasst er leicht verständlich zusammen, seine Wertungen sind wohl begründet, seine Reformvorschläge argumentativ überzeugend und ohne Gefahr für die Stabilität des Systems realisierbar. In zahlreichen persönlich gefärbten Exkursen wirkt das Buch sogar journalistisch-unterhaltsam. Ärgerlich sind dagegen zahlreiche Nachlässigkeiten im Lektorat, eine wenig systematische Gliederung und unnötige Wiederholungen. Hier merkt man dem Buch allzu sehr an, dass es im Wesentlichen aus einem Vorlesungsmanuskript hervorgegangen ist.

Inhaltlich macht Dittberner fünf Mängel an den deutschen Parteien aus: 1. Der Glaube an ihre Problemlösungskompetenz schwinde. 2. Ihre Mitgliederbasis sei schwach und nehme weiter ab. 3. Die Parteiidentifikation der Wählerschaft lasse nach. 4. Innerorganisatorisch habe sich eine Funktionärsherrschaft durchgesetzt, deren oberster politischer Maßstab der Machterhalt geworden sei. 5. Die politischen Parteien seien immer häufiger in Finanzskandale und »Filzaffären« verstrickt. Für Dittberner sind diese Mängel Ausdruck einer profunden Legitimationskrise der Parteien, die den Keim zu einer bislang allerdings nicht feststellbaren elektoralen Instabilität des Systems in sich trage. Die Parteien müssten sich reformieren, wollten sie eine solche Verschärfung der bereits bestehenden Krise vermeiden. Dittberner wartet mit sieben Reformvorschlägen auf: 1. Flächendeckende Einführung des Kumulierens und Panaschierens, um den Wählern mehr Einfluss auf die Zusammensetzung von Parlamenten zu ermöglichen. 2. Flächendeckende Einführung von Volksbefragung, Volksbegehren und Volksentscheid, um einer Monopolisierung politischer Willensbildung durch die Parteien zuvor zu kommen und dem Volk als Souverän Korrekturen zu ermöglichen. 3. Durchführung von parteiinternen Vorwahlen zur Kandidatenaufstellung nach dem Vorbild der amerikanischen Primaries, um den Einfluss der Funktionärsschicht auf den Ausgang allgemeiner Wahlen zu reduzieren und die Massenbasis der Parteien zu erweitern. 4. Berücksichtigung der Wahlbeteiligung bei der Mandatsverteilung, was eine Verkleinerung der Parlamente zur Folge hätte, und die Parteien dazu veranlasste, verstärkt um die Nichtwähler zu werben. 5. Einfrieren der Diäten auf dem gegenwärtigen Stand, da sie den Politikern eine ausreichende Absicherung ermöglichten. 6. Abbau der öffentlichen Zuschüsse für die Parteien, um die Bedeutung der Basis für die Funktionärsschicht zu steigern. 7. Entmediatisierung und Versachlichung der Wahlkämpfe, da dies die Parteien zwingen würde, wieder mehr auf die Wähler zu zu gehen.

Aus Sicht der Liberalismus-Forschung ist von besonderem Interesse, wie Dittberner seine Partei, die FDP, bewertet. In freisinniger Manier spart er nicht mit Kritik: Die Partei habe in den letzten Jahren Personalisierung und Mediatisierung fast bis ins Wahnhafte übertrieben, die Programmarbeit vernachlässigt und das Funktionsargument, als Koalitionspartner für eine Mehrheit sorgen zu können, insbesondere im Bundestagswahlkampf 2002 zu wenig zur Geltung gebracht. Darüber hinaus weise sie eklatante Defizite in der Personalauswahl auf. Die Abhaltung innerparteilicher Plebiszite, auch bei anderen Parteien, geißelt Dittberner zudem als systemfremden scheindemokratischen Aktionismus, mit dem Parteiführungen allzu billige Ausflüchte aus schwierigen inhaltlichen oder personellen Konstellationen gesucht hätten.

Dittberners Buch ist nicht nur eine Vorlage für kontroverse Debatten, sondern auch ein reifes Plädoyer für Reformen mit Augenmaß. Bleibt zu hoffen, dass die erwähnten formalen Defizite seiner inhaltlichen Rezeption in Wissenschaft, Parteien und Parlamenten keinen Abbruch tun.

Berlin / Riga   *Volker Erhard*

Die Autoren der Beiträge und des Forums

Becker, Ernst Wolfgang, Jg. 1966, Dr. phil., Archivrat, Wissenschaftlicher Mitarbeiter der Stiftung Bundespräsident-Theodor-Heuss-Haus, Stuttgart

Buschfort, Wolfgang, Jg. 1961, Dr., Freier Journalist beim Westdeutschen Rundfunk

Hess, Jürgen, Jg. 1943, Dr. phil., em. Professor für Neueste Geschichte, Lehrstuhl, Vrije Universiteit Amsterdam, Mitglied des Wissenschaftlichen Beirates der Stiftung Bundespräsident-Theodor-Heuss-Haus

Heydemann, Günther, Jg. 1950, Prof. Dr. phil., Universität Leipzig, Neuere und Neueste Geschichte

Kunze, Rolf-Ulrich, Jg. 1968, PD Dr. phil., Akadem. Rat, Universität Karlsruhe, Abt. III, Institut für Geschichte

Kurlander, Eric, Jg. 1973, PhD, MA, Assistant Professor of Modern European History an der Stetson University, DeLand, Florida

Lauterer, Heidemarie, Jg. 1953, Dr. phil., wissenschaftliche Angestellte bei der Bayerischen Akademie der Wissenschaften

Leonhard, Jörn, Jg. 1967, Dr. phil. habil., Hochschuldozent am Historischen Institut der Friedrich-Schiller-Universität Jena

Louis, Jürgen, Jg. 1967, Dr. phil., Dr. jur., Bürgermeister der Gemeinde Rheinhausen, Baden-Württemberg

Menke-Glückert, Peter, Jg. 1929, Ministerialrat a.D., Kuratoriumsmitglied der Friedrich-Naumann-Stiftung

Ramm, Thilo, Jg. 1925, Prof. Dr. jur., em. Professor der Universität Gießen, Lehrstuhl für Arbeits- und Sozialrecht

Rösler, Hans, Jg. 1929, ehemaliger Landesgeschäftsführer des FDP-Landesverbandes Bayern

Sassin, Horst, Jg. 1953, Dr. phil., Studienrat am Gymnasium Schwertstraße, Solingen

Scholtyseck, Joachim, Jg. 1958, Prof. Dr., Professor für neuere Geschichte am Historischen Seminar der Universität Bonn

Soldwisch, Ines, Jg. 1976, Dr. phil., Wissenschaftliche Mitarbeiterin der ALDE-Fraktion im Europa-Parlament, Brüssel